FRAGMENTS

DE

PHILOSOPHIE

CARTÉSIENNE

DE L'IMPRIMERIE DE CRAPELET
RUE DE VAUGIRARD, 9

FRAGMENTS
DE
PHILOSOPHIE
CARTÉSIENNE

PAR

M. VICTOR COUSIN

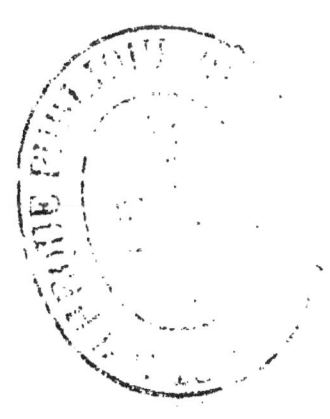

PARIS
CHARPENTIER, LIBRAIRE-ÉDITEUR
17, RUE DE LILLE

1845

AVANT-PROPOS.

L'éclectisme n'est point une sorte d'équilibre incertain entre tous les systèmes. S'il discerne du vrai et du bien jusque dans les systèmes les plus faux, de l'excès et de l'erreur dans les systèmes les plus vrais; s'il entreprend de se défendre lui-même de tout mouvement irréfléchi et extrême, ce n'est pas à dire qu'il se condamne à cette impartialité pusillanime qui assiste à la lutte des opinions sans y prendre part et pour ainsi dire du haut d'un nuage. Non : bienveillant pour tous, comme sans aveuglement pour aucun, l'éclectisme a fait son choix parmi les systèmes; il préfère hautement les uns aux autres, et à cause de leurs principes et à cause de leurs conséquences. Nous ne le cachons pas : nous appartenons à une grande opinion, bien déterminée et bien connue, en philosophie comme en politique. En politique, nous sommes ouvertement pour les principes de la révolution française. Sa cause est la nôtre; nous l'avons servie, et nous la servirons jusqu'au bout avec une fidélité inébranlable. Nous n'entendons certes pas qu'il faille jeter au vent les traditions qui perpétuent les nations comme les familles, et encore bien moins sacrifier l'ordre à la liberté qui serait ici la première victime. Mais enfin, dans la grande querelle qui divise aujourd'hui la France, l'Europe et le monde, nous sommes du parti libéral en France, en Europe et dans le monde.

Nous faisons profession de croire que depuis 1789 le seul vrai gouvernement pour tous les peuples civilisés est la monarchie constitutionnelle. Cette forme de gouvernement est celle qui assure le mieux la liberté ; c'est par là qu'elle nous est chère ; car la liberté c'est la vie ; et sans elle peuples et individus languissent comme dans les ombres de la mort. Nos vœux et notre cœur sont donc partout où on l'invoque, où l'on combat, où l'on souffre pour elle. De même en philosophie, bien qu'appliqués à nous retenir fermement sur la pente qui entraîne l'idéalisme au mysticisme, nous sommes déclarés partisans de tout système favorable à la sainte cause de la spiritualité de l'âme, de la liberté et de la responsabilité des actions, de la distinction fondamentale du bien et du mal, de la vertu désintéressée, d'un Dieu créateur et ordonnateur des mondes, soutien et refuge de l'humanité. C'est par ce motif que, sans renoncer à notre propre jugement et à nos propres vues, dans cette lutte de systèmes opposés, tour à tour vainqueurs et vaincus, qu'on appelle la philosophie moderne, toutes nos prédilections avouées sont pour le cartésianisme. Nous respectons, nous chérissons la liberté philosophique, mais nous sommes convaincus que son meilleur emploi est dans l'école cartésienne. Cette école est à nos yeux bien au-dessus de toutes les écoles rivales par sa méthode qui est la vraie, par son esprit indépendant et modéré qui est le véritable esprit philosophique, par ce caractère de spiritualisme à la fois sobre et élevé qui doit toujours être le nôtre, par la grandeur et la beauté morale de ses principes en tout genre, enfin parce qu'elle est essentiellement française et qu'elle a répandu sur la nation une gloire immense qu'il n'est pas bon de répudier ; car, après la vérité, la gloire n'est-elle pas aussi quelque chose de sacré? C'est ce dernier titre en quelque sorte patriotique du cartésianisme que nous rappellerons brièvement: nous avons cent fois exposé et déveoppé les autres.

Quoi qu'en dise l'Angleterre, ce n'est pas Bacon, c'est Descartes qui est le père de la philosophie moderne. Bacon est assurément un très-grand esprit; mais c'est plutôt encore un incomparable amateur de métaphysique qu'un métaphysicien, à proprement parler. Il a proclamé dans un langage magnifique d'excellents préceptes un peu vagues, empruntés la plupart aux physiciens et aux naturalistes d'Italie, mais que lui-même n'a pas mis en pratique. Il n'a laissé aucune théorie générale ou particulière, aucune découverte, ni grande ni petite, à laquelle son nom demeure attaché. Descartes est l'auteur d'une méthode nette et précise, et il l'a appliquée à deux ou trois sciences qu'il a renouvelées ou créées.

Essayez d'enlever Descartes à son temps: la trame du XVIIe siècle n'est pas seulement troublée, elle est déchirée. Hommes et choses, tout est remué et bouleversé de fond en comble. Il n'y a peut-être pas un seul fait intellectuel un peu considérable qui demeure entier, ni un grand esprit qui reste debout. Que deviennent Malebranche, Arnauld, Fénelon, Bossuet, Spinoza, Leibnitz, Locke lui-même? Tous ont reçu par quelque côté et portent visible l'empreinte de Descartes. Otez Bacon, rien n'est changé; il n'a exercé d'influence sur personne, pas même sur Locke qui le cite à peine. Il semble que la honte de sa conduite ait pesé sur sa mémoire et longtemps obscurci l'autorité de son génie. C'est seulement, ou du moins c'est surtout au milieu du XVIIIe siècle qu'on l'évoque, presque du sein de l'oubli, pour le joindre à Locke et les tourner tous deux contre le cartésianisme.

Osons dire la vérité : le XVIIIe siècle en France, si riche en grands hommes[1], n'en a pas produit un seul en philosophie, si du moins par philosophie on entend la métaphysique. Turgot est le seul homme supérieur qui ait eu un goût marqué pour ce genre d'études; mais il en est resté à son coup d'essai; de sorte que Condillac est encore le premier et presque le seul métaphysicien français du XVIIIe siècle. Or, qu'est-ce que Condillac, je vous prie, sinon un disciple intelligent de Locke? Il n'a trouvé un peu d'originalité qu'en outrant les principes du maître, et encore dans le détail et dans quelques applications. Le grand disciple de Locke est évi-

---

[1] Voyez le jugement que nous avons porté sur le XVIIIe siècle en France et dans l'Europe entière, Ire leçon de notre *Histoire de la Philosophie au* XVIIIe *siècle*, t. IIe de la 2e série de nos cours.

demment Hume¹, qui a écrit vingt ans avant Condillac.

Aussi qu'est-il arrivé? Tandis que Voltaire, Montesquieu, Buffon, Rousseau, Quesnay ont pour école l'Europe entière, et que tous les historiens, les publicistes, les économistes, les naturalistes célèbres s'inspirent au génie de la France, en métaphysique la France est comme frappée de stérilité. On ne l'imite pas, elle imite; et sa voix, partout ailleurs si puissante, ne rencontre ici qu'un écho affaibli qui ne parvient pas même à l'oreille de la postérité. C'est que pour conquérir de l'influence en dépit de la distance et par-dessus les barrières des nations, il faut une nouveauté, une force, une grandeur incompatible avec l'esprit d'imitation.

Mais reportez vos regards vers la métaphysique française du XVIIᵉ siècle : quel spectacle différent! L'Europe entière suit la France, parce qu'en France il a paru un homme extraordinaire qui n'a suivi personne.

Descartes en effet a tout inventé. Il est sans de-

---

¹ Le traité de la *Nature humaine* est de 1739. Même avant Hume, Locke comptait déjà une foule de partisans, Collins, Dodwel, Toland, et d'autres encore qui exagérèrent et envenimèrent les propositions les moins heureuses de *l'Essai sur l'Entendement humain*. C'est au milieu de cette société active et hardie que tomba Voltaire, conduit par Bolingbrock, pendant son séjour à Londres. L'école de Locke s'est développée toute seule en Angleterre et ailleurs. Hartley en est le représentant le plus célèbre après Hume, et il a produit directement Bonnet, Darwin et Priestley.

vancier ou du moins sans modèle. L'école qu'il a fondée ne doit rien à aucune inspiration étrangère. C'est un fruit du sol, c'est une œuvre qui, dans le fond et dans la forme, est profondément et exclusivement française, même encore plus, s'il est permis de le dire, que la poésie et les arts de cette grande et incomparable époque.

Aussi quel mouvement la philosophie cartésienne n'a-t-elle pas soulevé d'un bout de l'Europe à l'autre! Peignons-le d'un seul trait : c'est Descartes qui a produit Spinoza, Leibnitz, Clarke et Locke lui-même.

Sans doute aujourd'hui nous savons que Socrate et Platon ont connu, recommandé, pratiqué même la méthode de Descartes, la méthode psychologique; mais Descartes n'en savait rien : il l'a inventée, comme Socrate l'avait inventée lui-même; et voilà pourquoi l'un et l'autre ont ému, entraîné, subjugué leurs contemporains, et exercé sur l'esprit humain une influence sans égale.

Ni l'un ni l'autre, assurément, n'ont échappé à l'erreur. Mais ce qui surnage, ce sont les grandes vérités qu'ils ont mises dans le monde.

Ajoutons que ces vérités ont ce bienfaisant caractère d'échauffer et d'élever les âmes autant que d'éclairer et de féconder les esprits.

C'est par là que de bonne heure l'école socratique et l'école cartésienne nous ont si vivement et si puissamment attiré, et que depuis trente années nous n'avons cessé d'appeler la jeunesse de notre pays à ces deux sources inépuisables d'idées vraies et d'inspirations généreuses.

AVANT-PROPOS.

Pour ne parler ici que de Descartes, dès nos débuts et dans notre premier enseignement, de 1815 à 1820, nous avons hautement défendu contre l'école écossaise et contre la philosophie allemande les principes de la psychologie et de la théodicée cartésienne. On peut voir dans la première série de nos cours une leçon [1] de 1816 consacrée à démontrer, contre Reid, que le principe du cartésianisme, le fameux : *Je pense, donc je suis*, ne renferme pas un cercle vicieux, et une autre leçon de 1820 [2] dans laquelle, en réfutant le scepticisme de Kant, nous croyons avoir établi sans réplique que la preuve cartésienne de l'existence de Dieu est pure de paralogisme, et qu'elle est le fondement légitime de toute théodicée.

Plus tard, dans notre second enseignement, de 1828 à 1830, nous ne nous sommes pas bornés à glorifier partout le nom, le génie et la méthode de Descartes; nous nous sommes appliqués à mettre en lumière le caractère général, la suite, le progrès, les mérites, comme aussi les défauts, de l'école entière, depuis son fondateur jusqu'à Leibnitz inclusivement. Car Leibnitz est le dernier et le plus grand des cartésiens [3].

Depuis nous avons mis bien du temps et des soins à éclaircir divers points de l'histoire et de la doctrine du cartésianisme; par exemple, dans le t. II de la 3ᵉ édition des *Fragments philosophiques*,

---

[1] T. Iᵉʳ, leç. vıᵉ, p. 27.
[2] leç. vıᵉ, *Logique transcendentale*, p. 237-254.
[3] T. IIᵉ, leç. xıᵉ et xıɪᵉ.

dans l'*Introduction* aux œuvres du P. André, et dans notre ouvrage *Des Pensées de Pascal.*

Tandis que l'Angleterre possède depuis longtemps des éditions magnifiques de Bacon et de Locke, la France n'avait pas même encore une seule édition complète de Descartes. Nous avons réparé cette négligence injurieuse [1]. C'est aussi sur notre proposition que l'Académie des sciences morales et politiques a mis au concours un nouvel examen du cartésianisme [2].

Enfin, quand un libraire intelligent a bien voulu nous demander nos conseils sur la composition d'une bibliothèque philosophique, à l'usage de la jeunesse et des gens du monde, nous l'avons vivement engagé et nous l'engageons encore à remettre surtout dans le commerce des idées les chefs-d'œuvre trop oubliés de notre belle philosophie du xviie siècle. C'est pour fournir un complément utile aux éditions de Descartes, de Malebranche, de Spinoza, d'Arnauld, de Leibnitz, que nous avons réuni en ce volume des morceaux dispersés çà et là, et qui portent la lumière non plus sur les grandes faces suffisamment éclairées, mais sur les côtés inférieurs et comme dans les coins obscurs de cet immortel monument, que le génie français a seul élevé et que seul il peut réparer et agrandir, sans toucher à ses fondements, selon les progrès du temps et les besoins du xixe siècle.

[1] Édition de Descartes, 11 vol. in-8 avec planches.
[2] Voyez dans les *Fragments littéraires* le discours du président de l'Académie, p. 52.

FRAGMENTS
DE
PHILOSOPHIE CARTÉSIENNE.

VANINI,
OU
LA PHILOSOPHIE AVANT DESCARTES.

Pour apprécier équitablement Vanini, il faut le placer parmi ses contemporains, dans son pays et dans son siècle.

Le XVI⁰ siècle est un siècle de révolutions : il rompt avec le moyen âge; il cherche, il entrevoit la terre promise des temps nouveaux ; il n'y parvient point, et s'épuise dans l'enfantement d'un monde qu'il n'a point connu et qui le renie. Le XVII⁰ siècle, entièrement émancipé, n'a plus rien de commun avec le moyen âge; mais autant il s'en éloigne, autant et plus encore il diffère et tient à honneur de différer du siècle précédent. A l'ardeur aventureuse il a substitué une énergie réglée, qui connaît son but et y marche avec ordre. Ici dominent la raison et la mesure, travaillant sur un plan arrêté et produisant des monuments d'une solidité et d'une beauté qui défient la critique et le temps; là s'agitait une imagination puissante, mais effrénée, impatiente du présent, en révolte contre le passé, et s'égarant à la poursuite d'un avenir inconnu. Du moins, à la place du moyen âge que l'on repousse, et faute de l'esprit nouveau qui n'est pas venu encore, on a devant soi cette admirable antiquité païenne, sortant alors de ses ruines. On l'imite donc, et parce qu'elle est belle et surtout parce qu'elle est nouvelle; on l'imite avec esprit, avec imagination, mais sans vraie grandeur; car toute imitation, comme tout effort sans un but et sans une direction bien marquée, ne conduisent à rien de grand. Le génie, pour se déployer à son aise, a besoin d'un ordre de choses défini et déterminé, qui l'inspire et qu'il représente. Il s'agite en vain dans le vuide, et ne produit que des œuvres d'un caractère indécis et d'une beauté douteuse.

Hâtons-nous d'appliquer ces considérations générales à la philosophie.

La philosophie grecque et latine a vécu douze siècles, et elle a laissé des monuments immortels, à la fois divers et harmonieux, qui tous, au milieu de différences manifestes, réfléchissent le même caractère. La philosophie du moyen âge qui lui succède, la scolastique, a son caractère aussi, parfaitement déterminé : achevée et accomplie en son genre, elle a son commencement, ses progrès et sa fin, sa barbarie, son éclat et sa décadence; son époque classique est le XIIIe siècle avec des saints pour philosophes, et avec ses travaux gigantesques inspirés du même esprit, empreints des mêmes beautés et des mêmes défauts qui se voient dans l'architecture et les cathédrales de ce grand siècle. La philosophie moderne, née en 1637 et bien jeune encore, a déjà aussi sa grandeur et son unité cachée mais réelle, par exemple sa méthode, qui est à peu près la même dans toutes les écoles. Entre la philosophie moderne et la philosophie scolastique est celle qu'on peut appeler à bon droit la philosophie de la renaissance, parce que, si elle est quelque chose, elle est surtout une imitation de l'antiquité [1]. Son caractère est presque entièrement négatif : elle rejette la scolastique ; elle aspire à quelque chose de nouveau, et fait du nouveau avec l'antiquité retrouvée. A Florence, on traduit Platon et les Alexandrins, on fonde une académie [2], pleine d'enthousiasme, dépourvue de critique, où l'on mêle, comme autrefois à Alexandrie, Zoroastre, Orphée, Platon, Plotin et Proclus, l'idéalisme et le mysticisme, un peu de vérité, beaucoup de folie. Ici, on adopte la philosophie d'Épicure [3], c'est-à-dire le sensualisme et le matérialisme ; là, le stoïcisme [4] ; là, encore le pyrrhonisme [5]. Si presque partout on combat Aristote, c'est l'Aristote du moyen âge, c'est l'Aristote d'Albert le Grand et de saint

[1] Sur la philosophie de la renaissance, voyez l'Esquisse d'une histoire générale de la philosophie qui sert d'*Introduction à l'histoire de la philosophie du XVIII*ᵉ *siècle*, 2ᵉ série de mes cours, t. IIᵉ, leç. Xᵉ.

[2] Voyez le curieux écrit de Bandini : *Specimen litteraturæ Florentinæ sæculi XV, in quo.... acta academiæ Platonicæ, a magno Cosmo excitatæ, cui idem præerat, recensentur et illustrantur.* 2 vol. in-8°. Florence, 1748

[3] Avant Gassendi voyez Hill, *philosophia Epicurea, Democritiana*, etc.

[4] Gasp. Scioppii *Elementa philosophiæ stoicæ moralis*, etc.—Justi Lipsii *Physiologiæ stoicorum libri tres*, etc.

[5] Sanchez : *De multum nobili, prima et universali scientia, quod nihil scitur*, Toulouse, 1576 ; et les *Essais* de Montaigne, Bordeaux, 1580.

Thomas, celui qui, bien ou mal compris, avait servi de fondement et de règle à l'enseignement chrétien; mais on étudie encore, on invoque le véritable Aristote, et, à Bologne, par exemple [1], on le tourne contre le christianisme. En fait, cette courte époque ne compte aucun homme de génie qui puisse être mis en parallèle avec les grands philosophes de l'antiquité, du moyen âge et des temps modernes; elle n'a produit aucun monument qui ait duré, et, si on la juge par ses œuvres, on peut être avec raison sévère envers elle. Mais c'est l'esprit du XVIᵉ siècle qu'il faut considérer au milieu de ses plus grands égarements. La philosophie de la renaissance a préparé la philosophie moderne : elle a brisé l'ancienne servitude, servitude féconde, glorieuse même tant qu'elle était inaperçue et qu'on la portait librement, en quelque sorte, mais qui, une fois sentie, devenait un insupportable fardeau et un obstacle à tout progrès. A ce point de vue, les philosophes du XVIᵉ siècle ont une importance bien supérieure à celle de leurs ouvrages. S'ils n'ont rien établi, ils ont tout remué; la plupart ont souffert, plusieurs sont morts pour nous donner la liberté dont nous jouissons. Ils n'ont pas été seulement les prophètes, mais plus d'une fois les martyrs de l'esprit nouveau. De là, sur leur compte, deux jugements contraires, également vrais et également faux. Quand Descartes et Leibnitz, les deux grands philosophes du XVIIᵉ siècle, rencontrent sous leur plume les noms des penseurs aventureux du XVIᵉ,

---

[1] Voyez Pomponat, le chef de l'école de Bologne. — *Petri Pomponatii philosophi et theologi doctrina et ingenio præstantissimi Opera....* Basileæ, 1567.

moitié vérité, moitié calcul, ils les traitent fort dédaigneusement ; ils ne veulent pas être confondus avec ces esprits turbulents, et ils oublient que, sans eux peut-être, jamais la liberté raisonnable dont ils font usage, jamais le bill des droits de la pensée n'eût été possible. D'autre part, il y a encore aujourd'hui des brouillons et des utopistes qui, confondant une révolution à maintenir avec une révolution à faire, nous ramènent, dans leur audace rétrospective, au berceau même des temps modernes, et nous proposent pour modèles les entreprises déréglées où s'est consumée l'énergie du XVIe siècle. Pour nous, nous croyons être équitables en faisant peu de cas des travaux philosophiques de cet âge et en honorant leurs auteurs : ce ne sont pas leurs écrits qui nous intéressent, c'est leur destinée tout entière ; leur vie et surtout leur mort. L'héroïsme et le martyre même ne sont pas des preuves de la vérité : l'homme est si grand et si misérable qu'il peut donner sa vie pour l'erreur et la folie comme pour la vérité et la justice ; mais le dévouement en soi est toujours sacré, et il nous est impossible de reporter notre pensée vers la vie agitée, les infortunes et la fin tragique de plusieurs des philosophes de la renaissance, sans ressentir pour eux une profonde et douloureuse sympathie.

En France, le XVIe siècle a eu ses philosophes indépendants, qui ont attaqué ou miné la domination d'Aristote et de la scolastique. Il serait utile et patriotique de disputer à l'oubli et de recueillir pieusement les noms et les écrits de ces hommes ingénieux et hardis qui remplissent l'intervalle de Gerson à Descartes. Du moins il en est un que l'histoire n'a pu oublier, je veux dire Pierre de la Ramée.

Quelle vie et quelle fin ! Sorti des derniers rangs du peuple, domestique au collége de Navarre, admis par charité aux leçons des professeurs, puis professeur lui-même, tour à tour en faveur et persécuté, chassé de sa chaire, banni, rappelé, toujours suspect, il est massacré dans la nuit de la Saint-Barthélemy, comme protestant à la fois et comme platonicien. Son adversaire, le catholique et péripatéticien Charpentier, dirigea les coups. On aurait peine à le croire, si un contemporain bien informé, de Thou, ne l'attestait. « Charpentier, son rival, dit le véridique historien, excita une émeute et envoya des sicaires qui le tirèrent du lieu où il était caché, lui prirent son argent, le percèrent à coups d'épée et le précipitèrent par la fenêtre dans la rue. Là des écoliers furieux, poussés par leurs maîtres qu'animait la même rage, lui arrachent les entrailles, traînent son cadavre, le livrent à tous les outrages et le mettent en pièces[1]. » Tel fut le sort d'un homme qui, à défaut d'une grande profondeur et d'une originalité puissante, possédait un esprit élevé, orné de plusieurs belles connaissances, qui introduisit parmi nous la sagesse socratique, tempéra et polit la rude science de son temps par le commerce des lettres, et le premier

---

[1] *Hist. sui Temporis*, lib. III, ad annum 1572. « Carpentario æmulo et seditionem movente, immissis sicariis, e cella qua latebat extractus, et post deprensam pecuniam inflictis aliquot vulneribus, per fenestras in arcam præcipitatus, et effusis visceribus, quæ pueri furentes magistellorum pari rabie incitatorum impulsu, per viam et cadaver ipsum scuticis in professoris opprobrium diverberantes, contumeliose et crudeliter raptaverunt. » Goujet, dans ses *Mémoires sur le Collége de France*, adopte ce récit.

écrivit en français un traité de dialectique [1]. Depuis on n'a pas daigné lui élever le plus humble monument qui gardât sa mémoire ; il n'a pas eu l'honneur d'un éloge public, et ses ouvrages même n'ont pas été recueillis [2].

C'est surtout en Italie que la réforme philosophique jeta un immense éclat, et se fit jour à travers la persécution et les supplices. L'Italie joue un rôle assez médiocre dans la scolastique, car saint Thomas et saint Bonaventure, nés en Italie, se sont formés et ont enseigné en France ; leur école et leur gloire nous appartiennent. L'Italie paraît encore moins dans la philosophie moderne : elle a produit assurément plusieurs hommes de mérite, mais pas un génie du premier ordre [3]; elle est, à proprement parler, le théâtre de la philosophie de la renaissance. L'Italie était à cette époque le pays le plus avancé dans toutes les choses de l'esprit. Par plus d'un motif, le besoin d'une philosophie nouvelle devait y naître, et c'est de là qu'il se répandit d'un bout de l'Europe à l'autre. Les mathématiques, la physique, les sciences naturelles, y prirent de bonne heure un grand essor. C'est dans les académies italiennes que Bacon vint apprendre les règles de la physique expérimentale qu'il exprima plus tard dans un langage magnifique [4]. Tout ce qui pense alors est pour une réforme,

[1] *Dialectique de Pierre de la Ramée, à Charles de Lorraine, cardinal, son Mécène.* Paris, chez Wéchel, 1555, petit in-4° de 140 pages.
[2] J'ai pu les rassembler presque tous, et je les mettrais bien volontiers à la disposition de quelque homme instruit et laborieux qui voudrait en procurer une édition complète. D'ailleurs le rival de la Ramée, Charpentier, est lui-même un esprit judicieux et sévère, dont les écrits sont très-bons à consulter pour la vraie intelligence d'Aristote.
[3] Vico est plutôt un grand amateur de métaphysique qu'un métaphysicien : son domaine est la jurisprudence et l'histoire.
[4] On raconte même que, s'étant présenté comme candidat à la célèbre

et pour une réforme profonde et radicale. On en définit assez mal l'objet. On la poursuit par les routes les plus opposées. Celui-ci la cherche dans l'expérience sensible exclusivement consultée, celui-là dans un mysticisme chimérique. A côté des vieilles universités s'élèvent de libres sociétés, dévouées à l'esprit nouveau : il pénètre jusque dans les couvents, ces antiques asiles de la scolastique, et ses plus ardents apôtres lui viennent du sein des ordres religieux. Il n'y a pas une partie de l'Italie qui ne fournisse son contigent à cette noble milice; mais c'est à Naples que se rencontrent les réformateurs les plus illustres, les plus hardis, les plus malheureux.

Qui ne connaît les aventures et la triste destinée de Bruno et de Campanella ? C'étaient deux hommes d'un esprit vigoureux, d'une âme intrépide, d'une vive et forte imagination. Il ne leur a manqué qu'un autre siècle, des études plus régulières et la vraie méthode. Ce qui domine en eux, c'est l'imagination; leur raison n'était pas encore assez mûre pour la contenir, et ils se laissent emporter à des systèmes qu'ils n'avaient pas suffisamment étudiés, et qu'ils ne comprirent jamais bien.

Bruno s'éprit de Pythagore et de Platon, surtout du Pythagore et du Platon des Alexandrins. Touché et comme enivré du sentiment de l'harmonie universelle, il s'élance d'abord aux spéculations les plus sublimes où l'analyse ne l'a pas conduit, où l'analyse ne le soutient pas. Errant sur

---

académie des *Lincei*, il ne fut pas admis. *Prospetto delle Memorie aneddote dei Lincei da F. Cancellieri*; Roma, 1823, et *Journal des Savants*, février 1843, p. 100.

des précipices qu'il a mal sondés, sans s'en douter et faute de critique il recule de Platon aux Éléates, anticipe Spinoza, et se perd dans l'abîme d'une unité absolue, destituée des caractères intellectuels et moraux de la Divinité et inférieure à l'humanité elle-même. Spinoza est le géomètre du système, Bruno en est le poëte[1]. Rendons lui du moins cette justice qu'avant Galilée il renouvela l'astronomie de Copernic. L'infortuné, entré de bonne heure dans un couvent de Saint-Dominique, s'était réveillé un jour avec un esprit opposé à celui de son ordre, et il avait fui. Il était venu s'asseoir, tantôt comme écolier, tantôt comme maître, aux écoles de Paris et de Wittemberg, semant sur sa route une multitude d'écrits ingénieux et chimériques. Le désir de revoir l'Italie l'ayant ramené à Venise, il est livré à l'inquisition, conduit à Rome, jugé, condamné, brûlé. Quel était son crime? Aucune des pièces de cette sinistre affaire n'a été publiée ; elles ont été détruites, ou elles reposent encore dans les archives du saint-office ou dans un coin du Vatican avec les actes du procès de Galilée. Bruno fut-il accusé d'avoir rompu les liens qui l'attachaient à son ordre? Mais une telle faute ne semblait pas devoir attirer une telle peine, et c'eût été d'ailleurs aux dominicains à le juger. Ou bien fut-il recherché comme protestant, et pour avoir, dans un petit écrit, sous le nom de la *Bestia trionfante*, semblé attaquer la papauté elle-même? ou bien encore fut-il accusé seulement de mauvaises opinions en général, d'impiété,

---

[1] M. Wagner a publié en 1830, à Leipzig, en deux volumes, les œuvres italiennes de Bruno : il devait aussi donner une édition de ses écrits latins : il l'a commencée, mais non terminée.

d'athéisme, le mot de panthéisme n'ayant pas encore été inventé? Cette dernière conjecture est aujourd'hui démontrée. Il y avait alors à Rome un savant allemand, profondément dévoué au saint-siége, qui se fit une fête d'assister au procès et au supplice de Bruno, et qui raconte ce qu'il a vu à un de ses compatriotes luthériens dans une lettre latine plus tard retrouvée et publiée [1]. Comme elle est peu connue, et n'a jamais été traduite en français, nous en donnerons ici quelques fragments. Elle prouve que Jordano Bruno a été mis à mort, non comme protestant, mais comme impie, non pour tel ou tel acte de sa vie, sa fuite de son couvent ou l'abjuration de la foi catholique, mais pour la doctrine philosophique qu'il répandait par ses ouvrages et par ses discours.

« GASPARD SCHOPPE A SON AMI CONRAD RITTERSHAUSEN [2].

« .... Ce jour me fournit un nouveau motif de vous écrire : Jordano Bruno, pour cause d'hérésie, vient d'être brûlé vif en public, dans le Champ-de-Flore, devant le théâtre de Pompée... Si vous étiez à Rome en ce moment, la plupart des Italiens vous diraient qu'on a brûlé un luthérien, et cela vous confirmerait sans doute dans l'idée que vous vous êtes formée de notre cruauté. Mais, il faut bien que vous le sachiez, mon cher Rittershausen, nos Italiens n'ont pas appris à distinguer entre les hérétiques de toutes les nuances; quiconque est hérétique, ils l'ap-

---

[1] Elle a paru pour la première fois en 1701, dans les *Acta litteraria* de Struve, fascic. v, p. 64.
[2] En latin, *Scioppius* et *Rittershusius*. Ce sont des érudits et des critiques distingués.

pellent luthérien, et je prie Dieu de les maintenir en cette simplicité qu'ils ignorent toujours en quoi une hérésie diffère des autres. . . . .
. . . J'aurais peut-être cru moi-même, d'après le bruit général, que ce Bruno était brûlé pour cause de luthéranisme, si je n'avais été présent à la séance de l'inquisition où sa sentence fut prononcée, et si je n'avais ainsi appris de quelle hérésie il était coupable... (Suit un récit de la vie et des voyages de Bruno et des doctrines qu'il enseignait.) ... Il serait impossible de faire une revue complète de toutes les monstruosités qu'il a avancées, soit dans ses livres, soit dans ses discours. Pour tout dire en un mot, il n'est pas une erreur des philosophes païens et de nos hérétiques anciens ou modernes qu'il n'ait soutenue... A Venise enfin, il tomba entre les mains de l'inquisition; après y être demeuré assez longtemps, il fut envoyé à Rome, interrogé à plusieurs reprises par le saint-office, et convaincu par les premiers théologiens. On lui donna d'abord quarante jours pour réfléchir; il promit d'abjurer, puis il recommença à défendre ses folies, puis il demanda encore un autre délai de quarante jours; enfin il ne cherchait qu'à se jouer du pape et de l'inquisition. En conséquence, environ deux ans après son arrestation, le 9 février dernier, dans le palais du grand inquisiteur, en présence des très-illustres cardinaux du saint-office, qui sont les premiers par l'âge, par la pratique des affaires et la connaissance du droit et de la théologie, en présence des théologiens consultants et du magistrat séculier, le gouverneur de la ville, Bruno fut introduit dans la salle de l'inquisition, et là il entendit à genoux la lec-

ture de la sentence portée contre lui. On y racontait sa vie, ses études, ses opinions; le zèle que les inquisiteurs avaient déployé pour le convertir, leurs avertissements fraternels, et l'impiété obstinée dont il avait fait preuve. Ensuite il fut dégradé, excommunié et livré au magistrat séculier, avec prière toutefois qu'on le punît avec clémence et sans effusion de sang. A tout cela Bruno ne répondit que ces paroles de menace : *La sentence que vous portez vous trouble peut-être en ce moment plus que moi*[1]. Les gardes du gouverneur le menèrent alors en prison : là, on s'efforça encore de lui faire abjurer ses erreurs. Ce fut en vain. Aujourd'hui donc, on l'a conduit au bûcher. Comme on lui présentait l'image du Sauveur crucifié, il l'a repoussée avec dédain et d'un air farouche. Le malheureux est mort au milieu des flammes, et je pense qu'il sera allé raconter, dans ces autres mondes qu'il avait imaginés[2], comment les Romains ont coutume de traiter les impies et les blasphémateurs. Voilà, mon cher ami, de quelle manière on procède chez nous contre les hommes, ou plutôt contre les monstres de cette espèce. »

« Rome, le 17 février 1600. »

Campanella, dominicain comme Bruno et novateur comme lui, est un esprit d'une autre trempe. Il a déjà plus de raison et de lumières. Tout aussi ardent que Bruno contre Aristote, son platonisme est plus réfléchi, et la réforme qu'il entreprend est à la fois plus sobre et plus vaste. Elle mérite encore aujourd'hui d'être étudiée. Plein

[1] *Majori forsan tum timore sententiam in me fertis quam ego accipiam.*
[2] Atroce allusion aux mondes innombrables et à l'univers infini de Bruno.

d'enthousiasme pour le bien, il combattit les doctrines morales et politiques de Machiavel ; du fond de sa prison, il défendit le système de Copernic, et composa une apologie de Galilée pendant le procès que faisait à celui-ci l'inquisition : victime héroïque, écrivant en faveur d'une autre victime, dans l'intervalle de deux tortures ! On a de lui un très-bon livre contre l'athéisme. Sa pensée est toujours chrétienne, et, loin d'attaquer l'Église, il la glorifie partout. Mais il paraît qu'à force de lire Platon et saint Thomas, il y puisa une telle horreur de la tyrannie et une telle passion pour un gouvernement fondé sur l'esprit et sur la vertu, qu'il rêva de délivrer son pays du despotisme espagnol, et trama dans les couvents et dans les châteaux de la Calabre une conspiration de moines et de gentilshommes qui, n'ayant pas réussi, le plongea dans un abîme d'infortunes. De profondes ténèbres couvrent encore toute cette affaire. Le dernier historien de Campanella, M. Baldacchini, de Naples [1], a en vain cherché dans toutes les archives le procès de son célèbre compatriote ; tout a disparu, et nous en sommes réduits au témoignage de ses ennemis. Tous du moins sont unanimes sur sa constance et son inébranlable courage. Une fois mis en prison pour crime politique, on y mêla d'autres accusations théologiques et philosophiques : il demeura vingt-sept ans dans les fers. Un auteur contemporain et digne de foi [2] raconte que Campanella soutint, pendant trente-cinq heures continues, une torture si cruelle « que, toutes les veines

[1] *Vita e Filosofia di Tommaso Campanella*, da Michele Baldacchini, 2 vol. in-8°. Napoli, 1840 et 1843.
[2] J.-N. Erythræus (Rossi), dans sa *Pinacotheca Imaginum illustrium*, 1643-1648.

et artères qui sont autour du siége ayant été rompues, le sang qui coulait des blessures ne put être arrêté, et que pourtant il soutint cette torture avec tant de fermeté que pas une fois il ne laissa échapper un mot indigne d'un philosophe. » Campanella lui-même fait ainsi le récit de ses souffrances dans la préface de *l'Athéisme vaincu*[1] :

« J'ai été renfermé dans cinquante prisons et soumis sept fois à la torture la plus dure. La dernière fois, la torture a duré quarante heures. Garrotté avec des cordes très-serrées et qui me déchiraient les os, suspendu, les mains liées derrière le dos, au-dessus d'une pointe de bois aigu qui m'a dévoré la seizième partie de ma chair et tiré dix livres de sang; guéri par miracle après six mois de maladie, j'ai été plongé dans une fosse. Quinze fois j'ai été mis en jugement. La première fois quand on m'a demandé : « Comment donc sait-il ce qu'il n'a jamais appris ? a-t-il donc un démon à ses ordres ? » j'ai répondu : Pour apprendre ce que je sais, j'ai usé plus d'huile que vous n'avez bu de vin. Une autre fois, on m'a accusé d'être l'auteur du livre *Des Trois Imposteurs*, qui était imprimé trente ans avant que je fusse sorti du ventre de ma mère. On m'a encore accusé d'avoir les opinions de Démocrite, moi qui ai fait des livres contre Démocrite. On m'a accusé de nourrir de mauvais sentiments contre l'Église, moi qui ai écrit un ouvrage sur la monarchie chrétienne, où j'ai montré que nul philosophe n'avait pu imaginer une république égale à celle qui a été établie à Rome sous les apôtres.

---

[1] Non imprimée dans l'édition que Campanella a donnée de cet ouvrage ; retrouvée, comme la lettre de Schoppe, et publiée aussi par Struve, *Acta litteraria*, fascic.

On m'a accusé d'être hérétique, moi qui ai composé un dialogue contre les hérétiques de notre temps... Enfin on m'a accusé de rébellion et d'hérésie pour avoir dit qu'il y a des signes dans le soleil, la lune et les étoiles, contre Aristote, qui fait le monde éternel et incorruptible... C'est pour cela qu'ils m'ont jeté comme Jérémie dans le lac inférieur où il n'y a ni air ni lumière... »

Toutefois, en protestant contre les chefs de l'accusation qui lui est intentée, Campanella convient qu'il a pu faillir : « Je ne prétends pas, dit-il, que je sois irréprochable... Tout ce que je soutiens, c'est qu'il n'y a pas de quoi me punir ainsi. »

Vanini est bien au-dessous de Bruno et de Campanella. Il n'a le sérieux de l'un ni de l'autre, ni la vaste imagination du premier, ni l'enthousiasme énergique du second. Napolitain comme eux, mais rebelle à l'esprit idéaliste de la Grande-Grèce, il appartient plutôt à l'école de Bologne. Il est antiplatonicien déclaré, et disciple ardent d'Aristote, interprété à la manière d'Averroës et de Pomponat. Ce n'est pas la plus noble expression du xvi° siècle. Il en a l'imagination et l'esprit, il en a aussi le désordre, et ce désordre paraît avoir été dans sa conduite comme dans sa pensée; mais il a du moins ressemblé à ses deux grands compatriotes par son audace et par ses malheurs.

Nous le sentons, un tel jugement a besoin de preuves : car Vanini est encore un problème sur lequel on a entassé les dissertations et les conjectures les plus contraires. Un cri d'horreur s'élève contre le bûcher infâme dressé à Toulouse au commencement du xvii° siècle. On maudit les bourreaux, on plaint la victime, mais on ne sait pas bien encore pourquoi elle fut condamnée. Le même voile qui couvre les procès de Campanella et de Bruno est étendu sur celui de Vanini. Le parlement de Toulouse s'est bien gardé de publier les actes de cette odieuse affaire. Jusqu'ici nulle pièce authentique n'a vu le jour, et on ne possède que le récit obscur d'un témoin intéressé qui fut un des juges de Vanini. Mais, grâce à Dieu, plusieurs documents nouveaux sont tombés entre nos mains, et nous avons pu nous procurer une pièce officielle, la pièce décisive, qui nous permettra de voir un peu plus clair dans ces ténèbres sanglantes.

Examinons d'abord les ouvrages de Vanini. Ils sont assez rares pour qu'il ne soit pas superflu d'en donner ici une analyse étendue.

D'après son propre témoignage, Vanini était né à Taurisano[1], près de Naples; sa mère s'appelait Beatrix Lopez de Noguera[2], et son père, Jean-Baptiste Vanini[3]. Il paraît que son vrai nom était Lucilio[4]; mais il prend dans tous ses ouvrages le titre de Jules César. Il étudia successivement à Naples et à Padoue[5]. Il visita presque tous les pays de l'Europe où la philosophie était cultivée[6]. Il parle de son séjour en Allemagne[7], en Hollande et en Belgi-

---

[1] *Dial.*, p. 161 : « Nam *Taurisani* in meo viridario vidi, cum puer essem etc. »: P. 424. « *Taurisanum*, patriam meam nobilissimam. »

[2] *Amphith.*, p. 71 : et *Dialog.*, p. 259 et 493.

[3] *Amphith.*, p. 153.

[4] Voyez les pièces citées plus bas, p. 70, 77, 81, 83, 86.

[5] *Amphith.*, p. 4 de la *Dédicace* : « Jurisprudentiæ ac theologiæ studiis in Parthenopæo et Patavio circa decursis, etc. »

[6] *Ibid.* « Reliqua fere omnia literarum exercitationum per totum Europæum orbem erecta theatra, amphitheatra circosque duxi frequentandos; nec me suscepti pœnitet laboris. »

[7] *Amphith.*, Exerc. VIII, p. 67 : « Lutheri imaginem, cum essemus Argen-

que¹, à Genève², en Angleterre³. On le voit, c'est à peu près la même vie que celle de Bruno. Il doit avoir été engagé dans les ordres, car il avait fait des sermons⁴. Arrivé en France, il séjourna quelque temps à Lyon et à Paris avant son fatal voyage à Toulouse.

C'est à Lyon qu'il publia, en 1615, son premier écrit, avec ce titre pompeux : *Amphithéâtre de la Providence éternelle, magique et divin, chrétien et physique, astrologico-catholique, contre les anciens philosophes, les athées, les épicuriens, les péripatéticiens et les stoïciens, par Jules César Vanini, philosophe, théologien, docteur en droit civil et en droit canon*⁵. Le livre est dédié à son excellence don Francisco de Castro, duc de Taurisano, ambassadeur d'Espagne auprès du saint-siége. Il est revêtu de l'approbation civile et de l'approbation ecclésiastique. Deux censeurs ecclésiastiques différents, l'un vicaire général de l'archevêque de Lyon, l'autre professeur en théologie, prédicateur et délégué par l'archevêque, déclarent que l'écrit de Vanini ne renferme rien qui soit con-

---

torati, inspeximus. » — *Ibid.*, p. 73 : « Cum Germaniam peragrarem. » *Dial.*, p. 326, 424, 478.

¹ *Amphith.*, p. 39:«Cum essemus *Antverpiæ*....» *Dial.*, p. 121:« Dum *apud Belgas* immorabar. » — *Ibid.*, p. 133 : « Addamus... *Hollandiam* et *Zelandiam*... ut ex ipsorum locorum facie cognovimus. » — *Ibid.* p. 150 : « *Flessingiæ* cum essem. »

² *Dial.*, p. 326.

³ *Amphith.*, p. 117 : « Cum anno præterito, *Londini*, ad agonem christianum destinatus. » *Dial.*, p. 133 : « Nullibi nos *in Anglia* vidimus. » *Ibid.*, p. 217:« Per id tempus quo *Londini* commoratus sum. » *Ibid.*, p. 266 et 267 : « Per duos circiter annos illud nos incoluimus solum... »

⁴ *Dial.*, p. 234 : « Sic olim *concionando*.... »

⁵ *Amphitheatrum æternæ Providentiæ divino-magicum, christiano-physicum, nec non astrologo-catholicum, adversus veteres philosophos, atheos, epicureos, peripateticos et stoicos, auctore Julio Cæsare Vanino, philosopho, theologo, ac juris utriusque doctore. Lugduni. 1615.*

2.

traire à la foi catholique ; le dernier même y trouve « des raisonnements pleins de force et de finesse, fondés sur la saine doctrine des théologiens les plus autorisés, » et il s'exprime sur le ton de l'admiration [1]. Suivent les témoignages de diverses personnes, et des éloges en vers de l'ouvrage et de l'auteur. Que dire, en vérité, de ce cortége d'approbations, si *l'Amphithéâtre* est un monument d'impiété et d'athéisme?

En apparence au moins, c'est tout le contraire. D'abord, quant à la religion, Vanini s'en porte partout le défenseur. Il prétend avoir composé une *apologie pour la loi mosaïque et chrétienne, contre les physiciens, les astronomes et les politiques* [2], ainsi qu'une *apologie en dix huit livres du concile de Trente contre les hérétiques* [3]. Ces écrits sont-ils réels ou supposés? nous l'ignorons. Toujours est-il qu'il les cite assez souvent. Il s'appelle lui-même « le fils de la sainte mère l'Église catholique [4]. » Il prétend qu'il a failli en Angleterre subir le martyre pour la foi, et qu'il serait mort bien volontiers pour une si belle cause [5]. Il fait l'éloge de la société de Jésus, qu'il nomme « le palladium de l'Église romaine, la colonne de toute re-« ligion, l'ancre de salut du genre humain [6]. » Enfin, en

---

[1] « Sed cum peracutas, tum pervalidas rationes juxta sanam sublimiorum in sacra theologia magistrorum doctrinam (o quam utiliter!) contineri. » Signé : De Ville.

[2] *Amphith.*, p. 70, et passim.

[3] P 5 de *la Préface de l'Amphithéâtre*, et alibi.

[4] *Amphith.*, p. 70, et passim. « Ego catholicæ matris Ecclesiæ filius, etc. »

Amphith., p. 117-118. « Ego sane vel minimus militantis Ecclesiæ tiro, cum anno præterito Londini ad agonem christianum destinatus essem adeoque 49 diebus latomiis... exerceret, eo eram... effundendi sanguinis desiderio accensus et inflammatus...

[6] Pages 2 et 3 de *la Préface* : « .. Tanquam Romanæ Ecclesiæ palladium,

parcourant attentivement tout le livre, je n'ai pas rencontré un seul mot qui démentit les approbations des deux censeurs lyonnais. Je n'y trouve de suspect que le ton emphatique ; quelquefois même on pourrait soupçonner une ironie mal dissimulée. Ainsi, après avoir cité cinquante versets de l'Écriture pour réfuter un athée, il ajoute : « Cette réponse est très-édifiante ; par malheur, les athées ne se font pas grand scrupule de la rejeter, car ils accordent aux saintes Écritures la même foi que je puis accorder aux fables d'Ésope, ou à des rêves de bonnes femmes, ou aux superstitions de l'Alcoran [1]. » Il parle en ces termes de l'inquisition : « J'aime mieux attirer sur moi la colère d'Horace que celle de nos inquisiteurs, que je considère et que je vénère comme les gardiens de la vigne du Seigneur [2]. »

En philosophie, Vanini se montre adversaire ardent de la scolastique. Il l'attaque partout, la tourne en ridicule, et n'épargne Albert ni saint Thomas. « Que d'autres, dit-il, admirent les scolastiques ; pour moi, je n'en fais pas le moindre cas [3]. » Il traite toutes leurs idées de « chimères, nées de l'ignorance, nourries par l'obstination et par la sottise [4]. » Voilà bien le philosophe du XVIᵉ siè-

---

cæterarum religionum columen, totius universitatis anchoram hominibus esse concessam, etc. »

[1] *Amphith.*, Exerc. X, p. 83.

[2] *Amphith.*, Exerc. XVI, p. 109 : « Malo namque mihi iratum Horatium quam nostrates inquisitores, quos tanquam vineæ dominicæ custodes suspicio atque deveneror. »

[3] *Amphith.*, p. 27 : « Scholasticorum caterva, perplebeia quidem apud me licet senatoria apud alios, etc. »—« O acutos homines! O ingenia subtilia, nonne stultum dixerimus et amentem, etc. » P. 5 de *la Dédicace*, p. 11. 39, 136, 204, 226, etc.

[4] *Amphith.*, p. 29 : « Nugæ sunt hæ, inscitiæ soboles, alumnæ pertinaciæ

cle, plein de mépris pour le moyen âge. Dans l'antiquité, il se sépare ouvertement de Platon et de Cicéron, qu'il traite à peu près comme les scolastiques. « Je ne m'appuierai pas, dit-il, sur les déclamations usées de Cicéron, ni sur les rêveries de vieille femme de Platon [1]. » Il se prononce pour Aristote commenté par Averroës et par Pomponat. Il appelle Aristote « son divin précepteur, le coryphée des philosophes, génie abondant en fruits divins, le père de la sagesse humaine, le souverain dictateur de toutes les sciences, l'oracle vénérable de la nature [2]. » Ce novateur, ce téméraire avoue qu'il a été « instruit à jurer sur la parole d'Averroës, à l'école de Jean Baccon, carmélite anglais, le prince des averroïstes [3]. » Pierre Pomponat est pour lui « le plus ingénieux des philosophes, » et « Pythagore aurait dit que l'âme d'Averroës était passée dans son corps [4]. » C'est ici le langage

---

atque supinitatis... » — P. 30 : « Sed illæ nugæ, in animis otiosorum disputatatorum educatæ, occalluere... » — P. 101-102 : « Respondent communiter doctores... sed nugæ hæ sunt nugacissimæ... » — P. 107 : « Quæro ab istis qui divinæ sapientiæ dictatores haberi volunt, etc. » — P. 109 : « His igitur scholasticorum distinctionibus non assentiens, neque assensurus... »

[1] *Amphith.*, p. 5 de *la Dédicace* : « Non ex obsoletis illis quidem Tullianis declamationibus, neque ex popularibus illis et anilibus fere Platonicis deliriis et insomniis, etc. » Voyez aussi p. 124, 188, etc.

[2] *Amphith.*, Exerc. XXX, p. 197 : « Divinum Aristotelem, humanæ sapientiæ patrem, primum ac summum scientiarum omnium dictatorem, et venerabile naturæ oraculum. » Voyez encore p. 8, 137, 155, etc., etc.

[3] *Amphith.*, p. 17 : « Nos qui... in Averrois verba jurare coacti sumus a Joanne Bacconio, Anglo Carmelitano, averroistarum principe meritissimo, olim præceptore nostro. » Par ces mots : *olim præceptore nostro*, il faut entendre que Vanini dans sa jeunesse avait beaucoup étudié les écrits de J. Baccon, et non qu'il ait jamais suivi les leçons d'un docteur qui florissait au milieu du XIVᵉ siècle. Sur J. Baccon, voyez l'article de Mansi et celui de la *Bibliotheca Carmelitana*.

[4] *Amphith.*, p. 36 : « Petrus Pomponatius, philosophus acutissimus, in

diamétralement opposé à celui de la Ramée, de Bruno et de Campanella. Cependant Vanini s'accorde avec ce dernier pour combattre Machiavel, qu'il nomme « le prince des athées[1]. » Il n'a pas assez d'invectives contre Cardan[2]. Est-ce là encore une exagération calculée? Mais en mettant sous la parole d'un auteur d'autres pensées que celles qu'elles expriment, que fait-on autre chose que des conjectures?

Voici le plan de *l'Amphithéâtre* : il se divise en cinquante chapitres appelés *exercices*. Vanini établit d'abord l'existence et la nature de Dieu[3]. Il détermine l'idée de la providence[4], et il en donne les preuves tout au long[5]. Après avoir posé les principes, il discute les objections; il réfute l'argumentation de l'athée Diagoras contre l'existence d'une providence[6], ainsi que celle de Protagoras et de ses modernes imitateurs[7]. Il résout les difficultés que Cicéron élève sur la conciliation de la liberté de l'homme avec la divine providence[8]. Il défend la providence et l'immortalité de l'âme attaquées par les épicuriens[9]. Outre la providence générale admise par Aristote et par les aver-

cujus corpus animam Averrois commigrasse Pythagoras judicasset, etc. »
[1] *Amphith.*, p. 35 : « Nicolaus Machiavellus atheorum facile princeps... » et p. 50, 51, etc.
[2] *Amphith.*, passim, et plus particulièrement p. 53 : « O os impudentissimum, o linguam execrandam, o sermones inquinatissimos, o voces detestandas! » et p. 57 : « O sacrilegam doctrinam, et ex hominum consortio eliminandam, o impietatem nefariam et post homines natos inauditam, etc. »
[3] *Exerc.* I, II.
[4] *Ibid.*, III
[5] *Ibid.*, IV-VIII.
[6] *Ibid.*, IX-XI.
[7] *Ibid.*, XII-XIX.
[8] *Ibid.*, XX-XXV.
[9] *Ibid.*, XXVI-XXIX.

roïstes, il établit la doctrine d'une providence spéciale qui veille sur chaque chose et sur chacun de nous [1]. Enfin, après avoir réfuté plusieurs opinions des stoïciens, il termine par un acte d'entière soumission au chef de l'Église et par un hymne à la Divinité [2].

L'Amphithéâtre devait avoir une seconde partie, où Vanini promet de répondre à d'autres objections; elle n'a jamais paru [3].

Tel est, fidèlement et loyalement retracé, le plan du premier ouvrage de Vanini. Maintenant, comment l'a-t-il rempli? Est-il aussi irréprochable dans l'exécution que dans la conception? Ici encore abstenons-nous de toute hypothèse, et renfermons-nous dans le texte même de *l'Amphithéâtre*.

Aristote, au commencement du chapitre VI du douzième livre de *la Métaphysique*, admet deux preuves de l'existence de Dieu : l'une qu'il effleure à peine, l'autre qu'il expose avec quelque étendue et qu'il reprend et développe dans le premier livre de *la Physique*. Cette dernière preuve est la preuve célèbre par le mouvement. « D'où viendra le mouvement, s'il n'y a pas un principe essentiellement actif? En effet, ce n'est pas la matière qui se mettra elle-même en mouvement, etc. [4] » Cette preuve excellente, et que les meilleurs génies ont adoptée, Vanini la rejette par des raisons subtiles et quintessenciées, et il s'attache à l'au-

[1] *Exerc.*, XXXV-XLII.
[2] *Ibid.*, XLIII-L.
[3] *Amphith.*, p. 333 : « Eam, quam adversus stoicos de Fato quæstionem agitare proposueramus...., in secunda Amphitheatri parte fuse et prolixe spondemus nos pertractaturos. »
[4] Voyez notre écrit *De la Métaphysique d'Aristote*, seconde édition, p. 92 et suiv.

tre argument d'Aristote, à savoir que des êtres finis et contingents supposent un être infini et éternel. « Tout être, dit Vanini, est fini ou infini, temporaire ou éternel; s'il est dans le temps, il a donc commencé d'être; il n'a donc pu se produire lui-même, autrement il aurait été avant d'être. Puis donc que nous voyons des êtres commencer, il faut accorder qu'il y a un être éternel d'où ils tirent leur origine; car s'il n'y avait point d'être éternel, il n'y aurait que des êtres qui auraient commencé, c'est-à-dire que rien n'existerait, ce qui est impossible. Il est donc impossible qu'il n'y ait pas un être éternel. » Vanini résume l'argument dans ce syllogisme : « D'après ce qui a été dit, toute existence d'un être qui commence suppose un être éternel; or, il y a des êtres qui commencent; donc et nécessairement, il y a un être éternel; c'est cet être que nous appelons Dieu[1]. » Cette preuve est bonne aussi, elle est fort solide, et elle se retrouve dans toutes les grandes philosophies. Vanini l'admet, donc Vanini n'est pas athée. Mais Vanini n'admet que celle-là : il le déclare expressément au commencement de *l'Amphithéâtre*, et nulle part il n'en admet aucune autre. De là une théodicée très-imparfaite. En effet, si tout être fini suppose un être éternel, il reste à savoir quel est cet être éternel. Puisque l'ar-

---

[1] *Amphith.*, Exerc. I, p. 3 : « Omne ens aut est æternum, aut temporarium ; si in tempore, ergo habuit initium; non potuit igitur se ipsum producere. fuisset enim antequam esset. Cumque entium exordium perspiciamus, oportet concedere ens æternum a quo ducant originem; alias non esset æternum ens, sed aliquando inchoatum, et sic nihil esset; atqui nihil esse est impossibile: ergo et ens æternum non esse pariter impossibile..... Syllogismus ratiocinationem nostram faciet dilucidiorem : omnis existentia entis initiati necessario ex probatis supponit ens æternum. Sed ens principiatum est : ergo et de necessitate ens æternum. Hoc autem communi vocabulo Deum dicimus. »

gument du mouvement est rejeté, cet être éternel ne peut plus être la cause de rien; il n'est plus que la substance de tout. Cette substance éternelle que les êtres finis supposent, mais qui ne les a pas faits, ne peut avoir d'autres attributs que ceux qui se déduisent de son essence, de l'éternité et de l'infinité, et rien de plus. Comme l'être infini, en tant qu'infini, n'est pas un moteur, une cause, il n'est pas non plus, en tant qu'infini, une intelligence; il n'est pas non plus une volonté, il n'est pas non plus un principe de justice, ni encore bien moins un principe d'amour. Encore une fois, s'il était tout cela, s'il possédait tous ces attributs, il ne les tiendrait pas de l'éternité et de l'infinitude, et on n'a pas le droit de les lui imputer en vertu de cet unique argument : tout être contingent suppose un être qui ne l'est pas, tout être fini suppose un être infini. Le dieu que donne cet argument est donc, à la rigueur; mais il est presque comme s'il n'était pas, pour nous du moins qui l'apercevons à peine dans les hauteurs inaccessibles d'une éternité et d'une existence absolue, vuide de pensée, d'activité, de liberté, d'amour, semblable au néant même de l'existence, et mille fois inférieure, dans son infinitude et son éternité, à une heure de notre existence finie et périssable, si pendant cette heure fugitive nous savons que nous sommes, si nous pensons, si nous aimons quelque autre chose que nous-mêmes, si nous nous sentons capables de sacrifier librement à une idée le peu de minutes qui nous ont été accordées. « L'homme n'est qu'un roseau, mais c'est un roseau pensant. » J'ajoute : c'est un roseau voulant et aimant. « C'est de là qu'il faut nous relever, non de l'espace et de la durée, que nous ne saurions remplir[1]. » Sous peine de mettre en Dieu moins qu'il n'y a réellement en l'homme, il faut, par un argument analogue à celui du mouvement, après avoir considéré Dieu comme le principe des mouvements qui ont lieu dans le monde, le considérer encore comme le principe de la pensée, de l'activité libre et de l'amour désintéressé qui est en nous, et lui restituer ces grands attributs intellectuels et moraux qui font de Dieu, non pas seulement l'auteur de l'univers, mais le père de l'humanité.

Ainsi, pour avoir mutilé la théodicée déjà bien étroite d'Aristote, Vanini est arrivé à un Dieu très-imparfait, dont on a épuisé l'essence quand on a dit qu'il est l'être des êtres. Je ne m'étonne donc pas que, passant du premier exercice au second, de l'existence de Dieu à sa nature, Vanini s'exprime ainsi : « Vous me demandez ce que Dieu est ; si je le savais, je serais Dieu, car nul ne connaît Dieu, et nul ne sait ce qu'il est, sinon Dieu lui-même. » Et il n'ajoute pas grand'chose à cet aveu de son impuissance, il ne sort pas du cercle dans lequel il s'est enfermé lui-même, lorsqu'il termine ainsi ce chapitre :

« J'oserai donc (entreprise peut-être téméraire) décrire ainsi Dieu : Ce qui est à soi-même son principe et sa fin, sans avoir ni principe ni fin, n'ayant besoin ni de l'un ni de l'autre, la source et l'auteur de l'un et de l'autre. Il est, sans être dans le temps : pour lui, point de passé qui s'enfuie, point d'avenir qui s'avance. Il règne partout sans

---

[1] Pascal, d'après Descartes. Voyez notre livre *Des Pensées de Pascal*. 2ᵉ édit., p. 43 et 107.

être nulle part, immobile sans être en place, rapide sans être en mouvement. Il est tout entier hors de toutes choses et dans toutes choses; dans tout, sans y être renfermé; hors de tout, sans en être exclu. Il est au sein de cet univers qu'il gouverne, et il l'a créé hors de lui. Il est bon sans avoir de qualité, grand sans quantité, un tout sans parties, immuable et mouvant tout le reste. Vouloir pour lui, c'est pouvoir, et sa volonté est action. Il est simple; en lui rien n'est en puissance, tout est en acte, ou plutôt il est lui-même l'acte pur, premier, moyen et dernier. Enfin il est tout, au-dessus de tout, hors de tout, en tout, à côté de tout, avant tout, après tout, et tout entier [1]. »

Toutes ces qualifications ne sont que des variantes de l'infini. Il en est pourtant quelques-unes qui excèdent le principe auquel elles se rapportent. Quand Vanini dit de son Dieu : « Pour lui, vouloir c'est pouvoir, » nous lui demanderons de quel droit il attribue à l'être infini une volonté, et une volonté efficace. Déjà, en lui ôtant la force motrice, il lui a ôté la puissance. Comment donc peut-il après coup mettre en lui la volonté, c'est-à-dire

---

[1] *Amphith.*, Exerc. II, p. 10 : « Quare sic eum (licet temere fortassis) describere audet dextera nostra. Sui ipsius et principium et finis, utriusque carens, neutrius egens, utriusque parens atque author, semper est sine tempore, cui præteritum non abit, nec subit futurum. Regnat ubique sine loco, immobilis absque statu, pernix sine motu. Extra omnia omnis, intra omnia sed non includitur in ipsis; extra omnia, sed nec ab ipsis excluditur. intimus hæc regit, extimus creavit : bonus sine qualitate : sine quantitate magnus ; totus sine partibus, immutabilis cum cætera mutat : cujus velle potentia, cui opus voluntas. Simplex est, in quo nihil in potentia, sed in actu omnia, imo ipse purus, primus, medius et ultimus actus. Denique est omnia, super omnia, extra omnia, intra omnia, præter omnia, ante omnia et post omnia omnis. »

le fond même et le principe de ce qu'il lui a ôté ? De loin en loin, on rencontre dans *l'Amphithéâtre* de belles maximes, mais toujours entachées de ce vice d'être exclusives et bornées ou inconséquentes.

Dans l'exercice troisième, Vanini rejette toutes les définitions de la providence. Saint Thomas avait dit : La providence est la raison finale de l'ordre des choses. Vanini traite cela d'absurde. Vivès avait dit : C'est une volonté gouvernant tout avec sagesse. Vanini se moque de Vivès ; je le conçois, dans le système de la pure infinitude comme unique essence de la Divinité, et il aboutit à cette définition de la providence, où il n'y a plus ni raison, ni volonté, ni sagesse : « La providence est la force divine toujours présente à elle-même, et antérieure à tout le reste. » La force même est ici de trop, et cette définition si étroite est trop large encore.

Vanini prouve très-bien, contre Aristote et Averroës, que le monde n'est pas éternel. « Le monde, dit-il, a un auteur ou il n'en a pas : s'il a un auteur, il n'est pas éternel, car rien de ce qui a été fait n'est contemporain de ce qui l'a fait. S'il n'a pas d'auteur, il a toujours été de lui-même ; mais il est ridicule de donner ce qui est fini comme le principe de l'être. Rien de ce qui est fini n'est premier : or le monde est quelque chose de fini, cela est manifeste ; il n'est donc pas de lui-même ; il n'est donc pas éternel[1]. » Vanini suit Averroës dans les détours de sa subtile dialectique, et à ses arguments alambiqués il oppose ceux d'Algazel, c'est-à-dire ceux qu'Algazel a tirés du chrétien J. Philopon.

[1] *Amphith.*, Exerc. IV, p. 15.

Loin d'affaiblir les arguments des athées, Vanini les développe avec tant de force, qu'on y a vu le secret dessein de les faire prévaloir dans l'esprit de ses lecteurs; mais ce n'est encore là qu'une conjecture. Si les réponses de Vanini ne sont pas tout ce qu'elles pourraient être aujourd'hui, il faut songer que nous sommes au XVIe siècle, hors de la scolastique, et avant la philosophie cartésienne.

Objection de Diagoras[1] : « Si une providence gouvernait le monde, chacun serait traité selon ses mérites, et une balance égale distribuerait les biens aux bons et les maux aux méchants. Mais comme les choses vont tout différemment, je ne vois pas dans le monde cette providence dont on parle, et ne sais en qui elle peut consister. » Les stoïciens niaient la mineure et soutenaient que l'homme vertueux est très-heureux, et le méchant malheureux. Boèce reprend la thèse stoïcienne en la modifiant; il place le bonheur et la misère des hommes vertueux et des méchants, non dans les biens et les maux sensibles, mais dans la vertu et dans le vice qui sont à eux-mêmes leur châtiment et leur récompense. Vanini combat tout cela, et même avec assez de vivacité, et il n'a pas l'air de faire grand cas de l'argument de l'autre vie : La sainte Écriture, dit-il, nous montre les châtiments et les récompenses toujours assurés à qui les mérite dans un autre monde; mais il se hâte d'ajouter que cet argument n'est pas à l'usage des athées, puisqu'ils méprisent les saintes Écritures. Quand il en vient à répondre pour son propre compte à Diagoras, sans prétendre avec les stoïciens que l'homme

---

[1] Tiré de Cicéron : *De Natura Deorum*

vertueux est souverainement heureux, et le vicieux toujours malheureux, il fait voir que les plus grands biens, même en cette vie, sont accordés à la vertu, ce qui est très-vrai, et que les tribulations, qui ne lui sont pas épargnées, lui servent d'épreuve utile et même désirable. Dieu, au contraire, punit le méchant par l'excès même de ses plaisirs qui lui rendent insupportable la moindre contrariété, et engendrent la misère au sein du bonheur apparent. Toutefois il faut convenir que l'ensemble de ce morceau est loin de produire sur l'âme un effet salutaire.

Les chapitres qui suivent, contre Protagoras, me semblent meilleurs. « S'il est un Dieu, dit Protagoras, d'où vient donc le mal? — Je réponds : de notre libre volonté[1]. » Il est vrai que dans le développement cette excellente réponse est plutôt affaiblie que fortifiée.

Dans le problème de la conciliation difficile de la divine providence et de la liberté humaine, Cicéron se décide contre la providence en faveur de la liberté. Voici quel est l'argument de Cicéron : La providence de Dieu et la liberté de l'homme sont incompatibles; or, certainement la liberté humaine existe, car nous en avons la conscience; donc il n'y a point de providence. » Et il prouvait la majeure par trois arguments principaux qui reviennent à ceci : La providence de Dieu doit être infaillible : elle ne peut se tromper dans ses prévisions, donc tout ce qu'elle prévoit doit arriver nécessairement, donc la liberté humaine est impossible. Vanini accorde que la providence ne se trompe pas, qu'elle aperçoit l'avenir, et que l'avenir

---

[1] *Amphith.*, Exerc. XIV, p. 95.

se fait comme elle l'aperçoit ; mais il explique ce que c'est que la prévoyance de l'avenir[1]. « Les actions futures de l'homme, dit-il, étant libres de leur nature, s'accomplissent librement. Dieu les voit d'avance telles qu'elles seront, c'est-à-dire dans leur liberté et dans leur contingence. Elles n'ont pas lieu parce que Dieu les prévoit, mais Dieu les prévoit telles qu'elles seront, et telles qu'elles sont d'avance pour lui; car pour lui il n'y a réellement ni passé ni avenir, mais un présent éternel. Nous-mêmes nous connaissons quelquefois l'avenir sans le déterminer : il en est ainsi de Dieu[2]. » La différence qui sépare notre prévoyance et la providence divine, c'est que notre prévoyance est circonscrite dans d'étroites limites d'espace et de temps. Dieu voit très-certainement et très-clairement l'avenir le plus lointain, non comme avenir, mais comme présent. Son éternité n'admet point la différence des temps; elle est tout entière en elle-même avec toutes les parties dans lesquelles nous la divisons. Vanini s'engage à perte de vue dans les développements les plus subtils et les plus raffinés de cette réponse plus ou moins concluante, sans avoir l'air de se douter qu'il les emprunte à la scolastique, et qu'il est à son insçu le disciple de ce docteur angélique pour lequel il affecte un si grand mépris.

Si Dieu, dit Épicure, s'occupe de nous, il n'est pas parfaitement heureux. Or il l'est : il ne s'occupe donc pas des affaires des hommes Vanini répond à Épicure d'une manière triomphante : « L'opinion épicurienne est la plus

[1] *Amphith.*, Exerc XXIII, p. 137
[2] *Ibid.*, p. 138.

absurde de toutes les absurdités. Dire en effet que Dieu existe, mais qu'il ne s'occupe pas des hommes, n'est-ce pas dire que le feu existe, mais qu'il n'échauffe pas ? car qu'est-ce que Dieu, sinon un être supérieur qui veille sur tout, meut et gouverne tout[1] ? » Contentons-nous de faire remarquer à notre philosophe que ces derniers attributs, qu'il ajoute fort raisonnablement à l'infinité de Dieu, n'en découlent pas.

Vanini prouve ensuite à merveille que mettre l'absolu bonheur de la Divinité dans l'absolu repos, c'est la dépouiller de son attribut essentiel, la puissance infinie; c'est la ravaler au-dessous de l'humanité, c'est faire Dieu inférieur à un Alexandre qui, dans son infatigable activité, se plaignait du sommeil. Cardan a écrit que tout esprit jouit de l'éternel repos : « Non, dit Vanini, mais de l'éternel mouvement[2]. La matière se lasse, et par conséquent le repos lui convient; elle ne se meut que pour se reposer. Mais l'esprit est dans une action continue. Qu'est-ce que la connaissance de Dieu, qu'est-ce que l'amour qui en découle, sinon un désir insatiable de participer à son infinité? Cette noble activité de l'âme est si éloignée du repos, qu'elle aspire à ne cesser jamais[3]. »

[1] *Amphith.*, Exerc. XXVII, p. 152.
[2] *Amphith.*, p. 155 : « Adnotandus est Cardani error qui, dum de intellectu scripsit (si aliquid intellexisset, tam stulte nunquam scripsisset) : *omnis*, inquit, *intellectus gaudet sempiterna quiete*; imo sempiterno motu, dicit Vaninus. »
[3] *Amphith.*, p. 155 : « Materialia post lassitudinem quiete gaudent; quæ mobilia sunt, quiescunt libenter in suo loco, moventur enim ut quiescant. Intellectus autem perpetuo in opere est, non ut quiescat, sed ut æterno vigeat atque exerceatur motu. Quid enim Dei cognitio aliud est atque amor ex eadem proficiscens, quam inexplebilis adhærescendi infinitati ipsius appetitus? Hæc agitatio tantum abest ut quies sit, nullum ut videatur unquam finem habitura. »

Sur l'immortalité de l'âme, Vanini est bien moins assuré :

« Le fondement, dit-il, sur lequel roule la doctrine d'Épicure est la mortalité de l'âme. Plusieurs docteurs chrétiens ont ici combattu les athées, mais avec tant de légèreté et si peu de raison qu'en lisant les commentaires des plus grands théologiens, on sent s'élever des doutes en soi-même. J'avoue ingénument que l'immortalité de l'âme ne peut être démontrée par des principes physiques; c'est un article de foi, puisque nous croyons à la résurrection de la chair. Le corps en effet ne ressuscitera pas sans l'âme, et de quelle manière pourrait être l'âme, si elle n'était pas? Moi donc, chrétien et catholique, si je ne l'avais appris de l'Église, qui nous enseigne certainement et infailliblement la vérité, j'aurais de la peine à croire à l'immortalité de l'âme. Loin de rougir de cet aveu, je m'en fais gloire; car j'accomplis le précepte de saint Paul, en retenant mon esprit sous le joug de la foi [1]... »

Cependant, pour faire preuve de bonne volonté, il essaie de prouver l'immortalité de l'âme, d'abord par sa simplicité, ensuite par sa nature céleste et par conséquent incorruptible, enfin par le principe : rien ne se fait de rien; or, si un être ne peut se faire de rien, un être aussi ne peut retourner à rien.

Vanini ne répond pas si mal aux stoïciens. A-t-il bien connu leur véritable doctrine? Peu importe; il est certain qu'il repousse avec force et avec un grand air de conviction les erreurs qu'il leur attribue. Partout il revendique la li-

---

[1] *Amphith.*, Exerc. XXVII, p. 163-164.

berté de l'homme, et répète que l'acte dépend entièrement de notre volonté, et que c'est nous qui méritons et qui déméritons [1].

Dans un temps où l'astrologie était la croyance universelle, depuis Campanella jusqu'à Képler, il ne faut pas s'étonner qu'un péripatéticien comme Vanini, imbu de la doctrine que toutes les idées de l'intelligence viennent des sens, ait accordé plus qu'il ne faut à l'influence des astres ; cependant il réserve toujours et presque entièrement la volonté. Les hommes, disaient les stoïciens du XVIe siècle, n'agissent que d'après l'influence des astres qui président à leur naissance. C'est donc aux astres et non pas à la volonté qu'il faut attribuer le mal. « Nos actions, répond Vanini [2], ne sont pas soumises directement aux astres, elles relèvent de notre seule volonté qui, étant immatérielle, ne peut dépendre des corps célestes. Ils ne forcent pas nos actions ; tout ce qu'on peut dire, c'est qu'ils les inclinent et de la manière suivante : notre volonté suppose l'intelligence, celle-ci dépend des sens, les sens sont directement soumis à l'influence des corps célestes ; de là une certaine inclination et disposition de la volonté, mais nulle contrainte.

« Les péchés dans le monde sont nécessaires : donc c'est à Dieu qu'il les faut rapporter. Je réponds que l'antécédent de cet argument est faux, qu'il est même contradictoire ; car qui dit péché dit liberté, c'est-à-dire le contraire de la nécessité..... C'est ainsi que nous retournons contre nos

---

[1] *Amphith.*, Exerc. XLIV, p. 298.
[2] *Ibid.*, Exerc. XLIV, p. 293.

adversaires leurs propres armes, les poignards de plomb (*plumbeos pugiones*) avec lesquels ils défendent leurs subtilités (*suas ratiunculas*).

« Les stoïciens[1] se sont trompés du tout au tout, lorsque, admettant la divine providence, ils prétendent que Dieu gouverne l'univers et l'humanité, non d'après sa volonté, mais selon la nécessité... Aristote aussi a enseigné que Dieu agit nécessairement, sur ce motif que, si on suppose que Dieu a fait le monde librement, il faut supposer qu'il existait avant de faire le monde, et qu'ainsi cet acte a été un changement en lui, tandis que l'essence de Dieu est l'immutabilité. »

Sur ce redoutable problème de la création, Vanini chancelle, il est vrai, mais comme tant d'autres. Il n'a pas connu en quoi consiste la liberté dans la création, puisqu'il nie que de deux choses différentes, Dieu ait pu faire l'une ou l'autre dans un seul et même instant, ce qui est absurde; car cette puissance qu'il refuse à Dieu, il aurait pu la trouver dans l'homme. En effet, on ne saurait trop le redire[2], ce qui caractérise et constitue notre libre arbitre, c'est que, dans le moment où nous nous décidons à faire telle ou telle chose, nous avons la conscience que nous pouvons faire le contraire, et que, si nous continuons l'action commencée, nous la pouvons suspendre, et réciproquement. Cette puissance qui se résout dans un sens, pouvant se résoudre dans un autre, est proprement la volonté

[1] *Amphith.*, Exerc. XLVIII, p. 315.
[2] Voyez l'analyse complète que nous avons donnée du libre arbitre dans divers endroits de nos ouvrages, 1re série de nos cours, t. 1er, p. 191 ; *ibid.* p. 224, etc.; mais particulièrement dans l'examen critique de *l'Essai sur l'entendement humain*, 2e série, t. III, leç. XXV.

libre. L'intelligence n'est pas libre, parce qu'il n'est pas en son pouvoir de juger mauvais ce qui est et lui paraît bon, ni bon ce qui est et lui paraît mauvais, et c'est là en quoi l'intelligence diffère essentiellement de la volonté; mais quand l'intelligence, l'entendement, la raison, en un mot la faculté de connaître a reconnu et prononcé qu'une chose est bonne ou mauvaise à faire ou à ne pas faire, si la volonté, pour s'accorder avec la raison qui est sa loi, se décide à faire ce qui est ou lui paraît bon, en se décidant ainsi, elle a la conscience de pouvoir se décider autrement, et de ne faire ce qu'elle fait que parce qu'elle le veut, et par cela seul qu'elle veut être raisonnable. Transportons ceci à Dieu. Dieu, par sa raison, et surtout (je me hâte de le dire avec Platon [1]) par sa bonté, a vu qu'il était bon de créer le monde et l'homme; en même temps il était libre de le créer ou de ne le créer pas, et de ne pas suivre sa raison et sa bonté; mais il a suivi l'une et l'autre, parce qu'il est la raison et la bonté même. Dans celui où tout est infini, l'intelligence, la bonté et la liberté sont également infinies, et dans celui qui est l'unité suprême, elles s'unissent infiniment, de telle sorte qu'il est impie de placer dans la liberté divine les misères de nos incertitudes et nos luttes intérieures. Dans l'homme, la diversité des pouvoirs de l'âme se trahit par la discorde et le trouble. Les différents pouvoirs, l'intelligence, la bonté ou l'amour, et la libre activité sont déjà nécessairement dans l'auteur de l'humanité, mais portées à leur suprême puissance, à leur puissance infinie, distinctes

---

[1] Voyez *le Timée*, t. XII de notre traduction.

et unies tout ensemble dans la vie de l'éternelle unité. La théodicée est placée entre l'écueil d'un anthropomorphisme extravagant et celui d'un déisme abstrait. Le vrai Dieu est un Dieu vivant, un être réel dont tous les attributs, distincts et inséparables, se développent conformément à sa nature infinie, sans effort et sans combat. Otez l'intelligence divine, la conception du plan de ces innombrables mondes est impossible. Otez à Dieu la bonté et l'amour, la création devient superflue à qui n'a besoin de rien et se suffit à soi-même. Otez à Dieu la liberté, le monde et l'homme ne sont plus que le produit d'une action fatale et en quelque sorte mécanique, comme la pluie qui tombe du haut des nuages, ou comme l'eau qui coule de sa source. L'homme libre ne peut avoir pour cause qu'une cause libre; l'homme capable d'aimer a un père qui aime aussi; l'homme doué d'intelligence atteste une intelligence suprême. Cette induction si simple et si solide, empruntée à une psychologie sévère, et fondant une théodicée sublime; cette induction, si vieille dans l'humanité, si récente dans la science, et encore si violemment combattue par des adversaires différents, il ne faut pas la chercher au XVIe siècle et dans Vanini. Notre philosophe s'égare donc plus d'une fois dans le labyrinthe des difficultés, des objections, et des réponses accumulées sur la création. Au fond, il nie la liberté divine, et cela par la confusion déplorable de l'intelligence et de l'action. Il voit bien que Dieu a nécessairement conçu, comme convenant à sa sagesse et à sa bonté, de créer un monde qui portât quelques signes de lui, et surtout un être fait à son image; mais de cette nécessité tout intellectuelle et toute morale il conclut à la nécessité de l'action, ce qui paraît logique et cependant est contraire aux faits les plus manifestes qui se passent en nous et aux données les plus certaines de la plus simple psychologie. Embarrassé de toutes parts, Vanini commence et finit par en appeler de sa raison troublée aux décisions de l'Église[1]. On n'a donc après tout aucun reproche très-sérieux à lui faire.

Il y a plus : au milieu de cette controverse ténébreuse, éclairée de loin en loin par la foi chrétienne, je trouve un argument qui brille parmi tous les autres comme une lumière admirable, et qui, si Vanini s'y était solidement attaché et s'il l'eût suivi jusqu'au bout, aurait pu lui découvrir toute la vérité et le conduire au système des grandes inductions que nous venons d'indiquer. Laissons-le parler lui-même[2] :

« Je dirai brièvement d'Aristote ce que j'en pense : il est ici en contradiction avec lui-même, car il prétend que Dieu agit nécessairement, et cependant, dans l'*Éthique* et ailleurs, il fait l'homme libre. Ces deux opinions répugnent absolument et sont en quelque sorte réciproquement impossibles, car une cause nécessaire ne peut produire des effets contingents, mais nécessaires; de sorte que, si Dieu agit nécessairement, notre volonté n'est pas libre ; ce que je prouve ainsi : J'adresse cette question à Aristote : Notre volonté peut-elle, oui ou non, prendre tel ou tel parti, sans que tel ou tel motif la subjugue? Si elle ne le peut, elle n'est pas libre, ce qui est contre Aristote lui-même ; si elle le peut, Dieu le peut aussi à plus forte raison ; donc Dieu peut produire le mouvement ou le monde sans aucun

[1] *Amphith.*, p. 300.
[2] *Ibid.*, Exerc. L et dernier, p. 332.

mouvement qui ait précédé. Ce qui a porté Aristote à soutenir que Dieu agit nécessairement, c'est qu'il ne peut comprendre qu'un mouvement se produise sans un mouvement antérieur. Mais ce principe est faux, si l'on admet la liberté humaine. Donc, si la volonté humaine est libre, Dieu n'agit pas nécessairement; comme réciproquement, si Dieu agit avec nécessité, la volonté n'est pas libre. Il est donc évident qu'Aristote se contredit lui-même quand il affirme que Dieu agit nécessairement, et qu'en même temps il reconnaît dans l'homme une volonté libre. »

Vanini termine son livre en le soumettant sans réserve au pape Paul V, qui, « assis au gouvernail de l'Église comme un sage modérateur, rassemble en lui toutes les vertus répandues sur les divers pontifes de tous les siècles [1]. » Enfin, il ne veut pas quitter cet amphithéâtre de l'éternelle Providence sans entonner un hymne à sa gloire, et cet hymne est tout son système avec ses mérites et ses imperfections. Le Dieu que Vanini célèbre est le Dieu de l'univers bien plus que celui de l'âme; aussi sa poésie, fidèle image de sa philosophie, a-t-elle souvent de la force, quelquefois de l'éclat, mais aucun charme.

« Animée [2] du souffle divin, ma volonté emporte mon esprit : il va tenter une route inconnue sur les ailes de Dédale.

« Il entreprend de mesurer l'ineffable Divinité qui n'a ni commencement ni fin, et de la renfermer dans le cercle étroit de quelques vers.

[1] *Amphith.*, p. 334.
[2] *Ibid.*, p. 334-336.

« Origine et fin de toutes choses, origine, source et principe de lui-même, Dieu est son but et sa fin, sans avoir ni principe ni fin.

« En repos et tout entier partout, dans tous les temps et en tout lieu, distribué dans toutes les parties et demeurant toujours et partout indivisible ;

« Il est en chaque endroit sans être contenu dans aucun, ni enchaîné dans aucunes limites ; répandu tout entier dans l'espace entier, il y circule librement.

« Son vouloir est la toute-puissance, son action une volonté invariable ; il est grand sans quantité, bon sans qualité.

« Ce qu'il dit, il l'accomplit en même temps ; on ne sait qui précède de la parole ou de l'œuvre ; dès qu'il a parlé, voici qu'à sa voix tout l'univers a pris naissance.

« Il voit tout, il pénètre tout ; un en lui-même [1], seul il est tout, et dans son éternité il prévoit ce qui est, ce qui fut, ce qui sera.

« Toujours tout entier, il remplit tout son être, sans cesser d'être le même ; il soutient, meut et embrasse l'univers, et le gouverne d'un mouvement de son sourcil.

« Oh ! je t'invoque ! jette enfin sur moi un regard de bonté ! Unis-moi à toi par un nœud de diamant, car c'est la seule et unique chose qui puisse rendre heureux.

« Quiconque s'est uni à toi et s'attache à toi seul, celui-là possède tout ; il te possède, source inépuisable de richesses, et à qui rien ne manque.

« Partout nécessaire, nulle part tu ne fais défaut, et de toi-même tu donnes tout à toutes choses ; tu te

---

[1] Sens douteux, texte obscur.

donnes toi-même, toi en qui toutes choses doivent trouver tout.

« Tu es la force de ceux qui travaillent, tu es le port ouvert aux naufragés [1]....

« Tu es à nos cœurs le souverain repos et la paix profonde; tu es la mesure et le mode des choses, l'espèce et la forme que nous aimons.

« Tu es la règle, le poids et le nombre, la beauté et l'ordre, l'ornement et l'amour, le salut et la vie, la volupté souveraine avec son nectar et son ambroisie.

« Tu es la source de la vraie sagesse, tu es la lumière véritable, tu es la loi vénérable, tu es l'espérance qui ne trompe pas, tu es l'éternelle raison, et la voie, et la vérité;

« La gloire, la splendeur, la lumière aimable, la lumière bienfaisante et inviolable, la perfection des perfections, quoi encore? le plus grand, le meilleur, l'un, le même. »

En résumé, quelle conclusion faut-il tirer de l'ouvrage que nous venons de parcourir et d'analyser fidèlement? Supposons que cet ouvrage soit seul : en nous y renfermant, y trouvons-nous la haine du christianisme et l'athéisme? Nullement. Il y a partout semées des protestations peut-être outrées d'orthodoxie, une théodicée incomplète, fondée sur un seul principe, par conséquent des réfutations quelquefois insuffisantes des mauvais systèmes répandus au XVIe siècle, un déisme d'une qualité

---

[1] Je n'ai pas traduit, faute de les entendre, les deux derniers vers de cette strophe :

Tu fons perennis perstrepentes
Qui latices salientis ardens.

assez médiocre, et, comme on dirait aujourd'hui, quelques tendances équivoques, un péripatétisme qui incline fort à celui d'Averroës et de Pomponat : mais de là à l'impiété et à l'athéisme il y a loin, et, si nous étions appelés à juger Vanini sur ce livre seul, en conscience et ne croyant pas permis de condamner qui que ce soit par voie de conjecture et d'hypothèse, nous prononcerions d'après ce livre : Non, Vanini n'est pas athée.

Passons maintenant à l'examen de son second et dernier ouvrage, qui parut à Paris, un an après l'*Amphithéâtre*, sous ce titre : *Quatre livres de Jules-César Vanini, Napolitain, théologien, philosophe et docteur en l'un et l'autre droit, sur les secrets admirables de la Nature, reine et déesse des mortels* [1]. C'est au fond un traité de physique divisé en quatre livres : le premier, sur le ciel et l'air; le deuxième, sur l'eau et la terre; le troisième, sur la génération des animaux ; le quatrième, sur la religion des païens. Vanini, lui-même, nous apprend que cet écrit est un abrégé de ses *Mémoires physiques* [2]. Il avait aussi composé, à ce qu'il dit, des *Mémoires de Médecine* [3], ainsi que des commentaires sur le livre *de la Génération* d'Aristote [4]. Il fait encore allusion à un autre ouvrage dont il parle déjà dans l'*Amphithéâtre* et qu'il nomme *Physico-Magique* [5]. Il rappelle enfin un *Traité d'Astronomie* qu'il avait fait imprimer à Stras-

---

[1] Julii Cæsaris Vanini, Neapolitani, theologi, philosophi et juris utriusque doctoris, *De admirandis naturæ reginæ deæque mortalium Arcanis, libri quatuor*. Paris, 1616, in-12.
[2] *Dial.*, p. 301.
[3] *Ibid.*, p. 275.
[4] *Ibid.*, p. 172.
[5] *Dial.*, p. 31.

bourg, en caractères élégants[1]. S'il a jamais existé réellement, ce livre n'est point parvenu jusqu'à nous. Celui que nous possédons n'est nullement méprisable au point de vue scientifique ; c'est encore, il est vrai, la physique péripatéticienne, mais interprétée et développée selon son véritable esprit, et non plus à la manière des scolastiques. N'oublions pas que nous sommes ici avant Galilée, le créateur de la physique moderne, qui le premier en détermina la méthode, et lui donna pour règles l'expérience et le calcul. Galilée a été pour la physique ce qu'a été Descartes pour la métaphysique. Avant l'un, tous les efforts pour sortir de la scolastique et arriver à la vraie philosophie sont impuissants ; avant l'autre, on cherche avec ardeur la vraie physique ; on ne l'a point trouvée. Une foule d'essais ingénieux et hardis paraissent incessamment d'un bout à l'autre de l'Italie, et attestent au moins une fermentation puissante ; on étudie la nature un peu au hasard, mais avec liberté et avec passion, et, pour que la science se fasse, il ne manque plus qu'un homme de génie. Pour bien juger des hommes tels que Telesio, Cesalpini, Cardan, Pomponat, ce n'est pas avec les sobres génies du XVIIe siècle, avec Galilée, Descartes et Newton, qu'il les faut comparer, c'est avec leurs devanciers du moyen âge. Les observations de détail s'accumulent, et les théories se préparent. Les hypothèses antiques dominent encore l'esprit humain, et l'idée même du calcul appliqué aux phénomènes fournis par l'expérience n'est pas encore née ; mais ces hypothèses même sont comme le

---

[1] *Typis elegantissimis. Dial.*, p. 252.

passage nécessaire des ténèbres du moyen âge à la lumière de la science moderne.

Vanini est, en physique comme dans tout le reste, de l'école d'Aristote et de Pomponat. Il traite ici les platoniciens à peu près comme il l'a déjà fait dans l'*Amphithéâtre* [1]. Aristote est pour lui « [2] le philosophe par excellence, le maître, le dictateur, le dieu de la philosophie; » il l'appelle « le grand pontife de la sagesse; » il invoque *ses mânes* et son *divin génie;* il se vante d'être *son nourrisson*. Alexandre d'Aphrodisée est nommé aussi avec de grands éloges [3]. Parmi les modernes et les contemporains, Vivès est traité avec dédain [4], et Képler avec honneur [5]. Vanini loue souvent ses compatriotes Scaliger [6], Fracastor [7], Cardan [8], et surtout Pomponat, qu'ici [9], comme dans l'*Amphithéâtre*, il appelle *son maître*. Peut-être ne serait-il pas sans intérêt de comparer la physique de Vanini avec celle du célèbre Bolonais. Il nous suffit de re-

---

[1] *Dial.*, p. 9 : « Perplebeii sane ingenioli homines »; p. 401 : « Platonicorum fabellas »; p. 453, etc.

[2] *Ibid.*, p. 33, 49, 89, etc. : « Philosophus »; p. 261, 117 : « Philosophorum magister »; p. 7 : « Supremus humanæ sapientiæ dictator »; p. 9, 396, etc. : « Philosophorum Deus »; p. 9 : « Sapientum pontifex maximus Aristoteles; » p. 3, 184, etc. : « Per sacros Aristotelis manes »; p. 184 : « Quem ut sacrosanctum philosophiæ numen deveneror »; p. 11 : « Aristotelis namque sum alumnus, nec pœnitet. »

[3] *Ibid.*, p. 18 : « Nectarea divini viri verba in medium adducas » p. 43, etc.

[4] *Ibid.*, p. 197 : « Quid Vives senserit, parum curo. »

[5] *Ibid.*, p. 36 : « Ita mathematicus Joannes Keplerus refert. »

[6] *Ibid.*, p. 217, 227 : « Scaliger philosophorum princeps. »

[7] *Ibid.*, p. 74, 78, 81, 145, 155, etc.

[8] *Ibid.*, p. 11 : « Subtilitatum professor, et de nobis optime meritus »; p. 65 : « Magni nominis philosophum »; p. 107 : « Præceptor », etc.

[9] *Ibid.*, p. 20 : « Per Pomponatii præceptoris tui genium »; p. 140 : « Pomponatius præceptor meus, etc. »; p. 374 : « Divinus præceptor »; p. 373 : « Nostri seculi philosophorum princeps. »

connaître que l'esprit qui préside aux recherches du premier anime celles de son audacieux et infortuné disciple. Partout le surnaturel est ramené le plus possible au naturel : les présages, les oracles sont expliqués par des causes physiques. Laissons à d'autres le détail. Ce n'est pas le physicien que nous étudions dans Vanini, c'est surtout le philosophe, et nous voulons savoir si ce nouvel ouvrage contient la même philosophie que le précédent. Écartons encore toutes les conjectures et les interprétations diverses des historiens; n'écoutons que Vanini lui-même. Tout à l'heure nous l'avons vu, en apparence au moins, zélé catholique et défenseur de la divine Providence. Est-il le même ici? est-il encore chrétien? admet-il encore un Dieu?

Répondons d'abord en disant que deux docteurs de Sorbonne, Edmond Corradin, frère gardien du couvent des franciscains de Paris, et Claude-le-Petit, docteur régent, chargés d'examiner le livre de Vanini, l'ont autorisé sans aucune réserve. Dans l'approbation imprimée, ils déclarent expressément qu'ils n'y ont rien trouvé de contraire ou de répugnant à la religion catholique, apostolique et romaine; qu'ils le tiennent même comme un ouvrage plein d'esprit et très-digne d'être livré au public [1]. Voilà donc la Sorbonne en quelque sorte caution de l'orthodoxie de Vanini. Mais passons plus avant, et considérons le livre en lui-même.

Comme nous l'avons déjà dit, c'est un traité de phy-

---

[1] *Dial. Approbatio.* — Rosset, *Histoires tragiques*, dit que plus tard la Sorbonne fit de nouveau examiner les *Dialogues* et les condamna au feu. Lui seul parle ainsi sans citer ses autorités. Cette condamnation tardive est une supposition : l'approbation est certaine.

sique; cependant la forme est loin d'en être aussi didactique que celle de l'*Amphithéâtre*. C'est une suite de dialogues où l'auteur, sous le nom de Jules-César, donne à un de ses amis et de ses admirateurs, appelé Alexandre, toutes les explications que celui-ci lui demande sur des phénomènes de physique, en y introduisant bien d'autres choses selon le caprice de la conversation ou selon le dessein de l'interlocuteur principal.

Dans un *Avis de l'imprimeur*, on lit que ce livre a été dérobé à Vanini, copié et publié sans son consentement, mais non pas malgré lui, l'auteur ayant fini par donner les mains à tout ce qu'on avait fait[1]. Si cette note dit vrai, un ouvrage arraché à Vanini, et publié tel qu'il l'avait écrit pour lui-même, doit contenir sa secrète pensée. Quelle est donc cette pensée?

Le titre, en vérité, se présente assez mal : *Des Secrets admirables de la Nature, reine et déesse des mortels;* c'est, ce semble, le contre-pied de celui-ci : *Amphithéâtre de l'éternelle Providence*. Le livre est dédié à Bassompierre, homme de guerre et de plaisir, dont on ne s'attendait pas à trouver le nom en tête d'un ouvrage de philosophie; et on ne lui voit guère d'autre droit à cette dédicace que sa munificence connue. Vanini en fait un saint, et, jouant sur son nom, il nous donne *Bassompierre* comme la *base de l'église de saint Pierre*[2]. Le grand seigneur a pu rire un moment de ce jeu de mots, mais il a dû être plus touché d'une flatterie d'un genre différent et mieux assortie à ses habitudes. Vanini,

---

[1] *Dial.* — *Typographus lectori.*
[2] *Ibid.*, dédicace, p. 7 : *Bassompetræus Petri S. Ecclesiæ basis.*

après avoir épuisé l'énumération des qualités de son héros, en vient à sa beauté, « à cette beauté qui lui a gagné, dit-il, l'amour de mille héroïnes plus charmantes qu'Hélène. » Pour être juste, il faut ajouter que ce galant compliment se termine en un argument théologique; car la beauté de Bassompierre n'attire pas seulement les femmes, elle accable les athées, qui, « frappés de l'éclat et de la majesté de ce visage, n'osent plus soutenir que l'homme n'est pas l'image de Dieu. » Nous savons que les dédicaces du commencement du XVIIe siècle, même sous d'autres plumes que celle de Vanini, sont en possession d'être fort ridicules; cependant celle-ci passe la permission, et, jointe au titre, elle forme un assez triste préambule à un livre de philosophie.

Eh bien! le livre est digne du préambule. Nous l'avons lu d'un bout à l'autre avec attention, sans aucun préjugé, et dans l'ensemble comme dans les détails, dans le ton général comme dans les principes, nous trouvons à découvert ce que nous n'avions pas vu, ou plutôt le contraire de ce que nous avions vu dans l'*Amphithéâtre*; et, avec la même sincérité que nous avions absous le précédent écrit, nous déclarons celui-ci coupable. Il est coupable envers le christianisme, envers Dieu, envers la morale. Nous pouvons dire aujourd'hui la vérité tout entière : nous ne témoignons pas devant le parlement de Toulouse, mais devant l'histoire, qui, moins impitoyable que les hommes parce qu'elle est plus éclairée, ne peut assurément s'indigner et s'étonner de rencontrer dans un philosophe du XVIe siècle les erreurs et la licence de son temps. Disons-le donc sans hésiter : oui, dans les *Dialogues*, Vanini est un ennemi mal dissimulé du christianisme. Il n'a guère d'autre Dieu que la nature. Sa morale est celle d'Épicure, et, à l'en croire lui-même, sa doctrine a un peu passé dans ses mœurs. Il n'y a qu'à ouvrir au hasard les *Dialogues*, pour recueillir à pleines mains des preuves abondantes de ces assertions.

Sans doute Vanini enveloppe encore de quelques précautions ses attaques contre le christianisme; mais les voiles sont de plus en plus transparents. Ici, comme dans l'*Amphithéâtre*, il introduit des impies, tantôt Belges, tantôt Anglais, développant leurs maximes; mais, dans l'*Amphithéâtre*, il y fait souvent de solides réponses, tandis que, dans les *Dialogues*, il répond avec une faiblesse qui n'a pu lui échapper à lui-même. C'est Descartes qui le premier a élevé ce reproche[1]; il est fondé, mais il s'applique aux *Dialogues* seuls, et non pas à l'*Amphithéâtre*. Ces deux ouvrages sont entièrement différents et forment le contraste le plus singulier. Vanini nous apprend[2] lequel des deux contient sa vraie pensée : « J'ai écrit beaucoup de choses dans l'*Amphithéâtre* auxquelles je n'ajoute pas la moindre foi. *Multa in hoc libro scripta sunt, quibus a me nulla præstatur fides. Cosi va il mondo.* » Et son interlocuteur Alexandre s'empresse de répondre sur le même ton : « Ce monde est une prison de fous. *Questo mondo è una gabbia di matti*, » se hâtant d'ajouter : « à l'exception des princes et des papes. » Cette déclaration tardive obscurcit à nos yeux tout l'*Amphithéâtre*, et ne nous permet

---

[1] *Lettre à Voët*, t. XI de notre édition, p. 185 : « des arguments faibles et équivoques à dessein. »
[2] *Dial.*, p. 428.

plus de discerner quand Vanini dit vrai et quand il ment ; nous savons seulement et de lui-même qu'il ment beaucoup. Il a beau répéter[1] qu'il se soumet à la sainte église romaine, il a beau en appeler à son *Apologie pour la Religion mosaïque et chrétienne ;* quel respect pour le christianisme peut s'accommoder de toutes les plaisanteries et même de toutes les injures qu'il répand sur les objets les plus vénérés du culte chrétien? Lui-même, c'est-à-dire l'interlocuteur qui le représente, Jules-César, explique par l'action de la lune la résurrection de Lazare. Après avoir essayé de prouver qu'il n'y a point de démons, comme Alexandre lui fait cette objection : « S'il n'y a point de démons, comment les mages de Pharaon ont-ils pu faire tant de miracles? » il répond : « Les philosophes qui nient les démons méprisent les histoires des Juifs[2]. » Ailleurs : « Je ne veux pas nier la puissance de l'eau lustrale, puisque le pape l'a décorée d'innombrables priviléges.... ; mais, pour parler en philosophe[3], je dirai.... » Quelquefois, il met son opinion dans la bouche d'un athée qu'il ne réfute pas ou qu'il réfute très-mal. Ainsi, il développe avec complaisance d'assez mauvaises plaisanries sur saint Paul et sur le mariage mystique du Christ avec l'Église; il laisse dire, sans y faire la moindre objection, que « les enfants qui naissent avec l'esprit faible sont par là d'autant plus propres à devenir de bons chré-

---

[1] *Dial.*, p. 406, 495, etc.

[2] *Ibid.*, p. 480... *J. C.* : « Philosophi qui negant dæmones, sacras Hebræorum historias contemnunt. »

[3] *Ibid.*, p. 407... *J. C.* : « Non ego lustralis aquæ vires inficiabor, quando... ; neque asseram pauculas duntaxat latinas voculas, etc... sed ita philosophabor..... »

tiens¹. » On comprend que, dans un ouvrage de controverse, et même dans l'*Amphithéâtre*, il soit nécessaire et loyal de rappeler une foule de raisonnements impies pour les réfuter; mais ici tous ces raisonnements n'avaient que faire. Ils sont introduits gratuitement, et comme la plupart du temps Vanini ne leur fait d'autres réponses que de vagues protestations de soumission à l'autorité religieuse, ils produisent le plus mauvais effet, troublent ou égarent le lecteur. Pourquoi, par exemple, dans un livre de physique, agiter la question de la divinité de Jésus-Christ? Voici un athée qui se confond en éloges suspects sur l'habileté du Christ, comme s'il s'agissait d'un politique ou d'un philosophe. Alexandre lui oppose cet argument : La mort de Jésus-Christ est celle d'un insensé ou celle d'un dieu. Or, d'après toi-même, il n'était pas un insensé, donc il était Dieu. L'athée répond que ce n'était pas être insensé que d'acquérir l'immortalité de son nom par le sacrifice de quelques jours de cette vie. Jules-César intervient pour dire qu'il a réfuté ces sottises dans un écrit : *Du Mépris de la gloire* ². Mais le lecteur n'a pas ce livre, et les arguments de l'athée subsistent. On pourrait citer une foule d'exemples semblables ³. Le dernier résultat est incontestablement une impression très-défavorable au christianisme.

---

¹ *Dial.*, p. 354-356... « Ex quo stupidos nasci contingit liberos atque inertes, et per consequens christianæ religioni, quæ pauperibus spiritu beatitudinem pollicetur, suscipiendæ satis idoneos. »
² *Dial.*, p. 357-360 : « .... in libello *De contemnenda gloria.* » Ailleurs, p. 369, il cite un autre ouvrage qu'il aurait composé : *De vera sapientia.*
³ Voyez particulièrement les pages 91, 326-327, etc., 349, 487-488.

Nous avons déjà vu quelle est au fond la théodicée de Vanini ; elle se réduit à concevoir à ce monde fini et limité un principe éternel et infini, principe qui n'est pas une cause, ni par conséquent une volonté, ni par conséquent encore une providence véritable avec les caractères qui lui appartiennent. Nous retrouvons ici cette même théodicée avec ses conséquences à peu près avouées. Les deux interlocuteurs, Alexandre et Jules-César, s'accordent à rejeter l'opinion d'Aristote, que Dieu a donné la première impulsion au monde, et, pour parler le langage péripatéticien, qu'il est le moteur du premier ciel[1]. Alexandre : « J'ai lu cela, si je m'en souviens bien, dans le XII° livre de la *Philosophie première* (la *Métaphysique*), mais je ne suis pas de cet avis. — Ni moi non plus, dit Vanini. » Et on allègue l'autorité d'Alexandre d'Aphrodisée qui donne Dieu, non comme le moteur, mais comme la fin des choses ; on l'appelle un homme divin, ses paroles sont célestes, *nectarea divini viri verba* ; on traite de fable la doctrine des plus grands péripatéticiens, que l'intelligence est la cause du mouvement de rotation du premier ciel. « S'il en était ainsi, dit Vanini, l'intelligence serait au monde comme une bête de somme attachée à une meule qui tourne. D'ailleurs un moteur suppose un point d'appui, et sur quoi voulez-vous que s'appuie une pure intelligence ? Enfin, d'après Aristote lui-même, tout ce qui meut est nécessairement mû ; or, rien n'est mû que ce qui est matériel, selon Averroës. L'intelligence, étant immatérielle, ne peut être mue ; réciproquement elle ne peut être cause de mouvement. » L'interlocuteur de Vanini propose timi-

[1] *Dial.*, p. 17 seqq.

dement la vraie réponse à ces raisonnements sophistiques : L'âme, qui est immatérielle, se meut elle-même; elle est bien la cause de ses propres mouvements, et pourtant elle se meut sans point d'appui, elle se meut sans être mue par un autre moteur ; et il y a bien plus : tout immatérielle qu'elle est, en se mouvant elle-même, elle meut le corps qui est matériel. Pourquoi donc l'intelligence suprême ne pourrait-elle faire ce que fait la nôtre, se mouvoir elle-même et mouvoir le ciel? Jules-César se contente de répondre que ce n'est là qu'une mauvaise comparaison[1], et, sans rien prouver, il affirme que l'âme ne se meut point elle-même, ce qui est contraire aux faits les plus certains, mais qu'elle meut le corps et qu'elle est mue par le corps ; comme si, dès qu'il accorde que l'âme meut le corps, il ne s'ensuivait pas qu'un être immatériel peut mouvoir un être matériel, à moins qu'au fond, sans le dire ici, on n'accorde pas que l'âme soit immatérielle. Quand Vanini prétend que la réponse d'Alexandre n'est qu'une mauvaise comparaison, nous lui dirons à notre tour que c'est à lui-même et à sa manière de raisonner qu'il devrait adresser ce reproche. Il part des lois de l'ordre matériel, où en effet, la première impulsion étant supposée, tout corps qui meut a lui-même un moteur, tout ce qui est mu est corps, tout ce qui meut est corps aussi, et n'agit qu'avec un point d'appui matériel. Voilà bien les lois de l'ordre matériel. Transporter ces lois dans l'ordre intellectuel, c'est raisonner par voie d'analogie en choses essentiellement dissemblables : c'est donc faire la plus défectueuse des comparaisons, tandis que conclure de l'âme à Dieu,

---

[1] *Dial.*, p. 19 : « Parum aptam comparationem. »

c'est conclure, sinon du même au même, au moins du semblable au semblable, de l'ordre spirituel à l'ordre spirituel : induction rigoureusement légitime, pourvu qu'il soit tenu compte aussi des différences.

Une fois que Dieu n'est plus qu'une substance infinie, dépourvue de puissance causatrice, qu'est-ce que l'homme, qu'est-ce que le monde par rapport à Dieu?

Le monde est l'ensemble des êtres finis, que Dieu surpasse de son infinitude, mais qu'il n'a pas faits, qu'il n'a produits ni avec son intelligence ni avec sa volonté, car il n'a pas de volonté ; et son intelligence, si toutefois il en a, ne peut être un principe de mouvement ; de sorte que le monde, n'ayant pas de cause, tout fini et borné qu'il est, est nécessairement éternel. Voilà ce que devait dire Vanini avec plus d'audace et de conséquence ; mais il s'exprime avec un embarras qui trahit malgré lui sa vraie pensée.

« Dieu[1] ne pouvait faire le ciel égal à lui et infini en puissance ; mais il le fit semblable à lui, et infini en durée. Il faut dire que le ciel est fini en grandeur et en puissance,

---

[1] *Dial.*, p. 30 : « Cœlum igitur finitum magnitudine ac potestate dicendum est, duratione vero infinitum, propterea quod alium Deum Deus facere nequivit : fecisset autem, si fecisset infinitum potestate ; idcirco infinitum ævo fecit, quia sola hæc rei creatæ perfectio evenire poterat. Sed subtilius rem expendam]: primum principium non potuit quicquam efficere quod sui esset aut simile penitus aut dissimile : non simile, quia, quod fit patitur, quod patitur a potiore, non a simile patitur; dissimile non potuit, quia actio et agens in ipso non differunt. Quamobrem cum Deus sit unus, mundus fuit unus et non unus ; cum sit omnia, mundus fuit omnia et non omnia ; cum sit æternus, mundus fuit æternus et non æternus. Quia unus est, æternus, non enim habet comparem aut contrarium ; quia non unus, non æternus, ex contrariis enim ac mutua corruptione grassantibus partibus constitutus : ejus igitur æternitas in successione, unitas in continuatione. — *Alex.* : Plus homine sapis. »

mais qu'il est infini en durée, parce que Dieu n'a pu faire un autre Dieu, et qu'il eût fait un autre Dieu, s'il eût fait le monde infini en puissance, mais qu'il le fît infini en durée, parce que c'est là la seule perfection que puisse avoir une chose créée. Exprimons la chose plus philosophiquement. Le premier principe ne pouvait produire quelque chose qui lui fût absolument semblable ou absolument dissemblable; ni semblable, car tout ce qui est fait par un autre suppose quelque chose qui lui est supérieur; ni dissemblable, parce qu'en Dieu l'agent et l'action ne diffèrent pas. Ainsi, comme Dieu est un, le monde a été un sans l'être absolument; comme Dieu est tout, le monde a été tout et non pas tout; comme Dieu est éternel, le monde a été éternel et non éternel. Parce que le monde est un, il est éternel, car il n'a ni semblable ni contraire; et parce qu'il n'est pas un, il n'est pas éternel, car il est composé de parties contraires qui se détruisent réciproquement et renaissent de cette corruption mutuelle, en sorte que l'éternité du monde consiste dans la succession, et son unité dans la continuité. »

Et Alexandre s'écrie : « Ta sagesse est plus qu'humaine. »

La moindre attention découvre ici une contradiction manifeste. Vanini déclare tour à tour que le monde est éternel et qu'il ne l'est pas. Il faut opter entre ces deux opinions. Vanini adopte tantôt l'une et tantôt l'autre. Ici[1] il rapporte et réfute tous les systèmes anciens qui aboutissent à identifier Dieu et le monde. Il attribue même à

---

[1] *Dial.*, p. 362.

Platon cette extravagance, à laquelle Platon n'a jamais pensé. « Platon, dit-il, ne reconnaissant rien de parfait que Dieu, et admettant la perfection absolue du monde, a été forcé de faire du monde et de Dieu une seule et même chose. » Pourtant il s'avise que Platon n'a pas dit tout à fait cela : « Chez Platon lui-même [1], le monde a commencé : il n'est donc pas absolument parfait, puisqu'il a eu besoin d'un premier principe pour être ce qu'il est. » Ailleurs, s'il admet comme chrétien que le monde a commencé, il ne l'admet pas comme philosophe : « [2] Je confesse ingénument que la religion seule me persuade que la mer aura une fin.... Quant au commencement de la mer (s'il est permis à un philosophe de dire que le monde ait commencé).... » « Détestant, par soumission à la foi chrétienne, cette opinion que le monde est éternel, je dirais : Si le monde a eu un commencement, les fleuves, etc. [3].... » « Pour moi, je conclurais de tout cela, si je n'étais pas chrétien, que le monde est éternel [4]. »

Ces derniers passages prouvent que, selon la plus sincère opinion de Vanini, le monde est éternel, c'est-à-dire infini quant à la durée. Le voilà déjà égal à Dieu en durée ; il n'y a plus d'autre différence entre le monde et Dieu que celle de la grandeur et de la puissance. C'est encore quelque chose, mais c'est bien peu, et il ne faudra

---

[1] *Dial.*, p. 365.
[2] *Ibid.*, p. 102 : « Ingenue fateor sola mihi religione persuaderi, mare habiturum esse finem..... an et a quibus mare initium habuerit (si mundi inchoationem prædicare fas est philosopho) libenter responderem... »
[3] *Ibid.*, p. 94 : J. C. : « Detestans in obsequium christianæ fidei opinionem de mundi æternitate, dicerem sic : si mundus habuit initium, etc. »
[4] *Ibid.*, p. 135 : « J. C. : Ego vero concluderem, si christianus non essem, mundi æternitatem. »

pas un grand effort pour en venir à conclure que le monde, ce monde infini en durée, qui n'a pas eu de commencement et qui ne peut avoir de fin, se suffit à lui-même, est gouverné par des lois qui lui sont propres, et non par la volonté d'un être étranger. Déjà le titre du livre semble faire de la nature le seul vrai Dieu : *la Nature, reine et déesse des mortels.* Dans l'ouvrage même [1], Jules-César dit expressément de la loi naturelle qu'elle a été « gravée dans le cœur de tous les hommes par la nature, qui est Dieu, *ipsa natura, quæ Deus est.* » Voici qui est plus clair : « Si je n'avais été nourri dans les écoles chrétiennes, je tiendrais pour certain que le ciel est un être vivant mu par sa propre forme, laquelle est son âme.... La figure circulaire était celle qui convenait le mieux à l'éternité et à la divinité de cet animal céleste [2]. » Et il invoque l'autorité d'Aristote dans le *Mouvement des Animaux*, et surtout dans le livre deuxième de *l'Ame.* Il s'appuie sur la définition péripatéticienne : *l'âme est l'acte d'un corps organique doué de vie.* L'interlocuteur de Vanini, Alexandre, essaie de tirer des lois permanentes du monde la preuve de l'assistance d'une intelligence divine. Jules-César répond : « Comment, dans le grossier mécanisme d'horloges fabriquées par un Allemand ivre, ne trouve-t-on pas un mouvement réglé? Pour ne rien dire du mouvement de la fièvre tierce et de la fièvre quarte, qui arrive et s'en va à des intervalles certains, sans jamais dépasser d'un moment le point

---

[1] *Dial.*, p. 366.
[2] *Ibid.*, p 20-21.

marqué; le flux et le reflux de la mer n'a-t-il pas des époques fixes, en vertu de sa seule forme, c'est-à-dire de la pesanteur, comme vous dites vous autres péripatéticiens? De même, lorsque je vois le ciel obéir toujours au même mouvement, je dis que c'est sa forme seule qui le meut, et non pas la volonté d'une intelligence. — ALEXANDRE : J'en tombe d'accord [1]. »

Qu'est-ce que l'homme, et que deviennent dans un pareil système l'immatérialité et l'immortalité de l'âme? Si Vanini n'ose pas dire en son propre nom « qu'esprit vient de respirer (*spiritale a spirando*) [2], et que respirer est un phénomène qui tient fort à la matière, » il expose complaisamment cette théorie; il prétend que tous les grands philosophes ont fait l'âme matérielle : Hippocrate, les stoïciens, Aristote, Platon même, et, après avoir autorisé le matérialisme en lui donnant fort gratuitement de tels défenseurs, pour toute réfutation il en appelle à la religion [3]. On a déjà vu que dans l'*Amphithéâtre* Vanini laissait paraître quelques doutes sur l'immortalité de l'âme. Ici il refuse toute explication à cet égard, et le motif qu'il donne de son silence paraîtra, je crois, l'explication la moins équivoque. « ALEXANDRE : Dis-moi, mon cher Jules, ton sentiment sur l'immortalité de l'âme.—JULES-CÉSAR : Excuse-moi, je te prie. — ALEXANDRE : Pourquoi cela? — JULES-CÉSAR : J'ai fait vœu à mon Dieu de ne pas traiter cette question avant d'être vieux, riche et Allemand [4]. »

---

[1] *Dial.*, p. 21-22 : « A sua forma non ab intelligentiæ voluntate moveri. »
[2] *Ibid.*, p. 345.
[3] *Ibid.*, p. 346.
[4] *Ibid.*, p. 492 : « J. C. : Vovi Deo meo quæstionem hanc me non pertractaturum, antequam senex, dives et Germanus evasero. »

S'il pouvait rester quelque incertitude sur le matérialisme de Vanini, lui-même prend soin de la dissiper par la triste morale qu'il professe ouvertement. Il ne fait pas difficulté de soutenir que la vertu et le vice ne sont autre chose que les fruits nécessaires du climat, et qu'ils dépendent de la constitution atmosphérique, du système de nourriture, des humeurs que les parents nous ont transmises, et surtout de l'influence des astres. « En quoi certains aliments nuisent-ils à l'honnêteté ? Voici comment je raisonne : c'est de l'alimentation que dépendent les esprits animaux, par conséquent c'est d'elle que viennent la vertu et le vice. On le prouve ainsi : les esprits animaux sont les instruments de l'âme sensible ; l'âme sensible est l'instrument de l'âme intelligente, et tout agent opère conformément à la nature de son instrument : donc, etc. [1] » « Nos vertus et nos vices dépendent des humeurs et des germes qui entrent dans la composition de notre être [2]. » Enfin, l'influence des astres est partout dans les *Dialogues*.

Du moins ici, on ne peut pas reprocher à notre philosophe d'être inconséquent à ses principes. Avec une pareille philosophie, en vérité qu'avons-nous à chercher en cette vie, sinon les plaisirs des sens ? Et en effet, telle est l'unique fin, l'unique règle, l'unique ressort que Vanini donne

---

[1] *Ibid.*, p. 348 : « *J. C.* : Tunc sic infero : si ex alimento fiunt spiritus animales, ergo et ab alimentis morum probitas et malitia nobis accidit. Consecutio probatur : nam animales spiritus sentientis animæ instrumenta sunt, sentiens autem intellectivæ instrumentum est, at quodlibet agens juxta instrumenti naturam operatur: quare, etc. »

[2] *Ibid.*

à toutes nos actions. Pas un mot sur la liberté, pas un mot sur la vertu désintéressée, pas un mot sur le bonheur d'une conscience honnête. En revanche, que de détails sur tous les plaisirs des sens, et en particulier sur ceux de l'amour! Bien entendu qu'il ne s'agit pas de ce noble sentiment qui unit deux âmes l'une à l'autre, en mêlant quelquefois à ce lien sublime un lien moins pur : il s'agit seulement de l'amour sensuel, de la Vénus la plus vulgaire. C'est ici, il est vrai, un ouvrage de physique et de physiologie, dont un livre entier, le troisième, est consacré à l'explication des mystères de la génération ; mais le langage de la science, en traitant de pareilles matières, peut être chaste encore, et celui de Vanini ne l'est point. Nous ne repoussons aucune des explications scientifiques de Vanini, quoiqu'elles nous semblent un peu extraordinaires dans une bouche ecclésiastique ; ce que nous condamnons, ce sont les réflexions gratuitement indécentes qui y sont mêlées, c'est surtout l'épicuréisme effronté qui prodigue les maximes relâchées, les anecdotes licencieuses et les peintures déshonnêtes. Le lecteur voudra bien nous dispenser de fournir les preuves de ce que nous avançons ; nous le renvoyons à l'ouvrage même. L'interlocuteur de Vanini, Alexandre, transporté de tout ce qu'il entend, s'écrie [1] qu'au lieu d'imiter Aristote, qui dépensa à l'étude des animaux l'argent que lui envoyait son illustre élève, il avait, lui, dépensé toute sa fortune pour acquérir et entretenir un charmant petit animal. « Tu as fort bien fait, »

---

[1] *Dial.*, p. 186 : « *Al.* : Ego profecto adolescentulus patrias opes expendi in unius animalculi usum. — *C.* : Non deerunt qui dicant te meliorem elegisse partem.

lui répond Vanini. Et les deux amis résument le but de la vie dans ces vers de l'*Aminte :*

> Est perdu tout le temps
> Qui n'est pas employé à aimer [1].

Voilà le fond de la théorie : les détails surpassent la plus grande liberté philosophique [2]. Parmi les passages impudiques qui surabondent dans les *Dialogues*, il en est un que l'on peut citer à la rigueur : c'est celui où, à l'occasion de ce prétendu principe, que les enfants légitimes sont moins beaux que les enfants naturels, il en vient à regretter de n'être pas un enfant de l'amour, car alors il aurait reçu de la nature plus de beauté, de force et d'esprit. Il faut voir dans quel style tout cela est exprimé [3]. Vanini a beau dire qu'il a fait ce souhait en songe : voilà, certes, un songe fort malhonnête. A notre grand regret, et pour remplir jusqu'au bout notre tâche d'historien fidèle, il nous faut ajouter que nous avons trouvé deux endroits d'un autre genre, et plus fâcheux peut-être, qui prouvent qu'au moins l'imagination de Vanini participait à la dépravation des mœurs italiennes du XVIe siècle. Que le lecteur lise, s'il lui plaît, le discours qu'adresse à Vanini son domestique et son écolier, le jeune et beau Tarsius [4], et l'ap-

---

[1] *Dial.,* p. 495 :
> Perduto è tutto il tempo
> Che in amar non si spende.

[2] Voyez p. 77, 199-210, 221-230, 247-259, 311, 314, 327, 329.

[3] *Dial.,* p. 321-322 : « *J. C.* : O utinam (hoc erat somnium) extra legitimum ac connubialem torum essem procreatus! Ita enim progenitores mei in venerem incaluissent ardentius, ac cumulatim affatimque generosa semina contulissent, e quibus ego formæ blanditiem et elegantiam, robustas corporis vires, mentemque innubilam consecutus fuissem; at quia conjugatorum sum soboles, his orbatus sum bonis. Sane pater meus, etc. »

[4] *Ibid.,* p. 351 : « *Tarsius :* Ab universo meo corpore, quod humidum et

probation que le maître donne à un étrange précepte de Galien[1]. Hâtons-nous de dire cependant que sur ce point il n'y a dans les *Dialogues* que des maximes générales et non des aveux personnels. Soyons justes envers Vanini ; il ne parle que de ses maîtresses ; mais il se complaît à nous les faire connaître ; l'une, il le dit lui-même, s'appelait Laure[2], l'autre Isabelle ; il faisait pour celle-ci de jolies chansons, et il tient à ce que la postérité sache qu'il la nommait *son œil gauche*[3]. Car, il faut le dire, Vanini est tellement occupé de lui-même, qu'il nous entretient soigneusement de tout ce qui se rapporte à sa personne. Il nous parle de la noble origine de sa mère[4], de l'âge qu'avait son père lorsqu'il eut un tel fils[5] ; il raconte les aventures qui lui sont arrivées dans son enfance et dans sa jeunesse[6] ; il nous dit où il était l'année dernière[7]. Il nous apprend que, malgré les infirmités précoces, nées de ses longues veilles, il est bien fait, d'un visage agréable qu'il doit à sa mère, d'une humeur enjouée qu'il doit à son père[8]. Pour

sanguineum pulchra natura efformavit, calidi emanant vapores qui non modo ova, sed frigescentis hiberno tempore philosophi membra excalefacere possent. »

[1] *Dial.*, p. 182-183 : « J. C. : Galeni consilio acquiescendum.—*Al.* : Quale illud est? — *J. C.* : *Inter ea autem* (ait) *quæ foris applicantur boni habitus puellus est una sic accubans ut semper abdomen contingat*... »

[2] *Ibid.*, p 159-160 : « J. C. : ... Nam et Laura olim amasia mea. »

[3] *Ibid.*, p. 298 : « J. C. : ... Hinc venit mihi in mentem subiratam semel mihi fuisse Isabellam amasiam meam, quod in quadam cupidinea cantiuncula sinistrum meum oculum illam appellassem. »

[4] *Ibid.*, p. 493 et 259.

[5] *Ibid.*, p. 322.

[6] *Ibid.*, p. 55, 113, 161, 266-267, 306, 424, etc.

[7] *Ibid.*, p. 219, 466, etc.

[8] *Ibid.*, p. 322 : « Quod si excelsus nunc mihi est animus, grata forma, corpusque paucis obnoxium infirmitatibus, inde evenit, quod pater meus, etsi senex, blandus tamen atque hilaris erat, ejusque ob senium frigescentia membra adolescentula uxor complexa fovebat.

son esprit, son savoir, son éloquence, il les fait louer avec excès par son interlocuteur Alexandre, et montre partout une vanité portée jusqu'au ridicule. Alexandre l'appelle « le prince des philosophes, le dictateur des lettres, l'Hercule de la vérité [1]. » Aristote et Albert le Grand ne sont rien auprès de lui [2]. Enfin, après avoir épuisé toutes les formules de l'éloge, il termine ainsi : « Avec une telle sagesse, il ne me reste plus qu'à te dire : Tu es un dieu ou Vanini. » Et Jules César répond avec modestie : « Je suis Vanini [3]. »

Après cette analyse ingrate, mais fidèle, devant ces longs extraits d'une fatigante exactitude, et cet amas de témoignages tirés de Vanini lui-même, avec l'impartialité la plus rigoureuse, est-il possible de ne pas conclure de tous ces passages authentiques : Oui, l'auteur des *Dialogues* est impie? Le pâle déisme qui s'y trouve encore de loin en loin, s'évanouit le plus souvent dans une sorte de déification de la nature, et dans ce qu'on appellerait aujourd'hui à bon droit le panthéisme. Vanini n'admet philosophiquement ni l'immatérialité ni l'immortalité de l'âme. Sa morale, conforme à sa métaphysique, rejette la distinction essentielle du bien et du mal, et tire la vertu et le vice de circonstances extérieures, étrangères à la raison et à la liberté : elle se réduit à la recherche du plaisir avec assez peu de retenue et de scrupule.

---

[1] *Dial.*, p. 13 : « Philosophorum principem »; p. 31 : « Bonarum litterarum dictator »; p. 442 : « Te veritatis Hercule... »

[2] *Ibid.*, p. 258. « *Alex.* : De monstrorum causis apud Aristotelem et Albertum nonnulla perlegeram; verumtamen quisquiliæ sunt, si cum tuis conferantur subtilitatibus... »

[3] *Ibid.*, p. 409 : « *Alex.* : ...Sed ita de tua sapientia eloquar : vel Deus es vel Vaninus. — *J. C.* : Hic sum. »

Tel est le jugement que nous arrachent irrésistiblement les *Dialogues* : il est bien différent de celui que nous avions porté de l'*Amphithéâtre*. Ce sont, en effet, deux ouvrages qui paraissent difficiles à concilier. Ici, pas un mot qui ne respire une orthodoxie sévère, et même le dévouement à l'Église ; là, au contraire, les protestations mêmes de déférence trahissent une ironie manifeste. L'*Amphithéâtre* glorifie la Providence ; les *Dialogues* sont bien près de confondre Dieu et le monde, non pas en montrant Dieu partout dans le monde, mais en faisant du monde un être éternel, vivant de sa propre vie, un dieu. L'*Amphithéâtre* parle souvent de volonté et de liberté, de mérite et de démérite ; les *Dialogues* rapportent toutes les actions au tempérament et au climat. Le premier de ces écrits renfermait déjà quelques principes équivoques, le second abonde en maximes corrompues. Sans doute ces différences couvrent, nous l'avons fait voir, une même doctrine métaphysique, la théodicée d'Aristote, encore mutilée par Averroës et réduite à un seul principe incapable d'atteindre les plus intimes attributs de la Divinité et d'expliquer les vrais rapports de l'univers et de Dieu ; mais, dans l'*Amphithéâtre*, cette doctrine imparfaite, dominée et contenue par la foi chrétienne, n'a presque porté aucune mauvaise conséquence, tandis que dans les *Dialogues* toutes les barrières, tous les voiles sont levés, et la funeste doctrine se montre au grand jour tout entière. En un mot, les deux ouvrages sont évidemment du même auteur, qui tantôt a mis un masque, et tantôt paraît à visage découvert.

C'est parce que Vanini a ces deux aspects différents qu'il

a été jugé différemment, selon qu'on l'a considéré sous l'une ou sous l'autre de ces deux faces. Il faut une bien grande sagacité pour apercevoir l'athéisme dans l'*Amphithéâtre*, et il en faut bien peu pour ne pas le voir dans les *Dialogues*. Il n'y a guère que l'extrême apologiste et l'extrême adversaire de Vanini, Arpe [1] et Durand [2], qui le déclarent partout également coupable ou également innocent. Durand tire l'athéisme de Vanini de la définition même de Dieu, dans le premier et dans le second chapitre de l'*Amphithéâtre*; mais il faut convenir qu'il n'est pas difficile en fait d'athéisme. Que voulez-vous demander à un critique qui n'entend pas même ce qu'il critique, et fait des remarques de cette force [3] : « *Dieu est à lui-même son commencement et sa fin.* C'est là un petit galimatias qui ne signifie rien. » — « *Il est hors de tout sans être exclu.* Autre jeu de mots. »— « *Il est bon sans qualité.* La bonté de Dieu est spirituelle et morale ; notre impie n'y pense pas avec sa qualité, etc. » De son côté, Arpe [4] s'écrie : « Vanini a-t-il ignoré Dieu ? Qu'on lise, qu'on relise, qu'on lise jusqu'au bout ses écrits ; si quelqu'un peut prouver que Vanini a ignoré Dieu, je donnerai à celui-là le nom de sorcier. » Et pour prouver que Vanini n'a pas ignoré Dieu, Arpe cite tout au long cette même définition de Dieu, où Durand voit à plein l'athéisme. La foule des dissertateurs [5] qui prennent parti pour ou contre Vanini,

---

[1] *Apologia pro Jul. Cæsare Vanino Napolitano.* Cosmopoli, 1712, in-8°.
[2] *La vie et les sentiments de Lucilio Vanini.* Rotterdam, 1717, in-12.
[3] *Vie de Vanini*, p. 85.
[4] *Apol.*, p. 41 : « An ignoravit Deum? Legat, cui tempus est, relegat et perlegat scripta ; si deum ignorasse probaverit, eum divinum credam. »
[5] Auteurs qui se prononcent pour l'athéisme de Vanini :
Samuel Parker : *Disputationes de Deo et Providentia divina*, etc.... Lon-

le condamnent ou l'excusent sur l'*Amphithéâtre* ou sur les *Dialogues*. Les plus célèbres historiens de la philosophie, embarrassés dans ce conflit et devant des apparences si contraires, ne savent quel parti prendre. Le savant et judicieux Brucker [1] déclare qu'il est difficile de décider entre les adversaires et les apologistes de Vanini ; il se plaint que ses ouvrages cachent plus qu'ils ne montrent sa vraie pensée ; et après avoir sévèrement relevé sa vanité, sa légèreté, son extravagance, ces réserves faites, il l'absout de l'accusation d'athéisme [2]. Tiedeman [3], qui d'ailleurs traite aussi fort mal Vanini, ne peut trouver certainement l'athéisme dans ses écrits. Buhle [4] est de cet avis quant à l'*Amphithéâtre*; mais il avoue que les *Dialogues* sont

---

dini, 1678, in-4°, Disput. II, sect. 28, p. 194 seqq. Parker s'attache particulièrement aux *Dialogues*.—G. Daniel Morhof. *Polyhist.*, l. I, cap. VIII, excuse l'*Amphithéâtre* et condamne les *Dialogues*. — Jenkinus Thomasius : *Historia Atheismi*. Basileæ, 1709, in-12, p. 66 seqq. — J. M. Schramm : *De vita et scriptis famosi athei Julii Cæsaris Vanini tractatus singularis, in quo*, etc... *a Johanne Mauritio Schrammio*. Custrini, 1709, in-4° ; sec. edit., Custrini, 1715, in-12. — Buddée : *Theses theologicæ de atheismo et superstitione...* Lugduni Batavorum, 1767, in-4°, cap. I, p. 72 seqq. condamne à la fois l'*Amphithéâtre* et les *Dialogues*. — La Croze : *Entretiens sur divers sujets d'histoire*, p. 337 seqq.

Auteurs qui se prononcent contre l'athéisme de Vanini :

J. Philipp. Olearius : *De vita et fatis Julii Cæsaris Vanini, Dissertatio prior*. Ienæ, 1708, 24 pages in-4°. *Dissertatio posterior de Vanini scriptis et opinionibus*. Ienæ, 1708, 24 pages in-8°. Le jugement se trouve exprimé à la page 16 de la deuxième dissertation. — Chr. Thomasius : *Not. ad Puffendorf de sede Rom.*, p. 287. — Reimann : *Historia atheismi*, sect. 3, chap. IV, p. 369 seqq.; voyez aussi : *Cat. crit. Bibl. suæ*, tom. I, p. 989. — Heumann : *Act. phil.*, t. I, p. 600.

[1] Tome V, p. 680 seqq.
[2] *Ibid*, p. 682 : « Unde eum hoc quidem sensu ab atheismi culpa liberari facile concedimus. »
[3] Tome V, p. 480 : « den Atheimus hat man aus seinen Schriften ihm nicht erwiesen... »
[4] *Histoire de la Philosophie moderne*, t. II, p. 870 seqq.

très-suspects, et en somme il ne conclut pas. Fülleborn[1] ne se prononce pas avec plus de précision. Enfin, le dernier historien de la philosophie, Rixner[2], soutient que « ni dans l'un ni dans l'autre des deux écrits de Vanini, on ne trouve aucune preuve d'un complet athéisme »; il est vrai qu'il s'appuie surtout sur le premier chapitre de l'*Amphithéâtre*, et qu'il glisse sur les *Dialogues*. Le titre si mal sonnant de ce dernier ouvrage, n'est point à ses yeux une preuve suffisante. Sa conclusion est que « l'accusation intentée à Vanini est sur tous les points mal fondée[3] », et il cite un bon nombre de passages de l'*Amphithéâtre* et des *Dialogues* « où, dit-il, il n'y a qu'un mauvais vouloir qui puisse découvrir l'athéisme[4]. »

Pour nous, sans mauvais vouloir, mais aussi sans aveuglement volontaire, après avoir soutenu que Vanini n'est pas athée dans l'*Amphithéâtre*, nous ne craignons pas de reconnaître qu'il l'est à peu près dans les *Dialogues*, et que c'est dans les *Dialogues* qu'il faut chercher sa vraie pensée, comme il le déclare lui-même[5]. »

Résumons-nous sur Vanini. C'est un homme du XVIe siècle en révolte contre les dominations de ce temps, poussant le mépris et l'horreur des superstitions malfaisantes jusqu'à l'impatience de toute règle et de tout frein, tour à tour audacieux et pusillanime, circonspect et dissimulé jusqu'à l'apparence de l'hypocrisie, puis tout

---

[1] *Beitrage zur Geschichte der Philosophie*, 5e cahier.
[2] Tome II, p. 262 seqq.
[3] *Ibid.* « Die Anklage des Atheismus... war also uberaus schwach gegründet. »
[4] *Ibid.* « ... nur ein boser wille den Atheismus wittern kann. »
[5] *Dial.*, p. 428.

à coup faisant montre de ses pensées les plus secrètes jusqu'à la plus extrême licence ; tantôt comme accablé par le sentiment pénible de l'oppression et de la misère dans laquelle il vit, tantôt insouciant et frivole, prodigue à la fois de louanges et de sarcasmes. C'est le Lucien du XVIe siècle : il en a l'esprit, l'érudition légère, la mordante parole et trop souvent le cynisme. S'il fût venu un peu plus tard, moins persécuté, moins exaspéré par conséquent, il eût porté d'autres sentiments sous une doctrine semblable ; il eût fait partie de la discrète école de Gassendi, de Lamothe-le-Vayer, de Sorbière, et de la société des libres penseurs et des joyeux convives du Temple ; il serait mort doucement, comme l'abbé de Chaulieu, en possession de quelque bénéfice, entre Laure et Isabelle. Au début du XVIIe siècle, entre le bûcher de Bruno et le cachot de Campanella, sous une insupportable tyrannie, il passa sa vie dans une agitation perpétuelle, errant sans cesse d'excès en excès, cachant mal l'impiété sous l'hypocrisie, et il finit par périr misérablement à la fleur de l'âge.

Après avoir analysé ses ouvrages, suivons-le dans les tragiques aventures où l'infortuné a laissé sa vie. Nous connaissons et sa doctrine et son caractère ; nous ne serons donc dupe d'aucune apparence, et nous n'aurons pas besoin de le croire chrétien sincère et adorateur de Dieu, pour couvrir d'opprobre la sentence exécrable qui pèse sur la mémoire du parlement de Toulouse.

Vanini avait à peine trente ans, en 1616, lorsqu'il publia les *Dialogues*[1]. Quelque temps après, il quitta Paris,

---

[1] *Dial.*, p 493. « Alex. : Vix trigesimum nunc attigis annum. »

et, poussé par sa mauvaise étoile, il voyagea dans le midi et vint se fixer à Toulouse. Là, selon sa coutume, il gagna sa vie en donnant des leçons. Son esprit, sa vivacité italienne, ses manières engageantes lui firent bientôt de nombreux élèves. Il enseignait, à ce qu'il paraît, un peu de tout, mais particulièrement la médecine, et, sous le manteau, la philosophie et la théologie. Que pouvait-il enseigner sinon ce qu'il pensait, avec plus ou moins de circonspection ? Quelles étaient ses mœurs au milieu de cette ardente jeunesse, et dans cette ville où régnait le plaisir à l'égal de la dévotion ? Nous ne sommes pas tenté d'accuser par conjecture ; cependant il nous est impossible de ne pas nous souvenir des deux tristes passages des *Dialogues*.

Toulouse était alors la ville catholique par excellence. L'inquisition, que tout le reste de la France avait repoussée, y était établie, et un zèle outré était à la mode. Bientôt les opinions de Vanini, indiscrètement répandues, excitèrent les ombrages de l'autorité. On l'arrête, on le traduit devant le parlement, et après une assez longue procédure il est condamné à être brûlé vif, et l'horrible sentence est exécutée le 9 février 1619.

Divisons en trois parties et comme en trois actes ce drame lugubre : le procès, la sentence, l'exécution.

I. — LE PROCÈS.

Sur quoi porta précisément le procès ? Les livres de Vanini furent-ils incriminés, ou ses leçons, ou ses mœurs, ou tout cela ensemble ? C'est ici surtout qu'il faut écarter les conjectures arbitraires, les anecdotes qui ne reposent sur aucun fondement, et tous ces bruits mensongers que mêle à la vérité l'imagination populaire ou une malveillance intéressée, et qui, accueillis et répandus par la crédulité, finissent, au bout de quelque temps, par composer la tradition et l'histoire. Nul document authentique n'ayant été publié, réduits à des témoignages qui souvent diffèrent, c'est un devoir étroit de les peser avec le dernier soin. Peut-on ajouter foi aux récits du jésuite Garasse [1] et du minime Mersenne [2], qui écrivaient, il est vrai, à peu de distance de l'événement, mais qui n'y avaient point assisté, et ne répètent que des ouï-dire, très-probablement les ouï-dire de leurs confrères de Toulouse, ennemis nécessaires de Vanini? Eux-mêmes, s'ils ne manquent pas de lumières, ils sont remplis de passion, et ils servent d'échos aux préjugés et aux desseins de leur ordre. Leur but avoué était d'effrayer le monde des progrès de l'athéisme. Pour eux, l'impie est un monstre sur lequel ils ne se font point scrupule d'accueillir et de rassembler les plus mauvais bruits. Le *Patiniana* est un amas d'anecdotes très-peu sûres [3]. Le journal de voyage de Borrichius [4] ne contient que ce qui lui fut raconté à son passage à Toulouse, vers 1660. Je ne prétends pas qu'il n'y ait rien de vrai dans ce que disent ces auteurs; mais comment y faire le discernement du vrai et

---

[1] *Doctrine curieuse des beaux esprits de ce temps ou prétendus tels, combattue et renversée par le P. François Garasse, de la compagnie de Jésus.* In-4°. Paris, 1624. Voyez liv. II, 6ᵉ section, p. 144 seqq.

[2] Marini Mersenni, ordinis Minimorum, etc., *Quæstiones celeberrimæ in Genesim... in hoc volumine athei et deistæ impugnantur et expugnantur.* In-fol., Lutetiæ, 1623. Voyez p. 671-672. — Plus tard, Mersenne supprima lui-même les feuillets où était racontée l'affaire de Vanini. Je n'ai jamais rencontré d'exemplaire des *Questions sur la Genèse* qui contint ces feuillets. Chaufepié les a rétablis à l'article *Mersenne*, et je les cite d'après Chaufepié.

[3] *Patiniana et Naudæana.* Amsterdam, 1703, p. 51.

[4] Encore inédit, et cité par Arpe, *Apol.*, p. 39.

du faux? Le *Mercure de France*, gazette plus ou moins officielle, dans l'*Histoire de l'année 1619*, consacre une ou deux pages au procès et à la mort de Vanini. Cette brève narration représente ce qu'on en disait alors, et ce que le gouvernement jugeait à propos d'en faire savoir. Ce sont les faits les plus certains, mais sans aucun détail. Si ce récit ne peut égarer, il n'instruit guère, et après tout l'auteur ne sait rien par lui-même, et il écrit sur la foi d'autrui.

Heureusement pour l'histoire, il y avait alors au parlement de Toulouse un jeune conseiller qui avait connu Vanini dans le monde, qui assista à tout le procès, même à l'exécution, et qui, devenu plus tard premier président du parlement, écrivant une histoire de France contemporaine, y mit le procès de Vanini : je veux parler de Gramond. Cet historien réunit en sa personne toutes les conditions que la critique la plus sévère peut imposer à un parfait témoignage : il a tout vu, et il ne raconte que ce qu'il a vu ; quel que soit son zèle religieux, ni les lumières ni l'intégrité ne lui ont manqué pour bien voir et pour rapporter ce qu'il a vu avec exactitude ; enfin toutes les pièces de la procédure étaient à sa disposition. Nous admettons donc sans réserve les faits qu'il raconte, et sous le bénéfice de ce contrôle assuré nous admettons également les autres récits, tant qu'ils s'accordent avec celui-là. Mais nous sommes forcé de ne tenir aucun compte de ce qui excède le témoignage de Gramond, faute de tout moyen de vérification. Traduisons littéralement le récit du président historien [1] :

[1] *Historiarum Galliæ ab excessu Henrici IV. libri XVIII*, autore Gab.

« A peu près dans ce temps, fut condamné par arrêt du parlement de Toulouse, Lucilio Vanini, que la plupart ont regardé comme un hérésiarque, et que moi je regarde comme athée : car ce n'est pas être hérésiarque que de nier Dieu. Il faisait métier d'enseigner la médecine ; en réalité il séduisait l'imprudente jeunesse ; il se moquait des choses sacrées, il exécrait l'incarnation du Christ, il ne connaissait point de Dieu ; il attribuait tout au hasard, il adorait la nature, comme la mère excellente et la source de tous les êtres : c'était là le principe de toutes ses erreurs, et il l'enseignait avec opiniâtreté à Toulouse, cette ville sainte. Et comme les nouveautés ont de l'attrait, surtout dans la première jeunesse, il eut bientôt un grand nombre de sectateurs parmi ceux qui venaient de quitter les bancs de l'école. Italien de nation, il avait fait ses premières études à Rome, et s'était appliqué avec un grand succès à la philosophie et à la théologie ; mais étant tombé dans l'impiété et dans le sacrilége, il souilla son caractère de prêtre en publiant un livre infâme intitulé : *Des Secrets de la Nature*, où il ne rougit pas de proclamer la nature la déesse de l'univers. Réfugié en France pour un crime dont il avait été accusé en Italie [1], il vint à Toulouse [2]. Il n'y a point de

Bartholomæo Gramondo, in sacro regis Consistorio senatore, et in Tolosano Parlamento præside. Tolosæ, 1643, in-fol. — Liber III, p. 208.

[1] Quel est ce crime pour lequel Vanini aurait été forcé de quitter l'Italie ? Il n'est question de cela nulle autre part.

[2] Ainsi Gramond ne fait pas même allusion à l'anecdote que Durand cite d'après le Patiniana, p. 119. « qu'avant d'aller à Toulouse, Vanini se fit re- « ligieux dans un monastère en Guyenne. » Rien de pareil ne se trouve dans notre édition de Patin. Durand cite aussi cette phrase de Mersenne : « Ne mœchator existimaretur, καταπυγωνέστερος esse maluit, licet ali- « quando nomen suum alicui sanctissimæ religiosorum congregationi « dedisset' quæ statim illum, ut verum monstrum, evomuit. » Ce passage

ville en France où la loi soit plus sévère envers les hérétiques ; et quoique l'édit de Nantes ait accordé aux calvinistes une protection publique, et les ait autorisés à commercer avec nous et à participer à l'administration, jamais ces sectaires n'ont osé se fier à Toulouse ; ce qui fait que, seule parmi toutes les villes de France, Toulouse est exempte de toute hérésie, n'ayant donné le droit de cité à personne dont la foi soit suspecte au saint-siége. Vanini se cacha pendant quelque temps, mais la vanité le poussa à mettre d'abord en question les mystères de la foi catholique, puis à s'en moquer ; et nos jeunes gens d'admirer le novateur : car ce qui leur plaît ce sont les nouveautés, celles surtout qui ont un petit nombre d'approbateurs. Ils admiraient tout ce qu'il disait, l'imitaient, s'attachaient à lui. Il fut accusé de corrompre la jeunesse par des dogmes nouveaux. Il fit d'abord le catholique orthodoxe, et gagna du temps ; il allait même être relâché, faute de preuves suffisantes, lorsqu'un gentilhomme nommé Francon, d'une haute probité, comme cela seul le marque assez, déposa que Vanini lui avait souvent nié l'existence de Dieu, et s'était moqué des mystères de la foi chrétienne. On confronta le témoin et l'accusé ; Francon soutint ce qu'il avait avancé [1]. Vanini est amené à l'audience, suivant la

n'est pas non plus dans les feuillets substitués par Mersenne, ni dans ceux que Chaufepié a rétablis. Le Patiniana rapporte encore une autre anecdote de la dernière invraisemblance. Vanini, tombé dans l'extrême détresse, aurait écrit au pape que « si on ne lui donnait un bon bénéfice, il s'en allait dans trois mois renverser toute la religion chrétienne. » Patin ajoute « qu'il connaissait un homme d'honneur qui avait vu cette lettre. »
[1] Garasse, *Doctrine curieuse*, p. 144-146, raconte ainsi cet épisode de l'affaire de Vanini : « Le premier qui fit la descouverte de ses horribles impiétez, fut le sieur de Francon, gentilhomme de bon esprit, et de tres-

coutume, et, étant sur la sellette, on lui demande ce qu'il pense de Dieu. Il répond qu'il adore un seul Dieu en trois personnes, tel que l'adore l'Église, et que la nature elle-même prouve évidemment qu'il y a un Dieu. En disant cela, ayant par hasard aperçu à terre une paille, il la ramasse, et la montrant aux juges : « Cette paille, dit-il, me force à croire qu'il y a un Dieu. » Puis, arrivant à la Providence, il ajoute : « Le grain jeté en terre semble d'abord languir et mourir ; il tombe en pourriture ; puis il blanchit, il verdit, sort de terre, s'accroît insensiblement, se nourrit

---

grand courage, comme il a fait voir jusques à sa mort, au service de la religion et du roy son maistre. Il escheut que sur la fin de l'an MDCXVIII, Francon estant allé à Tholose, comme il estoit en estime de brave gentilhomme, de bonne et agréable compagnie, il se vid aussitost visité par un Italien, duquel on parloit comme d'un excellent philosophe et d'un esprit qui proposoit force curiositez toutes nouvelles : il ne se descouvrit pas néanmoins d'abord, d'autant que c'est la maxime des meschants esprits, dit sainct Augustin contre l'épistre fondamentale des Manichéans, de se glisser doucement dans la créance, et faire comme les aiguilles qui entrent par la pointe dans le drap, et aggrandissent l'ouverture pour en sortir, y laissant le filet attaché. Cet homme disoit de si belles curiositez, des propositions si nouvelles, des pointes si agréables, qu'il s'attacha aisément à Francon par une sympathie de ses humeurs hypocrites, souples et serviables. Ayant fait l'ouverture par ses pointes, il commença à monstrer l'estouppe ; peu à peu il laschoit des maximes ambiguës, dangereuses, à deux revers, jusques à ce que ne pouvant plus couvrir le venin de sa malice, il esclatta tout à fait et prononça de si étranges blasphèmes contre la sacrée humanité de Jésus-Christ, que Francon confessa depuis que les cheveux lui hérissoient en teste, et qu'il mit deux fois la main sur son poignard pour luy plonger dans le sein ; mais qu'il fut retenu par une forte considération, voyant que l'affaire s'estant passée sans tesmoings, il pourroit estre en peine après le meurtre. Il prit un meilleur expédient, car il défera cet impie au premier président, lequel ayant consulté l'affaire, le fit saisir sur d'autres dépositions secrettes : il fut ouy et examiné publiquement, et quoyque son esprit remuant le fournist des deffaictes assez plausibles en apparence, et que quelques-uns des juges ne pensassent pas avoir des preuves suffisantes (comme il est bien malaisé en ceste matière), néanmoins il passa par la pluralité des voix, et fut condamné par arrest.......... comme estant duement convaincu d'impiété et d'athéisme. »

de la rosée du matin, se fortifie de la pluie qu'il reçoit, s'arme d'épis pointus qui chassent les oiseaux, s'arrondit et s'élève en forme de tuyau, se couvre de feuilles, jaunit tout à fait, baisse la tête, languit et meurt; on le bat, et le fruit étant séparé de la paille, celui-ci sert à la nourriture de l'homme, celle-là à la nourriture des animaux créés pour l'usage du genre humain. » D'où il concluait que Dieu est l'auteur de la nature. Si l'on objecte que la nature est la cause de tout cela, il remontait du grain de blé au principe qui le produit, en argumentant de cette manière : « Si la nature a produit ce grain, qui a produit celui qui l'a précédé immédiatement? Et si on rapporte encore celui-là à la nature, qui a produit le précédent?» Et toujours ainsi, jusqu'à ce qu'enfin il arrivât à un premier grain qui nécessairement devait avoir été créé, puisqu'on ne pouvait plus trouver d'autre principe de sa production. Il prouvait par beaucoup d'arguments que la nature est incapable de créer, et il concluait que Dieu est le créateur de tous les êtres. Lucilio parlait ainsi pour montrer son savoir, ou par crainte, plutôt que par conviction. Cependant, les preuves contre lui étant manifestes, il fut condamné à mort par un arrêt solennel, après un procès qui avait duré six mois. »

Nous donnerons plus tard la suite du récit de Gramond, où l'exécution de Vanini est racontée. Le récit entier se termine ainsi :

« J'ai vu Vanini en prison, je le vis au supplice, je l'avais vu avant qu'il fût arrêté. Quand il était libre, il menait une vie déréglée, et cherchait avidement les voluptés. En prison catholique, au dernier moment abandonné par la philosophie, il mourut en furieux. Vivant, il recherchait les secrets de la nature, et faisait plutôt profession de médecine que de théologie, quoiqu'il aimât à passer pour théologien. Lorsqu'on saisit ses meubles en même temps que sa personne, on trouva un énorme crapaud renfermé dans un vase de cristal plein d'eau. Sur cela, accusé de sortilége, il répondit que cet animal, consumé vivant au feu, fournissait un remède à un mal qui autrement serait mortel. Pendant sa prison, il s'approchait fréquemment des sacrements, dissimulant astucieusement ses principes. Dès qu'il vit qu'il n'y avait plus d'espoir, il leva le masque, et mourut comme il avait vécu. »

Ce récit en lui-même, et dégagé des réflexions de l'auteur, semble bien de la plus parfaite exactitude. Il n'y a rien qui soit contraire, ou plutôt qui ne soit conforme à ce que nous-même nous avons déjà vu dans les ouvrages de Vanini. Gramond, qui l'avait connu dans le monde avant qu'il fût arrêté, lui reproche le goût effréné des plaisirs et des mœurs déréglées : qu'on se rappelle tant de passages des *Dialogues*, et ceux que nous avons cités et ceux auxquels à peine nous avons osé faire allusion. Gramond affirme que d'abord il contrefit le dévot, puis, qu'après avoir perdu tout espoir de sauver sa vie, il passa de l'hypocrisie à l'impiété. Cette double conduite est-elle invraisemblable dans un homme dont les ouvrages contiennent manifestement, l'un, le dévouement à l'Église porté presque jusqu'au martyre, l'autre, les railleries les plus impies? Le plaidoyer de Vanini, rapporté par Gramond, prouve l'impartialité de l'historien. Ce plaidoyer contient une théodicée bien différente de celle des *Dialo-*

gues et même de l'*Amphithéâtre*, et dont le principe n'est point dans les ouvrages de Vanini. On allait l'absoudre, quand le témoignage de Francon vint l'accabler; ce fut ce témoignage qui le perdit. Jusque-là le récit de Gramond est très-clair; mais où il ne l'est pas, c'est sur le point précis de l'accusation intentée à Vanini et sur le vrai fondement de sa condamnation. Vanini fut-il condamné comme hérésiarque ou comme athée? Gramond dit que la plupart l'ont regardé comme un hérésiarque, et que lui le regarde comme un athée. *La plupart* désigne-t-il ici les juges, ou le public, ou les auteurs qui ont écrit sur cette affaire? Cette remarque de l'historien, que pour lui il regarde Vanini comme un athée, ne signifie-t-elle pas qu'il ne fut pas considéré comme tel par beaucoup de personnes, et que par conséquent ce ne fut pas là ce qui le fit accuser et condamner? Gramond dit plus bas qu'il fut accusé de corrompre la jeunesse par des dogmes nouveaux. Cela est extrêmement vague : on ne marque pas quels étaient ces nouveaux dogmes. D'un autre côté, le discours de Vanini sur Dieu semble attester qu'il fut accusé d'athéisme, puisqu'il s'en défend. Enfin, comment le parlement de Toulouse connaissait-il du crime d'hérésie ou du crime d'athéisme, lorsqu'à Toulouse même était un tribunal spécial, institué pour juger ces sortes de crimes, à savoir le saint-office, l'inquisition? Entre ces deux juridictions, comment Vanini, ecclésiastique, accusé d'hérésie ou d'athéisme, se trouva-t-il justiciable du parlement? On le voit ; le récit de Gramond, qui paraît d'abord si clair et si détaillé, ne l'est pas assez et laisse encore de l'obscurité sur ce qu'il importe le plus de bien connaître, le chef même de l'accusation et de la condamnation, et ce qui détermina la juridiction du parlement. Dans ce silence du seul témoin authentique, nous serions fort embarrassé, si un autre témoin, jusqu'ici ignoré, et tout aussi digne de foi que Gramond, ne venait à notre secours.

M. Malenfant, greffier du parlement de Toulouse au commencement du XVIIᵉ siècle, a laissé des mémoires manuscrits sur les affaires les plus importantes auxquelles il assista. Ces mémoires sont conservés avec soin à Toulouse. Nous avons pu nous procurer une copie [1] du passage où est raconté le procès de Vanini. Malenfant avait assisté, comme Gramond, à toute la procédure; il avait également à sa disposition et entre ses mains toutes les pièces. Il confirme pleinement le récit du président, et il y ajoute beaucoup. Par un heureux hasard, il est très-court sur les points que Gramond nous fait connaître avec étendue, et il est très-étendu sur ceux que Gramond effleure à peine. Il faut le dire : ce nouveau document est accablant contre les mœurs de Vanini; il met encore plus en relief la duplicité de sa conduite; il nous apprend bien des choses curieuses et importantes que Gramond avait tues : par exemple, que Vanini avait accès dans la maison du premier président, qu'il donnait des leçons à ses enfants, et qu'il en était très-protégé; que le conseiller chargé du rapport de cette affaire, et qui y fit l'office de procureur général, était Guillaume de Catel, dont le zèle opiniâtre emporta la condamnation de Vanini. On y voit encore que ceux qui désiraient le sauver revendiquaient la juridiction

---

[1] Je dois cette copie à M. Franck, auteur du savant livre de *la Cabale*, aujourd'hui membre de l'Institut, et qui étudiait alors à Toulouse.

LA PHILOSOPHIE AVANT DESCARTES. 77

de l'inquisition, parce qu'une condamnation de ce tribunal n'eût entraîné que des peines canoniques. Mais, au lieu d'analyser cette pièce précieuse, il vaut mieux la donner ici tout entière.

Extrait des Mémoires manuscrits de Malenfant,
1617-1619.

« Cette année, eûmes à Tholose le sieur Lucilio Vanini, de Taurezano, lieu du royaume de Naples, et l'ay beaucoup veu chez le P. P. Lemazurier [1], dont il dirigeoit les enfants. Jamais homme n'avait en ces temps mieux parlé en langue latine, et quoiqu'à Tholose cette langue soit comme naturelle à tant ecclésiastiques, jurisconsultes, advocats qu'escholiers, au nombre de plus de six mille, si est-ce qu'on ne pouvoit lui comparer personne en ce genre d'éloquence, bien que le dict Vanini s'en servît en homme d'au-delà les monts, prononçant *ou* pour *u*. Et n'y avoit rien à dire en toute sa doctrine littéraire, mais y en avoit bien en autres choses, et si M. Lemazurier eust creu les rapports qu'on luy faisoit souvent des desportemens et mœurs du dict Lucilio, l'auroit incontinent fait vuider de son hostel et de la ville. Car il estoit par trop notoire que le dict estoit enclin, voire entièrement empunaysi du vilain péché de Gomorrhe; et fut arresté deux fois diverses le commettant, l'une sur le rempart de Saint-Estienne, près la porte, avec un jeune escholier angevin, et une au-

[1] Notre copie porte ici Le Mazurier; une autre pièce citée plus bas : Le Mazuyer.

tre, en une certaine maison de la rue des Blanchers, avec un beau fils de Lectoure en Gascogne; et conduit devant les magistrats, répondit en riant qu'il estoit philosophe, et par suite enclin à commettre le péché de philosophie. Procès-verbaux furent dressés, et sont ès-archives [1]; mais de ce ne fut rien poursuivy, parce qu'on savoit la grande estime qu'avoit pour luy M. Lemazurier; et de plus la grande éloquence du dict Lucilio pipoit tout le monde, et ne lui feust rien fait de ce qu'à un autre auroit valu le fagot. Encouragé par l'estime qu'on avoit à Tholose de la littérature, qui en cette cité a toujours été recommandation puissante, Lucilio, homme timide et circonspect, commença à répandre à bas bruit sa doctrine athéiste parmi les escholiers, gens de lettres et sçavans, mais d'abord comme objections des impies auxquelles vouloit respondre, mais de ces responses il n'en apparoissoit jamais, ou estoient si foibles, que les clairvoyans jugeoient sainement qu'il vouloit seulement enseigner sans danger sa damnable et réprouvée opinion. Au reste, je ne crois pas que jamais se soit veu un homme sachant mieux les poètes latins; il en citoit des vers à tout propos et toujours à propos. Il a été prouvé dans la suyte que, en la rue qui conduit aux escholes de notre université, il preschoit chaque semaine deux fois [2], disant à ses auditeurs que la crainte d'un dieu estoit, ainsi que son amour, pure fantaisie et ignorance du peuple, que falloit fouler aux pieds toute crainte ou espoir

---

[1] Je les ai fait chercher en vain.
[2] Arpe, *Apol.*, p. 39, dit avoir lu autrefois, dans le journal manuscrit de voyage de Borrichius (*in Ephemeridibus Hodœporicis manuscriptis*), que Vanini tenait ses conventicules à dix heures du soir, et qu'il enseignait l'athéisme à beaucoup d'hommes considérables de la ville.

d'une vye future, et que le sage devoit tendre à son contentement par toutes voyes qui ne pouvoient le faire regarder comme ennemy public de la religion et du prince, mais qu'il la devoit aussy ébranler, et s'il le pouvait sans danger de sa personne, du tout ruyner ; comme aussy renverser le trosne du potentat, mais sans jamais s'exposer à la rigueur des lois et tribunaux. Ayant esté escouté par nombre de libertins, escholiers et autres, il commença à dévoiler toutes ses pensées, et disoit à ceux qu'il croyoit les plus affidés, et singulièrement à ***, de la province d'Auvergne, et à ***, noble tourangeau, qu'il avoit mué son nom de Lucilio en ceux de Jules César, parce qu'il vouloit conquester à la vérité philosophique toute la France, comme ce grand empereur avoit conquesté toute la Gaule au peuple romain, et adjoutoit aussy qu'il en avoit reçu mission expresse au sanhédrin, où luy et les douze s'étoient desparti l'Europe [1]. Au reste, chez M. Lemazurier et avec les personnes dont ne pouvoit raisonnablement espérer d'esbranler la foy, ne tenoit que propos orthodoxes, et mesme affectoit une grande indignation contre les hérésies, à ce point mesme que les ministres de la R. P. ré-

---

[1] Ce n'est là qu'une anecdote étrangère au procès. Mersenne la donne comme un bruit. « Sed nec Italia hoc malo libera est, cum Vaninum dixisse ferant se cum 13 Neapoli discessisse ut per totum terrarum orbem atheismum propagarent, ipsum vero Lutetiam sortitum fuisse. » Chaufepié, art. Mersenne, 23, etc. Durand, p. 38, cite tout autrement ce passage : « Antequam Tolosæ rogo imponeretur, publice coram supremo senatu fassus est Neapoli se et tredecim alios fuisse emissos qui per omnem Europam atheorum doctrinam disseminarent, sibi autem designatione aut sortitione contigisse Galliam, in qua Lutetiis præcipue et alibi nefario isto apostolatu strenue functus est. » Nous ignorons où Durand a pris ce passage. Si Vanini eût fait cette déclaration en plein parlement, Gramond et Malenfant n'auraient pas manqué d'en faire mention.

formée de Castres et de Montauban l'avoient en grande haine et soupçon. Mais furent enfin découvertes ses ruses et menées diaboliques. On s'en méfioit, mais personne n'osoit s'en expliquer, par la crainte du président; voire même que le dict Lucilio estoit si atrempé à toutes les tromperies, qu'on le voyoit chaque jour ès églises des couvens dans l'attitude la plus dévote, confessant et faisant œuvre de vray chrétien. Mais enfin la vérité fut cognue, et le dict arresté, dont bien des gens furent estonnés, mais le plus grand nombre non. Car toutes ces impiétés, blasphèmes et crimes que l'on savoit en gros, furent lors dévoilés. Cependant ne se démentit point en son hypocrisie, et parut dans la prison toujours dévotieux, sy que le geolier disoit qu'on luy avoit donné en garde un sainct. Et ne tenoit point cette conduite sans desseing. Car plusieurs, sinon ses amis, au moins grands admirateurs de sa doctrine et science, le vouloient sauver en le renvoyant devant l'inquisition de la foy qui, à la manière accoustumée, n'auroit prononcé contre luy que des peines canoniques, lui faisant faire au plus amende honorable. Mais le parlement saisy et le procès instruit par M. de Catel, conseiller, n'y eust plus moyen de le sauver, d'autant plus qu'en maints interrogatoires il dévoila toute la méchanceté de son ame. Bien est-il vray que, respondant à l'accusation d'athéisme, en ramassant une paille au bas de la sellette, il fit sur l'existence de ce fétu une oraison fort belle, démontrant ainsi l'existence de Dieu, et l'ay entendu certes avec un haut contentement; et aussi les membres de la cour l'auroient mis hors, en le chassant toutefois du royaume, sans le zèle, qui fut alors blasmé par aucuns, de

M. le conseiller Catel, qui, malgré ce beau discours, obtint la condamnation du dict Lucilio. »

Voici encore une autre pièce inédite, et curieuse par un autre endroit. L'administration municipale de la ville de Toulouse, le *Capitoul*, ne pouvait rester étrangère à l'affaire de Vanini. Ce fut le parlement qui le jugea ; mais ce fut la ville qui l'arrêta et le garda quelques jours avant de le remettre aux mains du parlement ; et quand il fut condamné, l'exécution de la sentence appartenait à la ville. La municipalité de Toulouse, qui tenait registre de tous ses actes, a consigné par écrit, en une sorte de procès-verbal, ce qu'elle fit en cette occasion. Ce procès-verbal a été conservé et se trouve encore dans les archives du Capitoul[1]. Il ne fait mention que de détails matériels, mais ces détails même ont leur importance. Ainsi on y trouve un signalement complet, et le seul authentique, de la personne de Vanini, son âge, les noms qu'il se donnait, enfin l'indication précise du crime pour lequel il fut recherché, et ce crime est bien l'athéisme.

« .... Le jeudi, second jour du mois d'aoust, sur l'advis qui fut donné aux dits sieurs capitouls, fut prins dans la maison des héritiers de feu Monhalles au capitoulat de Daurade, et fait prisonnier par les sieurs d'Olivier et Virazel capitouls, et conduit à la maison de ville, un jeune homme soy-disant aagé de trente-quatre ans, natif de Naples en Italie, se faisant nommer Pomponio[2] Usciglio, accusé d'enseigner l'athéisme, duquel ils étoient en queste

---

[1] Je dois également la copie de cette pièce à M. Franck.
[2] Ne faut-il pas lire *Pompeio*, comme le veut l'arrêt authentique, cité plus loin, p. 86 ?

depuis plus d'un mois. On disoit qu'il estoit venu en France à desseing de tenir cette abominable doctrine [1]. C'estoit un homme d'assez bonne façon, un peu maigre, le poil chastaing, le nez long et courbé, les yeux brillants et aucunement agars, grande taille. Quant à l'esprit, il vouloit paroistre savant en la philosophie, et médecine qui estoit l'office qu'il se disoit professer. Il faisoit le théologien, mais meschant et détestable s'il en fut oncques; il parloit bien latin, et avec une grande facilité; néanmoins tresment ignorant parmi les doctes en toutes les dites sciences. Et comme la parole descouvre le cœur pour si fort qu'on le veuille cacher, il arriva qu'estant souvente fois entré en dispute avec aucuns des plus grands théologiens de ceste ville, il fut descouvert pour tel qu'il estoit. Et quoique par ses paroles taschât à déguiser son desseing, sy est que, maugré lui, ceste petite artère qui va du cœur en la langue évapouroit ses plus secrètes pensées, et lui portoit du cœur en la bouche, et de la bouche aux oreilles des gens de bien, des paroles pleines de blasphesmes contre la Divinité : ce qui fut cause que, quoy que, lorsqu'il fut fait prisonnier, on ne l'eust trouvé saisi que d'une Bible non défendue, et de plusieurs siens escripts, qui ne marquoient que de questions de philosophie et de théologie [2]; sy est-ce toutefois que le parlement, adverty et très-asseuré de ses secrètes pensées et maximes damnables qu'il avoit tenues en particulier, très-pernicieuses pour les bonnes mœurs et pour la foy, le fit remettre, le cinquiesme du dit moys

[1] Ce n'était donc qu'un bruit, comme le dit Mersenne.
[2] Peut-être *l'Amphithéâtre* et les *Dialogues*, ou quelques-uns des écrits qu'il y cite lui-même.

d'aoust, des prisons de la maison de ville en la conciergerie du palays, où il fut détenu jusqu'à ce qu'on eust trouvé preuves suffisantes pour le convaincre et lui parfaire son procès comme on fit : car le samedy, neuviesme du moys de février en suivant, la grand'chambre et la Tournelle assemblées, fut donné arrest au rapport de M. de Catel, conseiller au parlement, par lequel il fut condamné.... »

Ainsi, les mémoires de Malenfant et le procès-verbal de l'hôtel de ville s'accordent pour désigner le conseiller Catel comme celui qui conduisit toute cette affaire. Quel motif le poussait? Leibnitz, qui se complaît aux plus petits détails comme aux plus hautes généralités, dit dans la *Théodicée*[1] que le procureur général voulait *chagriner* le premier président, qui aimait Vanini et lui avait confié ses enfants pour leur enseigner la philosophie. Catel, il faut le dire, était un homme ardent, mais honnête et éclairé. Il est l'auteur d'une histoire estimée des comtes de Toulouse. Une tradition encore vivante attache à son nom l'honneur ou la honte de la condamnation de Vanini. Encore aujourd'hui, à Toulouse, au Capitoul, dans la salle des Illustres, sous le buste de Catel, on lit ces mots gravés en lettres d'or sur un cartouche noir :

GUILELMUS CATEL

. . . .
. . . . . . Vel hoc uno
Memorandus quod, eo relatore,
Omnesque judices suam in sententiam
Trahente, Lucilius Vaninus, insignis atheus,
Flammis damnatus fuerit[2].

[1] *Théodicée*, t. II, p. 365.
[2] Je dois la copie de cette inscription à M. Lavergne, de Toulouse, aujourd'hui maître des requêtes et sous-directeur aux affaires étrangères.

Ces documents nouveaux, joints au récit de Gramond, l'éclairent et le développent ; mais il s'en faut bien que toutes les pièces de cette triste procédure nous soient connues. Nous n'avons ni le procès-verbal de la confrontation de Vanini et de Francon, ni ses interrogatoires, ni surtout le discours par lequel Guillaume de Catel répliqua à celui de Vanini, discours qui changea la disposition de l'assemblée et détermina la condamnation de l'accusé [1].

II. — LA SENTENCE.

Rien ne put le sauver, ni sa jeunesse, ni son savoir, ni son éloquence, qui toucha si vivement le greffier Malenfant, ni cette démonstration de l'existence de Dieu fondée sur un brin de paille, ni cette dévotion excessive qui faisait dire à ses geôliers qu'on leur avait donné un saint à garder. « Après un procès qui avait duré six mois, un arrêt solennel le condamna à mort. » Tels sont les termes dans lesquels Gramond exprime la condamnation. Il ne

---

[1] On cherche pour moi ces pièces dans les archives du parlement de Toulouse, et on ne désespère pas de les trouver. Je tiendrais surtout à posséder la réplique de Catel au discours de Vanini. L'archiviste du département, M. Belhomme, écrivait ce qui suit à M. Floret, alors préfet, le 24 juin 1841 : « Le discours prononcé par Catel pour détruire l'effet de celui de Vanini se trouvait chez M. de Catelan, pair de France, le dernier procureur-général du parlement de Toulouse, où M. Dumège m'a expressément déclaré l'avoir vu et l'avoir lu. Catel y accusait Vanini d'être le corrupteur de la jeunesse, de professer le mépris de toute convenance en fait de mœurs, et surtout d'être adonné à la sodomie, d'avoir même initié à cette dépravation plusieurs jeunes gens, d'avoir une maison où il réunissait ses adeptes et où il leur donnait des leçons de la plus infâme corruption. Ce discours était écrit en entier de sa main, et portait en marge diverses citations. » Reste à savoir si M. Dumège ne s'est pas trompé, et n'a point confondu le discours de Catel avec un passage analogue des mémoires inédits de M. Catelan, dont il sera question tout à l'heure, p. 91.

donne point l'arrêt et il ne dit pas le jour où cet arrêt fut rendu. Malenfant est aussi laconique que Gramond. Mais le procès-verbal du Capitoul, sans toutefois citer l'arrêt, le fait connaître ainsi :

« Le samedy, neufvième du moys de février en suivant, la grand'chambre et la Tournelle assemblées, fut donné arrest au rapport de M. de Catel, conseiller au parlement, par lequel il fut condamné à estre trayné sur une claye, droit à l'église Saint-Estienne; où il serait despouillé en chemise, tenant un flambeau ardent en main, la hart au col, et, tout à genoulx devant la grande porte de la dite église, demanderoit pardon à Dieu, au roy, à la justice, et de là en haut, faisant le cours accoustumé, seroit conduit à la place du Salin, où, assis sur ung poteau, la langue lui seroit coupée, puis seroit estranglé, son corps brûlé et réduit en cendres; ce qui fut exécuté le même jour. »

Enfin, à force de persévérance et d'importunités, je suis parvenu à me procurer l'arrêt lui-même; il a été retrouvé dans les archives de l'ancien parlement de Toulouse, et j'en possède deux copies [1]. Il marque avec précision le crime pour lequel Vanini fut condamné, à savoir l'athéisme; et il y a sur l'original même cette particularité, que déjà le mot d'hérésie y est à moitié écrit, et qu'il fut effacé tout de suite : car comme les amis de Va-

---

[1] L'une de ces copies vient de M. Belhomme, archiviste du département, auquel M. Floret avait bien voulu, à ma prière, confier cette commission. J'ai reçu l'autre copie par l'intermédiaire de M. Romiguière, pair de France, qui l'avait demandée à M. Pelleport, archiviste de la cour royale de Toulouse. C'est entre toutes ces personnes que je partage ma reconnaissance.

nini, ainsi que le rapporte Malenfant, s'étaient efforcés de décliner la juridiction du parlement, et avaient réclamé celle du saint-office, qui connaissait de tout crime d'hérésie, et dont les peines était purement spirituelles, si parmi les crimes dont était accusé Vanini eût figuré le moins du monde celui d'hérésie, le jugement n'en était plus soumis au parlement, mais à l'inquisition de la foi. Dans cet arrêt sont mentionnés les noms de tous ceux qui y prirent part, et il est signé par le premier président Le Mazuyer, et par le rapporteur faisant fonction de procureur-général, Guillaume de Catel. Voici, dans toute sa teneur, cet arrêt qui n'avait pas encore vu le jour.

Extrait du registre 1618 et 1619 de la Tournelle, ou chambre criminelle du parlement de Toulouse[1].

« Sabmedy IX de febvrier M. V. C. IXX., en la grand'-chambre, icelle avec la chambre criminelle assemblée, présents Messieurs de Mazuyer, premier président, de Bertier et Segla, aussi présidents, Assezat, Caulet, Catel, Melet, Barthélemy de Pins, Maussac, Olivier de Hautpoul, Bertrand, Prohenques de Noé, Chastenay, Vezian, Rabaudy, Cadilhac [2].

« Veu par la court, les deux chambres assemblées, le procès faict d'icelles à la requeste du procureur-général du roy, à Pompée Ucilio [3], Néapolitain de nation, prisonnier à la Conciergerie, charges et informations contre luy

---

[1] Il y a sur l'original à la marge : « *De Catel, seize escuts.* » Copie de M. Belhomme.

[2] Copie de M. Pelleport : *Cadilhan*.

[3] Sic. Tel serait donc le vrai nom, ou du moins le nom légal de Vanini.

faictes, auditions, confrontements, objects par lui proposés contre les témoings à luy confrontés, taxe et dénonce sur ce faictes, dire et conclusion du procureur-général du roi contre le dict Ucilio ouy en la grand'chambre;

« Il sera dict que le procès est en estat pour estre jugé deffinitivement sans informer de la vérité des dits objects [1], et ce faisant, la court a déclaré et déclare le dit Ucilio ataint et convainscu des crimes [2] d'atéisme, blasphèmes, impiétés et autres crismes résultant du procès, pour pugnition et réparation desquels a condamné et condamne icelui Ucilio a estre délivré ès mains de l'exécuteur de la haulte justice, lequel le traynera sur une claye, en chemise, ayant la hart au col, et pourtant sur les espaules ung cartel contenant ces mots : Atéiste et blasphémateur du nom de Dieu; et le conduira devant la porte principale de l'église métropolitaine Sainct-Estienne, et estant illec à genoulx, teste et pieds nuds, tenant en ses mains une torche de cire ardant, demandera pardon à Dieu, au roy et à la justice desdicts blasphèmes; après l'aménera en la place du Salin, et, attaché à ung poteau qui y sera planté, lui coupera la langue et le stranglera; et après sera son corps bruslé au bûcher qui y sera appresté, et les cendres jetées au vent ; et a confisqué et confisque ses biens, distraict d'iceulx les frais de justice au profict de ceux qui les ont exposés, la taicxe réservée.

Signé à l'Original,   Le Mazuyer,
                                          G. de Catel. »

---

[1] Aurait-on refusé à l'accusé de faire la preuve de ses allégations contre les témoins ?

[2] Sur l'original, avant le mot *atéisme*, il y a : *d'héré,* raturé et biffé.

III. — L'EXÉCUTION.

L'arrêt rendu fut immédiatement exécuté. Il est certain, d'après les témoignages conformes de Gramond, de Malenfant et du procès-verbal du Capitoul, que Vanini, dès qu'il se vit condamné, leva le masque, comme dit Gramond, refusa les secours de la religion, et fit entendre des blasphèmes qui scandalisèrent tous les assistants, et mirent à nu l'hypocrisie de sa conduite et de ses discours pendant le procès. Quels furent précisément ces blasphèmes? On sent combien de fables durent ici se mêler à la vérité. Le *Mercure de France*, Garasse et Patin, font parler Vanini comme s'ils l'avaient entendu [1]. Il faut s'en tenir au récit de ceux qui assistèrent à cette scène affreuse. Du

---

[1] MERCURE DE FRANCE : « Lorsque l'on lui dit qu'il cryât merci à Dieu, il dit ces mots en la présence de mille personne : Il n'y a ni Dieu ni diable ; car s'il y avoit un Dieu, je le prierois de lancer un foudre sur le parlement comme du tout injuste et inique ; et s'il y avait un diable, je le prierois aussi de l'engloutir aux lieux souterrains ; mais parce qu'il n'y a ni l'un ni l'autre, je n'en ferai rien. » PATINIANA, p. 53 : « Quand on lui dit de demander pardon à Dieu, au roi et à la justice, il répondit qu'il ne croyoit pas qu'il y eût de Dieu, qu'il n'avoit jamais offensé le roi, et qu'il donnoit la justice au diable, s'il y en avoit. » GARASSE, *Doctr. cur.*, p. 146 : « Aussitôt après sa condamnation, il leva le masque ; et voyant qu'il n'y avoit plus d'espérance pour lui, dit et publia que pour lui il étoit en cette créance qu'il n'y avoit point d'autre Dieu au monde que la nature, proféra plusieurs impiétés contre Jésus-Christ, advoua qu'il étoit sorti de Naples avec onze compagnons, lesquels, comme douze apôtres de Satan, s'étaient dispersés en divers endroits de l'Europe pour introduire cette nouvelle créance, et que la France lui avoit escheu pour quartier, qu'il avoit composé des livres touchant les principes de la doctrine qui étoient comme l'introduction à l'athéisme ; que pour lui il ne pouvoit se repentir ni modifier aucune de ses propositions ; quant à l'amende honorable que la cour demandoit de lui, suivant la forme ordinaire, à Dieu, au Roi et à la justice : Pour Dieu, dit-il, je n'en crois point; pour le roi, je ne l'ai point offensé ; pour la justice, que les diables l'emportent, si toutefois il y a des diables au monde. »

moins Vanini mourut-il avec courage. Gramond et Malenfant essaient de lui ravir ce dernier honneur ; mais leur récit même témoigne contre eux. On doit savoir gré au *Mercure de France* d'avoir osé rendre cette justice à l'infortuné : « Vanini, dit-il, mourut avec autant de constance, de patience et de volonté qu'aucun autre homme que l'on ait vu. Car, sortant de la Conciergerie comme joyeux et allègre, il prononça ces mots en italien : Allons, dit-il, allons allègrement mourir en philosophe. » Il ne demanda pas grâce, et marcha au supplice avec une résolution mêlée d'un peu de jactance. Faisons taire notre indignation, et laissons parler ceux qui virent de leurs yeux et nous racontent en détail cette horrible tragédie :

Procès-verbal tiré des archives du Capitoul.

« Il faisait semblant de mourir fort constamment en philosophe, comme il se disoit, et en homme qui n'appréhendoit rien après la mort, d'autant qu'il ne croyoit point à l'immortalité de l'âme. Le bon père religieux qui l'assistoit estimoit, en lui montrant le crucifix et lui représentant les sacrés mystères de l'incarnation et passion admirable de notre Seigneur, l'esmouvoir à ce qu'il se recognust. Mais ce tigre enragé et opinjastré en ses faulses maximes mesprisoit tout, et ne le voulut jamais regarder, ains accouroit à telle mort ainsy qu'à sa dernière fin, s'imaginant que ce debvoit estre le remède de tous ses maulx, après laquelle il n'auroit plus rien à craindre ny à souffrir ; il mourut doncques en athée : aussy portoit-il ung cartel sur ses espaules, où ces mots estoient escrits : Athée et blasphémateur du nom de Dieu. »

8.

Mémoires manuscrits de Malenfant.

« Alors celui-ci (Vanini), mettant bas le manteau de piété dont il avoit voulu se servir pour se dérober aux coups de la justice, se montra tel qu'il estoit, disant d'abord qu'il mourait en philosophe, et rejetant comme inutiles tous les secours de la religion. Je fis un effort sur moy-même pour voir s'il finiroit comme il l'avoit annoncé, et suivis le cours accoutumé qu'il fit, et fus témoin de sa mort. Il est vray qu'il ne voulut escouter le père ***, qui l'assistoit, ny faire œuvre de foy, faisant entendre des blasphêmes qui faisoient frissonner les plus intrépides, et qui arrachèrent de mon cœur tout l'intérêt que je portois à un homme si éloquent. Mais il n'y avoit pas courage en sa manière, mais rage et crainte. Jamais coupable ne parut plus abattu, plus furieux que le dict Lucilio. Sa bouche escumoit, ses yeux sembloient charbons ardents, et ne pouvoit se soutenir, bien que par moments parlât de son courage. En vérité, si c'est là mourir en philosophe, comme il le disoit, c'est mourir en désespéré. »

Suite du récit de Gramond.

« Je l'ai vu, quand sur la charrette on le conduisoit au gibet, se moquant du franciscain qui s'efforçoit de fléchir la férocité de cette âme obstinée... Il rejetoit les consolations que lui offroit le moine, repoussoit le crucifix qu'il lui présentoit, et insulta au Christ en ces termes : « Lui, à sa dernière heure, sua de crainte ; moi, je meurs sans effroi. » Il disoit faux, car nous l'avons vu, l'âme abattue, démentir cette philosophie dont il prétendoit donner des leçons. Au dernier moment, son aspect étoit farouche et horrible, son âme inquiète, sa parole pleine de trouble, et quoiqu'il criât de temps en temps qu'*il mourait en philosophe*, il est mort comme une brute. Avant de mettre le feu au bûcher, on lui ordonna de livrer sa langue sacrilége au couteau : il refusa ; il fallut employer des tenailles pour la lui tirer, et quand le fer du bourreau la saisit et la coupa, jamais on n'entendit un cri plus horrible; on auroit cru entendre le mugissement d'un bœuf qu'on tue. Le feu dévora le reste, et les cendres furent livrées au vent [1]. »

[1] Pour mettre fin à toutes ces citations, je dirai que M. de Gramond d'Aster, petit-fils et héritier de M. le marquis de Catelan, pair de France, le dernier procureur-général du parlement de Toulouse, a bien voulu me communiquer une histoire inédite de ce parlement, trouvée parmi les papiers de son grand-père, et où plusieurs pages sont consacrées à l'affaire de Vanini. L'auteur, que l'on dit être M. le marquis de Catelan lui-même, devait avoir sous les yeux les pièces de ce procès. Toutefois il ne cite aux marges que celle qui a été tirée pour nous des archives du Capitoul, et quelques mots de l'arrêt. Il se fonde en général sur le récit de Gramond ; il contredit plusieurs fois les Mémoires de Malenfant, et adopte souvent les assertions gratuites des ennemis de Vanini. Voici le seul fait nouveau que nous ayons rencontré dans ce manuscrit. Parmi ceux qui découvrirent promptement à Toulouse les mauvaises opinions de Vanini sous ses paroles équivoques, M. de Catelan nomme un jésuite, le Père Coton. « Le fameux Père Coton qui prêchoit le caresme dans l'église Saint-Sernain, voulut avoir un entretien avec lui, et il n'en remporta que de l'étonnement et de l'indignation. » Et M. de Catelan cite à la marge Mathieu, *Hist. des troubles*, p. 621. Il traite de fable la supposition que Catel ait poussé le procès avec rigueur pour faire de la peine au premier président, qui protegeait Vanini ; et il prétend que Vanini n'a pu donner des leçons aux enfants du premier président, ces enfants n'ayant pu avoir alors que deux ans, puisque le président n'avait épousé qu'à la fin de 1615, Françoise de Clari, sa première et dernière femme. L'auteur a bien l'air d'être sûr de son fait ; mais le témoignage contraire de Malenfant, témoin contemporain, est bien considérable. Enfin, M. de Catelan assure qu'on ne traîna Vanini sur la claie que jusqu'à la porte de l'église Saint-Etienne, où il fit amende honorable, et que c'est de là qu'il fut conduit sur un tombereau jusqu'à la place du Salin. D'ailleurs il rapporte, sans y croire et sans y ajouter aucune importance, le mot que

En vérité, ce qui nous pénètre ici d'horreur, c'est peut-être moins encore l'atroce supplice de Vanini que la manière dont Gramond le raconte. Quoi ! un infortuné, coupable d'errer en philosophie, et de résoudre le problème du monde à la manière d'Aristote et d'Averroës, plutôt qu'à la manière de Platon et de saint Augustin, est tourmenté à plaisir avant d'être étranglé et brûlé ; et parce qu'il hésite à se prêter lui-même à un raffinement de cruauté, un homme pieux, un magistrat, un premier président de parlement, écrivant dans son cabinet tout à son aise, le traite de lâche ! Et si la douleur ou la colère arrache un dernier cri à la victime, il compare ce cri au mugissement d'un bœuf que l'on tue ! Justice impie ! sanguinaire fanatisme ! tyrannie à la fois odieuse et impuissante ! Croyez-vous donc que c'est avec des tenailles qu'on arrache l'esprit humain à l'erreur ? Et ne voyez-vous pas que ces flammes que vous allumez, en soulevant d'horreur toutes les âmes généreuses, protégent et répandent les doctrines que vous persécutez ?

Vanini a été brûlé à Toulouse le 9 février 1619. Cet auto-da-fé a-t-il donc consumé l'impiété et ranimé la foi ? Non : chaque jour a vu éclore en France des écrits ou sceptiques ou impies, qui dominaient sur l'opinion. Quel livre passait alors pour le bréviaire des honnêtes gens ? Les *Essais* du sceptique Montaigne. Après Montaigne, le meilleur et le plus populaire écrivain du temps est son élève Charron, dont la plume ingénieuse et discrètement

---

prête à Vanini le *Mercure de France :* « Il n'y a ni Dieu ni diable, etc. » et le discours que Mersenne et Garasse lui mettent dans la bouche sur la grande conspiration tramée à Naples pour infecter l'Europe de l'athéisme, et sur le rôle qui lui serait échu en partage.

hardie met en honneur parmi les gens du monde le doute circonspect et une élégante indifférence. Gassendi relève, pour les savants et les philosophes, le système d'Épicure. Enfin, en dépit des persécutions et des supplices, l'école de Théophile[1] sème dans les cercles et les ruelles à la mode, pour les beaux-esprits, les jeunes gens et les femmes, les *Quatrains du Déiste*, le *Parnasse satirique*, et ces vers devenus si célèbres parce qu'ils exprimaient audacieusement la pensée commune :

> Une heure après la mort notre âme évanouie
> Sera ce qu'elle était une heure avant la vie [2].

---

[1] « La même année 1619, au mois de mai, dit le *Mercure de France*, sur ce que l'on fit entendre au roi que le poëte Théophile avoit fait des vers indignes d'un chrétien, tant en croyance qu'en saletés, il envoya à Paris commander au seigneur qui le tenoit à sa suite, qu'il eût à lui donner congé, ce qu'il fit; et aussitôt sorti, le chevalier du Guet lui enjoignit, de la part de Sa Majesté, de quitter la France dans vingt-quatre heures, sous peine de perdre la vie, ce qu'il fit en diligence, car le commandement étoit très-exprès. » Tel est le récit du *Mercure de France*; celui de Gramond est un peu différent. Il dit que Théophile fut mis en prison, *conjicitur in carcerem*, et qu'il fut banni de France par un arrêt du parlement de Paris. Il s'appelait Théophile Viaud ou de Viaud. Garasse, jouant sur son nom, l'appelle un veau. Théophile soutint qu'il n'était pas l'auteur du *Parnasse satirique*, et se pourvut en justice pour obtenir la suppression de cet ouvrage. Non-seulement il fut mis en prison, mais il allait être condamné par le crédit des jésuites Garasse, Guérin, etc., et par l'entremise du P. Caussin, confesseur du roi. Il prit la fuite, et le 19 août 1623, le parlement le condamna par coutumace, comme criminel de lèse-majesté divine et humaine, à faire amende honorable devant l'église Notre-Dame, et à être brûlé vif. Le P. Voisin, jésuite, le fit arrêter au Catelet. Il fut mis dans un cachot infect, celui de Ravaillac. Enfin, après une procédure de dix-huit mois, la sentence qui le condamnait à être brûlé vif, fut commuée en un simple bannissement, non de la France entière, comme le dit Gramond, mais seulement de la capitale. Les maux qu'il avait soufferts l'emportèrent quelques années après, à l'âge de trente-six ans. En prison, il composa un *Traité de l'Immortalité de l'âme*, ou *la Mort de Socrate*, traduction libre du *Phédon*. Théophile eut pour amis et disciples Saint-Pavin et Des Barreaux, fameux par son sonnet impie, ainsi que Scudéry et Cyrano. Mairet appelait Montaigne et Théophile les deux Sénèques de leur siècle.

[2] Vers de Cyrano dans *Agrippine*, acte V, scène II.

Au reste, nous nous en rapportons à ces deux mêmes hommes qui ont tant applaudi au supplice de Vanini. Garasse écrit cinq ans après l'évènement : trouve-t-il que cette affreuse exécution ai fait reculer d'un pas l'athéisme ? Loin de là, il pousse un cri de détresse à l'aspect de ses progrès toujours croissants. Mersenne ne voit partout qu'athées, déistes et sceptiques. Il lance contre eux trois gros ouvrages [1]. Dans celui-là même où il raconte et célèbre la fin misérable de Vanini, il déclare que l'athéisme triomphe dans le monde entier ; que le nombre des athées s'est tellement accru qu'il ne sait pas comment Dieu peut les laisser vivre ; que Paris sent encore plus l'odeur de l'athéisme que celle de la boue ; qu'il y a à Paris au moins cinquante mille athées, et que telle maison à elle seule en contient douze [2] : exagération ridicule que Mersenne a été obligé de désavouer lui-même. Mais tous les témoignages contemporains conspirent à démontrer que l'héritage légué par le XVIe siècle au XVIIe était un esprit général de mécontentement contre le passé et le moyen âge, en philosophie mille essais confus pour affranchir à tout prix l'esprit humain de la scolastique, et dans ce désordre, premier fruit d'une émancipation mal assurée, le plus déplorable scepticisme.

Tel est l'état de la philosophie à l'ouverture du XVIIe siè-

---

[1] *La Vérité des Sciences contre les sceptiques ou pyrrhoniens*, 1625. — *L'Impiété des déistes, athées et libertins de ce temps, combattue et renversée* etc., 1624. — *Quœstiones in Genesim*, etc., in-fol., 1623.

[2] *Quœstiones*, etc. Feuillets rétablis par Chaufepié : « Unicam Lutetiam 50 saltem atheorum millibus onustam esse, quæ si luto plurimum, multo magis atheismo fœteat, adeo ut unica domus possit aliquando continere 12 qui hanc impietatem vomant. »

cle. Transportez-vous à cinquante ans par delà et dans la dernière moitié de ce même siècle : tout est changé. Une philosophie nouvelle, aussi étrangère au joug pesant de l'autorité scolastique qu'à la témérité d'essais déréglés, a partout accrédité des doctrines généreuses, où l'immatérialité de l'âme et l'existence de Dieu sont établies par des arguments invincibles tirés de la nature même de l'esprit humain. Cette grande philosophie fleurit d'accord avec la religion ; elle se répand de Paris dans toutes les provinces, pénètre dans les ordres religieux, les jésuites exceptés, ranime l'enseignement public, vivifie et élève les sciences et les lettres, met en honneur la modération, la droite raison et le bon goût, et, passant rapidement de la France dans tous les autres pays de l'Europe, y disperse peu à peu les débris de la philosophie du XVI siècle, substitue à l'esprit de révolte une sage indépendance, une doctrine ferme et solide à des systèmes désordonnés, remplace en Angleterre Hobbes par Locke, en Italie Bruno et Vanini par Vico et Fardella, en Hollande une tradition pédantesque ou les rêveries solitaires de Spinoza par les judicieux enseignements d'un de Vries et d'un Clauberg, et crée en Allemagne la philosophie en suscitant Leibnitz (1).

¹ Nous avons déjà exprimé les mêmes idées dans le passage suivant de notre écrit : *Des Pensées de Pascal.* 2ᵉ édit., p. 159. « On ne sait, on ne peut savoir quels services a rendus Descartes qu'après avoir sondé longtemps le vide qu'avait laissé dans les esprits et dans les âmes la chute de la scolastique, c'est-à-dire de la philosophie chrétienne, et reconnu la vanité des efforts qu'avait faits d'abord l'esprit humain pour combler ce vide par des systèmes plus ou moins empruntés à l'antiquité, conceptions artificielles, pleines d'esprit et d'imagination, mais sans vrai génie, qui se dissipaient d'elles-mêmes à mesure qu'elles paraissaient, et conduisirent promptement du premier enthousiasme et des espérances chimériques de la raison émancipée à l'excès contraire, au sentiment exagéré de sa faiblesse. Le scepti-

Que s'est-il donc passé? Les conseils de Garasse et de Mersenne ont-ils été suivis? A-t-on couvert la France d'échafauds pour soutenir la religion ébranlée, et chargé le bourreau de prouver l'existence de l'âme et celle de Dieu? Nullement; mais les temps étant venus, et l'œuvre du XVIe siècle accomplie, deux hommes ont paru qui ont clos le passé et commencé une ère nouvelle. Richelieu a fondé des séminaires où le clergé pût recevoir une instruction digne de sa haute mission; le clergé une fois éclairé lui-même a répandu les lumières autour de lui, et ramené les esprits au respect et à la foi par de libres et fortes discussions, aussi fécondes que la violence avait été stérile;

...cisme dominait en France, quand Descartes parut et entreprit de triompher du doute en l'acceptant d'abord pour le forcer à rendre la certitude qu'il contient à son insu; car douter, c'est penser encore, c'est donc savoir et c'est croire qu'on pense, et qu'on existe par conséquent. C'est Descartes qui a restitué à la pensée la conscience de son droit et de sa force, et lui a enseigné qu'elle porte avec elle et sa propre lumière et celle qui éclaire l'existence entière, notre âme spirituelle, Dieu et l'univers. Descartes, en arrachant l'esprit humain au scepticisme, premier fruit de la liberté naissante, ferma sans retour l'ère de la scolastique, et ouvrit celle de la philosophie moderne. Les libres penseurs du XVIe siècle n'avaient été que des révolutionnaires : Descartes a été de plus un législateur. La législation qu'il a donnée à la philosophie n'est point un système; c'est mieux que cela, c'est une méthode et une direction immortelle. Peu à peu cette méthode et cette direction, pénétrant dans les esprits, les relevèrent de leur abattement, ranimèrent la confiance de la raison en elle-même, sans la jeter de nouveau dans une présomption toujours punie, et produisirent bientôt, secondée par la persécution même, cette sobre et forte philosophie du XVIIe siècle, libre et réservée, fidèle à la raison et respectueuse envers la foi, qui compte pour disciples et pour interprètes les génies les plus différents : Arnauld et Malebranche, Fénelon et Bossuet, Port-Royal et l'Oratoire, Saint-Sulpice et tout le clergé français, excepté les jésuites; notre vraie philosophie nationale, si on peut parler de nationalité en philosophie, celle du moins que nul souffle étranger ne nous a apportée et que l'Europe entière nous a empruntée, dont un côté exagéré a produit Spinoza, un autre Locke, un autre encore Berkeley, et qui, développée selon son vrai génie, a servi de fondement à la *Théodicée* de Leibnitz. »

heureux ascendant qui s'accroît sans cesse, jusqu'à ce que, sous la triste influence de Mme de Maintenon et des jésuites, le grand roi égaré mette le bras séculier à la place de la dialectique et de l'éloquence d'Arnauld et de Bossuet. La révocation de l'édit de Nantes marque le plus haut point et en même temps le déclin inévitable de l'autorité religieuse : elle dépose dans les esprits le germe d'une réaction légitime. Jusque-là la religion avait été d'autant plus puissante, qu'elle se montrait bienfaisante et modérée. A côté d'elle, Descartes avait élevé une philosophie qui consacrait les droits de la raison sans entreprendre sur ceux de la foi. Descartes avait entrevu par un instinct sublime et admirablement résolu le problème de ce temps : ce problème était de donner une satisfaction nécessaire à l'esprit nouveau, et en même temps de rassurer les anciens pouvoirs légitimes. De là, dans le cartésianisme, deux faces différentes qu'on a toujours considérées séparément, et qu'il faut embrasser pour comprendre toute la grandeur du rôle de Descartes. D'abord il sépare la philosophie de la théologie ; dans les limites de la philosophie, il rejette toute autorité, celle de l'antiquité comme celle du moyen âge, et déclare hautement ne relever que de la raison : il part de la seule pensée. Voilà par où Descartes est le représentant décidé de l'esprit nouveau. Mais, en partant de la seule pensée, il en tire les plus nobles croyances, que jusque-là la raison semblait ébranler, et que désormais la raison autorise et affermit. Au lieu d'essais informes et qui se combattent il fonde une méthode qui, à peine proclamée, est adoptée d'un bout de l'Europe à l'autre ; et, à l'aide de cette méthode, il élève une doctrine où toutes les grandes vérités naturelles qui composent l'éternelle foi du genre humain sont solidement et clairement établies. Enfin, celui qui fait toutes ces choses les illustre et les consacre par les plus belles découvertes en physique et en mathématiques, et par un langage qui lui-même est une création immortelle [1]. Par là Descartes n'est plus seulement un révolutionnaire, c'est un législateur. Il donne la main à deux siècles qu'il réconcilie en satisfaisant également leurs instincts en apparence opposés. Sans retourner à la scolastique, sans errer à travers l'antiquité, il met fin aux essais aventureux de la renaissance, et pour longtemps détruit le scepticisme, le matérialisme et l'athéisme, enfants perdus de l'esprit nouveau qui s'égarait. Pour cela, Descartes n'a pas invoqué les parlements, le bras séculier, les supplices : il a écrit le *Discours de la Méthode* et le livre des *Méditations*.

[1] On n'a point assez considéré et mis à sa place l'écrivain dans Descartes. *Des Pensées de Pascal*, 2ᵉ édit., p. 4 : « De tous les grands esprits que la France a produits, celui qui me paraît avoir été doué au plus haut degré de la puissance créatrice, est incomparablement Descartes. Cet homme n'a fait que créer. Il a créé les hautes mathématiques par l'application de l'algèbre à la géométrie ; il a montré à Newton le système du monde en réduisant le premier toute la science du ciel à un problème de mécanique ; il a créé la philosophie moderne, condamnée à s'abjurer elle-même ou à suivre éternellement son esprit et sa méthode ; enfin, pour exprimer toutes ces créations, il a créé un langage digne d'elles, naïf et mâle, sévère et hardi, cherchant avant tout la clarté, et trouvant par surcroît la grandeur. C'est Descartes qui a porté le coup mortel, non pas seulement à la scolastique qui partout succombait, mais à la philosophie et à la littérature maniérée de la Renaissance. Il est le Malherbe de la prose ; ajoutons qu'il en est le Malherbe et le Corneille tout ensemble. Dès que le *Discours de la Méthode* parut, à peu près en même temps que le *Cid*, tout ce qu'il y avait en France d'esprits solides, fatigués d'imitations impuissantes, amateurs du vrai, du grand et du beau, reconnurent à l'instant même le langage qu'ils cherchaient. Depuis, on ne parle plus que celui-là, les faibles médiocrement, les forts, en y ajoutant leurs qualités diverses, mais sur un fond invariable devenu le patrimoine et la règle de tous. »

PROCÈS-VERBAL

d'une séance

D'UNE SOCIÉTÉ CARTÉSIENNE

QUI S'ÉTAIT FORMÉE A PARIS DANS LA SECONDE MOITIÉ
DU XVIIe SIÈCLE.

On a beaucoup dit, et on ne dira jamais assez quel immense événement a été, au XVIIe siècle, la philosophie de Descartes dans toute l'Europe et particulièrement en France. Dès qu'elle parut elle obscurcit de son éclat les plus brillantes tentatives qui eussent été faites jusqu'alors pour fonder une philosophie conforme à l'esprit nouveau. On reconnut que le point de départ de la philosophie moderne était enfin trouvé. Toutes les discussions datèrent de là; et on peut dire avec vérité que, depuis le Discours de la Méthode, de 1637 jusqu'à la fin du siècle, il ne parut pas un livre philosophique de quelque importance qui ne fût pour, ou contre, ou sur Descartes.

Il faut ajouter que la constitution de la société, à cette époque, était admirablement faite pour que les choses de l'esprit y excitassent un sérieux intérêt. La noblesse, sortie de la rouille du moyen âge et non encore abâtardie et efféminée par la vie de cour, mettait à honneur de protéger et même de cultiver les lettres. L'un des premiers et des plus ardents partisans de Descartes fut le fils du favori de Louis XIII, le duc de Luynes, qui traduisit en français les Méditations, et fit de son château la première académie cartésienne [1]. Une magistrature riche et presque héréditaire, nourrie de graves et fortes études, prenait part à tout ce qui se faisait de grand dans les lettres et dans les sciences [2]. Mais c'était surtout le clergé avec tous les ordres religieux, répandus d'un bout de la France à l'autre, que la philosophie était certaine d'intéresser, par le rapport intime qui unit la philosophie à la théologie. Et puis le clergé et les ordres religieux avaient du loisir pour étudier, pour penser, pour écrire. Le cartésianisme trouva donc un vaste auditoire; il remua toutes les congrégations dont il troublait l'enseignement; et de toutes parts lui vinrent, du fond des cloîtres et des monastères, des partisans ou des adversaires. Les jésuites, après quelques ménagements pour leur illustre élève, qui lui-même fit bien des efforts pour les mettre de son côté, reconnaissant bientôt le génie et la portée de la nouvelle doctrine, prirent parti contre elle. L'Oratoire l'adopta et souffrit pour elle jusqu'à la persécution [3]. Le père Poisson, de l'Oratoire, est peut-être l'homme qui contribua le plus, avant Malebranche, à l'éclaircir et à la répandre [4].

[1] Fontaine (*Mémoires pour servir à l'histoire de Port-Royal*. Utrecht, 1736, t. II, p. 53), faisant le tableau de toutes les agitations que causaient, dans le désert de Port-Royal, les nouvelles opinions de Descartes, nous apprend que *le château de M. le duc de Luynes était la source de toutes ces curiosités. On y parlait sans cesse*, dit-il, *du nouveau système du monde suivant M. Descartes*, etc.

[2] Les exemples célèbres surabondent, Peiresc, au parlement d'Aix, Fermat et Carcavi à celui de Toulouse, etc., etc.

[3] *Fragments philosoph.*, 3ᵉ édit., t. II, p. 174, *De la persécution du cartésianisme en France*.

[4] Le P. Poisson avait entrepris un commentaire général sur tous les ou-

Arnaud, à peine reçu docteur de Sorbonne, avait, un des premiers, adhéré publiquement à la méthode et à l'esprit général des Méditations. Plus tard il transporta les principes de Descartes dans la célèbre Logique de Port-Royal, et les défendit enfin dans un mémoire composé pour prévenir la condamnation officielle du cartésianisme par le parlement de Paris[1]. Le minime Mersenne fut, jusqu'à sa mort, le correspondant de Descartes et le zélé propagateur de ses découvertes en tout genre. L'ordre des dominicains et celui des franciscains, qui jadis, au XIIIe et au XIVe siècles, avaient rendu de si éclatants services à la philosophie, étaient alors trop profondément déchus pour que la nouvelle doctrine pût les tirer de leur sommeil : ils semblaient comme épuisés après avoir produit tout récemment Bruno et Campanella. On dit pourtant qu'Antoine Legrand, qui introduisit en Angleterre le cartésianisme, sortait de l'ordre des franciscains[2]. Le père le Bossu, qui s'appliqua à concilier l'ancienne et la nou-

---

vrages de Descartes. Il n'en a paru que les éclaircissements et les notes, joints à la traduction du *Traité de mécanique* et du *Traité de musique* (Paris, 1668), et le *Commentaire sur la méthode* (Paris, 1671). Le P. Tabaraud, de l'Oratoire, dans l'article qu'il a consacré au P. Poisson dans la *Biographie universelle*, cite une correspondance inédite que ce père entretenait avec un grand nombre de savants de France et d'Italie, ainsi que différentes dissertations relatives au cartésianisme. Il est fâcheux que le P. Tabaraud n'indique jamais les sources où il puise les renseignements qu'il donne. Nous avons rencontré, dans divers manuscrits, et peut-être ferons-nous connaître un jour quelques pièces inédites du P. Poisson, un des plus exacts et des plus judicieux cartésiens.

[1] *Frag. phil.*, t. II, p. 182. Ce mémoire est, en effet, d'Arnaud: Saint-Marc, dans son édition de Boileau, le disait sans en donner la preuve; nous avons retrouvé ce mémoire, attribué positivement à Arnaud et daté de 1673, dans un manuscrit de la Bibliothèque royale, carton 648.

[2] Arnauld, *Lettre IX à Malebranche* : « Vous pouvez voir ce qu'en dit, dans sa philosophie cartésienne, Antoine Legrand, qu'on me dit être un religieux de Saint-François. »

velle philosophie dans l'intérêt de cette dernière, était génovéfin[1]. Enfin l'ordre de Saint-Benoît, dans ses deux branches principales, la congrégation de Saint-Maur et la congrégation de Saint-Vannes, intervint dans cette grande querelle, ici par dom Lamy, l'auteur de l'estimable traité *de la Connaissance de soi-même*, là par dom Robert Desgabets, qui défendit Malebranche contre Foucher, l'académicien, et introduisit dans la congrégation de Saint-Vannes le cartésianisme, du moins en ce qui regarde la méthode et la liberté de penser.

Dom Robert Desgabets est le plus obscur des personnages que je viens de rappeler. C'est de lui pourtant et de ses manuscrits que je vais entretenir le lecteur, parce que ces manuscrits contiennent des documents importants pour l'histoire de notre grande philosophie nationale du XVIIe siècle.

Robert Desgabets, né dans le diocèse de Verdun, entré en 1636 dans la congrégation de Saint-Vannes et de Saint-Hidulphe, y remplit successivement les emplois de professeur, de définiteur, de prieur et de procureur-général. Il se distingua par le zèle qu'il mit à ranimer dans son ordre le goût des fortes études. Il adopta de bonne heure le cartésianisme, mais beaucoup plus en physique qu'en métaphysique. Il a revendiqué la première expérience de la transfusion du sang, qui paraît en effet lui appartenir. Envoyé à Paris en qualité de procureur-général de sa con-

---

[1] René le Bossu n'a publié qu'un seul écrit philosophique : *Parallèle des principes de la physique d'Aristote et de celle de Descartes*, 1674, in-12. La bibliothèque de Chartres possède un bon nombre d'écrits philosophiques de ce savant génovéfin. Peut-être contiennent-ils quelque chose qui mériterait de voir le jour.

grégation, il profita du séjour qu'il y fit pour se lier avec les principaux cartésiens, Clerselier, Régis, Rohault, le père Poisson et Malebranche. Lorsque celui-ci fut attaqué par Foucher, dom Desgabets prit sa défense dans un écrit imprimé en 1676, et qui a pour titre : *Critique de la critique de la Recherche de la Vérité, où l'on découvre le chemin qui conduit aux connaissances solides, pour servir de réponse à la lettre d'un académicien.* C'est le seul ouvrage de dom Desgabets qui ait vu le jour. Mais il en avait écrit un très-grand nombre d'autres sur les points les plus délicats de la philosophie et de la théologie. Les explications qu'il tenta du mystère de l'Eucharistie excitèrent des ombrages qu'il dissipa par une prompte et entière soumission aux décisions de l'Église. Il passa la fin de sa vie dans le monastère du Breuil à Commercy, et il y mourut le 13 mars 1678, laissant une mémoire très-honorée dans son ordre, et dans le monde la réputation d'un homme d'un esprit peu ordinaire, disciple à la fois et adversaire de Descartes, hasardeux en philosophie, un peu novateur en théologie, et par-dessus tout ardent ami de la vérité, des libres discussions et des sérieuses études.

Les papiers laissés par dom Desgabets étaient dispersés dans les cinq monastères de sa congrégation qu'il avait habités ou avec lesquels il avait été en rapport intime : ceux de Hautvillers, près de Reims, de Breuil à Commercy, de Moyenmoutier, de Saint-Mihiel et de Sénones. Vers le milieu du dernier siècle, dom Ildephonse Catelinot, bibliothécaire de l'abbaye de Saint-Mihiel, avait songé à les donner au public. Pour rendre sa collection complète, il s'adressa à ces différents monastères; et des pièces qu'il parvint à réunir il composa deux volumes *in-folio*, qui, des abbayes de Saint-Mihiel ou de Sénones, sont passés, à la révolution, dans la bibliothèque publique de la ville d'Épinal.

Ces deux volumes in-folio, fort lisiblement écrits par des mains différentes, mais toutes du XVIIIe siècle, renferment, l'un les ouvrages philosophiques, l'autre les ouvrages théologiques de dom Robert Desgabets. Dans de petits cahiers, joints au Ier volume, on trouve des lettres de différents bénédictins de Moyenmoutier, d'Hautvillers, de Saint-Mihiel, etc., adressées à dom Catelinot, avec les listes des écrits de dom Desgabets que possédait chacun de ces monastères. Ces listes donnent les titres de plusieurs écrits qui ne sont pas dans nos deux in-folio.

Au premier coup-d'œil jeté sur les différents ouvrages qu'ils contiennent, ce qui nous a frappé tout d'abord c'est le caractère des opinions philosophiques de dom Desgabets. Ce professeur bénédictin, ce prieur du monastère de Breuil, ce procureur-général d'une congrégation aussi pieuse que savante, ce partisan de la philosophie nouvelle, est en réalité plus près d'Aristote que de Platon, de Gassendi que de Descartes. Il reproche à Descartes d'avoir trop fait abstraction de la matière et de la dépendance où l'âme est du corps dans tous ses actes et dans toutes ses pensées; et, sans jamais citer Gassendi, il en reproduit, sous une autre forme, toute la polémique. Il s'efforce de tourner la méthode psychologique de Descartes contre ses principes; il soutient, par exemple, qu'il n'y a pas de pensée, si primitive et si pure qu'elle soit, qui ne contienne quelque élément empirique et sensible, et qui, par conséquent, ne suppose implicitement ou explicitement la notion du corps. Descartes avait établi que la pensée en elle-même, ne contenant rien d'étendu et supposant un sujet d'inhérence, une substance du même caractère qu'elle, il s'ensuivait nécessairement que l'âme, c'est-à-dire le sujet de la pensée, est, comme elle, inétendue, simple, spirituelle; et qu'ainsi la notion de l'esprit nous est donnée d'abord dans la conscience même de la pensée, tandis que la notion du corps vient plus tard à la suite de celle de l'étendue, lorsque l'esprit sort de lui-même pour entrer dans le monde extérieur. Cette démonstration de la spiritualité de l'âme par la conscience de la pensée était à la fois le point de départ et le fondement du cartésianisme. Toutes les attaques de Gassendi étaient venues se briser contre ce fondement inébranlable. Dom Robert renouvela les mêmes attaques, avec moins de force, plus de subtilité peut-être, mais sans plus de succès.

Étant à Paris, il adressa à une société cartésienne qui s'y tenait alors divers écrits contre la doctrine de Descartes; un de ses amis fut même admis à y présenter et à y soutenir ses objections; et notre manuscrit contient le procès-verbal de la séance où ces objections furent discutées. Ce procès-verbal nous introduit, pour ainsi dire, dans l'intérieur d'une petite académie qui s'était formée à Paris, pour la défense et la propagation du cartésianisme, contre lequel s'élevait alors une persécution de jour en jour plus violente.

Quelle était cette académie cartésienne? de qui était-elle composée ? chez qui s'assemblait-elle ? quand commença-t-elle, et jusqu'où dura-t-elle ? voilà des questions auxquelles il n'est pas aisé de répondre.

Nous savons par Baillet [1] qu'avant l'établissement de l'Académie des sciences, les savants de Paris s'assemblaient, pour conférer ensemble, tantôt aux Minimes, place Royale, chez le père Mersenne, qui était tout cartésien ; tantôt chez l'abbé Picot, prieur du Rouvre, qui logeait ordinairement Descartes, quand il était à Paris ; tantôt enfin chez M. de Montmort, maître des requêtes, qu'il faut bien se garder de confondre avec Rémond de Montmort de la même famille, ami et élève de Malebranche, membre de l'Académie des sciences, et dont Fontenelle a fait l'éloge. Le premier de ces Montmort (Henri-Louis-Habert) était un cartésien déclaré, qui, au rapport de Baillet, avait offert à Descartes, *avec beaucoup d'instance, l'usage entier d'une maison de campagne de trois à quatre mille livres de rente, appelée le Menil-Saint-Denis* [2]. Ces diverses sociétés s'assemblaient déjà du vivant de Descartes ; il y assista souvent pendant son dernier séjour à Paris, en 1648. La société de M. de Montmort survécut aux deux autres, et subsista sans interruption pendant assez longtemps, puisque le 13 juillet 1658, Clerselier y lut une défense de Descartes, contre Roberval, sous la forme d'une lettre que Descartes lui aurait autrefois adressée [3]. On voit encore, par une lettre de

---

[1] *Vie de Descartes,* IIe partie, chap. XIV.

[2] *Ibid.* IIe partie, liv. VIII, chap. II.

[3] *Ibid.* IIe partie, liv. IV, chap. XIV ; et le t. III des lettres de Descartes, où Clerselier a imprimé cette défense.

Clerselier à Fermat, du 13 mai 1662¹, que cette assemblée se tenait encore en cette année ; qu'elle avait lieu régulièrement toutes les semaines, et qu'on s'y occupait particulièrement d'éclaircir et de défendre la philosophie de Descartes. On y recevait des objections sur tel ou tel point, on les discutait, et on y répondait.

Nous n'avons pu trouver depuis aucun autre renseignement sur la société qui se rassemblait chez Habert de Montmort et que nous venons de suivre jusqu'en 1662. Est-ce encore cette société dont nous possédons ici un des procès-verbaux ? Nous inclinons à le croire, mais nous ne pouvons l'affirmer.

Les sociétés privées, et mêmes publiques, où l'on s'entretenait régulièrement de lettres, de sciences et de philosophie, étaient très-nombreuses à Paris, dans la dernière moitié du XVIIe siècle, même après l'établissement de l'Académie des sciences. On en peut voir le détail dans un livre assez rare, intitulé *Conversations de l'académie de M. l'abbé Bourdelot*, etc. Paris, 1675. Parmi les pièces dont ce livre se compose, on remarque « un entretien servant de préface, où il est traité de l'origine des académies, de leur fonction et de leur utilité, avec un discours particulier des académies de Paris². » Le cartésianisme était très-puissant dans ces différentes sociétés. La plus célèbre était celle qui

---

¹ Voyez notre édit. de Descartes, t. X, p. 501, et la lettre LII du t. III de l'ed. in-4° des Lettres de Descartes.

² Il est remarquable que, parmi les dix ou douze académies énumérées dans ce discours, il ne soit fait aucune mention de celle de M. de Montmort, tandis que M. de Montmort est cité parmi les personnages qui assistaient aux conférences de l'abbé Bourdelot, dans l'hôtel même et sous le patronage du grand Condé, et, plus tard, du prince son fils.

se tenait, tous les mercredis, chez Rohault, gendre de Clerselier : c'était une véritable école cartésienne. Clerselier, dans la préface du tome II des Lettres de Descartes [1], nous apprend que ces conférences étaient suivies par tout ce qu'il y avait, à Paris, de plus distingué dans le clergé, la magistrature et la noblesse, et que « les dames mêmes y tenaient le premier rang. » La préface des œuvres posthumes de Rohault, qui est aussi de la main de Clerselier, entre dans des détails curieux sur l'ordre et la forme de ces conférences [2]. C'est de cette école que sortit Régis, pour aller, vers 1665, avec une espèce de mission

[1] Ce tome II de l'édition in-4° des Lettres de Descartes est de 1659 ; ce qui marque le temps du plus grand éclat de l'école de Rohault.

[2] Paris, in-4°, 1682. Rohault faisait, une fois toutes les semaines, des conférences publiques, où se trouvaient des personnes de toute sorte de qualité et condition, prélats, abbés, courtisans, docteurs, médecins, philosophes, géomètres, régents, écoliers, provinciaux, étrangers, artisans, en un mot des personnes de tout âge, de tout sexe, de toute profession. « La méthode que M. Rohault gardait dans ces conférences était d'expliquer, l'une après l'autre, toutes les questions de physique, en commençant par l'établissement des principes, et descendant ensuite à la preuve des effets les plus particuliers et les plus rares. Pour cela, il faisait d'abord un discours d'environ une heure, où il disait simplement ce que son sujet lui fournissait sur-le-champ. C'est pourquoi il permettait à un chacun de l'interrompre quand il arrivait que ce qu'il avait dit n'avait pas été assez bien compris, ou que quelqu'un trouvait quelques objections à y faire. Il écoutait tout ce qu'on voulait objecter sans interrompre celui qui parlait ; et, après avoir satisfait à ses objections, il reprenait le fil de son discours où il l'avait quitté, et continuait à expliquer le reste de la matière qu'il avait entreprise. Après quoi la dispute était ouverte à tout le monde, non pas une dispute tumultueuse, mais une dispute paisible et honnête, où chacun proposait, modestement et nettement, les difficultés qu'il avait remarquées sur la matière qui avait été agitée ce jour-là. Pour l'ordinaire, la dispute finissait dès la première réponse qu'il y faisait. Car, après avoir reconnu, par les difficultés qu'on lui avait proposées, ce qui manquait à sa première explication, il résumait si bien et dans un si bel ordre tout ce qu'on lui avait objecté, et y répondait avec tant de netteté et de lumière que ceux qui les lui avaient proposées et tous les autres spectateurs de la dispute, n'ayant rien à répliquer, s'en retournaient satisfaits de ses réponses. »

de son maître, dit Fontenelle[1], enseigner publiquement à Toulouse, puis à Montpellier, les principes du cartésianisme. De retour à Paris, vers 1680, Régis ouvrit de nouvelles conférences, avec un *éclat qui leur devint funeste*[2]. L'archevêque de Paris, Harlay, ennemi et persécuteur de la nouvelle philosophie, fit, au bout de six mois, fermer cette école.

Il est clair que ce ne peut être ici le procès-verbal d'une des conférences de Régis, postérieures à la mort de dom Desgabets, qui est de 1678. Il ne peut pas non plus être question de la conférence de Rohault; car on n'y traitait guère que des questions de physique, et c'était Rohault lui-même qui répondait à toutes les objections qui y étaient faites, tandis qu'ici c'est Malebranche qui répond. Il est impossible que la séance dont nous avons le procès-verbal soit antérieure à la fin de l'année 1674 ou au commencement de 1675, puisqu'il y est fait mention de la *Recherche de la Vérité*, dont le premier volume parut en 1674, et le second, avec les éclaircissements qu'il renferme, en 1675.

S'il n'est pas aisé de déterminer chez qui se réunissait cette assemblée cartésienne, il ne l'est pas davantage de conjecturer qui a rédigé le procès-verbal de la séance que nous voulons faire connaître, et quel est ce personnage qui prend la parole au nom de dom Robert et déclare avoir déjà fait lecture à l'assemblée de divers écrits du savant bénédictin. Je soupçonnerais volontiers Corbinelli, l'ami bien connu de Mme de Sévigné, qui vers cette épo-

---

[1] Fontenelle, *Éloge de Régis.*
[2] *Ibid.*

que, avait été à Commercy, et en était revenu avec des écrits de dom Desgabets qu'il communiqua à Mme de Grignan et répandit dans le monde philosophique où il vivait[1]. En tout cas, l'auteur de ce procès-verbal ne semble pas un homme de peu d'importance : il se met lui-même en scène et s'exprime avec précision, brièveté et autorité.

RÉCIT DE CE QUI S'EST PASSÉ A PARIS, DANS LA DERNIÈRE ASSEMBLÉE, TOUCHANT LA QUESTION SI TOUTES LES PENSÉES DE L'AME DÉPENDENT DU CORPS.

« Je demandai à ces messieurs s'ils n'avoient rien à me dire touchant les écrits que je leur avois lus sur le fameux *je pense donc je suis* de M. Descartes, que dom Robert trouvoit défectueux ; ils répondirent tous qu'après y avoir bien pensé, ils avoient trouvé la méthode de M. Descartes en cet endroit sans défaut.

« Je demandai au P. Malbranche (*sic*) de prononcer entre les disciples de M. Descartes et dom Robert. Il me répondit que D. Robert avoit assez connu qu'il n'étoit pas de son avis, dans ce qu'il avoit écrit en son ouvrage de la *Recherche de la Vérité.*

« Je lui dis qu'il n'avoit rien dit touchant l'objection de dom Robert. Il m'a répondu qu'il étoit vrai parce qu'il n'avoit pu prévoir qu'on formeroit cette difficulté.

« Après tout ce préambule, je demandai la permission de rapporter encore une fois l'objection, afin de voir si tout le monde conviendroit des mêmes réponses, et voici comme je parlai :

[1] Voyez plus bas, p. 115-118.

« Afin que la méthode de M. Descartes ne soit point défectueuse en disant : *Je pense, donc je suis une substance qui pense,* il faut de nécessité que rien de ce qui a rapport à l'étendue ne soit contenu dans l'idée qui est exprimée dans le mot de *je pense.* Or est-il qu'il est impossible d'avoir cette idée sans y voir en même temps une propriété de l'étendue. Donc, etc. — Le P. Malbranche me passa la majeure et toute l'assemblée avec lui, et il me nia la mineure.

« Voici comme je la prouvai : L'âme ne peut dire *je pense,* qu'elle ne voye au même instant dans cette idée celle de succession ou de continuation et de fin. Or tout cela ne peut appartenir qu'à l'étendue ou au corps ; donc on ne peut avoir l'idée de *je pense,* de M. Descartes, avec une parfaite abstraction de toute propriété de l'étendue et du corps. — Le P. Malbranche me nia la majeure avec toute l'assemblée.

« Voici comme je la prouvai : L'âme ne peut concevoir le fameux *je pense* avec l'abstraction de l'idée de durée. Donc l'âme ne peut concevoir ce fameux *je pense* sans y voir une succession ou un commencement, une continuation et une fin. — Le P. Malbranche me passa la majeure et nia la conséquence.

« Voici comme je la prouvai. La durée et la succession sont la même chose. Donc, si l'âme ne peut faire abstraction de la durée de cette idée *je pense,* elle ne pourra non plus faire abstraction de la succession, etc. — Le P. Malbranche me nia l'antécédent.

« Je lui demandai quelle différence il y avoit entre l'idée de substance et l'idée de durée. Le P. Malbranche me répondit que l'idée de durée consistoit dans l'abstraction actuelle de la substance, et que l'idée de substance étoit formée avec abstraction de celle d'existence.

« Je lui demandai s'il étoit possible que l'on conçût quelque substance avec abstraction de son existence. Le P. Malbranche répondit que oui.

« Je lui demandai ensuite s'il étoit possible qu'un être intelligent eût l'idée de substance, sans qu'il y eût une cause objective de cette idée. Il me répondit que non, et qu'il avouoit que l'on ne pouvoit avoir l'idée de substance sans que sa cause objective existât, mais qu'il étoit possible qu'on eût l'idée de substance avec abstraction de l'idée d'existence ou de durée qui est la même chose, parce que, par le mot de durée de l'idée de substance, il n'entendoit autre chose que l'existence même.

« Je lui demandai encore si Dieu avoit une durée. Il me répondit qu'il n'y avoit proprement que lui qui en eût et que les créatures n'en avoient que par participation.

« Je lui demandai si toutes les vérités que l'on nomme éternelles ont une durée. Il me répondit que non, parce qu'elles n'avoient point d'existence hors de l'entendement, et qu'il n'étoit point de l'opinion de M. Descartes, qui les croyoit dépendantes du décret de Dieu.

« Je lui demandai si l'on peut concevoir que Dieu voie que deux et deux font quatre, avant que de l'avoir voulu. Il me répondit que oui, parce que cette vérité étoit Dieu même.

« Je lui demandai s'il étoit possible d'accorder que Dieu fût un être simple, et qu'il y eût en lui une vérité composée, puisque simplicité et composition sont contradictoirement opposées en un même sujet.

« Voilà tout ce qui fut dit sur cette question, et j'ajoutai à toutes ces preuves de D. Robert l'autorité de saint Thomas, qui dit que Dieu ne voit rien de ce qui n'est pas lui que dans son décret, et que cette opinion de saint Thomas s'accorde avec celle de M. Descartes, et favorise celle de dom Robert.

« Mais, comme la fièvre me prit après ce point de la question, je ne pus pas entrer dans toutes les preuves de dom Robert sur la dépendance que l'âme a du corps dans toutes ses idées généralement quelconques. »

Mais ce n'est là qu'un incident de la polémique instituée par D. Robert contre le cartésianisme. Grâce à nos manuscrits, nous allons voir cette polémique transportée sur un tout autre théâtre, où va paraître un acteur nouveau, un personnage qu'on ne s'attendait guère à rencontrer dans des débats de métaphysique.

LE CARDINAL DE RETZ CARTÉSIEN.

(*Suite de l'article précédent.*)

Il était digne du remuant coadjuteur, de ce chef de parti qui s'agita sans autre but, ce semble, que d'exercer ses puissantes facultés; il était digne du cardinal de Retz de mettre la main dans une entreprise tout autrement hardie que la Fronde, et où son courage aurait rencontré des adversaires plus redoutables que la cour et Mazarin, à savoir Aristote et les jésuites. C'eût été là un convenable emploi d'un esprit tel que le sien; et on pouvait reprocher à ce turbulent génie d'avoir laissé passer le plus grand mouvement de son siècle sans y prendre part. Du moins on ne voit pas jusqu'ici que le cardinal de Retz se soit jamais occupé de métaphysique, et qu'il ait été ni le partisan ni l'adversaire de Descartes. Il semble qu'après avoir passé les trois quarts de sa vie dans les aventures, il ne songea, dans sa retraite de Commercy, qu'à goûter un peu de repos, à régler ses affaires et à écrire ses Mémoires. Sans doute la société de madame de Sévigné, où vivait le cardinal, quand il était à Paris, était fort cartésienne. Corbinelli¹ avait rempli toute la maison de la doctrine nouvelle; il en avait pénétré madame de Grignan, qui devint et demeura le philosophe de la famille²; et madame de Grignan ne pouvait avoir une opinion ou un goût que sa mère ne partageât, ne flattât du moins. Aussi madame de Sévigné, pour complaire à sa fille, lui donne-t-elle des nouvelles du cartésianisme : elle lui parle à plusieurs reprises de la nièce et des petites-nièces de Descartes, qu'elle rencontre en Bretagne³; elle lui raconte

---

¹ *Lettres de madame de Sévigné.* (Paris, 1818.) Lettre 301. Corbinelli à Bussy, de Grignan, 1673 : « J'ai l'esprit sec depuis un an, à cause que je me suis adonné à la philosophie de Descartes. Elle me paraît d'autant plus belle, qu'elle est facile et qu'elle n'admet dans le monde que des corps et du mouvement, ne pouvant souffrir tout ce dont on ne peut avoir une idée claire et nette. Sa métaphysique me plaît aussi. Ses principes sont aisés et ses inductions naturelles... Madame de Grignan la sait à miracle et en parle divinement... » — Lettre 303. Le même au même : « Pendant votre séjour de Paris, je vous conseille de vous faire instruire de la philosophie de Descartes. Pour moi, je la trouve délicieuse, non-seulement parce qu'elle détrompe d'un million d'erreurs où est tout le monde, mais encore parce qu'elle apprend à raisonner juste. Sans elle nous serions morts d'ennui dans cette province. » (Il était dans le Midi avec le marquis de Vardes qui avait étudié le cartésianisme à Toulouse avec Régis, qu'il ne cessa de protéger et qu'il logea même dans son hôtel, à Paris, jusqu'à sa mort.) — Voyez encore la lettre 545 de madame de Sévigné à madame de Grignan.

² Lettre 654. Madame de Grignan à Bussy : « Je vois bien qu'elle (madame de Coligny) me croit fort engagée dans la secte de M. Descartes à qui vous donnez l'honneur de ma perte. Je ne veux pourtant pas encore l'abjurer; il arrive des révolutions dans toutes les opinions, comme dans les modes, et j'espère que les siennes triompheront un jour et couronneront ma persévérance. » — Il paraît que madame de Grignan avait aussi un commerce cartésien avec le père le Bossu; car madame de Sévigné écrit à sa fille : « Il (Corbinelli) dit que le père le Bossu ne répond pas bien à vos questions, qu'il aurait tort de vouloir vous instruire, que vous en savez plus qu'eux tous etc... » Lettre 545, année 1676.

³ Sur la nièce, les petites-nièces et les neveux de Descartes, voyez lettres 680, 767, 1066, 1067, 1076, 1087, 1105. Ainsi, lettre 1067 : « ... Je ris quelquefois de l'amitié que j'ai pour mademoiselle Descartes; je me tourne naturellement de son côté; j'ai toujours des affaires à elle; il me semble qu'elle vous est quelque chose du côté paternel de M. Descartes, et dès là je tiens un petit morceau de ma chère fille. »

des disputes auxquelles elle assiste[1] ; elle lui fait confidence des travaux cartésiens que méditait le bonhomme Corbinelli[2]; elle fait sans cesse allusion aux opinions de celui que madame de Grignan avait l'habitude de nommer *son père;* mais il est clair qu'elle ne s'intéresse à tout cela que très indirectement. Elle ne connaissait guère la philosophie nouvelle que par les discours qu'elle en entendait autour d'elle; et de ces discours elle n'avait même retenu que ce qu'il lui en fallait pour faire en quelque sorte la partie de sa fille[3]. Elle le dit elle-même : elle ne veut savoir la philosophie que comme le jeu de l'hombre, non pas pour jouer mais pour voir jouer[4]. La parfaite justesse de son esprit était choquée de certaines opinions extrêmes attribuées à Descartes, par exemple que les bêtes n'ont pas de sentiment, que les couleurs sont dans l'âme[5]. Au mi-

---

[1] « Je dînai hier chez mademoiselle de Gouleau, qui vous adore. C'était un dîner de beaux esprits... Ils discoururent, après le dîner, fort agréablement sur la philosophie de *votre père* Descartes... Cela me divertissait et me faisait souvenir grossièrement de ma chère petite cartésienne, que j'étais si aise d'entendre, quoique indigne... » Lettre 1026. Voyez aussi les lettres 176, 576, 777.

[2] Lettre 1101 : « Corbinelli répond à M. de Soissons (Huet) pour Descartes; il montre tout ce qu'il fait à madame de Coulanges, qui en est fort contente. Plusieurs cartésiens le prient de continuer ; il ne veut pas. Vous le connaissez, il brûle tout ce qu'il a griffonné. »

[3] Lettre 503, de Vichi, 1676. « Je ramasse des mots que je vous ai ouï dire. » — Voyez aussi les lettres 176, 515 et 1026.

[4] Lettre 515. Paris, 1676. « Corbinelli et la Mousse parlent assez souvent de *votre père* Descartes. Ils ont entrepris de me rendre capable d'entendre ce qu'ils disent; j'en serai ravie, afin de n'être point comme une sotte bête quand ils vous tiendront ici. Je leur dis que je veux apprendre cette science comme l'hombre, non pas pour jouer, mais pour voir jouer. »

[5] Lettre 236. Madame de Sévigné à madame de Grignan, 1672 : « ... Parlez un peu au cardinal de vos machines, des machines qui aiment, des machines qui ont une élection pour quelqu'un, des machines qui sont jalouses, des machines qui craignent. Allez, allez ; vous vous moquez de nous. Jamais Descartes n'a prétendu nous le faire croire... » — Voir les lettres 158, 576, 581, 1066, sur la couleur de l'âme.

lieu de ses vivacités et malgré la liberté de son langage, elle était au fond très-réservée ; elle redoutait des spéculations qui pouvaient porter atteinte à la pureté et à la simplicité de la foi. Le peu de métaphysique qu'elle se permet est un jansénisme très-mitigé, qui se réduit à peu près à une grande admiration pour ces messieurs, surtout pour Pascal[1], et à une confiance sans bornes dans cette action toujours présente et toute-puissante de la Providence que le christianisme appelle la grâce. Dès que la persécution contre le cartésianisme devient un peu sérieuse, elle avertit sa fille et retient Corbinelli. Ce n'est donc pas madame de Sévigné qui pouvait jeter le cardinal de Retz dans la métaphysique. Cependant il arrive de loin en loin de Commercy à l'hôtel de Carnavalet, à Livry ou aux Rochers, des allusions obscures à des disputes relatives au cartésianisme. On rencontre, dans madame de Sévigné, des plaisanteries assez peu intelligibles sur la couleur de l'âme qui décidément est verte[3]. Il paraît même que Corbinelli, à son retour de Commercy, avait un peu parlé des opinions de dom Robert Desgabets et que ces opinions avaient fort mécontenté la loyauté cartésienne de madame

---

[1] Voir les lettres 200, 208, 214, etc. Lettre 182 : « ... Personne n'a écrit comme ces messieurs, car je mets Pascal de moitié à tout ce qui est beau. »

[2] Lettre 591, sur les dangereuses opinions de dom Robert; lettres 652 et 715 : « Je n'ai pas voulu qu'il (Corbinelli) ait été à des assemblées de beaux esprits, parce que je sais qu'il y a des barbets qui rapportent à merveille ce qu'on dit à l'honneur de *votre père* Descartes. »

[3] Lettre 576. « Le gros abbé m'a montré des lettres plaisantes qu'ils vous écrivent. Enfin, après avoir bien tourné, notre âme est verte. » — Lettre 581, même année, 1677 : « Si ce discours ne vient pas d'une âme verte, c'est du moins d'une tête verte. » — Lettre 582. Corbinelli à madame de Grignan : « Si *votre père* Descartes le savait, il empêcherait votre âme d'être verte, et vous seriez bien honteuse qu'elle fût noire ou de quelque autre couleur. »

de Grignan et effarouché le bon sens et la foi de madame de Sévigné. Celle-ci écrit à sa fille, en 1677 (lettre 591) : « Vous appelez dom Robert *un éplucheur d'écrevisses !* Seigneur Dieu ! s'il introduisait tout ce que vous dites ; plus de jugement dernier, Dieu auteur du bien et du mal ; plus de crime ; appelleriez-vous cela éplucher des écrevisses ? » Voilà des phrases que nul éditeur ni nul lecteur jusqu'ici n'avait pu comprendre. Madame de Sévigné parle aussi de dom Hennezon, prieur et abbé de Saint-Mihiel, qui accompagnait le cardinal, et avait beaucoup plu à madame de Sévigné « par son esprit droit et tout plein de raison[1] ». Du cardinal, pas un mot, en fait de philosophie, sinon une allusion indirecte à sa réserve au milieu des hardiesses de Corbinelli et de tout ce qui l'entoure[2].

Toutes ces allusions énigmatiques s'éclaircissent à la lumière de notre manuscrit. Là on apprend que le cardinal de Retz, retiré à Commercy, y passait son temps avec deux personnes, toutes deux de l'ordre de Saint-Benoît, de la congrégation de Saint-Vannes et de Saint-Hidulphe, dom Hennezon, abbé de Saint-Mihiel, à trois lieues de Commercy, et dom Robert Desgabets, alors prieur de l'abbaye de Breuil, située dans un faubourg même de Commercy. Dom Robert, tout plein de ses opinions, en avait entretenu le cardinal, qui d'abord avait accepté cette conversation tout comme une autre, et puis,

---

[1] Lettre 367.

[2] Lettre 581. « Corbinelli a fort approuvé et admiré ce que vous mandez de cette métaphysique, et de l'esprit que vous avez eu de la comprendre. Il est vrai qu'ils se jettent dans de grands embarras, sur la prédestination et sur la liberté. Corbinelli tranche plus hardiment que personne. Mais les plus sages se tirent d'affaires par une *altitudo*, ou par imposer silence, comme notre cardinal. »

par désœuvrement, par occasion, par complaisance, s'était laissé peu à peu engager dans ces études. Les étranges modifications que le prieur de Breuil apportait à la doctrine de Descartes n'avaient été nullement du goût du prieur et des religieux de Saint-Mihiel. Il se tenait à Saint-Mihiel de vraies conférences philosophiques et théologiques devant le cardinal : c'était une dispute réglée ; on présentait des arguments ; on répondait en forme, et il paraît que dom Robert était toujours condamné. Voilà ce que nous apprennent diverses lettres jointes à notre manuscrit et une petite notice du bibliothécaire de Saint-Mihiel, dom Catelinot, qui aura recueilli cette tradition de pères bénédictins, contemporains de dom Robert, de dom Hennezon et du cardinal.

Au milieu de nos deux in-folio se trouvent épars et sans aucun ordre les écrits composés pour ces doctes conférences. Avec la pièce que nous avons citée, *Récit de ce qui s'est passé à Paris dans la dernière assemblée*, nous possédons les ouvrages de dom Robert qui avaient été communiqués à cette société : *Descartes à l'alambic*, et *Des défauts de la méthode de Descartes*. Ce sont ces deux ouvrages sur lesquels roulent particulièrement les disputes de Commercy. Dom Robert est seul de son côté ; ses adversaires prennent eux-mêmes le titre de *Disciples de Descartes*. On voit Corbinelli se mêler à ces disputes ; il présente à la conférence des propositions plus précises pour servir de base à la discussion. Il y a en outre un bon nombre d'autres ouvrages, quelquefois fort étendus, de dom Robert, où il ne se contente pas de combattre les principes de Descartes, et où il met en avant les principes qui lui sont propres.

Le style de dom Robert est ici, comme dans le seul ouvrage qu'il ait imprimé (*Critique de la critique,* etc.), assez agréable, quelquefois même ingénieux, mais d'une abondance et d'une diffusion qui lassent bientôt l'attention. Celui de son principal adversaire, dont le nom nous est inconnu, est solide et ferme, souvent même assez piquant; mais celui du cardinal est seul vraiment remarquable, et par des qualités qu'on n'attendait pas, une dialectique sévère, poussée jusqu'à l'aridité scolastique, une concision un peu sèche mais forte, et quelquefois une ironie qui rappelle certains endroits des Mémoires. D'ailleurs il ne faut pas oublier que ces écrits n'étaient pas destinés à voir le jour. C'étaient des éclaircissements sur des entretiens qui s'étaient passés la veille ou devaient avoir lieu le lendemain, des réponses, des répliques, des résumés, où le cardinal ne se proposait qu'un but, réduire à leur plus rigoureuse expression les opinions de dom Robert pour les pousser à l'absurde. Le cardinal de Retz ne s'y montre ni un grand théologien ni un grand métaphysicien. Il représente le bon sens et l'esprit naturel aux prises avec la subtilité et la témérité d'une fausse science. Il est novice dans ces matières, mais il y porte un esprit exercé et pratique; il résiste au chimérique et à l'équivoque; il ne se donne pas pour un savant, qu'il n'est pas, mais pour un homme raisonnable bien décidé à ne pas être dupe des mots. Il accepte à peu près le cartésianisme, mais sans vouloir aller au delà; et c'était déjà beaucoup à une époque où on persécutait les nouveaux principes, et où le cardinal, devenu prudent avec l'âge, réconcilié avec le roi et très-bien avec Rome, ne voulait pas se brouiller avec les puissances du jour.

Ce n'est donc point ici un grand monument philosophique, c'est un document curieux qui exprime les discussions que soulevait partout la nouvelle philosophie. Il n'y avait point alors de société distinguée et qui se piquât un peu de bel esprit, où on ne disputât, quelquefois à tort et à travers, pour ou contre le cartésianisme. Madame de Sévigné, en Bretagne, dans sa solitude des Rochers, écrit à madame de Grignan, en Provence (lettre du 15 septembre 1680) : «... Nous avons eu ici une petite bouffée d'hombre et de reversi. Le lendemain, *altra scena*. M. de Montmoron arriva. Vous savez qu'il a bien de l'esprit. Le père Damaie, qui n'est qu'à vingt lieues d'ici ; mon fils, qui, comme vous le savez encore, dispute en perfection ; les lettres de Corbinelli ; les voilà quatre ; et moi je suis le but de tous leurs discours ; ils me divertissent au dernier point. M. de Montmoron sait votre philosophie et la conteste sur tout. Mon fils soutenait *votre père*, le Damaie le soutenait aussi, et les lettres s'y joignaient ; mais ce n'est pas trop de trois contre Montmoron ; il disait que nous ne pouvions avoir d'idées que de ce qui avait passé par nos sens. Mon fils disait que nous pensions indépendamment de nos sens : par exemple, *nous pensons que nous pensons*. Voilà grossièrement le sujet de l'histoire : cela se poussa fort loin et fort agréablement ; ils me réjouissaient beaucoup. Si vous aviez pu vous mêler dans cette dispute, par vos lettres, comme Corbinelli par les siennes, vous auriez fortifié le bon Sévigné. » Cette dispute que nous raconte madame de Sévigné, au fond de la Bretagne, avait lieu d'un bout de la France à l'autre. Nous la retrouvons, grâce à notre manuscrit, dans un coin de la Lorraine : M. de Montmoron, ce sera dom Robert Desgabets ; les cartésiens des Rochers seront des religieux de Saint-Mihiel ; le cardinal de Retz jouera à peu près le rôle de madame de Sévigné ; seulement nous verrons que peu à peu il se pique au jeu et prend de plus en plus parti pour Descartes. Mais comme ici la conversation est un peu longue, nous l'abrégerons, nous sacrifierons tous les interlocuteurs à un seul, et nous ne ferons connaître les écrits de dom Robert Desgabets et de ses adversaires, que pour amener et faire paraître ceux du cardinal de Retz. Ceux-là, le lecteur, je crois, nous saura gré et nous imposerait même le devoir de les donner dans leur intégrité. Nous nous bornerons à secouer la poussière qui les couvre, à leur rendre leur ancien cadre et à les présenter sous leur vrai jour.

Le premier écrit qui sert de texte à cette longue polémique a pour titre : *Descartes à l'alambic, distillé par dom Robert.* C'est une suite de propositions tirées de Descartes et réduites en articles, sous cette forme : *Descartes dit que,* etc. Après chacun de ces articles est la contre-proposition par dom Robert sous cette forme encore : *Dom Robert dit que,* etc. ; en sorte qu'au moyen de ces articles opposés les uns aux autres, on a le résumé précis de toute la métaphysique cartésienne et de celle de dom Robert. C'est le cardinal qui a donné à cet écrit le titre plaisant de *Descartes à l'alambic.* C'est peut-être lui qui l'avait composé. Il s'explique d'abord sur les douze premiers articles relatifs au doute cartésien et à la célèbre démonstration de la distinction de l'âme et du corps par le principe de l'immatérialité de la pensée. Dom Robert niait ce principe en soutenant qu'on ne peut avoir aucune pensée indépendamment du corps. Le cardinal de Retz examine avec impartialité les deux opinions, et il conclut que dom Robert a tort, au moins quant à la forme; mais que, d'ailleurs, au fond il est très-difficile de savoir ce qui en est : il relève une équivoque dans la manière dont la question est posée, et ne prend parti ni pour ni contre.

RÉFLEXIONS DU CARDINAL DE RAIS
SUR LA DISTILLATION DE DESCARTES PAR DOM ROBERT.

« Je ne sçais sur quoi je m'étois pu fonder en donnant le nom de distillateur à dom Robert, et j'avoue de bonne foi que je m'étois trompé. Il a rompu l'alambic plutôt qu'il ne s'en est servi; ou du moins, bien loin de tirer l'esprit de la doctrine de Descartes, il n'a travaillé qu'à y remettre le corporel; c'est ce que je vais prouver.

ART. I. Descartes dit que pour se guérir des préjugez, il faut douter de l'existence des choses sensibles. Dom Robert dit que ce seroit douter de l'existence de son doute dans le temps même que l'on doute actuellement, ce qui est chimérique.

« Le cardinal de Rais dit que dom Robert fait parler Descartes trop grossièrement et contre son sens. Ce qu'il a entendu est qu'il est bon de se feindre à soi-même de douter des choses mêmes dont l'on doute le moins[1]. Ce

---
[1] C'est là en effet le vrai sens du doute provisoire de Descartes. Voyez le passage cité p. 96, et notre *Défense de l'Université et de la philosophie*, p. 121.

sens de Descartes, qui est clair, étant supposé, l'objection de dom Robert n'a plus aucun fondement, au moins pour combattre la méthode de Descartes ; car, pour ce qui est du fond, la solution de la question dépend de ce qui suit.

« Descartes dit que cette manière de raisonner, *je pense, donc je suis*, est la meilleure pour connoître la substance de l'âme et qu'elle est distincte du corps. Dom Robert dit que cette manière de raisonner est trompeuse, parce que l'on n'a jamais aucune pensée que dépendamment du corps et de ses mouvements.

« Le cardinal de Rais dit que la question est équivoque, parce que la solution dépend seulement de ce que chacun a dans son idée, ou, pour parler plus justement, de ce que l'on voit dans l'idée d'esprit. Descartes n'y a vu simplement que la pensée. Dom Robert y voit la pensée dépendante du corps. Le premier prétend que l'âme se peut séparer, en de certains instants, de tout commerce du corps si absolument qu'elle peut penser sans aucune dépendance du corps. Le second soutient que l'âme n'en peut avoir aucune qui ne soit dépendante du corps. Il faudroit, pour avoir pu décider de cette question justement, que l'un et l'autre eussent prouvé ce qu'ils supposent. La question est de fait ; comment se peut-elle prouver ? tout le monde en est juge.

« De la résolution de l'un et de l'autre dépend la bonté et le défaut de la méthode de Descartes. Si Descartes a raison, il prouve invinciblement la distinction de l'âme et du corps. Si dom Robert est fondé, Descartes ne prouve nullement, au moins par ce moyen qui est pourtant celui dont il s'agit.

« Je conclus que la question est équivoque en soi, et que ce que chacun peut faire est de se mettre en la place de Descartes ou de dom Robert et raisonner comme eux.

« Celui qui raisonnera comme Descartes dira : l'idée d'esprit est distincte de celle du corps. Dom Robert l'accorde. De là j'infère que si je pense, je ne suis pas un corps, et que je puis penser sans savoir même qu'il y a des corps. Voici comment je raisonne, suivant ma méthode qui est de ne rien admettre que ce qui est enfermé clairement dans la notion des termes dont je me sers. *Je pense, donc je suis une chose pensante.* Il ne paroît pas clairement en cette proposition que je sois distinct de la pensée; ainsi je ne puis raisonnablement inférer que je sois autre chose que pensée. Pensée est un concept complet qui n'enferme pas celui du corps, comme on l'a avoué. Je puis donc être pensée sans être corps. Je ne me considère que comme pensée. Donc, comme pensée, je puis être sans aucune dépendance du corps.

« Lorsqu'il arrivera que notre pensée aura le corps seul pour objet [1], cette pensée sera un *je pense* dépendant du corps qui présentera pensée et corps avec la même clarté, et aussitôt l'un que l'autre, et par conséquent celui qui dira *je pense, donc je suis* trouvera qu'il est un homme composé de corps et d'âme, qui auront tous deux part à la pensée. Donc la méthode de Descartes, qui a pour but principal de prouver que l'âme est plus clairement connue

---

[1] Le manuscrit, qui est souvent défectueux, donne une leçon inadmissible : *Lorsqu'il arrivera que notre pensée aura l'âme seule pour objet ;* et il semble qu'il manque ici les mots : *Celui qui raisonne comme dom Robert dira :* Lorsque.....

que le corps, et que c'est le moyen unique d'en trouver la distinction, est fausse.

« Celui qui répondra pour Descartes dira : qu'encore que nous n'ayons de pensée que dépendamment du corps, ce que l'on pourroit nier, l'on ne prouveroit pas pour cela que ce que l'on entend par *je* dans la proposition *je pense* le puisse savoir [1]. *Je* ne signifie autre chose que pensée substantielle ; l'idée de pensée substantielle n'enferme l'idée d'aucun corps dans sa nature ; donc cette nature peut être conçue, comme elle est, sans corps. L'on convient que la distinction des idées est la marque certaine de la distinction des êtres ; la pensée substantielle conclura donc raisonnablement qu'elle est distincte du corps.

« Si elle voit ensuite qu'elle a rapport à quelque autre chose, elle connoîtra clairement que c'est par union et non point par nature, parce qu'elle a pu connoître sa nature sans connoître ce rapport.

« La nature devra être connue avant ce rapport, c'est-à-dire avant l'union, parce qu'il faut être devant que d'être uni.

« Celui qui répondra pour dom Robert dira : que toute pensée actuelle étant un mode de l'âme, il y a contradiction à parler de pensées substantielles, hors de celle de Dieu. Il dira aussi que nos pensées qui dépendent du corps peuvent avoir pour objet, Dieu, les anges, les corps et toute autre chose, mais que celui qui commence à philosopher n'est pas encore assez avancé pour connoître les choses qui peuvent servir à former le concept générique d'une chose pensante, indépendamment du corps, et que

[1] Le manuscrit : *n'en puisse avoir*, ce qui n'offre aucun sens.

tant qu'il en demeurera dans l'examen de ce qu'il est, il ne trouvera jamais qu'un être composé de corps et d'âme, dont l'union n'est autre chose que cette dépendance que nos pensées ont des mouvements du corps et que les mouvements du corps ont de la pensée, et que, comme le mouvement volontaire ne fait point connoître le corps comme agissant seul, la pensée aussi dépendante du corps ne fait point connoître l'âme comme agissante seule.

« Voilà, à mon opinion, le plus essentiel de ce que l'on peut dire de part et d'autre. Mon avis est que l'on ne sçait ce qui en est, au moins par ce qui s'en est dit en cet écrit pour l'un et pour l'autre. »

Cette opinion du cardinal n'ayant satisfait, comme on le pense bien, aucun des deux partis, on se rassembla de nouveau, et les disciples de Descartes s'efforcèrent de mettre leur doctrine en un meilleur jour. Nouveaux débats dont notre manuscrit nous a conservé le long procès-verbal, rédigé par un des vainqueurs, c'est-à-dire par un cartésien de Saint-Mihiel. Nous donnons cette pièce tout entière, et parce qu'elle a quelque importance philosophique, et parce qu'elle fait voir avec quelle fermeté et quelle sévère méthode ces débats étaient conduits.

« Les disciples de M. Descartes ayant fait réflexion sur ce que M. le cardinal de Rais avoit soutenu qu'il y avoit de l'équivoque dans la question agitée sur les douze premiers articles de *Descartes à l'alambic*, et s'étant rassemblés avec le R. P. dom Robert pour éclaircir la prétendue équivoque et entrer dans le fond de la matière, sont demeurés d'accord de part et d'autre que la question se réduit à savoir si le corps est la cause efficiente de toutes les pensées qu'on appelle passions, comme celles de plaisir ou de douleur, et en cas même que ce seroit vrai, s'il est vrai avec tant d'évidence que l'on ne puisse voir que l'on a du plaisir ou de la douleur sans voir en même temps avec la même clarté que ce plaisir ou cette douleur vient du corps.

« Voilà de quoi on étoit convenu hier au matin. Dom Robert a soutenu aujourd'hui que cet état de la question est tourné d'une manière défavorable contre lui, et que le vrai état de la question bien développée est de savoir si celui qui commence à philosopher par la méthode de M. Descartes aperçoit ou n'aperçoit pas avec une même clarté, par voie de sentiment et de conscience, que toutes ces pensées, qui sont des passions de l'âme, enferment la dépendance qu'elle a du corps auquel elles sont unies. Dom Robert soutient que cette dépendance se présente aussitôt et avec la même clarté que celle de la pensée et que cela ruine absolument la méthode de M. Descartes.

« Le cardinal de Rais dit que la question qui étoit purgée de l'équivoque qu'il y avoit prétendue par la manière dont l'on étoit convenu hier, y retombe aujourd'hui par celle de laquelle dom Robert vient de s'aviser. Il laisse à démêler le détail de cette équivoque, qui lui a sauté aux yeux, aux disciples de M. Descartes.

« Les disciples de M. Descartes disent que dom Robert s'étant apparemment trouvé embarrassé sur ce que, dans la dispute, on lui a soutenu que la question, aux termes dont il étoit demeuré d'accord, l'engageoit à prouver :

« 1° Que le corps donne à l'âme qui lui est unie toutes les pensées que l'on appelle passions sans aucune exception;

« 2° Qu'il est impossible qu'il ne les donne pas et qu'elles viennent d'ailleurs;

« 3° Qu'il les donne comme cause efficiente, et non pas seulement comme cause occasionnelle;

« 4° Qu'il est aussi clair et qu'on voit aussitôt et aussi clairement qu'il les donne comme cause efficiente, qu'il est clair qu'en pensant on voit que l'on pense;

« 5° Qu'on ne peut penser sans connoître expressément qu'on pense d'une certaine manière;

« 6° Qu'on ne peut voir que l'âme reçoit d'ailleurs ses pensées par occasion ou autrement, sans qu'on voie aussi clairement et aussitôt la nature de l'objet dont elle les reçoit;

« Les disciples de M. Descartes disent donc que dom Robert, se trouvant embarrassé par ces difficultés, n'a pas voulu tenir ce dont l'on étoit convenu; mais ils lui veulent faire voir clairement que, à moins qu'il entende ce qu'on a mis dans le second état de la question de la même manière qu'il est expliqué dans la première et qu'il l'avoit entendu lui-même, il ne donne aucune atteinte au raisonnement de M. Descartes.

« On soupçonne qu'il a cherché à embarrasser les choses par les mots généraux de dépendance du corps. Il faut essayer de développer l'équivoque.

« Il faut supposer pour cela que M. Descartes a prétendu prouver qu'il pouvoit connoître clairement sa pensée sans être certain qu'il eût un corps. Il a cru qu'il suffisoit pour cela qu'il pût y avoir en lui une idée de pensée avant de connoître qu'elle lui venoit du corps. Il a cru ensuite qu'il étoit possible que cette idée représentât ce que c'étoit de penser, sans représenter aussitôt et aussi clairement la cause efficiente de cette idée. Il a cru par conséquent qu'elle se pouvoit représenter en lui, et ainsi qu'il ne s'ensuivoit pas qu'en voyant sa pensée il vît aussitôt et aussi clairement qu'il eût un corps. Voilà ce que M. Descartes a pensé.

« Ses disciples soutiennent donc que, pour ruiner sa démonstration, il faut que dom Robert avoue l'état de la question comme il fut hier dressé.

« Ils lui demandent donc premièrement qu'est-ce qu'il entend par la dépendance du corps, savoir s'il entend parler d'une dépendance telle que toutes nos pensées, que l'on appelle passions de l'âme, dépendent du corps comme une cause efficiente ou occasionnelle. Dom Robert répond que celui qui médite avec M. Descartes ne sait encore ce que c'est que cause efficiente ou occasionnelle, distinguée l'une de l'autre.

« Les disciples de Descartes répliquent qu'ils ne demandent pas si celui qui médite avec M. Descartes le sait, mais si, en effet, dom Robert reconnoît que les pensées de l'âme unie au corps sont données à l'âme par le corps comme cause efficiente, comme il en étoit convenu hier. Dom Robert répond que la connoissance développée que l'on a de l'action du corps sur l'âme nous apprend qu'il est cause efficiente, non pas au sens péripatétique, mais au sens de M. Descartes, qui la considère comme primitive en son genre.

« Les disciples demandent si c'est une cause efficiente

comme les autres. Dom Robert répond qu'elle est unique dans le monde.

« Les disciples, qu'ils entendent par cause efficiente une véritable action dont le terme est la pensée qu'elle y produit, et que l'âme ne sauroit former si le corps ne la produit en elle, non pas seulement comme occasion, mais comme véritable cause et par une véritable influence ; et ils demandent si cela se trouve ou non dans cette manière d'agir que dom Robert appelle primitive. Dom Robert répond que le mot d'influence et que tout ce qu'on vient de dire est équivoque, étant appliqué aux causes péripatétiques et à l'action du corps sur l'âme, laquelle consiste, en ce que Dieu donnant au corps certains mouvements, ces mouvements font que l'âme a ses pensées.

« Les disciples demandent si par le mot *font* dom Robert entend qu'ils le fassent comme cause efficiente ou cause occasionnelle. Dom Robert dit qu'il n'empêche pas qu'on ne réduise à la cause efficiente la manière dont le corps excite les pensées.

« Les disciples acceptent la confession de dom Robert pour prouver qu'ils ont raison de dire qu'il étoit obligé de prouver que le corps donne des pensées à l'âme comme cause efficiente, et non pas seulement comme occasionnelle.

« Les disciples demandent, en second lieu, si par le mot de dépendance du corps dom Robert entend une véritable dépendance ou une dépendance apparente. Car, à moins qu'il fasse voir qu'il n'y peut point avoir de dépendance apparente, celui qui philosophe selon l'analyse de M. Descartes pourra douter si la dépendance du corps qu'il aperçoit dans sa pensée est réelle ou fausse. Dom Robert répond que celui qui médite en cartésien ne connoît point d'autre dépendance que celle qu'il aperçoit, et qu'à son égard le mot d'autre dépendance est aussi chimérique que le mot d'autre substance que corps et esprit.

« Les disciples répondent qu'il n'est point question de savoir, en cette occasion, si celui qui philosophe comme M. Descartes, connoît ou ne connoît pas d'autre dépendance que celle qu'il y aperçoit dans sa pensée, mais seulement si celle qu'il y aperçoit est nécessairement véritable; car, à moins que l'on fasse voir qu'il connoît clairement qu'elle est véritable et non fausse, il sera toujours en droit d'en douter. Dom Robert répond que toute autre dépendance que celle qu'il aperçoit étant pour lui une chimère, cette question n'est point une question.

« Les disciples répondent qu'elle est raisonnable et même très-nécessaire, pourvu qu'elle soit possible; c'est ce qu'ils demandent à dom Robert. Dom Robert répond que, ne connoissant que sa manière de connoître cette dépendance, il n'est point en état de répondre à la question, s'il y en a d'autre possible, le mot d'*autre* étant pour lui sans signification.

« Les disciples répondent qu'il ne suffit pas que l'on ne connoisse point que la dépendance vienne effectivement d'une autre cause que du corps, parce que, si elle en peut venir en quelqu'un, il se peut faire qu'elle en vienne à celui qui philosophe. Dom Robert dit que tout ce qu'il peut y avoir d'incertain en cela ne regarde que nos jugements précipités, mais que, quant à la perception simple que nous en avons, elle n'est sujette à aucune erreur, à moins qu'on ne suppose que l'être peut n'être rien.

« Les disciples répondent que la perception simple est claire, mais qu'il n'est pas clair qu'elle vienne du corps si elle peut venir d'ailleurs; et ainsi, pour prouver qu'elle ne peut venir que du corps, il faut prouver qu'elle ne peut venir d'ailleurs. Dom Robert dit que la perception lui représentant pensée ayant du mouvement, il s'en tient à cela.

« Sur quoi les disciples prennent droit et prétendent que dom Robert doit prouver non-seulement que toutes nos perceptions viennent du corps, mais qu'elles ne peuvent pas venir d'ailleurs.

« Sur quoi pareillement le cardinal de Rais prend droit et soutient, jusques à ce que dom Robert ait éclairci ce qu'on lui demande, qu'il y a toujours eu dans la question et qu'il y a encore une équivoque, au moins de la part de dom Robert, et que la question demeure toujours question de fait, comme le cardinal de Rais a prouvé dans son écrit qu'elle étoit d'abord.

« On supplie ceux à qui ce papier sera envoyé de juger si le second état de la question ne se réduit pas au premier.

« L'état de la question étant donc éclairci, il ne reste qu'à examiner les preuves de dom Robert.

PREUVES DE DOM ROBERT.

« I. Dom Robert dit que nous avons de deux sortes de pensées et qu'il y a aussi de la différence en la manière dont elles dépendent du corps. Les premières sont des passions dans l'âme dont elle n'est point la cause efficiente, telles sont nos intellections, perceptions et sentiments, et même les mouvements indélibérés tant naturels que surnaturels de la volonté. Les secondes sont les actes de la volonté qui procèdent de l'âme comme de leur vraie cause efficiente. Les premières nous viennent directement et immédiatement du corps, qui les donne et excite par l'action des choses extérieures et par le mouvement de nos organes, en tant que tout cela est entre les mains de Dieu comme moteur unique. Les secondes viennent de l'âme, laquelle néanmoins ne pouvant se porter à rien si elle n'en a la connoissance, c'est par le moyen du corps et des espèces tracées dans le cerveau qu'elle trouve les idées des objets auxquels elle veut se porter.

« II. Cela étant supposé, il faut savoir que c'est par le mouvement que le corps donne nos pensées qui sont nos passions, et que c'est aussi par les mouvements des esprits animaux, dirigés vers les espèces du cerveau, que la volonté produit ses actes libres, de sorte que nos pensées, ayant leur durée, leur étendue, leurs parties, leurs extrémités, leur commencement, leur continuation, leur fin, pouvant être allongées et accourcies, ayant dépendance l'une de l'autre, etc., tout cela n'étant autre chose que durée, succession et mouvement, il s'ensuit que toute pensée particulière ayant ces appartenances du corps, c'est-à-dire ayant du mouvement, et étant aussi clair qu'une pensée commence, continue et finit qu'il est clair qu'elle est pensée, on peut dire en général que toute pensée porte avec soi la dépendance qu'elle a du corps. Mais il faut se donner de garde d'attribuer tout cela à la pensée par identité de nature puisque tout cela ne lui convient que par union avec le corps.

« III. On peut apporter plusieurs raisons de cette dépendance que nos pensées ont du corps, dont la première est fondée sur l'union du corps et de l'âme, qui est proprement ce qui fait que nous sommes hommes et que nous vivons. Et comme cette union n'est autre chose que l'exercice continuel d'actions et de passions réciproques, c'est-à-dire de pensées et de mouvements entre l'âme et le corps, et que toute pensée est connue par elle-même, c'est-à-dire par voye de sentiment et de connoissance intuitive sans réflexion, on peut dire à ceux qui s'imaginent qu'il est ordinaire à l'âme d'avoir des pensées qui sont absolument indépendantes du corps, et que nous les connoissons comme telles, qu'il est aussi ordinaire à l'homme de s'apercevoir que l'union entre son âme et son corps cesse et recommence souvent, c'est-à-dire qu'il meurt et qu'il revit sans cesse, nonobstant ce qui est écrit : *statutum est omnibus semel mori*.

« IV. Ce que nous voyons qui se passe dans le sommeil nous apprend tous les jours que l'âme est pour lors réduite à la merci du corps, qui lui donne toute sorte de pensées avec une extrême bizarrerie; ce qui nous présente un état tout passif de l'âme qui se remarque aussi dans la première enfance.

« V. On connoît clairement que l'âme commençant d'agir ne le fait qu'à mesure que le corps se perfectionne, et qu'elle change toutes ses dispositions conformément à celles du corps, ainsi qu'il paroît dans la santé, la maladie, la jeunesse, la vieillesse, le sommeil, la folie, etc.

« VI. Nous voyons que ceux qui manquent de quelque sens corporel sont dans une impuissance absolue d'avoir aucune des idées qu'ont ceux à qui ce sens ne manque pas : ce qui a donné lieu au proverbe des aveugles qui parlent des couleurs. Et par conséquent si nous n'avions aucun sens, nous n'aurions aucune pensée.

« VII. L'entendement étant une puissance purement passive, il faut que toutes ses connoissances lui viennent par l'impression d'un agent distingué de l'âme, et l'on voit clairement que c'est le corps par ses mouvements.

« VIII. Ceux qui ont perdu la mémoire des choses même les plus spirituelles sont dans le même état que s'ils n'avoient jamais pensé à ces choses oubliées. Or, comme la mémoire est une faculté corporelle, cela fait voir que pour juger, raisonner, etc., il faut avoir recours aux espèces qui sont proprement le réservoir de la mémoire ; il est aussi fort clair que le mouvement de ces espèces nous renouvelant les pensées qui y ont été jointes une première fois, il n'y a pas plus de mystère à dire que le corps nous donne une première fois nos pensées qu'à dire qu'il les donne une seconde ou une troisième. Toute habitude acquise ou infuse, naturelle ou surnaturelle, n'étant autre chose que ces espèces, et l'homme pouvant faire habitude de toutes choses, cela marque la dépendance que l'âme a du corps. En effet, si elle avoit une seule pensée qui n'en dépendît pas, nous n'agirions pas pour lors comme enfants d'Adam, et comme ayant contracté le péché originel au moment que les pères et mères ont donné aux âmes de leurs enfants leurs mauvaises qualités, qui ont toutes dépendu de l'action du corps sur l'âme.

« IX. Il paroît que toutes nos pensées, sans exception, sont liées avec les mouvements de nos organes, puisqu'elles ont leur quantité, leur étendue, leur durée, leurs parties, etc., qu'on peut mesurer avec une horloge, de même qu'on mesure le drap à l'aulne. Or ceux qui connoissent à fond la nature et les appartenances du corps, savent que tout cela n'est pas distingué du mouvement local, qui n'est pas concevable sans son sujet qui est la substance corporelle, et par conséquent la pensée, qui dépend du mouvement, a un corps et en dépend. M. Descartes a ignoré que la durée fust la même chose que le mouvement.

« X. Une pensée qui n'auroit point de mouvement posséderoit son existence indivisiblement. Elle seroit immuable, irrévocable et indéfectible de même que l'opération d'un ange. Or nous ne sommes point anges, mais hommes et animaux raisonnables; et cette différence dans les anges ne vient que de ce qu'ils n'ont point de corps et que nous en avons.

« XI. Les mouvements de nos sens donnent l'être à nos pensées, le conservent et le leur ôtent, de même que nos pensées le donnent, le conservent et l'ôtent à nos mouvements volontaires, ce qui ne prouve que trop leur dépendance.

« XII. La fameuse découverte de M. Descartes touchant les prétendues qualitez sensibles corporelles, nous apprend qu'elles sont uniquement de notre côté, quoiqu'elles soient excitées par l'impression des choses extérieures sur nos sens et ensuite sur notre âme. D'où il s'ensuit que l'âme même et toutes ses facultez, etc., sont

12.

le propre objet des sens. Après quoi il ne faut pas s'étonner de voir que Dieu a voulu que les sens corporels nous donnassent la connoissance que nous avons de toutes les véritez les plus sublimes : *fides ex auditu.*

« Tout ce que dessus se réduit à dire que la connoissance qu'on a que toute pensée a du mouvement est une connoissance par forme de sentiment intérieur et non développée ; c'est-à-dire que, quand on a une pensée qui est une passion de l'âme, par exemple, on sent immédiatement que c'est une pensée passion, quoiqu'on ne la connoisse que par comparaison avec d'autres pensées, et ainsi des autres ; ainsi, quand on doute, on aperçoit ce que c'est que ce doute, c'est-à-dire qu'on n'a pas les lumières que l'on voudroit avoir sur le sujet proposé et que la pensée n'est pas *tota simul ;* or cette connoissance enferme celle du corps, et qu'elle est donnée par le corps; et n'étant pas développée, cela signifie que toutes les pensées qui n'ont pas toujours les lumières qu'on souhaite, ont de la suite, de la continuation, du commencement, de la fin, qu'elles ne présentent pas tout ce qu'on désire connoître de l'objet, et ainsi des autres. Le contraire arrive dans les pensées angéliques à cause qu'elles ne dépendent pas du corps.

« Il faut encore sçavoir que le sentiment que l'on a que la pensée a de la durée, c'est-à-dire du mouvement, enferme le sentiment que ce mouvement donne la pensée, parce que l'existence même de la pensée se forme successivement et à mesure que les parties du mouvement coulent l'une après l'autre.

« Enfin toute la méthode de M. Descartes étant fondée sur son doute préparatoire, il faut remarquer que ce doute est chimérique, et qu'il le met hors d'état de bâtir rien de solide, parce que, sous prétexte que les sens nous donnent occasion de former de faux jugements touchant de certains faits, il s'est imaginé que, lors même qu'on pense à corps, à esprit, etc., on peut douter si corps, si esprit a l'être purement et simplement, c'est-à-dire qu'on peut douter si l'être n'est rien. Or, cela étant supposé, on ne sera pas même assuré que le doute est lui-même quelque chose. Mais la première de toutes les véritez étant que toute pensée a un objet réel, c'est-à-dire que la conception simple est toujours vraie et conforme à son objet, il est impossible de penser à corps, à esprit, etc., et de ne pas apercevoir que corps et esprit est quelque chose. Ainsi l'âme sentant que sa pensée a du mouvement, il est impossible de douter raisonnablement qu'elle ait du mouvement.

« M. Descartes est aussi tombé dans une autre contradiction en nous faisant douter des choses sensibles, parce que son doute étant de ce nombre, puisqu'il a du mouvement, il nous réduit à douter de son doute. »

POUR RÉPONDRE AUX PREUVES DE DOM ROBERT

« Il faut supposer que, s'il est possible qu'un être intellectuel composé de deux natures puisse avoir une seule pensée qu'il ne voye pas *primo et per se*, et d'une première vue très-claire, être produite en lui par son corps, il ne donne aucune atteinte à la méthode de M. Descartes.

« *Réponse à la première et à la seconde preuve.* La distinction des pensées en actives et passives pouvoit servir à prouver que celui qui pense peut s'être donné sa pensée sans la recevoir du corps, puisque l'âme se donne ses pensées, qui sont actions, parce qu'il ne lui est pas évident, à n'en point douter, que cette pensée ne soit une action. Mais, comme dom Robert prétend que les pensées mêmes, qu'il nomme actions, dépendent du corps, on se contentera de lui nier qu'il soit clair à un homme qui *veut*, qui *juge* etc., que sa volonté dirige les esprits animaux vers les espèces du cerveau, ni qu'il faille supposer une connoissance clairement connue comme produite en l'esprit par les sens, et qu'il ne puisse voir qu'il *veut* sans voir d'une même vue qu'il veut avec dépendance des esprits de son corps, et par l'impression qu'ils ont faite dans sa connoissance.

« 2° On nie que, si l'action de nos sens sur notre âme n'agit sur elle qu'en tant qu'ils sont entre les mains de Dieu, il soit clair à l'âme que Dieu ne fasse pas immédiatement par lui-même ce que dom Robert assure qu'il fait par les sens.

« 3° Quand dom Robert dit que la volonté se donne ses pensées, mais qu'elle ne se peut porter à rien si elle n'en a la connoissance, il retombe dans la distinction de l'âme avec ses puissances et de ses puissances entre elles, qui est chimérique ; ainsi il se peut faire qu'un homme qui veut puisse supposer qu'il se donne sa pensée en se donnant sa volition, qui est une pensée, ou au moins qu'il ne sache pas que c'est le corps qui la lui donne, ce qui suffit pour en douter.

« 4° Quand il seroit vrai que notre esprit connoîtroit en soi des mouvements, des parties, etc., lui seroit-il clair qu'il ne les a pas intrinsèquement? En quoi et par quelles raisons le verroit-il en cet instant où il ne voit rien si non qu'il pense, et que pensée marque, selon dom Robert, de l'étendue? Pourquoi donc se faut-il bien garder d'attribuer cette étendue par identité de nature à l'esprit, comme dom Robert a tant de soin de nous en avertir?

« 5° Cet esprit voit si clairement que ses modes corporels lui viennent du corps auquel il est uni et non pas de quelque autre corps, que, s'il ne s'aperçoit pas clairement que ces mouvements viennent en lui par l'impression de son corps, il ne sçait pas qu'il est une âme, puisque les purs esprits connoissent le corps sans être des âmes. S'il ne sait pas qu'il soit âme, il ne doit donc pas inférer que ces mouvements lui soient donnez par son corps, ni lui conviennent à raison de son union avec son corps, parce qu'il n'y est uni qu'en qualité d'âme.

« 6° Si je ne connois pas clairement que ce qui paroît de corporel en ma pensée ne puisse venir d'autre corps que du mien, il pourra arriver que je supposerai, quand je pense, que les corps qui produisent quelquefois des pensées étant absents ou éloignez de moi, c'est moi-même qui me suis donné ma pensée, au moins une fois en ma vie. Mais sur le tout, comment l'âme voit-elle, à l'instant qu'elle ne connoît encore rien, ce que les plus habiles ne peuvent voir après de longues méditations? Et comment le voit-elle aussi clairement qu'elle pense?

« *Réponse à la troisième preuve.* L'union de l'âme au corps n'est pas si étroite qu'elle l'étouffe et qu'elle l'empêche de se connoître elle-même. A quoi lui peuvent servir les phantômes du corps pour cela, puisqu'elle n'est pas corporelle? Elle ne meurt pas pourtant, ni le corps non plus, que quand la séparation est si entière que le corps n'agit plus du tout sur l'âme ni l'âme sur le corps. Mais on pourroit peut-être bien accuser dom Robert qu'il lie l'âme aussi bien que le corps, puisque la vie de l'âme consiste à connoître, et que, selon lui, elle n'a pas de connoissance qu'elle ne reçoive de son corps, qui ne lui en donne plus quand ils sont séparez par la mort.

« *Réponse à la quatrième.* Le sommeil et ce qui se passe en dormant a servi aux meilleurs esprits de l'antiquité de preuves pour montrer que l'âme en toutes ses actions ne dépendoit pas des sens, puisqu'elle ne laissoit pas d'agir dans le temps même qu'ils sont liez et assoupis.

« *Réponse à la cinquième, sixième, septième, huitième.* Tout ce qui est contenu en ces articles prouve l'union de l'âme avec le corps, que personne ne nie, mais il ne prouve pas qu'elle soit si ferme que l'âme ne puisse quelquefois se délier pour agir toute seule.

« Quant à ce que dom Robert dit du péché originel, cela suppose qu'il se communique par le corps, dont bien des gens ne tombent pas d'accord. Mais quand nous ne pourrions pas expliquer un mystère de la foi par nos principes de physique, nous ne serions pas obligez de les abandonner pour cela, selon les principes de dom Robert. On le fera pourtant s'il ne sait bien lui-même la solution. Mais au moins nous avouera-t-il que, quand M. Descartes dit, en la personne du plus ignorant de tous les hommes, *je doute, donc je suis,* il n'étoit pas obligé de le sçavoir.

« *Réponse à la neuvième.* Ce que dit ici dom Robert pourroit prouver que l'âme est un corps aussi bien qu'elle a un corps, si dom Robert ne nous avoit défendu de tirer cette conséquence de ses principes. Mais assurément tout homme qui dit *je pense* ne voit pas que *pensée et étendue* soient la même chose, aussi distinctement et aussi clairement qu'il voit que penser c'est connoître. Il ne voit pas aussi que ces modes corporels qu'on attribue à la pensée viennent de son corps plustôt que d'un autre, ni qu'il soit impossible qu'ils viennent d'ailleurs, ni qu'ils viennent en vertu de leur union ; car ce seroit un cercle de dire : l'âme voit que les mouvements qu'elle expérimente en soi lui viennent de son corps, parce qu'elle lui est unie, et elle ne sçait qu'elle lui est unie qu'à cause qu'elle suppose qu'elle reçoit des mouvements de lui. Il ne sçait pas aussi qu'ils viennent du corps comme une cause efficiente qui imprime en son âme, par une véritable influence, ces modes corporels, et par conséquent il ne sçait pas s'ils sont en elle véritablement et réellement, ou si ce sont seulement des dénominations intrinsèques qu'on lui attribue, comme on les attribue à Dieu et aux anges, à cause qu'elle a rapport à des objets qui ont réellement les mêmes modes. Il ne sçait pas si les corps servent seulement à l'âme d'occasion pour former en elle ses pensées, ni enfin si l'âme ne peut pas voir clairement sa pensée, sans voir et connoître, avec la même clarté, les objets qui peuvent lui servir à la former.

« *Réponse à la dixième*. Nos pensées sont des modes de notre âme, identifiez avec elle, indivisibles comme elle intrinsèquement, et toute l'étendue qu'on leur donne est dans le corps auquel elle est unie ; et, à cause de cette union, on attribue à l'âme ce qui appartient au corps, comme on attribue au corps ce qui n'appartient qu'à l'âme.

« *Réponse à la onzième.* On nie que le mouvement de nos sens donne l'être à toutes nos pensées.

« *Réponse à la douzième.* La fameuse découverte de M. Descartes nous a appris que les perceptions qu'on attribuoit au corps appartiennent à l'esprit. Mais d'inférer de là que l'esprit n'ait pas ses perceptions propres; ce seroit conclure qu'il n'en a point parce qu'il n'y a que lui qui en ait. Au moins n'accorderai-je point que l'âme soit l'objet des sens, que quand j'aurai vu des âmes vertes, dont le révérend père nous a parlé il y a quelque temps.

« Pour répondre à ce que dom Robert a ajouté, les disciples disent : 1° que dom Robert leur donne gagné quand il avoue que la connoissance que l'âme a, par forme de sentiment intérieur, n'est pas développée. Car de là il suit qu'on peut savoir ce que c'est que pensée, sans savoir ce que c'est que passion de l'âme, ou, comme il parle, que cette pensée soit pensée passion, ni qu'on aperçoive si on a toutes les lumières qu'on voudroit avoir, ni qu'elle soit donnée par le corps.

« 2° Il semble que dom Robert confond la proposition *je pense, donc je suis,* avec celle *je doute si je pense.*

« 3° Ils disent qu'il se peut faire que la pensée se forme successivement *extrinsèque*, sans qu'elle se forme extensivement *intrinsèque*, et surtout qu'elle peut se former de quelle manière ce puisse être sans qu'elle s'aperçoive de quelle manière elle se forme.

« 4° Ils répondent qu'en doutant il est impossible qu'on doute que l'on doute ; mais qu'il n'est pas impossible que l'on voye que le doute est une pensée, sans s'apercevoir avec une égale clarté de toutes les propriétez de cette pensée, ni que l'âme pense sans voir que cette pensée ait du mouvement aussi clairement qu'elle voit qu'elle est pensée. »

Ces explications satisfirent le cardinal, du moins pour l'exactitude du raisonnement qu'il cherchait ici bien plus que la vérité elle-même ; peu à peu il commence à prendre parti non plus seulement contre dom Robert, mais pour Descartes dans ces nouvelles réflexions.

RÉFLEXIONS SUR LA DISSERTATION PRÉCÉDENTE.

« Les disciples de Descartes ont si nettement éclairci l'équivoque qui paroissoit dans le commencement de cette contestation, que je me rends sans balancer à leur sentiment ; et ils ont traité si à fond la matière qu'il y auroit, ce me semble, de la témérité à prétendre de la pouvoir illustrer par de nouvelles lumières. Je ne fais donc état en ce lieu que de marquer les inconvénients qui me paroissent être des suites nécessaires de l'opinion de dom Robert, et que je ne doute point que les auteurs de l'écrit précédent n'eussent vu et plus tôt et plus clairement que moi, si ils ne se fussent beaucoup plus attachés à combattre la substance de la doctrine de dom Robert qu'à pénétrer ce que l'on peut inférer de ses principes.

« Le premier de ces inconvénients est que dom Robert ou prouve que l'âme connoît très-clairement par une notion intuitive qu'elle est un corps, ou qu'il ne prouve rien contre Descartes. Il combat la méthode de Descartes, parce que Descartes a supposé qu'il connoît sa pensée sans connoître qu'il eût un corps. Dom Robert dit, au contraire, que Descartes n'a pu voir qu'il eût un esprit, sans voir tout d'un coup, d'une lumière aussi claire et aussi vive, que cet esprit était uni à son corps.

« Les disciples de Descartes soutiennent que, quand cela seroit vrai, le raisonnement de Descartes ne laisseroit pas d'être bon, à moins que l'esprit de Descartes n'aperçût, non pas qu'il est uni à un corps, mais qu'il soit un corps ; c'est ce qu'il faut justifier.

« Descartes veut prouver l'immortalité de l'âme : pour la prouver, il croit qu'il est nécessaire de montrer la distinction de l'âme d'avec le corps. Il montre cette distinction parce que l'idée de l'âme est distincte de celle du corps ; et il fait voir que l'idée de l'âme est distincte de celle du corps, parce qu'un homme qui diroit : *Je pense, donc je suis une chose pensante*, verroit très-clairement qu'il pense, sans qu'il soit nécessaire qu'il vît que sa pensée soit un corps. Cela est vrai ou non. Si cela est vrai, Descartes a bien raisonné, et il ne suffiroit pas, pour renverser ce raisonnement, que l'esprit vît dans cette proposition *je pense* cette autre proposition *donc ma pensée est unie à un corps*. Car, quoiqu'elle fust unie à son corps, il ne s'en suivroit nullement qu'elle fust son corps, ni par conséquent qu'elle ne fust pas distincte de son corps. Descartes n'est obligé de prouver sinon que sa pensée est distincte de son corps, d'où le cardinal de Rais infère que, quand il verroit intuitivement dans sa pensée qu'elle a des mouvements, de la succession et des autres modes corporels, et qu'il verroit très-clairement qu'ils lui viennent du corps, auquel sa pensée est unie, cela ne donneroit aucune atteinte à sa méthode.

« Il faut donc que dom Robert, pour l'attaquer raisonnablement, suppose que l'âme ne peut connoître qu'elle a des modes corporels, sans connoître intuitivement qu'elle est un corps; car, s'il ne prouve que ce qu'il entend de prouver, c'est-à-dire que l'âme est un esprit uni à un corps, il prouvera par là même la distinction du corps et de l'âme, au lieu de la ruiner, parce qu'une chose n'est pas unie à soi-même ; et, comme Descartes n'a qu'à prouver cette distinction, il sera vrai de dire qu'il a bien raisonné, quand on avoueroit à dom Robert tout ce qu'il dit contre lui.

« Tout ce que dom Robert peut dire est qu'il n'étoit pas besoin d'un si grand tour, etc. Mais on lui répond que Descartes, voyant qu'on pouvoit lui nier la distinction de l'esprit avec le corps, il l'a voulu prouver par la distinction de leurs idées en elles-mêmes, et pour cela il a dû supposer un être qui ne sçût pas même qu'il fût homme, et qui, en cherchant ce qu'il étoit, apprît qu'il étoit une pensée avant qu'il connût qu'il étoit autre chose[1]. Il a prétendu qu'il suffisoit, pour le prouver, que cet être connût clairement ce que c'est que *pensée* en soi avant que de sçavoir si pensée particulière étoit autre chose que pensée générale. Il a cru que cet être connoissoit le second avant le premier, et ainsi que l'idée de la pensée n'enfermoit pas celle du corps, et que par conséquent elle en étoit distincte. Dom Robert prouve qu'il n'a pas vu ni connu que ces deux idées fussent distinctes en lui, parce que l'idée d'esprit et de corps sont également conjointes et connoissables en

---

[1] Impossible de mieux entrer dans l'esprit des *Méditations*. Voyez la note p. 123.

la pensée de cet être ; donc toute l'idée qu'il a eue de son être lui a représenté qu'il étoit également corps et esprit.

« De cet inconvénient il s'en ensuit beaucoup d'autres. On pourra inférer de là qu'il n'est pas possible qu'une âme, c'est-à-dire un esprit uni à un corps, connoisse jamais en quel état peut être aucun pur esprit, car elle ne pourra le connoître que par son idée, c'est-à-dire par l'idée qu'elle a de soi. Dans cette idée dom Robert enferme toujours l'idée de corps. Donc, etc....

« Il s'en suit encore qu'on n'a jamais eu aucune démonstration de l'immortalité de l'âme, puisqu'on est assez demeuré d'accord qu'avant Descartes on n'en avoit point, et que dom Robert soutient que celle de Descartes est trompeuse. Mais il s'ensuit, de plus, qu'on ne peut jamais en avoir, si on ne peut en avoir que par la spiritualité de l'âme, qu'on ne peut connoître si on ne peut la connoître sans l'idée du corps.

« Cela joint à ce que dom Robert soutient que l'on voit clairement tout ce que l'on voit, et que l'on le voit tel qu'il est, prouve invinciblement que notre âme, voyant clairement en elle les modes corporels comme le mouvement, la succession, etc., se voit pareillement une substance corporelle. »

Dom Robert ne se rend pas à ces solides réflexions. Il répond au cardinal qui lui réplique une dernière fois.

RÉPLIQUE DU CARDINAL DE RAIS A LA DERNIÈRE RÉPONSE DE DOM ROBERT, TOUCHANT LA DÉPENDANCE QUE CE DERNIER PRÉTEND QUE L'AME A DU CORPS.

« Il me paroit que dom Robert tombe dans un second équivoque par la réponse qu'il a faite à mes dernières réflexions, parce qu'il ne répond que très-indirectement à mes objections.

« Je lui ai objecté que quand même l'âme connoîtroit intuitivement qu'elle est unie au corps, cela n'empêcheroit pas qu'elle ne connût, parcela même qu'elle est unie au corps, qu'elle n'est pas un corps, et par conséquent qu'elle est distincte du corps. Dom Robert répond que Descartes le suppose contre sa méthode. Je soutiens que Descartes le prouve; car ou l'âme voit, par voye de conscience et intuitivement, que les mouvements qui sont dans sa pensée y sont intrinsèquement, et en ce cas elle voit qu'elle est un corps, comme je l'ai prétendu, ou elle voit qu'ils n'y sont que par voye d'union, comme dit dom Robert, et en ce cas elle voit qu'elle n'est pas une substance corporelle, puisqu'elle n'a pas ses modes corporels en elle-même, et cette vue intuitive prouve la distinction de l'âme d'avec le corps.

« Descartes n'a prétendu que de faire voir qu'encore qu'il lui semblât qu'il avoit un corps, et que ce corps agît, si vous voulez, sur son esprit, cependant il pouvoit douter qu'il y eût des corps et que ce corps agît sur son esprit, sans qu'il pût douter qu'il pensât, d'où il a inféré que l'idée du corps n'étoit pas enfermée dans celle de la pensée, et par conséquent que c'étoient deux idées distinctes. R. Robert ajoute que l'âme voit intuitivement que ce qui paroit de corporel dans l'âme n'y est que par union, et cela prouve encore mieux la même distinction de l'âme et du corps. Il a donc tort de dire que Descartes la suppose dans sa méthode.

« Descartes a cru qu'il avoit prouvé par là et par les autres

13.

raisons que l'esprit, *mens*, est connu avant le corps, et plus clairement que le corps, et qu'il aperçoit ses pensées sans apercevoir qu'elles dépendent du corps et du mouvement. Dom Robert soutient que non : c'est à lui à le prouver en répondant à toutes les raisons de Descartes et à mon objection, et en établissant son opinion sur des fondements raisonnables. C'est ce qu'il n'a pas fait jusques ici. Les disciples de Descartes lui ont fait voir en ma présence qu'il étoit obligé de justifier 1° que toutes nos pensées sans exception viennent du corps ; 2° qu'il est impossible que le corps ne les lui donne pas et qu'elles lui viennent d'ailleurs ; 3° que le corps les donne comme vraye cause efficiente et non comme cause occasionnelle ; 4° qu'il est aussi clair et qu'on voit aussitôt que le corps les donne, et qu'elles ont un commencement, une fin, de la succession et du mouvement, qu'il est vrai qu'en pensant on connoit qu'on pense.

« Dom Robert ne se met nullement en peine de satisfaire à ces obligations. Il fait des discours en l'air qu'il conclud en disant simplement que *ce discours*, ce lui semble, *fait cesser l'inconvénient fondamental.* Mais je ne suis pas de ce sentiment ; car il me semble, au contraire, qu'il l'augmente de beaucoup.

« Cela se voit 1° par l'art. 7 de la Réponse où dom Robert convient que chacun a une connoissance claire et intuitive de la distinction de l'âme et du corps ; et cela suffit pour justifier la méthode de Descartes comme on a fait voir ci-dessus. Dom Robert a donc tort de l'accuser d'être trompeuse.

« 2° Dom Robert soutient que la pensée étant un composé de deux choses, il y faut reconnoître le corporel et le spirituel ; que ceux qui restreindront la pensée à ce qui est purement spirituel, ne connoîtront jamais l'âme ; qu'outre la faculté qu'a l'âme d'avoir des modes corporels par union, on connoît encore intuitivement sa chaleur, sa froideur, sa lumière, ses couleurs, ses sens, ses odeurs, ses saveurs, et comme il dit art. 10. Et comme cette connoissance intuitive n'est pas développée, comme dom Robert dit art. 7, et que tout ce qu'on connoît existe comme on le connoît, il est clair que l'âme, en l'état où Descartes et dom Robert même la mettent, art. 5, ne peut se connoître que comme un corps. Il semble que dom Robert l'avoüe nettement dans l'article que je viens de citer, en disant que tout ce qu'on peut faire par des raisonnements exprès et développés est de voir que dans le fameux *je pense*, l'homme trouve qu'il a part à une perfection de quelque être qui pense autrement que lui, et que dans penser dépendamment du corps, à force de réflexions, on y trouve une pensée qu'on peut considérer indépendamment du corps; d'où s'en suit que par la vuë de conscience intuitive et non développée l'homme ne voit pas, en disant *je pense*, que sa pensée n'est pas un corps, ou qu'elle est autre chose qu'un corps.

« 3° La comparaison de la jaunisse dont se sert dom Robert, art. 2, justifie qu'il doit être persuadé que le mouvement à qui les pensées de l'âme sont liées est aussi intrinsèque à sa pensée même, comme la couleur, comme genre, l'est au jaune et au rouge comme à ses espèces, et qu'ainsi le mouvement lui appartient par essence et non par union.

« Mais dom Robert dit encore quelque chose de plus fort contre lui-même en l'art. 9, où il restreint la démonstration de l'immortalité de l'âme à prouver que l'âme est une substance et qu'en cette qualité elle est indéfectible ; ce qui fait voir clairement que comme cette prétenduë indéfectibilité convient à l'âme, comme substance et non pas comme spirituelle, dom Robert a abandonné les preuves que Descartes a tirées de sa spiritualité en faveur de son immortalité, ou du moins il ne les a pas crues suffisantes pour la prouver. Dom Robert ne peut pas désavouer et personne n'a jamais nié que si notre âme est spirituelle, elle ne soit immortelle. Il faut donc que dom Robert soit persuadé qu'on ne peut pas être assuré de sa spiritualité, et par conséquent il faut qu'il avoue que le commerce qu'elle a avec le corps nous donne sujet de la croire corporelle.

« Quant au second inconvénient, dom Robert répond que c'est une grande erreur de croire que nos idées ne peuvent avoir que des objets corporels, parce qu'elles ne nous viennent que par les sens. Je n'ai aucune honte, toutefois, d'avouer que je suis dans cette erreur, en supposant, comme l'a soutenu dom Robert, que nos idées sont imprimées à l'âme par les sens comme causes vraiment efficientes, et qu'elles ont toutes du mouvement, de la succession et autres modes du corps ; d'où s'en suit que, comme employant notre imagination à nous représenter Dieu, les anges et nos âmes, nous ne les voyons que comme des corps, parce qu'il est impossible que l'idée étant la cause efficiente de la représentation, l'effet soit plus parfait que la cause. Ainsi l'idée que nos sens produiront comme véritables causes efficientes ne pourra être que corporelle, ni produire aucune représentation en nous que corporelle. C'est une chose assez extraordinaire que dom Robert ne puisse souffrir une pensée en l'homme qui ne soit un mouvement, et qu'il assure art. 4, qu'une intellection étant prise dans un sujet, est un corps qui donne une pensée à l'âme, et cependant qu'il soutienne en l'art. 8 que l'idée imprimée par les sens doive passer pour une intellection très-pure.... »

Après cet examen détaillé et approfondi des douze premiers articles de *Descartes à l'alambic*, on passe, et il en est temps, aux articles 13, 14, 15, 16, 17, 18, relatifs à la démonstration cartésienne de l'existence réelle de Dieu par l'idée même de Dieu. Dom Robert compromettait cette démonstration en la rattachant à ce principe, que non pas l'idée seule de Dieu, mais toute idée suppose nécessairement une existence réelle à laquelle elle corresponde. Il soutenait que tout objet de la pensée est réel. Or ce principe, pris ainsi absolument, choque le sens commun, et a grand besoin d'explications. Le cardinal en demande à dom Robert. Il distingue entre l'existence objective d'une chose, c'est-à-dire son existence comme objet de l'esprit, d'avec son existence en soi, dans sa nature intrinsèque, et telle qu'elle est, selon les décrets de Dieu. L'être objectif nous fait connaître l'être en soi, mais grâce à l'intervention de Dieu qui seul peut nous assurer que l'être en soi est vraiment tel que l'exprime l'être objectif. Otez cette intervention de Dieu, l'être objectif n'exprime pas nécessairement l'être en soi, et le principe de dom Robert que tout ce qui est objet de l'esprit existe réellement par cela seul, est inadmissible. Ce petit morceau se ressent un peu de l'obscurité de la matière ; et il ne faut pas oublier que le langage ici employé est celui de tous les écrivains philosophiques du temps, qui l'avaient emprunté à la scholastique. L'être objectif signifiait alors juste le contraire de ce qu'il signifie aujourd'hui au delà du Rhin, à savoir une représentation subjective et phénoménale.

REFLEXIONS DU CARDINAL DE RAIS SUR LA 13ᵉ-18ᵉ PROPOSITION DE DESCARTES A L'ALAMBIC DISTILLÉ PAR DOM ROBERT.

« Devant que d'entrer dans le détail des propositions treisième et suivantes jusques à la dixhuitième inclusivement de dom Robert contre Descartes, je crois qu'il est nécessaire que je lui explique ma pensée touchant l'être objectif, de l'éclaircissement duquel celui de toutes ses propositions dépend purement, afin qu'il me donne lieu par sa réponse de mieux entendre moi-même ce qu'il entend proprement par ces propositions, qui sont assez claires pour me faire connoître qu'il n'est pas de l'avis de M. Descartes touchant cet être objectif, mais qui ne le sont pas assez (au moins à ce qui m'en paroît) pour me faire parfaitement concevoir de quelle manière il les entend lui-même.

« Je dis donc qu'une chose peut être considérée de deux manières : 1° en tant qu'elle est ce qu'elle est ; 2° en tant qu'elle est l'objet de notre pensée. Ces deux manières de considérer une chose nous donnent lieu de reconnoître deux sortes de véritez, l'une qu'on peut appeler vérité intrinsèque, l'autre qu'on peut appeler vérité extrinsèque.

La vérité intrinsèque est définie par saint Anselme, *Dialog. de Verit.*, c. 8 et 22, qui dit *qu'elle est une certaine droiture qui consiste en ce que chaque chose est ce que Dieu a voulu qu'elle soit en la produisant*[1]. Ce qui apparemment est tiré de ces belles paroles de saint Augustin : *La nature de chaque chose est la volonté de Dieu*, c'est-à-dire que la vérité en ce sens est ce qu'on appelle la nature propre de chaque chose, et c'est ce qui a donné lieu aux philosophes d'avouer d'un commun consentement, *que, quand une chose a une nature, elle est toujours vraie*, parce que sa vérité est sa conformité avec l'idée de Dieu, et sa nature est d'être ce que Dieu a voulu qu'elle soit. Ainsi, quand elle est, il ne se peut pas qu'elle ne soit pas vraye, parce que nature et vérité est la même chose réellement.

« La vérité extrinsèque est une certaine droiture de notre pensée qui la rend conforme à l'objet qu'elle considère, et qui fait qu'elle le voit tel qu'il est en soi. C'est-à-dire que comme la vérité intrinsèque consiste en ce que la nature des choses est conforme à l'idée que Dieu en a, ainsi la vérité extrinsèque consiste en ce que nos idées sont conformes à la nature des choses, c'est-à-dire à l'idée de Dieu.

« D'où s'ensuit que, quand nous avons une connoissance claire de la nature des choses, nos connoissances sont vrayes, et que nous avons cette connoissance claire

[1] Il ne faut pas s'étonner de voir le cardinal de Retz citer saint Anselme et saint Augustin, et faire preuve d'un certain savoir en théologie. Outre qu'il lisait beaucoup dans sa solitude, il avait fait de premières études fort solides sous saint Vincent de Paul, passé des thèses brillantes en Sorbonne, et tenu tête à Mestrezat, chez Mᵉ d'Harambure. Voyez les Mémoires.

de leur nature quand nous sçavons ce que Dieu a voulu qu'elles soient. Or, quoique la nature d'une chose et l'idée ou la volonté de Dieu soient le même (comme on vient de le dire), on peut néanmoins les considérer en deux façons : 1° comme venant de Dieu ; 2° comme étant la chose même.

. . . .

« De là, il s'ensuit clairement que si Dieu a une connoissance claire des choses en formant le décret de les produire, parce qu'elles ont une nature réelle et véritable par la vertu de ce décret, comme il a fait l'ange et l'homme raisonnables en leur communiquant son intelligence, il peut aussi leur faire connoître la nature des choses qu'il a résolu de produire, en leur communiquant l'idée qu'il en a, c'est-à-dire son intelligence terminée aux natures auxquelles il a donné l'être au moins objectif par son décret.

« De tout ce que dessus, j'infère que l'être objectif seul est incapable de faire connoître aux hommes la nature des choses que Dieu a résolu de produire, en leur communiquant l'idée qu'il en a. Si c'est ce que dom Robert a prétendu de combattre de la doctrine de Descartes, comme il me le semble par les propositions dont il s'agit, c'est à lui à les prouver. »

Dom Robert adresse au cardinal une réponse ingénieuse, mais un peu longue. Elle commence ainsi : « La doctrine de dom Robert touchant ces articles ne contient rien de mystérieux, et se réduit uniquement à cette vérité première et fondamentale qu'on ne sauroit penser à rien, et que nos conceptions simples, c'est-à-dire la première opération de l'esprit, sont toujours vraies et conformes à leur objet.... On peut apporter pour première preuve de cette vérité que, pour connoître une chose, il faut supposer qu'elle est connoissable, et, pour être connoissable, il faut qu'elle ait l'être. On supplie donc son Eminence d'apporter l'exemple d'un seul être objectif qui ne soit pas déjà existant réellement et tout tel qu'il est connu, et de permettre que l'on rejette ce que l'on dit, qu'une chose peut être connue lors même qu'elle n'existe pas en soi. » Sur quoi dom Robert se jette dans des considérations qui, au lieu de prouver sa thèse, soulèvent des difficultés plus grandes encore. Puis, descendant des hauteurs de ses théories générales et revenant à la question, il s'appuie sur le principe alors incontestablement admis de la valeur représentative des idées, et il dit : « Peindre rien et ne point peindre, c'est la même chose. Être tableau et n'avoir point d'objet réel et existant enferme une contradiction. Voir matière avant qu'il y ait matière est si étrange, que ceux qui en sont capables mettent dom Robert à bout. » Et il traite de préjugé la disposition d'esprit qui s'arrête à l'être existant seulement à titre d'objet de la pensée, sans admettre que cet objet de la pensée, cet être objectif, corresponde à quelque objet réel existant dans la nature.

Dans toute cette réponse, le ton de dom Robert, fort respectueux envers son Éminence, est pourtant très-assuré, et il traite un peu légèrement l'opinion contraire à la sienne.

Nous ignorons le nom de celui des disciples de Descartes qui se chargea de répondre à dom Robert ; mais il faut que ç'ait été un homme jeune encore ; car nous verrons bientôt dom Robert relever la jeunesse de son adversaire. Quel qu'il soit, cet adversaire fait à la réponse de dom Robert une réponse très-solide et très-modérée, mais où il se montre médiocrement satisfait du ton que dom Robert a pris.

« L'avertissement, dit-il, que me donne dom Robert de ne point agir par préjugé me donne lieu de craindre qu'il n'y agisse lui-même, quand il dit en un sens tout nouveau que tout ce qui est connu existe, qu'on ne sauroit penser à rien qui n'existe en soi, que nos conceptions simples sont toujours vraies, que toute pensée contient une preuve démonstrative de l'existence de son objet en soi. Car il me paroît que toutes ces propositions, au sens que dom Robert leur donne, sont des préjugés dont il n'a donné aucune preuve. » Puis il examine les diverses raisons alléguées par dom Robert, surtout la théorie de la représentation de l'idée, et au défi de dom Robert d'apporter un exemple d'un seul objet de la pensée qui n'existe pas, il répond par des citations accablantes. Ce petit écrit mérite une sérieuse attention.

Dom Robert réplique à son tour dans un écrit plus étendu encore que le premier, et qui n'est pas plus concluant. Selon sa coutume, il y remue toute espèce de sujets. Son adversaire le ramène vertement à la question dans un Mémoire encore supérieur au précédent, et qui serait digne d'être imprimé. La méthode de l'auteur est de réduire les longs discours de dom Robert en syllogismes, et d'en faire voir sous cette forme la vanité. « Si l'on vouloit, dit-il, suivre les lois que le bon sens prescrit à ceux qui s'appliquent à la recherche de la vérité par des disputes réglées, il faudroit prescrire des limites aux discours que l'on fait et aux écrits dont on se sert pour s'expliquer; autrement, la moindre difficulté pourroit occuper toute la vie d'un homme, puisqu'il n'y a rien qu'un esprit remuant et fécond ne puisse combattre par des sophismes. Le R. P. dom Robert, qui d'ailleurs est un homme très-raisonnable, a de la peine à se soumettre à des lois si équitables, et il semble qu'il se fasse une espèce d'honneur de ne pas écrire le dernier, de répondre et de faire des répliques à tout ce qu'on lui a dit de plus convaincant, sans se mettre beaucoup en peine si ce qu'il répond contient quelque nouvelle difficulté. Mais il faudroit se souvenir que nous parlons devant un des premiers prélats de l'Église, et que c'est abuser de la facilité avec laquelle il nous écoute que de l'entretenir de redites et de lui proposer des raisonnements qui ne pourroient pas même éblouir les moins-intelligents. Il n'est pas juste qu'on nous en croye sur notre parole, si nous accusons dom Robert d'être tombé en ce défaut dans l'écrit qu'on veut examiner; mais on prétend d'en donner par la suite des preuves si claires que peut-être il perdra dorénavant l'envie de nous occuper de ses écritures, ou que, s'il s'applique de nouveau à nous répondre, il pensera plus d'une fois aux raisons qu'il voudra nous proposer. La voie qu'on a jugée la plus courte et la plus facile est de réduire les grands discours de dom Robert en simples syllogismes, afin de voir précisément ce qu'il prouve, ou plutôt afin de voir précisément qu'il ne prouve rien, et que partout il suppose ce qui est à prouver. »

Dom Robert fait une nouvelle réplique fort courte dans un *Examen de la réponse à la réplique de dom Robert sur les réflexions du cardinal de Rais sur les* 13-18 *ar-*

ticles. On sent qu'il veut éviter le reproche de longueurs inutiles qui lui a été fait ; mais son ton est celui d'un homme très-piqué et qui ne ménage plus ses termes. « Dom Robert est ravi de voir qu'il peut épargner ici à son Eminence la peine de lire une réponse à un fort long écrit ; car l'auteur des syllogismes qui y sont contenus l'a composé sans savoir de quoi il est question.......... Dom Robert, qui loue le grand zèle et les bonnes intentions de cet auteur, le conjure de considérer que cette opinion n'a jamais été soutenue par qui que ce soit, ni connue que par un seul qui se peut vanter d'en avoir fait la découverte.... » Cette courte réplique se termine ainsi : « Dom Robert attendra donc patiemment des preuves qui renversent ce qu'il vient de proposer, et cependant il persistera à dire que toute idée a un objet réel et existant en lui-même. »

La réponse ne se fit pas attendre.

RÉFLEXIONS SUR LE DERNIER ECRIT DE DOM ROBERT.

« Aussitôt que l'on nous eut mis entre les mains le dernier écrit de dom Robert et que nous eûmes vu combien il étoit plus court que les précédents, nous jugeâmes d'abord que les syllogismes avoient eu l'effet qu'on s'en étoit proposé, et que son Éminence nous sauroit gré d'avoir réduit dom Robert à ne plus nous proposer un chaos d'objections qui n'étoit souvent qu'une redite et qui ne servoit qu'à embarrasser la dispute par de nouvelles obscurités dont il semble que cet adversaire juré de M. Descartes s'est voulu servir jusqu'à présent pour éviter le combat. Mais ayant fait la lecture de ce nouvel écrit, nous avons bien reconnu qu'il n'est pas si facile qu'on le pense de réduire dom Robert aux termes d'une dispute réglée ; il nous a paru que sa réponse n'étoit courte que parce qu'il n'avoit pas le moyen de la faire longue, et que, si on en retranchoit ce qui est hors d'œuvre, peut-être ne serions-nous pas obligés d'écrire de nouveau sur ce sujet. C'est à son Éminence, qui a bien voulu être le modérateur de cette contestation, à juger par les réflexions suivantes si nous avons droit de parler de cette façon.

« Dom Robert a cru se tirer d'affaire à fort peu de frais, en accusant celui qu'il croit auteur des syllogismes de n'avoir pas seulement su de quoi il est question ; ensuite de cela, il a bien voulu prendre la peine de l'en instruire ; et, pour conclusion, il est assez honnête pour ne pas se prévaloir autant qu'il auroit pu de cet avantage. Il lui donne pouvoir de rentrer de nouveau en lice, et sa modération est si grande qu'il lui laisse tout le loisir dont il pourroit avoir besoin pour mieux prendre ses mesures, en l'assurant qu'*il attendra patiemment de nouvelles preuves*.

« Comme nous sommes persuadés que dom Robert a parlé de bonne foi, et qu'il a dans l'âme les sentiments qu'il exprime par son écrit, nous nous sentons obligés de reconnoître qu'il a beaucoup de charité, et que, si son esprit étoit aussi peu prévenu que son cœur, peut-être serions-nous bientôt d'accord. Nous déclarons encore que la déférence que nous avons pour lui est si grande et notre gratitude si parfaite que nous serions disposés à ne point troubler par nos répliques la satisfaction dont il jouit dans la possession de sa prétendue vérité, si son Éminence ne nous obligeoit de parler, et si les intérêts de la vérité pouvoient être séparés des véritables intérêts de dom Robert. Mais, pour ne pas nous laisser vaincre par ses courtoisies, nous lui rendrons les mêmes civilités dont il a usé à notre égard, en lui faisant voir que c'est lui-même qui a ignoré ou qui a fait semblant d'ignorer le point de la question en le réduisant précisément à ce point; enfin en lui offrant tout le loisir qu'il peut souhaiter pour donner de nouvelles preuves. »

Suit une réfutation, selon nous irrésistible, de l'opinion de dom Robert. Elle se termine ainsi : « Nous en appelons à son Éminence, et nous la supplions de déclarer qui de nous doit donner des preuves, et qui de nous a pris le change pour ne pas entrer dans le point de la question. Nous nous soumettons très-volontiers à son jugement dès qu'il nous sera signifié. »

Dom Robert ne se tient pas pour battu. C'est dans sa réplique qu'il nous apprend que son adversaire est un jeune homme.

EXAMEN DES RÉFLEXIONS SUR LE DERNIER ÉCRIT DE DOM ROBERT.

« Dom Robert, ne voulant pas ennuyer son Éminence par de longues déclamations....., il a dû se contenter de louer le zèle de l'auteur, qui sied bien à un jeune homme, et de le prier d'étudier le fond des questions que son Éminence prend la peine d'examiner...... Il est vrai que dom Robert, connoissant la subtilité de l'esprit de ses adversaires, s'est contenté de proposer sommairement ses raisons, qui sont si claires qu'il suffit d'en faire les ouvertures à tout homme non préoccupé pour en faire connoître la force. C'est ce qui fait qu'encore aujourd'hui il ne peut se résoudre à rebattre cette matière, quoiqu'il lui paraisse, par les dernières réflexions qu'il examine ici, que ses adversaires ne sont pas plus avancés qu'ils étoient au commencement de la dispute..... »

Après ces divers Mémoires, le cardinal de Retz prend son parti et décide encore une fois contre dom Robert et en faveur de Descartes dans les réponses qu'il fait aux articles 13-18 qui étaient le sujet de la contestation. Voici ces réponses telles que les donne notre manuscrit.

« *Réponse à l'article* 13. — M. Descartes a raison de dire qu'il est nécessaire de connoître Dieu pour être assuré de la vérité des choses; et lui nier cela, ce seroit soutenir qu'on pourroit être assuré de la vérité, quoiqu'il n'y ait point de vérité : car, comme saint Augustin a très-bien dit que la créature ne peut faire aucun bien si elle n'est assistée par le bien tout-puissant, *nihil valet ad bonum nisi adjuvetur ab omnipotenti bono;* aussi ne peut-elle connoître aucune vérité si elle n'est éclairée par la souveraine vérité. Si Dieu, qui est l'auteur de nos sens et de notre esprit, pouvoit être un trompeur, il nous auroit pu donner des sens et un esprit qui nous tromperoient et qui nous feroient voir les choses autrement qu'elles ne sont, tellement que, pour être assuré qu'on les voit comme elles sont, et comme on les connoît, il est nécessaire que l'auteur de nos sens et de notre esprit soit essentiellement la souveraine vérité. »

« *Réponse à l'article* 14. — Dom Robert a raison pourvu qu'il soit vrai que les idées représentent au vrai leurs objets ; mais, comme cela n'est vrai qu'au cas que Dieu ait voulu qu'il soit vrai, il faut connoître Dieu, et de plus connoître qu'il ne peut être auteur de la fausseté, pour savoir que les idées représentent fidèlement leurs objets. C'est dom Robert qui a tort et M. Descartes qui a droit. »

« *Réponse à l'article* 15. — Si il suffit d'avoir l'idée d'une chose pour être assuré qu'elle est telle qu'on la connoît et qu'elle existe, comme dom Robert vient de dire, pourquoi donc ne suffira-t-il pas d'avoir l'idée d'un être nécessaire, pour prouver que Dieu qui est cet être nécessaire existe? Pourquoi ce mystère des idées n'est-il bon à rien? Si l'idée n'est que l'image fidèle de la chose, et si on ne la connoît que par les idées que l'on en a, pourquoi ne pas prouver l'être de Dieu par l'idée qu'on a de l'être nécessaire et souverainement parfait? »

« *Réponse à l'article* 16. — L'idée des choses ne prouve que l'existence de leur être objectif, et non pas l'existence de celui que les philosophes appellent *extra causas*, et que nous avons appelée ci-dessus[1] *existence consommée*, à moins que cette manière d'existence ne soit enfermée essentiellement dans le concept d'un tel être, c'est-à-dire qu'il ne puisse pas être un tel être sans exister d'une existence consommée, et il n'y a que Dieu seul à qui cela convienne. »

« *Réponse à l'article* 17. — Dieu en un sens est la cause de toutes nos idées, parce qu'il nous a donné un esprit qui peut les produire toutes, de même qu'il est cause de toutes les modifications de la matière, qui n'est autre

---

[1] Cela suppose une autre pièce du cardinal que nous n'avons pas trouvée dans le chaos de notre manuscrit.

chose qu'un être capable de tels et tels modes : avec cette différence, toutefois, que la matière n'étant pas vivante elle ne peut pas être le principe de toutes ses modifications, parce qu'elle ne peut pas se mouvoir elle-même ; mais l'âme étant essentiellement vivante peut avoir en soi le principe de ses pensées qui sont comme ses modes, ce qui a besoin d'une plus ample explication, qu'on donnera s'il est besoin.

« Mais, au reste, il n'est pas vrai que les choses moins parfaites nous puissent donner l'idée des plus parfaites ; elles peuvent exciter l'esprit à se les donner, s'il les a, c'est-à-dire s'il est plus parfait que ce qu'il connoît, quoique ce qui l'excite à se les donner soit moins parfait, d'autant que ce qui l'excite n'est pas en ce cas l'auteur, mais l'occasion de l'idée ; mais il est impossible que l'idée étant quelque chose de réel, elle soit produite par une cause qui n'a pas en soi la perfection qu'elle donne, comme on suppose. »

« *Réponse à l'article* 18. — Ce qu'on vient de répondre à l'article précédent est commun à la première partie de celui-ci. Et, quant à la seconde, on répond que Descartes a fait ce qu'on lui conseille à l'égard de Dieu, et qu'il a fondé la démonstration de son existence sur le rapport de notre idée avec son objet, lorsqu'il a assuré qu'il seroit impossible que nous eussions une idée de Dieu, si Dieu n'existoit pas. Il n'a pas dû étendre plus loin cette correspondance des idées avec leurs objets, parce qu'elle n'est nécessaire qu'en tant que l'existence consommée est de l'essence des objets, ce qui ne se trouve qu'en Dieu seul, qu'en tant qu'une idée n'est pas plus parfaite que l'esprit qui la produit ; car, si elle l'est moins, il est vrai que l'esprit peut se faire un fantôme de ce qui est en lui, mais ce fantôme ne sera pas autre chose que l'esprit même qui le fait ou que ce que cet esprit connoît d'ailleurs. Descartes a eu raison de dire que, si un esprit connoît quelque chose plus parfait que lui, il faut que cette chose existe en soi, hors de celui qui la connoît, pour avoir imprimé son idée à l'esprit qui la connoît, puisqu'un effet réel doit avoir une cause réelle par le principe *nemo dat quod non habet;* mais, si l'objet n'est pas plus parfait que l'esprit qui produit l'idée, il ne s'ensuit pas que l'esprit ne soit l'auteur de l'idée qu'il produit et peut-être sous une figure différente de sa figure ordinaire, ou qui unit l'idée qu'il a de soi-même avec celle qu'il a de beaucoup d'autres choses dont il fait des chimères. »

On voit que le cardinal de Retz, après quelque incertitude, commence à s'engager sérieusement dans le cartésianisme. Il le fera davantage, dans la polémique que va soulever un autre écrit de dom Robert intitulé : *Des défauts de la méthode de M. Descartes.*

Cet écrit est en double dans notre manuscrit. Ce sont deux rédactions légèrement différentes d'un seul et même Mémoire où dom Robert entreprend de faire cesser la dispute en la fixant sur un point décisif. Ce point avait été déjà touché dans les premiers articles de l'écrit de dom Robert, que le cardinal avait appelé plaisamment *Descartes à l'alambic;* il est ici mieux dégagé, et élevé à la hauteur d'une théorie.

Il n'y a jamais de pensées pures de toute idée d'étendue, puisqu'il n'y a pas de pensées qui ne supposent la succession, c'est-à-dire la durée, c'est-à-dire encore le mouvement « qui est très-certainement des dépendances du corps. » D'où il suit « qu'on ne peut apercevoir la durée dans nos pensées sans y voir la dépendance qu'elles ont du mouvement, quoiqu'on n'y voie pas si clairement le repos, les figures, les arrangements et grandeurs de ces parties. »

Voici encore une théorie propre à dom Robert :

« Tous les philosophes et les théologiens, et même M. Descartes, ont supposé comme une vérité très-constante que toutes les créatures, sans exception, peuvent être anéanties purement et simplement, et perdre absolument l'être que Dieu leur a donné par création. » Mais, selon dom Robert, « les substances n'ont qu'un point d'existence simple et indivisible, où il n'y a rien à retrancher, parce qu'elle n'a ni commencement, ni continuation, ni fin; d'où il s'ensuit qu'elle est indéfectible. »

Toute substance étant simple et indivisible en soi, n'a de durée que par accident, par le mouvement qui a des parties successives auxquelles on peut ajouter ou diminuer.

« Il est facile après cela, dit dom Robert, de porter un jugement équitable de la méthode de M. Descartes. Il s'est imaginé qu'ayant rejeté par un doute hyperbolique toutes les choses corporelles, dans la première Méditation, cela lui donnoit un plein droit de regarder, dans la seconde, ses pensées comme détachées de tout commerce avec les sens et de dire : *Je pense, donc je suis*, et d'en conclure que la connoissance de l'esprit se présente avant celle du corps, et que cela prouve invinciblement leur distinction et ensuite l'immortalité de l'âme. Mais toutes nos pensées se forment successivement, et leur durée étant effectivement des appartenances du corps dont elles dépendent toutes, il se trouve que, M. Descartes ayant regardé la durée des substances comme inséparable de leur être, et en ayant parlé plus fortement qu'aucun autre, il est celui de tous les hommes qui a davantage corporifié les esprits. »

C'est à ce moment que Corbinelli, autant que nous pouvons le conjecturer dans le désordre et le pêle-mêle de toutes les pièces de nos deux in-folio, entre dans la discussion, en présentant une suite de propositions qu'il a tirées des écrits de dom Robert et qui tendent à établir la dépendance où l'âme est du corps dans la pensée. Dom Robert accepte ces propositions, les explique et les confirme en deux écrits nouveaux. Le cardinal résiste à la fois et à Corbinelli et à dom Robert. En répondant à Corbinelli il se prononce avec autant de clarté que de force pour la distinction du corps et de l'esprit, et se montre entièrement cartésien. Il appelle même Descartes un *admirable homme*.

RÉPONSE DU CARDINAL DE RAIS AUX PROPOSITIONS DE M. CORBINELLY ET AUX DEUX ÉCRITS QUE DOM ROBERT A FAITS SUR CES PROPOSITIONS.

« J'ai vu les propositions que M. Corbinelly a extraites des écrits de dom Robert, et je lui suis très-obligé de m'avoir fait connoître, par la netteté de son esprit et de ses expressions.... deux choses très-importantes qui m'avoient[1] paru mystérieuses dans les écrits de l'auteur dont

[1] Le manuscrit : *Ne m'avaient pas p.*

il a fait son analyse. J'avois lu et ouï plus d'une fois ce que dom Robert dit contre la preuve que Descartes apporte de la distinction du corps et de l'esprit, et tout ce qu'on allègue pour faire voir que l'esprit n'est pas plutôt connu que le corps. Mais je n'avois[1] pas pris garde que ses objections sont fondées uniquement sur une fausse idée que dom Robert a conçue de la nature de la durée, qu'il croit être absolument corporelle, faute d'avoir entendu la doctrine de Descartes sur cette matière.

« Dom Robert suppose que toute durée est corporelle, et il croit ensuite que, voyant de la durée essentiellement dans nos pensées, nous ne pouvons pas penser sans connoître ce que c'est que corps, ou voir du moins que la durée qui est dans nos pensées vient du corps. Il s'imagine de plus que M. Descartes a été de son opinion, et qu'il a cru comme lui que la durée est corporelle, d'où il infère que Descartes s'est contredit.

« Pour moi, je suis persuadé que la durée en général n'est pas une appartenance du corps ; que dans les corps elle est corporelle et que dans les esprits elle est spirituelle, parce qu'elle n'est pas réellement distincte de leur substance, et même de leur existence. Si cela est véritable, tout ce que dom Robert a avancé contre la méthode de Descartes est frivole ; et, si Descartes a été de mon opinion, il est juste que l'on condamne dom Robert à lui faire réparation d'honneur pour l'avoir accusé de s'être contredit. Il suffit, pour justifier la question de droit aussi bien que celle de fait, d'exposer les sentiments que Descartes a eus de la durée, parce qu'en expliquant sa nature, il produit

---

[1] Le manuscrit : *Mais ils n'avaient p.*

les raisons qu'il a eues de l'expliquer comme il a fait. Ainsi ce sera à dom Robert à prouver ou que l'explication que je donne à la doctrine de Descartes n'est pas conforme à ses principes, ou que ses principes ne sont pas bons. Voici ce que j'en trouve dans les écrits de cet admirable homme, et je prie M. de Corbinelly de juger si on les a bien entendus.

« M. Descartes enseigne (1re part. des *Principes*, n° 57) qu'il y a deux sortes de modes, les uns qui sont dans les choses mêmes, et les autres qui ne sont que dans notre pensée ; que (*ibid.* 56) de ces modes, les uns sont appelés façons, les autres qualités, et les autres attributs ; qu'à cause qu'en Dieu il n'y a aucun changement ni variété, il n'y a ni façon ni qualité, et que, dans les choses mêmes créées, ce qui se trouve en elles toujours de même façon (comme l'existence et la durée en la chose qui existe ou qui dure) se nomme attribut et non pas mode ou qualité ; que (n° 62) la durée de la substance n'en est distincte que par la pensée, et que la durée de chaque chose n'est qu'une façon de considérer cette chose en tant qu'elle continue d'être ; que (n° 57) le temps, c'est-à-dire le nombre du mouvement en tant que nous le distinguons de la durée prise en général, n'est rien qu'une certaine façon dont nous pensons à la durée du mouvement ; mais que, pour comprendre la durée de toutes les choses sous une même mesure, nous nous servons de la durée de certains mouvements réguliers qui font les jours et les années, que nous comparons à la durée des choses, et que nous nommons temps, mais qui n'est pourtant rien, hors cette véritable durée des choses, qu'une pure façon de penser ; que (n° 57) la durée des choses qui sont mues n'est pas autre chose que celle des choses qui ne le sont point ; parce qu'encore qu'il y ait plus de mouvement en un corps qu'en un autre, il n'y a pas plus de durée en l'un qu'en l'autre; puisqu'un corps se mouvant très-vite et l'autre très-lentement pendant l'espace d'une heure, ils ne durent tous deux ni chacun d'eux qu'une heure.

« Il nous paroît, par tous ces principes, qu'il est clair que la durée des substances, surtout celle des esprits, est tout à la fois sans succession ni composition de parties, et qu'il n'y a que la durée du mouvement corporel qui ne soit pas tout à la fois, parce que le mouvement n'a pas tout ensemble les parties dont il est composé, mais qu'elles se succèdent et se suivent l'une l'autre. Il n'en est pas de même des substances; leur durée n'est que leur existence. Elles ne peuvent pas cesser de durer sans cesser d'exister, et leur existence n'est pas réellement distincte de leur substance, tellement qu'*être, exister et durer*, c'est la même chose en elles. D'où vient que, comme elles ne peuvent pas être et n'être pas, elles ne peuvent pas être sans avoir tout à la fois leur être, et par conséquent sans avoir l'attribut qu'on appelle durée ; qui n'est autre chose que la possession et la persévérance de l'être, c'est-à-dire l'être en tant qu'il ne cesse pas d'être, ou qu'il continue d'être.

« Ce qui peut avoir donné lieu à dom Robert de croire que Descartes a donné de la véritable succession intrinsèque à l'être des substances mêmes spirituelles, est qu'il dit, au second tome de ses Lettres, lettre 4, qu'encore qu'il n'y eût point de corps au monde, on ne pourroit pas dire que la durée de l'esprit humain fût à la fois tout entière, ainsi qu'on le peut dire de la durée de Dieu, parce que nous connoissons manifestement de la succession dans nos pensées, ce que l'on ne peut pas admettre dans les pensées de Dieu. Et, en la lettre 6ᵉ, que le *devant* et l'*après* de toutes les durées, quelles qu'elles soient, lui paroît par le *devant* et par l'*après* de la durée successive qu'il découvre en sa pensée [1], avec laquelle les autres choses sont coexistantes. Dom Robert a inféré de ces façons de parler que Descartes avoit cru que les substances mêmes spirituelles, excepté Dieu, n'avoient pas leur être tout ensemble, et que Dieu en détruisoit à chaque moment une partie et en créoit une nouvelle ; que c'étoit cela qu'il appelle conservation et qui fait la durée des êtres mêmes permanents dans l'opinion de Descartes.

« Le respect que l'on doit aux grands hommes et la reconnoissance que le public doit à la peine qu'ils se sont donnée pour son service, obligent, ce me semble, les honnêtes gens à prendre dans un bon sens ce qui pourroit leur avoir échappé, et à expliquer favorablement quelques expressions dures et obscures dont ils peuvent s'être servi ; mais il est de la justice de ne pas croire qu'ils sont tombés dans des contradictions grossières et palpables, à moins qu'elles ne le soient si évidemment qu'il n'y ait aucun moyen de les en justifier. Celle que dom Robert attribue à Descartes est une des plus étranges dans lesquelles un homme de bon sens peut tomber. Y a-t-il un philosophe qui ait mieux distingué l'esprit d'avec le corps, et les modes spirituels d'avec les modes corporels, que Descartes l'a

---

[1] C'est déjà l'opinion de Turgot, de M. de Biran et de M. Royer-Collard. Voyez 1ʳᵉ série de nos cours, t. 1ᵉʳ, p. 148 et p. 207 ; et 2ᵉ série, t. III, leçon XVIIIᵉ.

fait? qui ait mieux entendu que lui que l'esprit est indivisible, et par conséquent qu'il a tout son être ensemble? Il a enseigné clairement que la durée de l'esprit n'étoit distinguée de son existence et de sa substance que par la pensée; que c'étoit, non pas un mode, mais un attribut en elle, parce qu'elle s'y trouve toujours de la même façon. Et, au préjudice de cela, dom Robert veut que M. Descartes donne à nos pensées, intrinsèquement et par essence, tous les modes corporels, qu'il y reconnoisse une véritable durée avec distinction de parties, et que ce qu'il appelle durée de l'esprit soit une véritable et réelle succession des parties de l'esprit qui cessent d'être et qui se renouvellent continuellement; que les esprits aient une essence et une existence coulante par la perte des parties de leur propre substance et par la production d'autres nouvelles parties.

« Si Descartes a dit ce que dom Robert prétend, il faut que dom Robert apporte d'autres preuves que celles qui sont tirées des façons de parler de la quatrième et de la sixième lettre du second tome; car ces deux endroits ne disent rien moins, à ce qu'il me paroît, que ce que dom Robert leur veut faire dire. Je pourrois prouver cette partie en demeurant dans les principes généraux de Descartes, et en faisant voir que la durée n'est que l'existence des substances en tant que nous les considérons comme persévérantes dans leur être; d'où il suit que la durée n'a rien de réel dans les êtres au delà de leur existence qui, étant la même chose que la substance, a d'elle-même son être tout ensemble, sans division ni succession, qui sont l'ouvrage de notre pensée, laquelle se sert de l'idée qu'elle a du mouvement pour mesurer l'existence des substances en les comparant avec les choses qui coulent et avec qui elles coexistent et en s'imaginant qu'elles fluent comme elles, de même qu'il semble à nos yeux que le bord des rivières remonte quand leurs eaux descendent avec rapidité. Or, comme un quarré solide n'est pas divisé lui-même parce qu'on le regarde de plusieurs côtés, et qu'une colonne n'est pas ébranlée par l'air qui coule à l'entour, de même les substances ne sont point divisées par le mouvement auquel elles coexistent, ni par la pensée de ceux qui les mesurent et qui les divisent. Elles sont permanentes en elles-mêmes; elles ont leur être tout entier et tout à la fois; la division et la succession qu'on y voit sont dans la pensée de celui qui les voit, et non pas dans les choses qui ne peuvent durer qu'elles n'existent, ni exister qu'elles ne durent.

« Quand Descartes dit qu'il y a de la durée et de la succession de nos pensées, du *devant* et de l'*après* etc., on pourroit soutenir que ces mots ne sont que des dénominations extrinsèques qui attribuent à la substance ce qui n'est que dans une autre à qui il la compare et à laquelle elle coexiste, ou même que dans la pensée de celui qui fait cette comparaison. Mais je reconnois de bonne foi qu'il me semble que Descartes a voulu dire quelque chose de plus que cela dans les lettres cotées quatrième et sixième du second tome. Descartes, en ces endroits, répond à une objection qu'on lui avoit faite sur ce qu'il avoit dit que les parties de notre vie n'avoient aucune dépendance l'une de l'autre, et de ce que j'existe à ce moment qu'il ne s'ensuivoit pas que je dusse exister au moment d'après. Sur quoi on lui demande de quelle durée il entend parler quand il dit le moment de *présent*, de *devant* ou d'*après*. Il répond que la durée des choses qui se meuvent et de celles qui ne se meuvent pas est la même ; mais il met une différence entre la durée de Dieu et la durée de toutes les substances créées, en ce qu'en Dieu il n'y a point de *devant* ni d'*après*, parce qu'il entend et connoît toutes choses par sa propre substance ; mais qu'à l'égard des créatures, quand il n'y auroit aucun corps ni aucun temps pour mesurer le mouvement des corps, il y a cependant une manière de *devant* et d'*après* dans les choses mêmes spirituelles, fondée sur le changement des modes auxquels elles sont sujettes : que, comme un mode ou une manière de penser succède à l'autre, on ne peut pas inférer qu'à cause que je pense de cette première manière, il soit nécessaire que je pense éternellement de la même façon, et par conséquent que j'existe éternellement, comme cela suit de la pensée de Dieu qui est invariable et infinie. Il est clair que cette réponse suffit pour satisfaire à l'objection, et l'on doit en inférer que c'est en ce sens que Descartes a dit que nos pensées ont de la succession, non pas que nos pensées soient des parties distinctes de notre esprit, mais seulement des modes de ce même esprit qui changent selon les objets qui l'occupent.

« Cette explication est fondée sur ce que Descartes dit dans la première partie de ses Principes, n° 56, qu'à cause qu'il n'y peut avoir en Dieu de variété ni de changement, il n'y a en lui ni modes ni qualités ; mais que, lorsque la substance est autrement disposée ou diversifiée, on appelle modes ou façons ces dispositions différentes. De cette proposition, il est clair que Descartes a entendu qu'à cause qu'il ne pouvoit y avoir en Dieu de changement ni de diversité, sa durée n'avoit ni *devant* ni d'*après*, mais qu'en celle des substances créées et même des esprits, quoique très-indivisibles, qui sont sujettes à être diversement disposées, il y avoit lieu d'y considérer une disposition avant ou après l'autre ; non pas que ces dispositions soient des parties de l'esprit qui changent suivant les objets : en sorte que la succession n'est pas, comme croit dom Robert, dans les parties prétendues de la substance de l'esprit, ni dans celles de son existence, mais dans ses terminaisons ; c'est toujours un même esprit indivisible qui pense, mais qui, pensant tantôt à une chose et tantôt à une autre, donne lieu de dire, qu'une pensée succède à une autre, et qu'il n'est pas infaillible et nécessaire que je sois demain parce que je suis aujourd'hui. Parce qu'on reconnoît du changement en moi, on a raison de se persuader que je ne suis pas un être nécessaire et invariable comme Dieu ; et, parce que ces changements qui sont en moi continuent, commencent, finissent les uns avant les autres et durent plus longtemps les uns que les autres, qu'ils se précèdent et se suivent, l'on dit qu'ils ont de la durée et de la succession et que l'un est devant et l'autre après. Mais tout cela ne signifie autre chose sinon que la substance qui existe peut être diversement modifiée. Il faut donc que dom Robert nie qu'aucune substance puisse avoir des modes, à cause qu'elles ont toutes leur être tout entier et tout à la fois, ou il faut qu'il avoue qu'on est obligé de reconnoître de la succession dans leurs modes, au sens de Descartes.

« Comme dom Robert reconnoît des pensées qui sont passions dans les esprits et d'autres qui sont actions, il avoue qu'entendre et vouloir sont diverses façons de penser dans son opinion, de même que dans celle[1] des autres. Je veux croire que dom Robert n'accuse plus Descartes d'avoir donné de l'étendue et des parties à nos âmes, puisque je lui ai fait voir que, pour leur donner de la succession, il ne faut que leur donner des modes, que dom Robert accorde; ou du moins j'espère qu'il nous donnera des preuves ; mais je le prie surtout de considérer qu'ensuite de cette explication l'état de la question ne consistera plus seulement, comme il la propose, à savoir si *la durée ou le temps avec suite de parties qui cessent et se renouvellent continuellement n'est pas réellement la même chose que le mouvement local et une vraie appartenance du corps,* mais qu'il sera plus clair d'examiner, 1° si des substances spirituelles peuvent avoir des modes spirituels; 2° si, supposé qu'elles en puissent avoir, ces modes peuvent être l'un avant et l'autre après; s'ils peuvent être ensemble dans la substance, ou si l'un cesse d'y être avant l'autre ; si on peut dire qu'ils commencent, qu'ils finissent, qu'ils se suivent, qu'ils se succèdent et qu'ils se précèdent ; 3° si, supposé qu'on puisse dire tout cela, on en peut inférer que ces modes sont corporels et deviennent de vraies parties de la substance qu'ils modifient et qu'ils corporifient tout ensemble ; c'est sur quoi j'attendrai les réponses précises de dom Robert.

« Je prétends avoir suffisamment expliqué le sens de Descartes pour faire voir qu'on ne peut conclure, de ce qu'il dit de la durée, que nos esprits aient des parties qui se succèdent l'une l'autre, qu'ils n'aient pas leur être tout à la fois,

---

[1] Le manuscrit : *de même que celles d*.

et tout le reste que dom Robert infère d'une de ses façons de parler fondée sur ce que les esprits ont diverses manières de penser. »

Voici maintenant comment le cardinal répond à dom Robert. En renversant sa théorie de la durée, il commence par se moquer de l'indéfectibilité des substances, avant de l'attaquer sérieusement et directement.

RÉPONSE DU CARDINAL DE RAIS AU DERNIER ÉCRIT DE DOM ROBERT, TOUCHANT LES DÉFAUTS DE LA MÉTHODE DE M. DESCARTES.

« Ceux qui ont ouï parler dom Robert ou qui ont lu ses écrits ne peuvent ignorer qu'il n'ait beaucoup de complaisance à être l'auteur de l'opinion qui suppose l'indéfectibilité des substances, et qu'il n'ait fait tous ses efforts pour en relever le mérite en essayant de prouver qu'elle est absolument nécessaire pour établir les plus grandes et les plus importantes vérités de la physique et de la morale. Mais, comme Descartes étoit en réputation parmi les sçavans d'avoir achevé ce que dom Robert prétend avoir commencé, il a cru que la bonne conduite l'engageoit à détruire ce préjugé favorable qu'on avoit conçu de la solidité des preuves de ce philosophe, et, dans ce dessein, il a résolu premièrement d'attaquer sa méthode, qui paroît toute fondée sur le principe : *Je pense, donc je suis ;* et, en second lieu, de soutenir que le mystère de l'idée n'est bon à rien ; qu'il faut juger de l'existence et de la durée des choses par leur être réel et non pas par leur être objectif, et prendre pour premier principe de toutes choses cette grande maxime : *tout ce qui est connu existe.*

« La manière dont il a plu à dom Robert de se prendre à combattre la méthode de Descartes est que, Descartes ayant supposé que la nature de notre âme est plus connue que celle du corps, dom Robert a mis pour fondement que la supposition de Descartes est fausse, parce que la durée étant une dépendance du corps, il la voit intimement dans nos pensées. Il le prouve parce qu'il y a de la succession, du *devant* et de *l'après*, un commencement et une fin, qui sont les marques d'une véritable étendue ; et, par conséquent, selon lui, un homme ne peut dire *je pense* sans s'apercevoir de la succession qui paroît dans toutes nos pensées et qui enferme l'idée d'étendue ou de corps.

« Pour agir avec méthode, il eût été nécessaire de prouver d'abord que la durée a une véritable étendue, et par conséquent que tout ce qui a de la succession a aussi de l'étendue. Mais dom Robert l'a toujours supposé le premier ; et parce que Descartes a dit qu'il y a de la succession dans nos pensées, dom Robert soutient qu'il s'est contredit, et qu'en assurant, d'une part, qu'elles sont spirituelles, il les fait, d'un autre côté, corporelles. Cela seroit vrai, et dom Robert auroit raison d'accuser Descartes de s'être contredit, s'il avoit avoué que toute succession eût de l'étendue ; mais c'est ce que dom Robert a toujours supposé sans le prouver, et ce que l'on ne lui a jamais accordé.

« La question a donc été réduite au point de fait, et on a fait plusieurs écrits touchant l'opinion que Descartes a de la durée : dom Robert soutient dans l'un des siens, que Descartes est de l'opinion de saint Bonaventure, et que cette opinion consiste à donner des parties à l'existence des substances, c'est-à-dire aux substances mêmes.

« C'est ce qui m'oblige d'expliquer le sentiment de Descartes et de faire voir, 1° qu'il n'est pas de l'opinion de saint Bonaventure; 2° que celle de saint Bonaventure n'est pas celle que dom Robert lui attribue, et enfin que Descartes n'a jamais pensé que l'idée de la succession fût la même que celle de l'étendue. C'est ce qu'il faut faire voir.

« Ce qui a donné lieu à dom Robert de prendre le change est que Descartes dit que la durée des choses qui ne sont pas mues est de la même nature que la durée du mouvement, et que c'est en cela qu'il est fort éloigné du sentiment de l'école (voyez Suarez, p. 2. *Meth. disput.* 50, sect. 5, n. 8), qui croit que la durée du mouvement est d'une autre nature que la durée des choses qui ne sont point mues.

« Dom Robert dit : 1° que l'opinion de l'école, dont Descartes se prétend si éloigné, est celle des thomistes qui croyent que la durée des choses permanentes, et même celle des choses corruptibles intrinsèquement, est indivisible, comme le prouve Suarez, *supra*, n°s 3, 4, 5; 2° que l'opinion que Descartes suit est celle de saint Bonaventure, qui distingue trois sortes de durée : l'une, qui n'a en soi ni l'être dans lequel elle se rencontre aucune succession ni variété; c'est l'éternité; la seconde, directement opposée, qui, en soi et dans le sujet où elle est, a de la succession et du changement; c'est le temps; la troisième, comme moyenne, qui a en soi de la succession et du changement, mais dont le sujet, c'est-à-dire l'être où elle est, n'en a point. Il explique la différence de cette dernière durée d'avec les autres par la différence qu'il y a entre l'écoulement des eaux qui sortent de leur source et celui des rayons qui sortent du soleil. L'eau jaillit de manière qu'encore qu'elle sorte continuellement, ses parties sortent l'une après l'autre et ne sortent pas toutes à la fois ; au contraire, la même lumière sort du soleil par une émanation continuelle et tout à la fois ; et, encore qu'il n'y ait pas de succession ni de variété dans l'être de la lumière, il y en a dans la sortie du soleil. Il en est de même, au sens de ce saint, de tous les êtres créés qui, n'ayant aucune succession dans leur être, ne laissent pas d'en avoir dans leur durée, à cause de l'écoulement continuel dans lequel on les considère comme sortant de la toute-puissance de Dieu.

« Comme saint Thomas et Scot sont les chefs de l'école, et que Scot et beaucoup d'autres jugent probable l'opinion de saint Bonaventure, que saint Thomas combat, il ne me paroît pas que Descartes eût dû appeler l'opinion de l'école une opinion sur laquelle l'école est partagée, encore moins qu'il ait suivi l'opinion d'une partie de l'école. Il eût dû au moins avertir laquelle des deux il suivoit, et, comme il ne l'a pas fait, il y a sujet de croire qu'il étoit également éloigné de l'une et de l'autre. Il me paroît donc que ce qu'il entend par l'opinion de l'école est celle qu'il marque expressément, et rien de plus, sçavoir : que la durée du mouvement (comme il dit en la lettre IV du IIᵉ tome), ou des choses qui se meuvent (comme il dit en ses Principes, n° 57), est d'une autre nature que celle des choses qui ne sont pas mues.

« Descartes a raison d'appeler cette opinion l'opinion de l'école, puisque toute l'école et que tous les docteurs en conviennent ; car ils ne distinguent pas seulement les durées successives des durées permanentes, mais ils distinguent encore et les successives et les permanentes entre elles-mêmes. Ils donnent des durées de différentes espèces à chacun des anges; ils veulent que celle de leur être soit différente de celle de leurs opérations; ils jugent, avec plus forte raison, que celle des êtres corruptibles est différente de celle des incorruptibles; qu'entre les corruptibles mêmes, les unes sont matérielles, comme celle des substances corporelles, et les autres spirituelles, comme celles des opérations et des modes corruptibles des substances spirituelles. Voyez Suarez, *supra*, sect. 5, n° 11 et seq. et sec. 7, n°s 5 et 7.

« Descartes a eu raison de dire qu'il étoit très-éloigné de l'opinion de l'école; car, au lieu de mettre une différence réelle entre les durées des choses qui sont mues et de celles qui ne le sont pas, il soutient (*Principes*, n° 56) que la durée en général distincte de l'existence n'est rien de réel; qu'en ne mêlant rien de ce qui appartient proprement à l'idée de substance dans la durée, ce n'est qu'un mode ou une façon de parler dont nous considérons une chose en tant qu'elle continue d'être; que la véritable durée n'est que l'existence même, mais que la façon dont nous pensons à cette existence comme ne cessant pas d'exister est ce qu'on appelle durée; que cette façon de penser n'est que dans notre esprit, ainsi que [1] le temps que nous distinguons de la durée prise en général, et qui n'est rien (n° 57) qu'une autre façon dont nous pensons à cette durée, en nous servant de certains mouvements réguliers qui font les jours et les années à qui nous les comparons et

---

[1] Le manuscrit : *non pas que*.

que nous appelons temps, quoique ce que nous appelons ainsi ne soit rien, hors la véritable durée des choses, c'est-à-dire hors de l'existence, qu'une façon de penser. Ce qui étant supposé, Descartes a dû dire que la durée des choses mues est la même que celle des choses qui ne le sont pas, parce que la façon dont il considère les choses mues comme existantes est la même que celle dont il considère les choses non mues, aussi existantes. Et une marque que ce que l'on y considère n'est pas le mouvement ou le repos, mais l'existence, est que les choses qui sont en repos durent autant que celles qui sont en mouvement, et que celles qui ont beaucoup de mouvement ne durent pas plus que celles qui en ont moins, et que nous ne comptons pas plus de temps en l'une qu'en l'autre (n° 61). D'ailleurs, lorsque nous concevons la substance, nous concevons une chose qui existe en telle façon qu'elle n'a besoin que de soi-même pour exister, c'est-à-dire qui n'a besoin pour exister que du concours ordinaire de Dieu : et par conséquent l'idée de la substance emporte avec soi celle de l'existence, et durer n'ajoute rien de positif à l'existence; car durer n'est rien que d'exister, ou au plus que de ne pas cesser d'exister, et ne pas cesser d'exister et exister c'est la même chose ; de manière qu'exister c'est durer, et durer c'est exister, n'y ayant rien d'intrinsèque en l'un plus qu'en l'autre, mais seulement en nous une façon de penser sous laquelle nous considérons certaines choses comme coexistantes à d'autres.

« Voilà, ce me semble, le véritable sentiment de Descartes, et je ne sais pas comme dom Robert le peut accorder avec celui de saint Bonaventure ; car ce saint distingue trois sortes de durées; Descartes dit qu'il n'y en a qu'une. Saint Bonaventure veut que ces durées soient réelles, et réellement ou au moins modalement distinctes des choses qui durent; et Descartes dit que la durée, en tant qu'elle est distincte de ce qui appartient proprement à l'idée de la substance, c'est-à-dire de l'existence, n'est que dans l'esprit. Saint Bonaventure soutient qu'il y a des durées successives dans les êtres permanents; et Descartes dit que la durée n'est intrinsèquement que l'existence et que, hors de l'existence, ce n'est qu'une pure façon de considérer la chose en tant qu'elle continue d'exister. Je ne vois pas comme dom Robert peut accommoder des choses si différentes dans une même opinion.

« Mais quand il seroit vrai que Descartes auroit suivi l'opinion de saint Bonaventure, qu'est-ce que dom Robert en pourroit prétendre? En pourroit-il conclure que toute durée est essentiellement étendue, même dans les choses permanentes? que toute succession emporte l'idée de corps? que tout être qui a une durée successive coule partie après partie comme l'eau d'une rivière? Saint Bonaventure dit tout le contraire : 1° il donne de la véritable durée à Dieu; peut-on croire qu'il lui donne une véritable étendue? 2° il distingue la durée du temps dont le sujet a de la succession, c'est-à-dire du mouvement, d'avec celle qui n'en a point dans son sujet; 3° il reconnoît donc des sujets capables de durée qui ne sont pas des corps; car ce sujet, qui n'a point de succession étendue, ne peut pas être un corps, puisque le corps est essentiellement mobile localement; 4° il attribue cette troisième sorte de durée généralement à tous les êtres que Dieu a faits; peut-on dire que Dieu n'a fait que des corps? 5° il dit formellement que les êtres sujets à cette durée reçoivent de Dieu le même être tout entier et tout à la fois, en la même façon que le soleil produit la même lumière tout à la fois, et non pas comme les sources jettent les eaux une partie après l'autre; comme donc est-il possible qu'il entende qu'une partie de cet être soit détruite à chaque moment, et que Dieu au moment suivant en produise une autre? 6° il dit que la succession n'est que dans le mode, parce qu'il se persuade que les êtres existent par quelque chose distincte ou réellement ou modalement de l'existence, et que l'existence par conséquent dure par quelque chose distincte de soi-même; ce qui lui a fait concevoir que la durée pouvoit être successive, quoique la substance et l'existence fût permanente. Mais tout ce que je viens de remarquer de ces sentiments ne fait-il pas voir au contraire qu'il n'a reconnu aucune succession dans l'être substantiel, et qu'il a cru que Dieu le donnoit et le conservoit tout à la fois, et non pas partie après partie?

« Il est donc plus clair que le jour que, quand Descartes auroit suivi l'opinion de saint Bonaventure, il ne seroit pas vrai qu'il eût enseigné très-clairement, comme dom Robert le soutient, que l'existence des choses a de l'étendue intrinsèque, qu'elle est composée de parties qui sont réellement séparables et distinguées l'une de l'autre, que Dieu rétablit continuellement des parties postérieures en la place des antérieures qui s'anéantissent, et que tout s'y passe de même que dans le temps et le mouvement; il seroit, au contraire, clairement justifié qu'il a soutenu le contraire.

« Mais ce qui trompe dom Robert est qu'il suppose ce qui est en question, savoir que l'idée de la durée emporte de l'étendue, parce qu'il y remarque de la succession. Saint Bonaventure, au contraire, reconnoît qu'il peut y avoir de la durée sans succession, et qu'il peut y avoir aussi de la succession dans les choses qui ne sont point étendues; il reconnoît même de la succession qui n'est point étendue intrinsèquement, et il ne dit rien sur ce sujet que tout ce que les philosophes et tous les théologiens ont dit devant lui; et Descartes n'a dit que cela dans tous les endroits que dom Robert allègue.

« C'est donc à dom Robert à nous prouver par Descartes que ce philosophe a cru que l'idée de durée et celle de succession sont la même idée, auquel cas j'avouerai qu'il s'est contredit; ou du moins il faut que dom Robert prouve sa question de droit, c'est-à-dire qu'encore que M. Descartes n'ait pas cru que ce fût la même idée, il est pourtant vrai que c'est la même idée, auquel cas je confesserai que Descartes se sera trompé, mais je soutiendrai qu'il ne se sera pas contredit. »

Nouveaux efforts de dom Robert pour expliquer sa théorie. Nouvelle réponse du cardinal, courte et vive. C'est en quelque sorte sa parole elle-même couchée par écrit et prise sur le fait.

RÉPONSE DU CARDINAL DE RAIS A LA RÉPONSE DE DOM ROBERT.

« Je soutiens que la durée que Descartes attribue à l'âme est pareille à celle qu'il attribue à Dieu et aux anges, et qu'il soutient que tout ce qui est de corporel dans nos connoissances est dans le corps et non pas dans l'esprit. Qui doute que Dieu et les anges ne coexistent au temps, et que par conséquent tout ce grand mystère que dom Robert trouve dans la durée à l'égard de Dieu se réduit même à une question de nom? »

Dom Robert répond dans des *Éclaircissements des Remarques sur les défauts attribués à la méthode de M. Descartes.* Mais les explications qu'il entreprend de donner, loin de satisfaire aux objections du cardinal, sont bien plutôt de nature à les accroître. Il s'enfonce de plus en plus dans son système, ne se refuse presque à aucune de ses conséquences les plus étranges, et on commence à comprendre les accusations de madame de Grignan et les alarmes de madame de Sévigné. Voici quelques-unes des prétendues explications de dom Robert.

« Le nom *d'objet des sens* étant pris proprement et à la rigueur, Dieu même, les choses spirituelles, et surtout l'âme et toutes nos pensées, sont le propre objet des sens. Le doute et toute pensée humaine doit aussi passer pour une chose sensible, parce que, tout ainsi que l'homme est un composé de corps et d'âme, de même toute pensée humaine est sans exception un composé de mouvement et de passion ou d'action de l'âme, puisque toutes nos perceptions ou intellections sont des passions qui ont le corps pour agent ou pour cause efficiente en sa manière, et que l'âme ne produit jamais d'acte qu'en se servant des espèces ou traces du cerveau.

« Dom Robert avoue qu'il n'y auroit rien de plus ridicule que de parler d'âme chaude ou froide parmi le vulgaire ; mais que, tout étant changé par la découverte de

M. Descartes[1], ceux qui veulent parler proprement et à la rigueur doivent reconnoître que, les sens nous donnant toutes nos connoissances et particulièrement nos perceptions, c'est l'âme qui est le vrai objet des sens.

« Dom Robert ne se fait point un honneur de la découverte de l'indéfectibilité des substances. M. Descartes n'a pu parler comme il a fait de la nature des substances étendues, dont un atome ne sauroit être anéanti, selon ses principes, sans tomber effectivement dans l'opinion de l'indéfectibilité; de même que ce qu'il a dit des vérités qu'on appelle éternelles et qui sont irrévocables, quoique Dieu les ait établies librement, conduit à cette vérité. »

On conçoit que cette réponse devait fort peu convenir au cardinal. Il est encore plus choqué du principe de l'indéfectibilité des substances que de celui de l'étendue transportée dans la pensée au moyen de la succession. Avec Descartes, il ne reconnaît l'indéfectibilité qu'en Dieu, et réduit l'opinion de dom Robert à celle des stoïciens, qui faisaient le monde éternel. Si le cardinal eût connu Spinoza, il n'aurait pas manqué de le retrouver dans dom Robert.

RÉPONSE DU CARDINAL DE RAIS AUX CONSIDÉRATIONS DE DOM ROBERT SUR LA RÉPONSE DU CARDINAL DE RAIS AU DERNIER ÉCRIT DE DOM ROBERT.

« Dom Robert étoit obligé, par le titre qu'il a donné à ses considérations et même par suite de la dispute, de faire voir que je m'étois trompé en voulant prouver qu'il y a

---

[1] Probablement que les qualités secondes de la matière ne sont que dans l'âme.

une fort grande différence entre la doctrine de saint Bonaventure et celle de Descartes touchant la nature de la durée. C'est ce que dom Robert n'a nullement fait, quoiqu'il eût posé pour fondement de l'écrit auquel je répondois la conformité de ces deux doctrines. Il semble même que les considérations de dom Robert ne sont proprement que l'apologie de son sentiment touchant l'indéfectibilité des substances, de laquelle il prétend tirer des conclusions qui justifient par induction sa doctrine touchant la durée. Je prie ceux qui liront cet ouvrage de juger si cette façon de répondre sur une question de fait est aussi juste et aussi sincère qu'elle le doit être dans une dissertation de cette nature. En attendant leur réponse, je veux bien prendre le change et dire un mot sur l'indéfectibilité des substances, que je prétends n'être qu'une pure illusion.

« Pour concevoir le véritable état de la question de l'indéfectibilité des substances, il me semble qu'il est nécessaire que dom Robert s'explique nettement, et qu'il dise si sa pensée est que Dieu, en créant les substances, ait pu, s'il eût voulu, les créer défectibles, ou bien si Dieu a été contraint de les créer indéfectibles.

« Si dom Robert prétend seulement établir l'indéfectibilité des substances en la première manière, il ne dit rien de nouveau et dont tous les théologiens et dont tous les philosophes chrétiens ne conviennent, au sens de dom Robert, qui, par le mot de substances, entend ou les esprits ou la matière en général. Et tout le monde convient que ni les esprits ni la matière ne seront jamais anéantis. Et, quoique quelques payens n'aient pas reconnu l'immortalité de l'âme, les plus habiles l'ont confessée, et ils ont tous avoué que la matière est ingénérable et incorruptible.

« Mais, si dom Robert entend que les substances sont tellement incorruptibles par leur nature, que, supposé que Dieu voulût créer des substances, il a été contraint de les faire indéfectibles, sans pouvoir faire autrement, il choque directement les principes de saint Augustin et ceux de Descartes, qu'il reconnoît toutefois en d'autres endroits, même avec éloge; car il convient de ce que dit le premier, que *la volonté du Créateur est la nature de chaque chose,* c'est-à-dire que chaque chose est ce que Dieu a voulu qu'elle soit. Et j'ai remarqué aussi plus d'une fois qu'il admire le second, en ce qu'il a dit qu'il n'y a rien de vrai ni d'impossible qu'à cause que Dieu a voulu qu'il soit vrai ou impossible. D'où il résulte que dom Robert se contrediroit lui-même, s'il supposoit que la nature de la substance fût telle que Dieu ne l'eût pu faire autrement qu'elle n'est.

« Pour ce qui est de la raison fondamentale de dom Robert qui est que, l'existence des substances créées étant indivisible, si Dieu vouloit les détruire, il s'ensuivroit qu'il voudroit tout ensemble les détruire et les conserver, leur ôter et leur donner l'être tout à la fois, il me semble que l'on y peut répondre de deux manières :

« 1° En lui demandant, supposé que l'existence de la substance soit indéfectible, comme il la conçoit, de qui il sait qu'elle est créée; car, pour être créée, il faut qu'elle n'ait pas été. Or, il est aussi impossible de concevoir qu'une existence indivisible n'ait pas été, qu'il est impossible, selon dom Robert, de concevoir qu'elle cesse d'être quand elle a été une fois, parce que le motif que l'on a de croire qu'elle ne peut cesser d'être est qu'elle ne peut pas être et ne pas être tout ensemble ; et il n'est pas aussi impossible d'assembler le non-être avec l'être que l'être avec le non-être. C'est ce qui a fait dire à Aristote, au livre Ier du Ciel, *que tout ce qui est incorruptible a toujours été*. En un mot, l'on prie dom Robert d'examiner de bonne foi s'il conçoit mieux comme une existence indivisible peut commencer, qu'il ne conçoit comme elle peut finir.

« 2° On peut répondre à l'argument de dom Robert, en remarquant que ceux qui croient les substances défectibles ne disent pas que Dieu les ait faites indéfectibles ; ils avouent, au contraire, que, s'il leur a voulu donner l'être indéfectiblement, il ne voudra jamais le leur ôter, et que, s'il a résolu de les conserver toujours, il ne les détruira jamais. Mais c'est à dom Robert à prouver qu'il l'a voulu, et, tant qu'il ne le prouvera pas, l'on pourra dire que Dieu n'a pas voulu les créer indéfectibles extrinsèquement comme elles le sont intrinsèquement ; il pourra les détruire comme il lui plaira, parce qu'en ce cas leur nature est défectible en ce qu'elles sont créées telles.

« Cette raison, qui est tirée de la différence essentielle que l'on doit reconnaître même naturellement entre le créateur et la créature, est celle qui a obligé Descartes, comme il le dit expressément dans la première partie de ses Principes, au n° 51, de ne reconnaître l'indéfectibilité qu'en Dieu seul ; et cette même raison doit éloigner, à mon sens, tous les esprits raisonnables de l'opinion qui lui est contraire, et laquelle n'a pas même le charme de la nouveauté, comme dom Robert se l'imagine, puisqu'il est certain que c'est celle qui a précipité tous les anciens philosophes dans les erreurs ridicules qui ont partagé leurs sectes en tant de manières différentes sur l'éternité et même sur la divinité du monde. N'est-il donc pas plus raisonnable de dire avec Descartes qu'il n'appartient pas aux hommes de régler ce que Dieu peut, que de se réjouir avec Sénèque de l'avantage qu'il prétend que les hommes ont de pouvoir examiner ce que Dieu peut et ce que Dieu ne peut pas? Voici les paroles de ce présomptueux philosophe dans la préface du premier livre des Questions naturelles. « Ne croyez-vous pas que ce soit une chose très-utile que de mettre des bornes à tout ce qui est, que de pénétrer l'étendue du pouvoir de Dieu, et de juger si c'est lui qui forme la matière, ou si seulement il employe celle qu'il a trouvée faite? » Il n'y a peut-être jamais eu de pensée plus vaine ni plus impie dans toute la secte des stoïques, la plus vaine et la plus impie de toutes les sectes; je laisse à dom Robert à en examiner les comparaisons. »

Non content de cette réponse, le cardinal prend la peine d'étudier le traité de l'indéfectibilité des substances, que contient notre manuscrit; il en extrait un certain nombre de propositions fondamentales qu'il s'attache ensuite à réfuter par la raison et par l'autorité.

PROPOSITIONS TIRÉES DU TRAITÉ DE L'INDÉFECTIBILITÉ DES SUBSTANCES PAR DOM R. DÉGABETZ, ET LA CRITIQUE D'ICELLES PAR M. LE CARDINAL DE RAIS.

« 1. L'éternité n'est qu'un point indivisible, incompatible avec aucune succession de temps.

« 2. Dieu ne voit rien de tout ce qui n'est pas lui avant l'avoir créé.

« 3. Tout ce qui paroît créé successivement à l'esprit humain l'a été en un seul point et tout ensemble à l'égard de Dieu.

« 4. La grossièreté de l'esprit humain confond toujours la corruption des corps avec la défectibilité de leur nature.

« 5. Il implique contradiction de dire que Dieu puisse anéantir, puisque ce seroit faire et ne faire plus au même instant.

« 6. La plupart des hommes forment leurs idées sur les expressions, au lieu de former les expressions sur les véritables idées.

« 7. Le monde contenant toute la matière concevable, il implique contradiction de dire que Dieu en puisse faire un autre.

« 8. Tout ce que Dieu n'a pas créé est demeuré dans l'impossibilité de pouvoir exister, d'être conçu et d'être nommé.

« 9. L'essence de chaque chose est uniquement la volonté de Dieu.

« 10. Les mêmes raisons qui prouvent l'indéfectibilité des vérités qu'on nomme éternelles, telles que sont les numériques et les géométriques, prouvent l'indéfectibilité des substances.

« 11. Le vulgaire n'attache l'idée d'existence qu'aux choses qu'il voit commencer et finir dans le temps, parce qu'il ne prend pour marques des productions que les mouvements des sens et non pas ceux de la raison, ce qui fait qu'il croit incréées et indéfectibles les vérités éternelles et non pas les substances.

« 12. La substance doit être considérée indépendamment de la durée et du cours extérieur du temps, c'est-à-dire sans commencement et sans fin, puisque l'un et l'autre ne sont point de son essence.

« 13. Il est difficile, pour ne pas dire impossible, de distinguer l'essence de l'existence, quoi qu'en veuille dire l'école, puisqu'il y auroit quelque chose qui ne seroit pas Dieu, qui seroit par elle-même et indépendamment de lui.

« 14. Comme il implique contradiction de dire qu'un être purement spirituel soit sujet au temps, il implique de dire qu'il puisse changer de pensée et qu'il en ait plusieurs successivement.

« 15. Un esprit pur, étant séparé de toute sorte de temps, est incapable de discours et de raisonnement.

« 16. On ne peut concevoir une chose possible comme possible, puisqu'on ne peut concevoir que ce que Dieu a rendu concevable par son décret.

« 17. Il n'y a que les modes de la matière dont on puisse concevoir la possibilité, parce que cette possibilité n'est autre chose que la divisibilité à l'infini de la matière.

« 18. Si un être substantiel étoit anéanti, sa vérité et sa conceptibilité ne laisseroient pas de subsister, quoique l'être qui est le fondement de cette propriété fût ôté par l'anéantissement prétendu. »

CRITIQUE DES PROPOSITIONS PRÉCÉDENTES, PAR M. LE CARDINAL DE RAIS.

« Toutes ces propositions, que l'auteur de l'indéfectibilité des substances nous donne pour nouvelles et même contraires au sentiment de M. Descartes, se réduisent, à mon opinion, à un unique point, qu'il implique contradiction que, dans un même instant, il l'ait[1] voulu créer et détruire, ce qu'il auroit fait toutefois s'il l'avoit créé défectible, parce qu'il n'y a point d'instant divisible dans sa volonté.

« Je soutiens que l'indéfectibilité des substances, fondée sur ce principe, ou n'est rien, ou du moins qu'elle n'est rien de nouveau, particulièrement aux cartésiens. Si l'auteur entend par l'indéfectibilité des substances l'immutabilité de la volonté de Dieu, tout le monde en convient, quoique sous différents termes : s'il entend par l'indéfectibilité des substances une exigence d'être indivisible comme il le suppose, il me paroît qu'il met pour raison la question ; car la question que l'on fait si la substance est défectible n'est pas différente de celle par laquelle on demande si l'être est divisible. Ainsi l'auteur ne prouve sa conclusion que par un synonyme, ce qui s'appelle, en toute sorte de philosophie, un cercle scholastique.

« Je persiste à nier l'indéfectibilité des substances, en les considérant en elles-mêmes selon la prétendue indivisibi-

---

[1] *Sic. Le* se rapporte probablement à *un être substantiel* qui se trouve plus haut, n° 18. Entendez : « Que dans un même instant Dieu ait voulu créer et détruire un être substantiel, etc. »

lité de leur être, et d'autant plus qu'il s'ensuivroit de la doctrine de l'indéfectibilité des substances par elles-mêmes, qu'elles seroient aussi éternelles que Dieu, parce que la même raison qui prouve, selon l'auteur, l'indéfectibilité de la substance, qui consiste dans l'exclusion du temps, prouveroit aussi l'éternité de son origine. L'on ne peut répondre à cette objection qu'en disant que cette éternité seroit une éternité participée, ce qui me paroît un subterfuge de l'école et inutile à la question, puisqu'il ne sauve pas l'inconvénient d'attribuer à la créature la qualité de toutes la plus divine et à laquelle elle ne peut participer. Qui m'empêchera de dire, par la même raison, que je puis devenir créateur et conservateur par participation? Voilà une conséquence terrible à l'égard de Dieu. Il y en a une à l'égard de la nature qui n'est pas moins considérable, au moins selon la philosophie de M. Descartes : c'est que l'on attribuera, selon la raison de l'auteur, à un corps la qualité d'un autre, et que l'on donnera, par exemple, à l'un une immobilité participée qui ne sera autre chose que l'impuissance qu'un autre aura à le mouvoir. Une branche aura de l'inflexibilité parce qu'un enfant ne la pourra plier. Je ne vois rien de plus éloigné de la manière de philosopher dudit Descartes.

« Je conviens que l'indéfectibilité, prise par rapport au décret de Dieu, n'a pas ces inconvénients parce qu'elle n'est rien dans la créature, n'étant proprement que l'immutabilité de Dieu; d'où il s'ensuit que de demander si une substance est indéfectible n'est autre chose que de demander si Dieu est immuable; ainsi, ou l'on ne demande rien, ou l'on ne demande rien de nouveau. Ce qui m'embarrasse est que de la doctrine de l'indéfectibilité même, prise par rapport à Dieu, il s'ensuit, contre ce que je reconnois de bonne foi n'avoir pas vu au commencement, que Dieu ne peut plus créer aucune substance nouvelle, ni anéantir aucune de celles qu'il a créées ; ce qui paroît directement contraire à la décision du concile de Constance, qui prononce anathème contre Jean Hus, parce qu'il avoit soutenu que Dieu ne peut pas créer un nouveau monde, que Dieu ne peut rien anéantir de ce qu'il a créé. Je ne vois pas que l'auteur de l'indéfectibilité puisse souscrire, selon ses principes, à la décision de ce concile.... »

On voit quel chemin a pris la discussion. Partie de la question : si la pensée suppose quelque élément sensible, dom Robert l'a jetée dans la question plus difficile de la durée, et enfin dans la question bien plus difficile encore et bien plus générale de l'indéfectibilité des substances.

Nous terminons ici l'extrait de cette polémique, que tous les efforts du cardinal ne purent rendre très-régulière, par la faute de dom Robert qui s'échappe toujours en propositions plus ou moins inattendues; mais on y reconnaît avec certitude que le cardinal avait fini par s'attacher au cartésianisme et à le défendre sérieusement. C'est un honneur pour Descartes de pouvoir compter un tel défenseur de plus, comme c'est une rencontre assez piquante pour l'histoire de la philosophie que celle de ce bon religieux, qui, dans ses spéculations solitaires, rassuré par ses intentions et entraîné par son système, se place, sans hésiter, entre Gassendi et Spinoza.

Il nous reste à faire connaître deux autres écrits du cardinal de Retz d'un genre différent pour compléter l'analyse des morceaux inédits du cardinal que contient le manuscrit d'Épinal.

Parmi les innovations que dom Robert avait imaginées, il en était une qui lui était particulièrement chère : c'est que toutes les négations peuvent se ramener à des affirmations. De là la question tant agitée au Breuil et à Saint-Mihiel : y a-t-il ou n'y a-t-il pas des négations non convertibles ? La question avait retenti jusque dans la société de madame de Sévigné [1]. Il ne s'agit point ici de ce qu'on entend en logique par la conversion des propositions, c'est-à-dire la transformation que l'on fait subir aux propositions tant affirmatives que négatives par le changement de l'attribut en sujet et du sujet en attribut [2]; il s'agit d'un point de métaphysique tout autrement important, à savoir, si toutes les négations expriment quelque chose de réel et de positif et non pas seulement une privation. Cette doctrine soulevait plus d'une difficulté auprès de la sévère orthodoxie du XVIIe siècle. Ainsi, si le péché n'est plus une simple négation, s'il a quelque chose de réel et de substantiel, Dieu étant alors considéré comme la cause unique de tout ce qui est réel, jusque-là qu'on lui rapportait tout mouvement, même celui des âmes, il s'ensuivait, ou du moins il paraissait s'ensuivre que Dieu est l'auteur du péché. C'est ce qui explique l'accusation de madame de Grignan qui fait frémir madame de Sévigné [3].

---

[1] « Puisqu'il est écrit que vous devez avoir la tête tournée, il vaudroit mieux que ce fût de cette sorte que par l'indéfectibilité de la matière et par les négations non convertibles. » *Lettres de madame de Sévigné*, 584, 23 juillet 1677.

[2] Voyez la *Logique de Port-Royal*, IIe partie, chap. XVII seq.

[3] Lettre 591.

Le cardinal de Retz n'avait pu rester étranger à cette discussion ; mais il s'y engage avec circonspection, pèse les avantages et les inconvénients de la nouvelle doctrine ; et, après bien des hésitations, il conclut par se soumettre à l'ancien principe des négations non convertibles, et par exprimer le vœu si raisonnable, et, à ce qu'il paraît, si difficile à réaliser, de la conciliation de la philosophie et de la foi.

RÉFLEXIONS DU CARDINAL DE RAIS SUR LES NÉGATIONS NON CONVERTIBLES.

« Je suis si convaincu de mon ignorance en toutes choses, mais particulièrement en ce qui regarde la métaphysique, que je ne puis imaginer que la complaisance que les hommes trouvent en tout ce qu'ils ont découvert soit la cause du plaisir que je sens que j'aurois, même sensible, si je me pouvois aplanir à moi-même les difficultés qui me font douter de la solidité de ma pensée touchant l'utilité des pures et simples négatives. J'avoue qu'elle me plaît, mais il me semble qu'elle ne me plaît que parce que, si elle étoit bien fondée, l'on y trouveroit un avantage signalé pour l'éclaircissement de toutes sortes de vérités. J'ai parcouru ces jours passés les diverses sciences, j'en ai examiné les principes, les hypothèses et les suites, et il me paroît que la plupart des équivoques que l'on y prend, et que la plupart des faux raisonnements que l'on y fait, ne sont que les effets du sens que la philosophie commune prétend donner aux négations non convertibles. Je m'explique. Les espaces imaginaires, par exemple, n'y ont été reçus que parce que l'on s'est imaginé que ce mot signifioit quelque chose.

Ainsi des qualités occultes, ainsi des formes substantielles, ainsi des facultés, ainsi des sympathies, et ainsi de toutes les autres paroles qui composent ce qui paroît de plus pompeux et de plus magnifique dans les écoles.....

« Ce qui a fait que mon esprit a rejeté cette pensée, aussitôt qu'elle s'est présentée à mon imagination, comme vous avez vu, a été qu'elle m'a paru, même d'abord, contraire et à la maxime du concile de Constance et à celle de l'Église qui enseigne que Dieu ne peut être auteur du péché, et même à la nature des commandements négatifs du Décalogue, qui semblent ne se pouvoir réduire en affirmatifs. Je persiste à croire que cette même considération doit empêcher un esprit raisonnable de se laisser éblouir à cette vue, quelque agréable qu'elle paroisse, et quelque étendue qu'elle puisse avoir; mais il est vrai que la beauté qu'elle auroit, si elle pouvoit n'être pas fausse, m'a fait naître le désir de m'y attacher avec plus d'application, et d'examiner avec plus de soin si l'exclusion de toutes les négations non réduisibles ne se pourroit pas concilier avec le concile de Constance, avec la doctrine de l'Église touchant le péché, et avec la réduction des commandements négatifs en affirmatifs.

« Pour ce qui est du concile, l'auteur de l'indéfectibilité m'a fait remarquer que les Pères, assemblés à Constance, n'ont pas inséré l'article de l'anéantissement possible du monde dans l'extrait des propositions qu'ils ont expressément condamnées, quoiqu'ils l'aient rapporté comme l'un des articles de la doctrine de Jean Huss. Mais comme je lui ai fait aussi observer que les Sabelliens, les Manichéens et même quelques autres hérétiques, avoient été anathématisés pour avoir enseigné que la matière étoit éternelle, ce qui semble être fort approchant de la doctrine de son indéfectibilité, la difficulté ne me paroît pas épuisée. Car quoiqu'il dise que ce qui a été condamné dans l'erreur des Manichéens ne soit que l'opinion qu'ils avoient touchant une prétendue nature de mal éternel et égal à Dieu, il me semble qu'il ne dissipe pas les nuages qui me paroissent toujours entre la doctrine de l'indéfectibilité et celle de l'Église, parce qu'il est encore obligé à recourir à ces sortes d'explications par lesquelles l'on pourroit éluder les définitions les plus reçues et les plus authentiques.

« Pour ce qui est de la réduction des commandements de Dieu négatifs en affirmatifs, voici ce qui m'est venu dans l'esprit. L'on ne peut nier que les commandements négatifs ne soient exprimés par des propositions négatives ; mais l'on pourroit dire que la réduction en affirmatives en est toute faite par saint Paul et même par Jésus-Christ, parce que nous trouvons dans l'épître aux Romains, ch. XIII, ces propres mots : « Celui qui aime le prochain accomplit la loi, parce que ces commandements de Dieu : Vous ne commettrez point d'adultère, vous ne tuerez point, vous ne porterez point de faux témoignages, vous ne désirerez rien des biens d'autrui ; et s'il y en a quelques autres semblables, tous ces commandements, dis-je, sont compris en abrégé dans cette parole : Vous aimerez votre prochain comme vous-mêmes. » L'amour que l'on a pour le prochain ne souffre pas qu'on lui fasse aucun mal, et ainsi l'amour est l'accomplissement de la loi.

« L'on pourroit inférer de ce passage de l'apôtre que les commandements négatifs sont réduits en affirmatifs, parce qu'ils se réduisent tous à aimer ou la vie ou les biens ou l'honneur de son prochain ; et ce qui semble prouver clairement cette réduction est que Jésus-Christ lui-même l'a faite dans l'Évangile, où il nous propose d'aimer le prochain comme soi-même, quoique ce commandement ne soit pas expressément contenu dans le Décalogue, et qu'on ne puisse l'y trouver en façon du monde qu'en réduisant les commandements négatifs en affirmatifs d'aimer ou la vie ou les biens ou l'honneur de notre prochain. Cette raison me paroît forte en ce que l'on n'y peut répondre, à mon opinion, qu'en disant qu'il n'est pas nécessaire de trouver dans le Décalogue l'amour du prochain ; ce qui ne se peut dire, ce me semble, vu le rapport que presque tous les commandements négatifs ont à cet amour.

« Je ne trouve pas plus de fondement à ce que l'on pourroit alléguer contre la conversion des commandements négatifs, prise comme je la viens d'expliquer, en disant qu'elle ne seroit pas juste, parce qu'un homme, par exemple, qui n'aimeroit pas son prochain, pourroit ne le pas tuer, et ainsi du reste. Mais cette objection ne me paroît d'aucune considération, parce que l'on n'observe pas les commandements de Dieu, si l'on n'a au moins dans le cœur une disposition habituelle à garder les commandements, ce qui est la même chose que l'amour moins habituel ; et c'est pour cette raison que saint Jean a dit que celui qui n'aime pas demeure dans la mort. Je confesse que je me suis satisfait moi-même sur cet article beaucoup plus que sur le premier.

« Reste à traiter ce qui regarde le concours de Dieu au péché. Voici en peu de mots la difficulté : si le péché ne peut être une pure privation, il faut que ce soit une action positive à laquelle par conséquent Dieu doit concourir, auquel cas il seroit auteur du péché. Il est donc constant qu'à moins de prouver qu'il n'est pas auteur du péché, quoique le péché soit quelque chose de positif, il faut reconnoître la négation, et la négation non réductible en affirmation, pour vraye et pour bien fondée. Cette difficulté me paroît fort grande. Voici les réflexions que j'y ai faites, dont je ne suis nullement convaincu et que je n'insère même ici que pour chercher la vérité, et pour donner lieu aux gens plus savants que moi de la pénétrer. Je n'ai pas cru que la question de l'indéfectibilité des substances eût assez d'utilité pour engager des dissertations qui eussent connexité avec des matières de foi. Je suis persuadé que l'éclaircissement de celle qui concerne les négations seroit d'un tel avantage à celui de toutes les sciences que la philosophie et la théologie scholastiques n'ont que trop embrouillées, que l'on la peut traiter à fond, pourvu que l'on déclare, comme je fais, que l'on la croit frivole, jusques à ce que l'on soit convaincu qu'elle n'engage ni directement ni indirectement à dire que Dieu soit l'auteur du péché. Les raisons que vous allez voir et que je me suis données à moi-même pour essayer à accorder avec la foi l'opinion du positif dans le péché, ne m'ont pas encore persuadé, et il s'en faut même beaucoup que j'en sois ébranlé. Je laisse aux plus habiles le dénouement de ces difficultés qui, par la raison que j'ai rapportée ci-dessus, sont plus dignes, à mon sens, d'application et de curiosité que celle de l'indéfectibilité.

« Je suppose, selon la doctrine de M. Descartes, que la

matière étant de soi toute passive et également indifférente au repos et au mouvement, il est vrai de dire que les corps n'ont aucune faculté de se mouvoir l'un l'autre, et que, lorsqu'il se fait de nouveaux mouvements dans les corps particuliers, c'est par le moyen des mouvements qui sont déjà dans le monde, et dont le total n'augmente ni ne diminue jamais. Je suppose encore ce qui s'ensuit de ce principe, qui est que Dieu est seul et unique moteur, qu'il n'y a point de causes secondes corporelles, et par conséquent qu'il n'y a aucun concours de Dieu dans la production d'aucune chose corporelle, parce qu'il ne se fait rien de nouveau que par le mouvement qui procède de Dieu seul.

« Sur ces fondements, il me semble que l'on pourroit dire que les philosophes ont beaucoup obscurci la doctrine qui regarde le concours, en ce que, tout étant positif dans les corps, ils n'ont pas laissé de reconnoître, après Aristote, des causes secondes corporelles agissant, et un concours de Dieu joint à ces causes prétendues.

« Sur ces mêmes fondements, il me semble que l'on pourroit dire encore que les théologiens scholastiques, trop attachés aux idées de leur philosophie touchant les choses secondes corporelles, n'ont pas moins embarrassé la doctrine qui concerne les choses libres, en ce qu'ils les ont toutes soumises à l'impression de la cause première, de même que les corps lui sont effectivement soumis ; ce que l'on peut présumer ruiner entièrement la notion que l'on doit avoir de la véritable faculté active qui est dans notre volonté, qui consiste à se mouvoir soi-même[1].

[1] Nous appelons l'attention sur ces vues du cardinal qui sont plus profondes qu'elles n'en ont l'air et d'une grande conséquence.

« L'on pourroit inférer que de ces fondements et de ces conséquences il n'y auroit qu'un pas à faire pour expliquer comme l'on pourroit soutenir que Dieu ne seroit pas auteur du péché, bien qu'on avouât qu'il y concourût comme étant une action positive. En voici la raison.

« Il est vrai que l'homme a reçu de Dieu en sa création le pouvoir de vouloir ce qui lui plaît sans incliner plutôt d'un côté que de l'autre ; et, s'il est vrai encore que Dieu, en qualité de créateur, soit engagé de concourir avec lui dans tout ce qui lui plaira, il semble qu'il s'ensuit de l'un et de l'autre qu'il peut y avoir des actions positives qui sont des péchés dans l'homme, parce qu'il s'y porte de lui-même, et qui ne le sont pas en Dieu parce qu'il s'y porte en quelque façon contre sa volonté. Voilà ce qu'on pourroit dire touchant le péché d'Adam et ce qui se pourroit dire par conséquent avec plus de raison à l'égard des nôtres, parce que notre volonté a un engagement au mal qu'elle n'avoit pas avant son péché ; d'où l'on pourroit inférer que Dieu est encore plus engagé comme créateur à concourir au nôtre qu'à celui d'Adam, et qu'il ne seroit pourtant pas auteur du péché, quoiqu'il y concourût, parce qu'il n'y concourroit pas de lui-même, mais purement comme créateur d'une cause qu'il auroit créée libre. Un armurier concourt à l'homicide et il n'en est pas l'auteur.

« Ce raisonnement me paroît assez conforme aux principes que je viens d'alléguer de M. Descartes et qui m'ont paru très-bien établis dans sa physique. Mais comme je suis persuadé qu'il n'appartient point à un particulier de former des opinions nouvelles en théologie sur des conséquences tirées de la philosophie, je ne m'y rends point, et je ne reconnoîtrai rien dans le péché de positif, tant que je n'aurai point des raisons plus claires et plus convaincantes pour me faire voir que Dieu ne seroit pas auteur du péché, quoiqu'il concourût à l'action qui seroit le péché. Car enfin, j'avoue de bonne foi que cette pensée, que la philosophie de Descartes m'a pourtant fournie très-naturellement, me paroît à moi-même un peu trop subtile, pour la pouvoir considérer comme le fondement d'une doctrine aussi contraire à la conscience qu'est celle de la réalité positive du péché.

« Je me réduis : je confesse d'une part que la nécessité dans laquelle l'opinion commune, qui compte en tant d'occasions sur les négations non réductibles, nous jette presque à tout moment d'affirmer pour articles de foi des propositions où le néant se trouve mêlé quelquefois comme attribut, quelquefois comme sujet, quelquefois comme liaison ; je confesse, dis-je, que cette nécessité me feroit souhaiter avec passion que l'on pût affranchir la théologie de cette servitude, qui nous oblige assez souvent à confesser que nous ne concevons pas ce qu'on nous propose à croire..... J'avoue, d'autre part, qu'il est si dangereux de toucher à tout ce que la théologie nous enseigne de l'obscurité de la foi, qu'il est si délicat de prétendre de l'éclaircir par de nouvelles vues, et qu'il est d'ailleurs d'une si pernicieuse conséquence de donner la moindre ouverture à faire Dieu auteur du péché, de quelque manière que l'on l'explique, que je ne me puis rendre à mes propres lumières, et que je ne considère ce que vous venez de voir ici que comme une spéculation, sur laquelle il est permis aux gens de lettres de s'exercer, pourvu qu'ils ne s'y appliquent qu'avec l'esprit et le dessein de soumettre leurs vues à la doctrine reçue universellement dans l'Église, et de travailler à concilier, selon cette règle, autant qu'il leur est possible, la véritable philosophie avec la foi, et c'est ce qui compose la véritable théologie. »

Si dom Robert, en métaphysique, est un disciple de Descartes révolté contre tous les principes de son maître, il n'en est point ainsi en physique. Là, il est un fidèle cartésien. Adversaire déclaré des qualités occultes, il ne reconnaît à la matière d'autres qualités que celles qui tiennent à la qualité fondamentale de l'étendue. Par là est supprimé tout ce qu'on appelle qualités secondes de la matière, odeurs, couleurs, saveurs, etc.... que Descartes réduit à des perceptions de l'âme; ce qui conduit dom Robert à mettre dans l'âme les couleurs, et explique le ridicule des âmes vertes, que rappelle madame de Sévigné [1]. Dom Robert avait aussi adopté le système du monde de Descartes, c'est-à-dire celui de Galilée et de Copernic. Or, on sait quelle terreur avait partout répandue la condamnation de Galilée. On peut dire que cette condamnation est l'événement le plus désastreux qui soit jamais arrivé dans l'histoire des sciences. Il arrêta pendant plus de soixante années toute la marche de la science. On peut voir dans les lettres de Descartes l'impression que produisit sur ce génie si ferme l'aventure du philosophe florentin [2]. Le fantôme de Galilée, obligé, à soixante-dix

---

[1] Lettres 576, 581, 582.

[2] La condamnation de Galilée est du 22 juin 1633. A peine Descartes l'apprend-il au fond de la Hollande, qu'il écrit au père Mersenne, le 10 janvier 1634 : « Vous savez sans doute que Galilée a été repris depuis peu par les

ans, d'abjurer à genoux, en chemise, son plus beau titre de gloire, demeura toujours présent à la pensée de Descartes. Il prit d'abord la résolution de supprimer son livre *Du Monde*, auquel il avait consacré toute sa vie, et dans

inquisiteurs de la foi, et que son opinion, touchant le mouvement de la terre, a été condamnée comme hérétique ; et je vous dirai que toutes les choses que j'expliquois dans mon traité (du monde), entre lesquelles étoit aussi cette opinion du mouvement de la terre, dépendoient tellement les unes des autres, que c'est assez de savoir qu'il y en ait une qui soit fausse pour connoitre que toutes les raisons dont je me servois n'ont point de force ; et quoique je pensasse qu'elles fussent appuyées sur des démonstrations très-certaines et très-évidentes, je ne voudrois toutefois, pour rien au monde, les soutenir contre l'autorité de l'Eglise... » Au même, du 15 mars de la même année : « J'ai voulu entièrement supprimer le traité que j'en avois fait, et perdre presque tout mon travail de quelques années pour rendre une entière obéissance à l'Eglise en ce qu'elle a défendu l'opinion du mouvement de la terre... Je me suis laissé dire que les jésuites avoient aidé à la condamnation de Galilée, et tout le livre du P. Scheiner montre assez qu'ils ne sont pas de ses amis ; mais d'ailleurs les observations qui sont dans ce livre fournissent tant de preuves pour ôter au soleil les mouvements qu'on lui attribue, que je ne saurois croire que le P. Scheiner même en son âme ne croye l'opinion de Copernic, ce qui m'étonne, de telle sorte que je n'en ose écrire mon sentiment. Pour moi, je ne cherche que le repos et la tranquillité d'esprit, qui sont des biens qui ne peuvent être possédés par ceux qui ont de l'animosité ou de l'ambition ; et je ne demeure pas cependant sans rien faire ; mais je ne pense pour maintenant qu'à m'instruire moi-même, et me juge fort peu capable de servir à instruire les autres, principalement ceux qui, ayant déjà acquis quelque crédit par de fausses opinions, auroient peur de le perdre, si la vérité se découvroit. » Au même, du 14 août de la même année : « Le sieur Beecman vint ici samedi au soir, qui me prêta le livre de Galilée, et il l'a emporté ce matin ; en sorte que je ne l'ai eu entre les mains que trente heures. Je n'ai pas laissé de le feuilleter tout entier, et je trouve qu'il philosophe assez bien du mouvement... Il manque plus en ce qu'il suit les opinions déjà reçues qu'en ce qu'il s'en éloigne, excepté, toutefois, en ce qu'il dit du flux et du reflux, que je trouve qu'il tire par les cheveux. Je l'avois aussi expliqué en mon Monde par le mouvement de la terre, mais d'une façon toute différente. Je veux pourtant bien avouer que j'ai rencontré en son livre quelques-unes de mes pensées... Ses raisons, pour prouver le mouvement de la terre, sont fort bonnes, mais il me semble qu'il ne les étale pas comme il faut pour le persuader... Il m'est impossible de répondre déterminément à aucune question de physique, qu'après avoir expliqué tous mes principes, ce que je ne puis faire sans le traité que je me résous de supprimer. » Voyez le tome VI de notre édition de Descartes. Plus tard, en 1644, dans les *Principes*, il en est lequel il devait confirmer et perfectionner les idées de Galilée et prévenir peut-être Huyghens et Newton. Il abandonna ce grand ouvrage, ne l'acheva point, ne le publia jamais et n'en laissa que des fragments qu'on n'osa mettre au jour qu'assez longtemps après sa mort, en 1664, et encore avec des précautions infinies. En effet, l'éditeur rappelle que Descartes ne donne l'opinion du mouvement de la terre que comme une fable qui ne peut pas être nuisible. « M. Descartes savoit, dit-il, que si *quelque part* on défendoit de parler du système de Copernic comme une vérité ou encore comme d'une hypothèse, on ne défendoit pas d'en parler comme d'une fable : mais c'est une fable qui, non plus que les autres apologues, ou profanes, ou sacrés, ne répugne pas aux choses qui sont par effet[1]. » Clerselier donna une seconde et meilleure édition de cet écrit en 1677, et c'est peut-être à l'occasion de cette édition que notre petite société philosophique de Lorraine agita dans l'ombre la redoutable question. Dom Robert

réduit à s'exprimer ainsi : « J'aurai plus de soin que Copernic, de ne point attribuer de mouvement à la terre, et je tâcherai de faire que mes raisons soient plus vrayes que celles de Tycho. Je proposerai l'hypothèse qui me semble la plus simple...; et cependant j'avertis que je ne prétends point qu'elle soit reçue comme entièrement conforme à la vérité, mais seulement comme une supposition qui peut être fausse... » Troisième partie, n° 19. Voyez notre édition, t. III. Gassendi, qui pensait au fond comme Galilée, parle comme Descartes ; et en 1647, dans sa réponse au père Noël, Pascal, par scrupule de méthode et de conscience, n'ose exprimer que le doute : « Quand on discourt humainement du mouvement et de la stabilité de la terre, tous les phénomènes du mouvement et des rétrogradations des planètes s'ensuivent parfaitement des hypothèses de Ptolémée, de Tycho, de Copernic et de beaucoup d'autres qu'on peut faire, de toutes lesquelles une seule peut être véritable. Mais qui *osera* faire un si grand discernement, et qui pourra, *sans danger* d'erreur, soutenir l'une au préjudice des autres ? »

[1] *Le Monde de M. Descartes*, ou le *Traité de la Lumière*. Paris. 1664. in-12. La préface est signée D. R.

prend ouvertement et courageusement parti pour le système de Copernic. Le cardinal se tire d'affaire en traitant le système de Copernic et celui de Tycho-Brahé, comme deux hypothèses qui se valent à peu près l'une l'autre ; il prétend que les partisans de Copernic ne s'appuient après tout que sur des apparences, et que toute la question se réduit à peu près à celle-ci : « Un bâton ayant été coupé avec la scie, décider d'après l'aspect seul des deux morceaux du bâton, si c'est la scie qui a passé sur le bâton, ou si c'est le bâton qui a passé sur la scie. » Enfin, selon lui, on a tort de faire tant de bruit de tout cela ; et avec un peu plus de circonspection, on eût évité les censures de Rome.

Cette opinion peut paraître aujourd'hui faible et pusillanime ; nous sommes obligés de soutenir qu'à l'époque où elle fut exprimée, et sous la plume d'un cardinal, elle était presque courageuse ; et nous doutons même que Retz, tout intrépide qu'il était, eût osé parler à Rome comme il le faisait à Commercy ; car il traite le système de Copernic avec équité, au moins comme une hypothèse, tandis qu'à Rome on interdisait de le présenter même sous cet humble caractère. Il faut sortir du XIXe siècle et se replacer en esprit au plus fort de la persécution du cartésianisme pour bien apprécier ce que nous allons transcrire.

RÉFLEXIONS DU CARDINAL DE RAIS SUR LA QUESTION, SI C'EST LA TERRE QUI TOURNE A L'ENTOUR DU SOLEIL, OU SI C'EST LE SOLEIL QUI TOURNE A L'ENTOUR DE LA TERRE.

« Il est nécessaire, ce me semble, devant que d'entrer dans cette question, d'observer que, lorsqu'on la forme, on ne prétend pas demander si le soleil, la terre et les étoiles changent de rapport à l'égard l'un de l'autre, ce qui est clair; mais que l'on demande seulement, si, lorsque ces changements se font, c'est la terre qui demeure immobile au milieu de la matière qui l'environne, pendant que le soleil traverse ou emporte celle dans laquelle il est contenu; ou si c'est le soleil qui demeure immobile au milieu de la matière qui l'environne, pendant que la terre traverse ou emporte celle qui l'enveloppe.

« Supposé que ce que je viens de dire soit le véritable état de la question, elle me paroît chimérique en ce qu'elle demande l'éclaircissement d'une chose dont il est impossible aux hommes de s'éclaircir. Voici ma raison, qui est si simple que je ne la crois devoir expliquer que par deux comparaisons.

« Si les matelots d'une armée navale qui fût en pleine mer par un si gros temps qu'ils ne vissent ni ciel ni terre, s'avisoient de disputer entre eux si quelqu'un de leurs vaisseaux ne changeroit pas de situation à l'égard des côtes, et lequel ce seroit précisément qui n'en changeroit point, et que ces matelots n'eussent pour règle de leur contestation que le seul aspect de leurs vaisseaux, n'auroit-on pas sujet de leur dire que leur dispute seroit ridicule, parce que, selon ma supposition, ils seroient en même état où sont ceux qui, naviguant en pleine voile dans des courants, s'imaginent qu'ils avancent, quoiqu'ils reculent effectivement?

« Si deux bateaux dont le premier seroit attaché à une muraille, et dont le second couleroit bord à bord du premier sur un canal couvert, où l'on ne verroit que les bords des deux bateaux, si ces deux bateaux, dis-je, étoient vus par des gens du monde qui auroient les meilleurs yeux, comme ces spectateurs pourroient-ils juger, par la seule vue de ces deux bateaux, lequel des deux seroit attaché à la muraille ?

« Voyons-nous plus clair dans la matière qui environne la terre? Voyons-nous plus clair dans la matière qui environne le soleil, que ces matelots ne verroient en pleine mer, selon notre supposition, que ce spectateur ne verroit de ce canal? La matière qui environne le soleil, les étoiles et la terre, ne tombant sous aucun sens, ne nous peut servir de raison pour déterminer la manière dont les corps y sont, ou en repos ou en mouvement. Qui a dit à Copernic que la terre tourne effectivement à l'entour du soleil? Qui a dit à Tycho-Brahé que les planètes tournent à l'entour du soleil et ce total à l'entour de la terre? Qui a dit à Descartes que la terre est emportée dans son tourbillon? Toutes les raisons que les uns et les autres allèguent pour la défense de leurs opinions, n'aboutissent qu'à des hypothèses arbitraires, et il faudroit, pour décider avec fondement de ce qui se passe à l'égard de la matière qui environne la terre, le soleil et les étoiles, il faudroit, dis-je, que toute cette matière tombât sous nos sens, ce qui est impossible, parce que nous n'en avons pas plus de connoissance que de celle qui se passe dans le centre du soleil. Je conclus donc que puisque la connoissance du mouvement du soleil ou de la terre dépend de celle de la nature de la matière qui les environne, qui ne tombe pas sous nos sens, je conclus, dis-je, que cette question est du nombre de celles qui ont fait beaucoup de bruit et qui n'ont pas de fondement.

« L'on pourroit objecter que la matière qui environne la terre, le soleil et les étoiles, est connue, parce que ce n'est autre chose que l'air que nous connoissons par les vents. Mais cette objection me paroît frivole, parce que cet air que nous connoissons n'est que le plus grossier de la matière environnante, et par conséquent ses mouvements si petits et si irréguliers, qui sont les seuls que nous en connoissons, ne peuvent avoir aucun rapport avec l'état du repos ou du mouvement du total de la terre. Quelle lumière les vents, par lesquels seuls nous connoissons l'air, nous peuvent-ils donner pour discerner si la terre ou le soleil fend ou traverse toute la matière qui les environne, comme un poisson fend l'eau, si ils en sont emportés, si ils les emportent, ou si ils y demeurent en repos? Et cependant c'est précisément ce qu'il faudroit connoître pour déterminer la question dont il s'agit.

« L'on pourroit dire en second lieu que mon opinion seroit bien fondée, si les astronomes n'avoient jugé du mouvement du soleil et de celui de la terre que par la connoissance qu'ils auroient prétendu avoir de la matière qui environne ces deux corps, mais que comme ils ont pris pour fondement de leur doctrine les différents rapports que ces deux corps ont l'un envers l'autre, qui ne se prouvent pas seulement par la vraisemblance mais même qui se démontrent, l'on n'a pas sujet de croire que leurs raisonnements n'aient eu au moins des principes raisonnables. A quoi je réponds, que cette objection même est ce qui me fait le plus clairement connoître que les principes des astronomes sont faux, parce qu'elle me marque que ces principes eux-mêmes ne sont que des préjugés uniquement fondés sur ceux que l'on prend dans l'enfance. Je m'explique. Quand les enfants voient un oiseau qui vole au travers d'une cour, ils s'imaginent qu'ils aperçoivent que l'oiseau fend et traverse cet espace, quoique dans la vérité ils n'aperçoivent que le changement de la situation de l'oiseau à leur égard et à l'égard des murailles qui environnent la cour; car qui leur a dit que cet oiseau n'emporte pas une partie de l'espace, au lieu de la traverser? Ainsi font, à mon opinion, les astronomes. Ils voient que le soleil, les étoiles et la terre changent de situation à l'égard l'un de l'autre, et ils en concluent, les uns que le soleil traverse la matière environnante, et les autres que c'est la terre qui la fend.

« Il me semble que le vulgaire a mieux pris son parti. Il n'a jugé que par les apparences qui sont souvent fausses et qui peuvent l'être en cette occasion plus qu'en toute autre, mais qui me paroissent toutefois plus raisonnables que des spéculations qui ne sont fondées que sur des apparences qui n'appartiennent en façon du monde à la question. Le vulgaire a raison de laisser la terre en repos dans sa matière environnante, puisqu'il ne s'aperçoit pas qu'elle se meut. Il a encore raison de juger que le soleil a du mouvement dans la sienne, puisqu'il ne s'aperçoit pas qu'il y soit en repos, et ces apparences sur lesquelles le vulgaire forme son jugement appartiennent directement à la question. Par la raison du contraire, ces astronomes ont tort de dire que la terre se meut et que le soleil est en repos, puisqu'ils ne le disent que sur des apparences qui ne regardent que le changement de situation de ces corps à l'égard l'un de l'autre, et nullement à l'égard de la matière qui les environne, de laquelle il est toutefois uniquement question.

« Sur le tout de quoi s'agit-il pour faire tant de bruit? Quand on voit un bâton qui a été coupé avec la scie, seroit-il aisé de décider, par l'aspect seul des deux morceaux du bâton, si c'est la scie qui a passé sur le bâton, ou si c'est le bâton qui a passé sur la scie? Je demande s'il est plus facile de déterminer, par le seul aspect de changement de situation du soleil et de la terre à leur égard, lequel c'est des deux qui tourne à l'entour de l'autre dans la matière qui l'environne?

« J'infère de ce qui est ci-dessus : 1° que les hypothèses des astronomes ne sont bonnes que sur leur papier, parce que leur papier leur tient lieu d'un espace qui tombe sous leurs sens; 2° que s'ils avoient parlé sur cet article comme je le fais, ils ne se seroient point attiré la censure dont Rome a noté Galilée. »

RÉPONSE DE DOM R. DÉGABETZ AUX RÉFLEXIONS DE M. LE CARDINAL DE RAIS SUR LE MOUVEMENT DU SOLEIL ET DE LA TERRE.

« Pour répondre aux belles et solides réflexions de monseigneur le cardinal sur la question si c'est le soleil qui tourne à l'entour de la terre ou la terre qui tourne à l'entour du soleil, on pourroit raisonner premièrement sur les fondements de saint Thomas et de ceux qui l'ont suivi touchant la nature du lieu et du mouvement. Ils ont premièrement supposé, avec Aristote et avec tous les philosophes et astronomes, que, pour expliquer le mouvement des astres, il falloit demeurer d'accord que les mouvements se faisoient à l'entour du centre du monde; et l'on a cru très-communément, jusqu'à Copernic, que c'étoit la terre qui occupoit le centre du monde, où elle demeuroit immobile, et que les astres tournoient à l'entour. Ils ont encore supposé que le lieu par lequel on déterminoit les mouvements des corps devoit être leur superficie environnante, immobile, et ils n'ont pu dire ce que c'étoit que cette immobilité qu'en la déterminant par rapport aux pôles du monde qu'ils ont appelés les points fixes, ou même par rapport à quelques parties des espaces imaginaires ou à l'immensité de Dieu. Enfin, ils se sont imaginé que, si c'est le soleil qui se meut, il faut nécessairement que la terre demeure en repos, et que, si elle a du repos, le soleil n'en a pas. Cela étant supposé, on a cru qu'on avoit raison de dire que c'est la terre qui est immobile au centre du monde et que c'est le soleil et les étoiles qui tournent à l'entour, parce que toutes les apparences nous portent à former ce jugement.

« Copernic ayant osé dire expressément que c'est le soleil qui est au centre du monde et que la terre tourne à l'entour, on a commencé à examiner la chose avec soin, au lieu qu'avant cela on se contentoit de l'opinion vulgaire qui n'étoit point fondée sur une recherche en acte, et supposant toujours qu'il est nécessaire que les mouvements se fassent à l'entour d'un corps qui soit immobile au centre du monde. Tycho a combattu Copernic et a soutenu que c'est la terre qui est immobile au centre du monde, et qu'il n'y a que ses planètes qui tournent à l'entour du soleil, lequel, avec tout le reste des astres, tourne lui-même à l'entour de la terre. Sur cela, est venu M. Descartes qui a dit que, faute de bien entendre la nature du mouvement local, on parloit en l'air et sans savoir ce qu'on disoit, et qu'il n'y a point de lieu immobile qu'autant qu'on le détermine par la pensée; que quand il y a du mouvement dans les corps, ils se meuvent également à l'égard l'un de l'autre; que pour savoir si quelqu'un des grands corps qui nous paroissent dans le monde traverse ou ne traverse pas la matière qui l'environne, il faut connoître la nature de cette matière, et qu'aucun astronome ne s'étant appliqué à cette recherche, on ne peut parler du mouvement du monde que par supposition, et qu'il est ridicule de déterminer par leurs suppositions comment la chose se passe à l'égard de la matière environnante.

« Cette doctrine de M. Descartes me paroissant solide, je me vois obligé de renoncer au sentiment de ceux qui ont suivi saint Thomas et les astronomes, et je dis que M. Descartes a eu raison de mettre le soleil au centre du monde, la terre et les planètes au centre d'autant de tourbillons, dans lesquels ils sont emportés par la matière qui les environne et qui tourne elle-même à l'entour du soleil qui est au centre du grand tourbillon.

« La raison de M. Descartes n'est pas fondée sur des préjugés de l'enfance comme celle des astronomes, mais sur une connoissance exacte de la matière dont la terre, le soleil et les astres sont environnés. On dira peut-être que tout ce qu'il a écrit sur ce sujet n'est que par forme de pure supposition, comme il le confesse lui-même ; mais on doit savoir qu'il y a deux sortes de suppositions : les unes sont purement arbitraires et l'on n'en peut déduire qu'un petit nombre d'effets, après quoi il en faut faire de nouvelles, et de cette manière on ne dit rien de solide ; les autres suppositions ne portent ce nom que pour marquer l'ordre qu'on a suivi en cherchant, et elles doivent passer pour prouvées et pour démontrées, lorsqu'on en déduit, par des conséquences nécessaires, un très-grand nombre d'effets, et qu'on voit que tous les autres qui en pourroient procéder s'en peuvent déduire de même. C'est ainsi que Thalès ayant fait une supposition que l'interposition du soleil, de la lune et de la terre pourroit bien être la cause des éclipses, cette supposition a servi tant de fois à trouver la vérité qu'on ne la regarde plus comme une supposition, mais comme une vraie cause par laquelle on connoît *a priori* les éclipses même futures. Il en est de même du poids de la colonne d'air, et l'on peut dire que ce que tous les arts ont inventé pour les commodités de la vie n'a été trouvé que par cette voie de supposition.

« Ceux qui ont étudié la physique de M. Descartes ne peuvent douter de ce qu'il a dit des mouvements du tourbillon qui emporte la terre, après avoir considéré que la plus simple des suppositions sert à découvrir et même à prévoir une infinité d'effets. Les mouvements de la matière subtile et les tournoiements qui arrivent nécessairement aux globules du second élément, nous découvrent la formation de la nature de toutes les couleurs. La nature du feu s'explique par le pirouettement des petites parties de la matière des corps combustibles qui nagent dans la très-subtile matière du premier élément. Le flux et le reflux de la mer se démontrent par la pression que cause sur les eaux la matière dont le cours est resserré entre la lune et la terre. La matière cannelée, qui se forme nécessairement en passant entre les globules du second élément, produit par ses mouvements tous les effets qu'on voit dans l'aimant, et ainsi des autres.

« Les méchantes hypothèses (par exemple, celle de Gassendi) ne nous font voir rien de semblable. Après avoir supposé que les espaces imaginaires et le vide qui en fait partie reçoivent tous les mouvements qui se font dans le monde, il suppose que tout est composé d'atomes que Dieu même ne sauroit diviser, quoique chacun ait sa grandeur : il suppose que chaque atome a sa grosseur particulière, et ainsi voilà autant de suppositions qu'il y a d'atomes. Il en fait de même des parties de l'espace imaginaire, vers chacune desquelles chaque atome se porte par inclination plutôt que vers un centre. Et, après tout cet appareil de suppositions, il n'en peut déduire presque aucun effet, et c'est par des détours incompréhensibles qu'il en fait sortir son système du monde, qui est le même que celui de Copernic.

« Il s'ensuit de tout ce discours que l'opinion de M. Descartes touchant le mouvement de la terre et le repos du soleil n'est pas fondée sur des préjugés, comme son Éminence le suppose, ni sur une simple supposition en l'air, mais sur un raisonnement très-solide, puisqu'il est tiré d'une supposition qui est très-bien prouvée par ses conséquences. »

RÉPONSE DU CARDINAL DE RAIS A LA RÉPONSE DE DOM ROBERT.

« Je répondrai aux thomistes après qu'ils m'auront éclairci d'une curiosité que j'ai sur leur opinion, qui est de savoir si leurs points fixes sont d'une autre nature que toutes les autres parties du monde, et si ils ne sont point mobiles aussi bien que tout le reste de la matière.

« Je conviens que la supposition de Descartes le distingue des astronomes ; mais je soutiens toujours que, pour la considérer comme le principe réel et solide qui établit le vrai système du monde, il faudroit qu'elle fût l'unique par laquelle on pût expliquer les effets que Descartes en tire par ses conséquences.

« La supposition de Thalès est de cette espèce, parce que nous ne voyons rien dans la nature par où nous puissions expliquer les éclipses, et tout le monde en convient ; mais tout le monde ne convient pas de la bonté des principes de M. Descartes, et par conséquent sa supposition qui est douteuse, loin d'être démontrée comme celle de Thalès par la prédiction des éclipses, ne peut pas être mise au nombre de ces suppositions qui peuvent et doivent servir de règles dans les sciences. »

Tels sont les fragments inédits et entièrement inconnus que nous révèle le manuscrit d'Épinal. Ils illustrent l'histoire littéraire du XVIIe siècle, en mettant parmi les amateurs de la philosophie cartésienne un des personnages les plus considérables de cette grande époque. Ils font voir aussi que l'unique ouvrage imprimé de dom Desgabets, *Critique de la Critique de la Recherche de la vérité,* appartient à un auteur qui avait fait de la philosophie l'étude de toute sa vie, et qui, par le tour de son esprit et le caractère de ses idées, mérité d'être compté, fort au-dessous de Hobbes et de Gassendi, mais au-dessus de Sorbière et de la Chambre, parmi les précurseurs de Locke et de Condillac.

Voici les faces principales sous lesquelles les divers écrits que nous avons analysés nous montrent la doctrine de dom Robert : 1° apologie du principe attribué à Aristote, qu'il n'y a rien dans l'entendement qui n'y soit entré par la porte des sens; 2° il n'y a point de pensée qui n'enveloppe celle de succession, par conséquent de durée, par conséquent d'étendue et de corps; 3° il n'y a point d'idée qui ne soit représentative de quelque chose, et ne soit qu'un pur objet de la pensée : donc toute idée a un objet réel ; 4° les accidents des substances peuvent leur venir du dehors soit par le mouvement, soit par toute autre cause : ils sont donc passagers ; mais l'être en soi, comme tel, la substance étant simple et indivisible, ne peut être conçue comme pouvant être détruite ; de là le principe de l'indéfectibilité des substances; 5° il n'y a point de qualités secondes de la matière ; toutes ces qualités dites occultes ne sont autre chose que des perceptions de l'âme : théorie cartésienne dont il paraît que dom Robert acceptait, en les exagérant, toutes les conséquences ; 6° toutes les négations sont convertibles en affirmations et ont quelque chose de positif et de réel ; 7° le système de Copernic, tel qu'il est démontré par Galilée et par Descartes, est vrai.

Je me borne à ces propositions, parce qu'elles sortent de la polémique que nous avons fait connaître. Mais il y a dans nos deux in-folio beaucoup d'autres écrits qui font pour la même cause. Dom Ildefonse Catelinot avait excédé sans doute en entreprenant une édition complète de tous les ouvrages philosophiques et théologiques du prieur de Breuil; mais un choix de ces ouvrages fait avec sévérité et discernement pourrait avoir son utilité pour l'histoire.

Je termine par où j'aurais dû commencer, l'indication exacte et sommaire de tous les écrits contenus dans notre manuscrit. Je suivrai la table des matières qui est à la tête de chaque volume en la vérifiant, quelquefois même en la rectifiant.

TOME I. — PHILOSOPHIE.

1. *Épître dédicatoire* de dom Desgabets aux religieux de la congrégation de Saint-Vanne et de Saint-Hydulphe.

2. *Préface générale* sur tous les ouvrages de l'auteur, ou avertissement touchant la réforme que l'on peut faire dans l'empire des lettres. Cette préface est vraisemblablement de dom Catelinot. Il y rend compte de l'ordre dans lequel il se propose de placer les différents écrits de dom Robert. On y trouve aussi quelques renseignements sur sa vie. On voit, par exemple, que l'auteur était à Paris, à l'époque du débordement de la Seine, qui renversa le pont Marie, c'est à dire en 1658, et, qu'à cette occasion il assista aux conférences de M. de Montmort, lesquelles en effet, nous le savons par Clerselier, subsistaient et étaient très-florissantes à cette époque. C'est au milieu de cette préface qu'on trouve le récit des difficultés que souleva l'explication hasardée du mystère de l'eucharistie, l'interrogatoire que dom Robert subit de la part de ses supérieurs, sa prompte soumission, etc.

3. *Préface particulière* de dom Desgabets, en forme de

lettre, où il essaie de donner une harmonie des sciences divines et humaines.

4. *Traité de l'indéfectibilité des créatures.*

5. Viennent ici les pièces dont nous avons rendu compte, la polémique du cardinal de Retz et de dom Robert sur Descartes à l'alambic, sur les défauts de la méthode de Descartes, sur l'indéfectibilité des substances, sur les négations non convertibles, et sur cette question : si c'est la terre qui tourne. Toutes ces pièces sont mêlées ensemble et dans une telle confusion que nous ne sommes pas bien certains d'avoir retrouvé leur ordre véritable.

6. *Les fondements de la philosophie et de la mathématique chrétienne,* contenus dans les lois de la nature et dans les règles de la communication du mouvement, et découverts dans la réfutation du discours du mouvement local, du R. P. Ignace Gaston Pardie, de la compagnie de Jésus.

7. *Supplément à la philosophie de M. Descartes.* Cet ouvrage mériterait d'être imprimé. Il montre en quoi dom Robert s'accorde avec Descartes et sur quoi il s'en éloigne. Il y a de l'ordre, des divisions nombreuses et commodes. Il s'étend de la page 279 à la page 490. Il est daté de Breuil, le 12 mars 1675.

8. *Mécanique pratique.*

9. *Lettre d'un cartésien à un de ses amis* touchant le supplément de la philosophie de M. Descartes. Cette lettre est de dom Desgabets, car l'auteur y reproduit les dogmes chers à notre bénédictin, *l'indéfectibilité des substances,* etc. On n'entrevoit pas à qui elle peut être adressée.

10. *Réponse d'un cartésien à la lettre d'un philosophe de ses amis,* ou plutôt à la lettre précédente, pour la défense

de M. Descartes. Ce titre est faux ; dom Catelinot s'est trompé. Cette lettre n'est point une réponse à la précédente, mais à la lettre célèbre du P. Rapin, intitulée : *Lettre d'un philosophe à un cartésien.* Cette réponse est très-solide et fait honneur à dom Robert ; elle pourrait être imprimée.

11. *Lettres de dom Robert à un de ses amis,* dont on ne fait pas connaître le nom : 1re lettre, du 18 septembre 1676 ; 2° du 17 novembre 1676 ; 3° du 17 juillet 1677 : extraits d'une lettre écrite à un ami touchant des questions de philosophie sur lesquelles on avait fait quelques objections.

12. *Lettre de M. de Maubuisson au R. P. Pardie* sur son discours *Du Mouvement local.*

13. *Lettre à M. Clerselier* touchant les nouveaux raisonnements pour les atomes et le vide, contenus dans le livre du *Discernement du corps et de l'âme.*

14. *Remarques sur les éclaircissements du P. Poisson touchant la mécanique et la musique de M. Descartes,* avec une réponse de ce père, datée de Vendôme et avec une réplique à cette réponse, datée du 19 janvier 1669. Cette petite correspondance serait bonne à extraire pour accroître les renseignements que nous possédons sur le P. Poissson.

15. *Lettre au P. Malebranche* où dom Robert lui expose en gros tous ses principes. C'est une réponse à une lettre que Malebranche lui avait adressée par l'intermédiaire de Clerselier. Point datée.

16. *Les deux lettres de Descartes au Père Mesland,* qui ne sont point dans la collection de Clerselier, que Baillet avait indiquées, et que l'abbé Émery a publiées pour la première fois dans ses *Pensées de Descartes.*

17. *Remarques sur la* logique de Port-Royal.

TOME II. — THÉOLOGIE.

1. *Dissertation si le pain est anéanti dans le saint sacrement de l'autel.*

2. *Explication familière de théologie eucharistique.* Une note avertit que ce traité a pour titre dans une autre copie : *La philosophie eucharistique.*

3. *Examen des réflexions physiques* d'un auteur de la religion prétendue réformée sur la transsubstantiation et sur ce que M. Rohault en a écrit dans ses *Entretiens.*

4. *Réflexions sur le sens naturel des paroles de l'institution du saint sacrement de l'autel.*

5. *Défense d'un écrit composé touchant la manière dont les Pères et les écrivains de l'Église grecque ont expliqué la présence du corps de Notre Seigneur dans l'eucharistie.*

6. *Traité en forme de lettre, touchant la sainte eucharistie.*

7. *Objections proposées contre l'opinion de M. Descartes touchant le saint sacrement,* par le P. Poisson. Ces objections sont exprimées dans une lettre du P. Poisson à dom Robert.

8. *Autre lettre du P. Poisson,* de Vendôme, le 22 décembre 1667.

9. *Explication de l'opinion de M. Descartes touchant l'eucharistie.* C'est une lettre écrite à un religieux, probablement au P. Poisson, malgré la note de dom Catelinot : *Cet écrit a été adressé à M. Clerselier, à Paris.*

10. *Instances que l'on peut faire contre les deux précé-*

dents écrits qui expliquent le mystère de l'eucharistie par la doctrine de M. Descartes. Il paraît que cette réponse est du P. Rapin.

11. *Incompatibilité de la philosophie de M. Descartes avec le mystère de l'eucharistie. — Réponse à cet écrit. — Remarques sur cette réponse* et quelques lettres qui se rapportent à ces remarques. L'une de ces lettres est adressée à Rohaut.

12. *Deux lettres de Clerselier à dom Robert*, de l'année 1672. Dans la seconde Clerselier lui raconte son entrevue avec M. l'archevêque de Paris, au sujet des deux lettres manuscrites de Descartes sur l'eucharistie. Cette lettre est fort importante pour l'histoire de toute cette affaire.

13. *Défense de la sainteté de la doctrine du concile de Trente touchant l'attrition.*

14. *Examen de la* prémotion physique de *saint Thomas, par rapport au système de saint Augustin, touchant la prédestination et la grâce.* En ce traité, dom Robert reproduit la théorie de la convertibilité des négations en réalité et de la réalité du péché.

15. *La transfusion naturelle et nécessaire du péché originel.*

16. *Lettre touchant le mystère de la très-sainte Trinité.*

17. *Union de la foi et de la raison dans le mystère de la très-sainte Trinité.*

18. *Entretien du R. dom Desgabets avec dom Charles de Gondrecourt sur la nature des anges.*

19. *Lettre à monseigneur le cardinal de Retz*, où il se justifie d'avoir des sentiments nouveaux sur le mystère de l'eucharistie. — Autre lettre sur le même sujet à une autre personne.

20. *Lettre de dom Desgabets sur la sainte eucharistie.* Au

commencement de cette lettre dom Robert raconte qu'un père de son ordre vient de lui faire le récit « de tout ce qui s'est passé dans cette célèbre transfusion du sang, qui se fit dernièrement à Paris, » récit qui rappela à plusieurs personnes que cette découverte s'était faite au milieu d'elles lorsque dom Robert « enseignait la philosophie à la jeunesse de Metz, dans la maison d'Arnould, en 1650 ; mais, dit dom Robert, j'ai entièrement abandonné cette opération, qui est tombée en de meilleures mains que les miennes. » Cette lettre est adressée à Clerselier et contient une réponse aux objections que le P. Poisson avait proposées contre l'explication de Descartes.

21. *Lettre de Clerselier au P. Poisson sur l'eucharistie.* C'est une réponse aux deux lettres du P. Poisson que nous avons indiquées précédemment, réponse dans laquelle Clerselier déclare s'appuyer sur dom Desgabets, dont il lui transmet les éclaircissements.

22. *Mémoire sur le prétendu jansénisme.* Ce morceau n'est point de dom Robert.

23. *Extrait du dernier ouvrage de M. Claude contre le livre de la perpétuité de la foi,* de M. Arnaud.

24. *Considération sur la défense de la réformation* composée par M. Claude.

25. *Traité de l'incarnation du Verbe,* par dom Robert.

26. *Discours sur l'état de pure nature,* selon les sentiments de saint Augustin.

27. *Pensées sur la controverse touchant la justification.*

28. *Réfutation de la réponse de M. Claude au livre de la perpétuité de la foi.*

29. *Traité de la religion chrétienne, selon les pensées*

de M. Pascal, par dom Rob. Desgabets. Selon l'auteur, Pascal devait surtout employer des preuves morales qui allaient plus au cœur qu'à l'esprit. Dom Robert entreprend d'arriver au même but par une autre voie, et de démontrer par la raison et par la philosophie la vérité de la religion chrétienne.

30. *L'explication de la grâce selon les principes de M. Descartes.* Cette explication, dit une note, est du trèsrévérend P. dom Hennezon, abbé de Saint-Mihiel. La même note nous apprend que ce traité contient les mêmes sentiments que ceux de M. Habert, sur la manière dont la grâce agit et détermine, c'est-à-dire moralement, quoique efficacement.

31. *Onze prescriptions sur la conception de la Vierge,* écrit attribué à M. de Launoy.

ROBERVAL PHILOSOPHE.

On sait que Lahire avait fait présent à l'Académie des sciences des papiers que lui avait légués Roberval, et parmi lesquels se trouvaient les lettres de Descartes à Mersenne. Celles-ci ont disparu; mais tous les autres papiers sont encore aux archives de l'Académie. Je les ai examinés avec attention, et cet examen m'a démontré que, indépendamment des écrits mathématiques de l'illustre géomètre, dont je n'entends pas me mêler, ils ne contiennent rien de précieux, excepté un morceau inédit et inachevé qui nous représente Roberval occupé d'études philosophiques, et y transportant ce besoin de définitions sévères, d'idées nettes et bien déterminées, ce goût de clarté et de précision que déjà l'immortel auteur du *Discours de la Méthode* et celui de l'*Art de persuader* avaient emprunté aux mathématiques. Et, chose étrange! l'adversaire obstiné et injuste de Descartes en est ici le disciple, au moins dans les propositions essentielles de ce curieux fragment.

Avant de le mettre sous les yeux du lecteur, disons un mot de quelques autres pièces au milieu desquelles nous l'avons rencontré.

I. Il y a d'abord deux lettres qui se rapportent à la

querelle assez envenimée de Roberval et de Descartes sur divers points de mathématiques. Baillet et Montucla exposent tout au long cette querelle, où la vanité et l'artifice de Roberval échouent contre la droiture et la superbe de Descartes. Une lettre de Jacqueline Pascal, adressée à sa sœur, M{ᵐᵉ} Périer, nous raconte une visite de Descartes à Pascal, à laquelle assistait Roberval, et où, dit Jacqueline, Roberval et Descartes « se chantèrent goguette un peu plus fort que jeu[1]. » Sorbière (*Sorberiana*, p. 212) et Baillet nous apprennent que Roberval était d'une politesse très-médiocre et d'une humeur bizarre. Cette humeur et cette impolitesse éclatent sans contrainte dans ces deux lettres confidentielles et inédites, adressées à un ami qu'il tutoie, et où il relève les prétendues erreurs de Descartes sur un ton qui rappelle un peu trop celui des savants du XVI{ᵉ} siècle. L'une est intitulée : *Défauts de quelques règles du sieur Descartes, et que sa distinction des racines en réelles et imaginaires est impertinente et ridicule*. Commencement : « Cher ami, puisque tu m'as assuré que le sujet de ma précédente ne t'avoit pas été (dés) agréable, que tu ne te pouvois imaginer aucune chose qui pût excuser les erreurs du sieur Descartes que j'y ai remarquées, et que tu ne serois pas marri que je te fisse voir l'impertinence de sa distinction des racines en réelles et imaginaires, il ne sera pas hors de propos, etc. » Fin : « On ne les peut pas nommer avec raison ni réelles ni imaginaires, puisqu'elles ne peuvent être l'objet ni de

---

[1] *Jacqueline Pascal*, p. 93; *Des Pensées de Pascal*, 2{ᵉ} édition, p. 418. Baillet, *Vie de Descartes*, 2{ᵉ} partie, p. 330, parle aussi de cette entrevue, d'après une lettre de Descartes à Mersenne, du 4 avril 1648.

notre entendement ni de notre imagination. » 8 pages in-folio. Seconde lettre : *Erreurs du sieur Descartes touchant le nombre des racines en chaque équation.* Commencement : « Cher ami, veux-tu que je te fasse voir un échantillon des faussetés et des erreurs que je t'ai dit avoir remarquées en la géométrie de ce nouveau méthodique qui se vante, etc. » Fin : « Si cet entretien t'est agréable, je te puis assurer qu'il ne finira de longtemps, et que j'ai une ample matière à contribuer à ces passe temps. Adieu ; je suis, cher ami, etc. » 10 pages in-folio.

II. Malgré cette promesse, il n'y a pas d'autre lettre de Roberval, du moins aux archives de l'Institut, qui soit adressée à ce correspondant anonyme, fictif ou réel. Il est à remarquer que Roberval se joint aux adversaires de Descartes pour le traiter de méthodique, c'est-à-dire de sceptique, méconnaissant ainsi et travestissant le caractère fondamental de la philosophie cartésienne[1]. Cette expression, *le méthodique,* se retrouve dans une autre pièce de 4 pages in-folio, intitulée : *Qu'il est faux que les équations qui ne montent que jusqu'au quarré* (mot effacé ou peu lisible) *soient toutes comprises en celles dont* le méthodique *s'est servi en la résolution prétendue du lieu* ad quatuor lineas. Commencement : « Monsieur, encore que vous soyez ami de M. Descartes, je crois que vous le serez assez de la vérité pour confesser que ce qu'il a dit de la composition des lieux solides est imparfait et défectueux, puisque vous avouez que celui dont vous désirez une solution ne la peut recevoir que par le moyen des équations dont il fait men-

---

[1] Voyez plus haut, p. 123.

tion en la résolution qu'il prétend donner du lieu des anciens mathématiciens *ad quatuor lineas.* »

III. La lettre précédente ne paraît pas terminée, et elle n'est point adressée à Mersenne; car celui-ci est toujours appelé par Roberval, comme par tous ses correspondants : *mon révérend père*, ainsi qu'on le voit dans une autre lettre qui se trouve aux archives de l'Institut, datée de Paris, 26 février 1646, et qui est certainement de Roberval à Mersenne, sur un point de la géométrie de Descartes : « Mon révérend père, je pourrois être accusé, avec raison, de parler trop légèrement, si je n'avois eu la démonstration de mon dire, lorsque je vous ai assuré que cette thèse n'étoit pas véritable qui soutenoit que, par un point assigné en un cône, on ne peut mener qu'une seule parabole. » Fin : « De ces égalités de différences ou de somme s'ensuit immédiatement la proposition universelle. Je suis, etc. »

IV. Je dois encore signaler un morceau de quatre pages in-folio, écrit de la main même de Roberval, et daté du mercredi, 14 août 1669, sur ce qui constitue la pesanteur d'un corps.

V. Roberval, qui avait toute sa vie professé les mathématiques, avait employé ses dernières années à rédiger ses cours sous le nom d'*Éléments de géométrie*. Nous n'avons point à nous occuper de cet ouvrage, qui n'a jamais été publié et dont le manuscrit subsiste. Après la mort de Roberval, en 1675, Lahire, dépositaire de ses papiers et de ses dernières volontés, revit le travail de son ami, et y mit une préface où il nous apprend quel avait été le dessein de Roberval dans la composition de ces éléments.

Cette préface de Lahire, ainsi que l'avant-propos, écrit tout entier de la main de Roberval, sont vraiment deux pièces intéressantes et qui ne sont point étrangères à la philosophie. Le but de Roberval avait été de ramener la géométrie au plus petit nombre possible de principes ou de définitions, de donner des démonstrations de tout ce qui peut être démontré, même des propositions qu'on a coutume de considérer comme indémontrables. Leibnitz aussi s'est plaint souvent qu'on n'ait pas été assez loin dans l'analyse des principes, et il n'a cessé d'appeler l'attention des géomètres philosophes sur la nécessité de laisser le moins d'hypothèses possibles dans les fondements des sciences mathématiques. Roberval, avant Leibnitz, eut la même pensée et se proposa de donner à ses Éléments de géométrie un caractère particulier de rigueur et d'évidence philosophique. Il s'attacha plus à la solidité qu'à l'élégance, et travaillait surtout pour les esprits difficiles.

« M. de Roberval, dit Lahire, ayant fait profession, dès sa jeunesse, d'enseigner les mathématiques en public et en particulier, et ayant continué ces exercices pendant plusieurs années et jusqu'au temps d'une vieillesse fort avancée, l'on peut dire que jamais homme n'a eu plus de moyens de connoître et la différence des génies qui s'appliquent à cette science, et quelles sont les méthodes les plus universelles et les plus assurées dont on peut se servir avec succès. C'est à ce propos qu'il nous a dit que, parmi cette infinité de différents esprits qu'il avoit enseignés, il en avoit remarqué particulièrement de deux sortes qui lui avoient donné beaucoup de peine ; dont la première étoit de ceux qui admettent les propositions avec trop de facilité, et qui, sans beaucoup s'arrêter à examiner si les démonstrations qu'on leur en fait sont légitimes en toutes leurs parties, passent outre, et prétendent par ce moyen de s'avancer; l'autre, au contraire, étoit de certains esprits pointilleux et opiniâtres, qui s'arrêtent partout et trouvent des difficultés sur l'explication des théorèmes que l'on démontre, et même sur celle des premiers principes qui ne se démontrent pas ; et qu'ensuite, après une observation de plusieurs années, faite avec beaucoup d'application sur le succès de ces deux espèces d'esprits, il disoit que les premiers réussissoient rarement dans l'étude de la mathématique, la plupart s'en dégoûtant aisément avant que d'arriver à la méditation des connoissances plus élevées, et que ceux mêmes qui continuoient de s'y appliquer devenoient le plus souvent chimériques et visionnaires dans leurs inventions, faisant à touts coups des paralogismes dans leurs raisonnements, et ne pouvant discerner la fausseté de ceux qu'ils trouvoient dans les ouvrages des auteurs. Il ajoutoit que la plus grande partie de ceux qui ont prétendu avoir trouvé la quadrature du cercle, le mouvement perpétuel et la résolution des autres problèmes de cette nature, étoient des esprits de cette première espèce. Il mettoit, au contraire, dans la seconde la plusparts de ces grands génies qui ont produit de si belles choses dans les mathématiques, parce, disoit-il, que cette humeur, qui paroît dans les commencements trop scrupuleuse et importune, venant à se meurir avec le temps et avec le jugement, se change pour l'ordinaire en ce soin circonspect et cette application studieuse qu'il faut avoir pour bien examiner les raisonnements, pour bien connoître la nécessité de la conclusion dans les prémisses, et pour ne se point laisser éblouir au brillant de l'apparence spécieuse d'un paralogisme. C'est donc pour cette sorte d'esprits qu'il a prétendu composer cet ouvrage, dans lequel il a tasché de s'expliquer d'une manière à ne laisser aucun doute, à aplanir tout ce qui peut faire naître des scrupules dans l'esprit de ceux qui commencent, à fuir les expressions qui, pouvant avoir divers sens, deviennent obscures ou équivoques, à faire le moins de suppositions qu'il luy a été possible, et à démontrer universellement tout ce qui peut être démontré, posant pour un principe inébranlable en mathématiques que rien n'y doit passer pour vrai qui ne soit démontré, s'il le peut être. »

L'auteur de la préface rappelle le jugement que Roberval avait coutume de porter sur l'ouvrage d'Euclide, sur le véritable objet de ce livre et sur le sens du mot *éléments* dans l'école platonicienne, à laquelle Euclide appartenait; puis, il ajoute : « On se récriera peut-être sur cette application que l'on pourroit appeler superstitieuse, par laquelle il a voulu démontrer mille choses que les autres ont facilement admises pour principes; car, à dire le vrai, le premier livre de ses éléments ne contient que des propositions de cette nature. A quoi nous n'avons rien à répondre après avoir dit ci-devant que M. de Roberval avoit eu dessein, non pas de persuader seulement les esprits dociles, mais de convaincre même les plus opiniâtres, et, qu'à cet effet, il n'avoit pas voulu se départir de cette belle maxime d'Aristote qui dit : « Qu'il est éga-
« lement impertinent d'exiger des démonstrations dans les

« raisonnements de l'orateur, et de se rendre aux raisons
« possibles et vraisemblables du mathématicien. »

L'avant-propos de Roberval porte en effet ce caractère de rigueur un peu superstitieuse signalé par Lahire. Cet avant-propos étant fort court, nous le donnons ici pour faire mieux connaître le dessein et la manière de Roberval.

AVANT-PROPOS SUR LES MATHÉMATIQUES.

« On entreprend de faire un traité général des mathématiques. Et pour ce que l'objet de cette science est tiré de plusieurs genres, sçavoir de la quantité, par l'étendue, par les nombres, etc. ; de la qualité, par les puissances, ou forces mouvantes et mobiles, par la lumière, les couleurs, etc. ; et de la relation, par l'égalité et l'inégalité, par les raisons et proportions, etc. ; sans préjudice d'autres genres : pour cette raison, le traité sera réparti en plusieurs livres et chacun livre en plusieurs parcelles, où l'on fera voir les genres différents d'où seront tirées les matières différentes de l'objet, suivant l'ordre qu'elles seront traitées. Quant au sujet de cette science, on n'en reconnoît point d'autre que l'esprit humain assisté de ses trois principales puissances, l'entendement, l'imagination et la mémoire, qui forment ce sens intérieur qu'on appelle le sens commun. Car, pour les sens extérieurs, ils ne décideront rien ; seulement, ils donneront l'occasion au sens intérieur de se représenter des objets différents, sur lesquels il fera ses fonctions, et lui seul décidera partout où il y aura lieu de décider. Mais on ne considèrera aucune autre science, si elle ne sert aux mathématiques, ou si les mathématiques ne peuvent servir à elle-même.

« Pour entrer, en quelque sorte, en matière dès cet avant-propos, on dira ici quelque chose de la définition mathématique en général, et des règles pour la méthode de cette science, dont quelques-unes sont particularisées.

« Par une définition mathématique, on entend l'explication de quelque nom, pour distinguer entre plusieurs choses celle à laquelle il est attribué, à la volonté de celui qui l'a imposé; ce nom pouvant être changé, et n'ayant aucune connexion nécessaire avec la chose même.

PREMIÈRE RÈGLE.

« Tout mot reçu et confirmé par l'usage pour signifier une chose, s'il n'est équivoque, c'est-à-dire s'il ne signifie deux ou plusieurs choses différentes, sera reçu sans autre explication ou définition. Rien n'empêchera pourtant que, si quelque mot est trop vague et étendu, on n'en donne quelque explication par forme de définition, pour resserrer sa signification au sujet qu'on traite : comme les mots d'égal, d'inégal, de tout, de partie, de portion, dont la signification est trop vague, ainsi que de quelques autres.

DEUXIÈME RÈGLE.

« Mais, si un mot est équivoque, alors ou on expliquera le sens dans lequel on le voudra employer, ou on le rebutera entièrement, et on se servira d'un autre, s'il se trouve tel qu'il le faut; ou enfin on en introduira un nouveau, dont on donnera la signification.

TROIZIÈME RÈGLE.

« Pour ce que c'est ici le commencement du traité, lequel commencement est vulgairement appelé les premiers éléments des mathématiques, et que l'on suppose avoir à enseigner à un esprit qui ne fait que commencer en ces sciences, où il y aura plusieurs noms encore inconnus pour signifier des choses qui sont aussi encore inconnues, on commencera par les définitions de ces noms, introduisant en même temps dans l'esprit la connoissance des choses auxquelles on les impose; ensuite, on examinera la nature, les propriétés et les accidents de ces choses, pour en tirer des vérités, soit par la clairté et l'évidence de la vérité même, que l'esprit verra clairement et distinctement sans avoir besoin de preuve, soit par une preuve infaillible, qui s'appelle démonstration, après laquelle il ne reste aucun doute à l'esprit. On fera pourtant plusieurs parties, tant des définitions que des choses définies, les entremêlant, suivant le besoin, pour éviter la confusion.

QUATRIÈME RÈGLE.

« On ne recevra aucune preuve ou démonstration, si elle n'est fondée sur des vérités connues dès auparavant la preuve ou démonstration qu'on veut faire. Cette règle demeurera inviolable, et où elle manquerait il n'y auroit rien de prouvé. Il n'importe que les vérités connues, qui servent de fondement à une démonstration, soient de celles que leur évidence a fait recevoir sans preuve, ne pouvant être démontrées par d'autres, ou qu'elles soient de celles qui auront été démontrées : car, après la démonstration, elles ont la même force sur l'esprit que celles qui ont servi de fondement à leur démonstration.

CINQUIÈME RÈGLE.

« Tout ce qui peut être démontré doit être démontré, quelque clairté ou évidence qu'il paroisse avoir de soi-même, y aiant d'autres vérités évidentes qui lui auront été préférées, et en vertu desquelles il peut être démontré. Ceci est fondé sur ce que, pouvant être démontré, il ne peut passer pour principe, puisque les principes ne doivent dépendre ni des autres principes ni d'ailleurs, mais chacun doit être fondé sur soi-même seulement. Il en arrive cette perfection à une science, qu'elle en est plus simple, étant fondée sur le moindre nombre de principes évidents et sans preuve qu'il se peut. En général, toute vérité mathématique qui n'est point principe doit être démontrée ; autrement, elle n'est point recevable, étant comme une pièce vague détachée de son tout, et qui interromproit l'unité de la science, laquelle unité doit être maintenue tant qu'il se pourra. »

VI. Cet avant-propos des Éléments de géométrie nous conduit à un autre fragment de Roberval qui intéresse plus directement la philosophie, et qui fait le sujet spécial de cet article. Il surprend moins quand on a vu quel prix Roberval attachait à la rigueur des démonstrations, aux définitions précises, et en général à la méthode dans la recherche ou dans l'exposition de la vérité. Ce fragment est incontestablement de Roberval, car il y a des corrections interlinéaires et marginales où sa main est manifeste. Il se compose de douze pages in-folio, et il a pour titre : *Des principes du debvoir et des connoissances humaines.*

Roberval avait commencé sa carrière par être professeur de philosophie au collége de *Maître Gervais*, avant d'être professeur de mathématiques au collége royal de France. Goujet, dans son Mémoire historique et littéraire sur ce collége, dit que Roberval était habile en mathématiques, *de même que dans la philosophie.* « On prétend, ajoute-t-il, qu'il étoit mauvais métaphysicien, et on l'a accusé d'avoir été fort inconstant dans les matières qui concernent la religion. » Cette assertion de Goujet repose sur un passage de Baillet (*Vie de Descartes*, 2ᵉ partie, p. 381), où celui-ci nous apprend, d'après une relation de M. Périer, que Pascal, qui d'abord avait été intimement lié avec Roberval, et qui même avait fait un peu cause commune avec lui contre Descartes, s'en détacha peu à peu, après avoir reconnu, dès l'année 1649, « combien il étoit médiocre métaphysicien sur la nature des choses spirituelles, et combien il étoit important qu'il se tût toute sa vie sur les opinions des libertins et des déistes. » Cela veut dire, ce semble, que Roberval n'avait pas suivi Pascal dans sa conversion, et qu'il était demeuré assez libre penseur en philosophie, comme son collègue au collége de France et son ami particulier, Gassendi.

Le fragment philosophique que nous allons publier ne dément point cette conjecture. C'est une sorte de petit traité de logique très-générale pour servir de guide dans la recherche de la vérité, et qui semble avoir été composé par Roberval pour son usage particulier, plutôt que pour le public. Comme nous l'avons déjà dit, il est tout pénétré des habitudes et de l'esprit de la géométrie ; la méthode des définitions y domine. L'ouvrage avec lequel il offre le plus d'analogie est peut-être le Ve livre de la Métaphysique, où Aristote, avant de s'engager dans les matières difficiles qu'il se propose de traiter, commence par définir la plupart des termes qu'il devra employer. Reid, à la fin du xviiie siècle, procède de la même manière dans l'ouvrage qui représente ses leçons de philosophie [1]. De même, ici, on rencontre surtout des définitions de mots; ce sont comme des règles provisoires de logique et de morale, que Roberval se trace à lui-même, au nom du simple bon sens, pour la direction de son esprit et la conduite de sa vie. N'oublions pas que c'est là précisément le caractère du Discours de la méthode. Depuis ce Discours, la recherche d'une méthode est le premier besoin de la philosophie. Ceux qui, en 1637, avaient déjà un parti pris, par exemple Gassendi, n'éprouvent pas ce besoin, et continuent de philosopher comme ils l'avaient fait jusqu'alors; tous les autres, au lieu de se précipiter dans aucun système, cherchent d'abord la bonne route et assurent leur marche. C'en est fait des hypothèses aventureuses, où s'élançaient de toutes parts les ardents et téméraires penseurs de l'âge précédent. Tant d'essais infructueux ont enseigné à l'esprit humain la prudence. Plus on se sépare de toute autorité en philosophie, plus il importe d'armer la raison naturelle de règles sévères. La première de toutes ces règles est de ne pas prendre l'apparence de la vérité pour la vérité elle-même, et de bien déterminer le criterium de toute vraie connaissance. Ce criterium, selon Descartes, est une évidence invincible. Roberval accepte ce principe fondamental de la méthode cartésienne; il va

---

[1] Voyez Œuvres de Reid, trad. de M. Jouffroi, t. III, *Essai Ier*, chap. 1er.

plus loin, et appliquant cette règle à la pensée même et à la plus générale de toutes les pensées, à savoir celle de notre propre existence, il admet la fameuse proposition : *Je pense, donc je suis,* qu'il présente sous son expression la plus étendue : *Quiconque pense être, est ; et tout ce qu'on pense, il est vrai qu'on le pense.* Voilà bien le fondement de toute certitude, le principe contre lequel se brise l'effort du scepticisme. N'est-il pas admirable que celui qui réfute ainsi le scepticisme à l'aide de Descartes, le traite de sceptique, de méthodique? Il paraît que Roberval se conduit avec Descartes en philosophie, comme il l'avait fait en physique avec Toricelli [1].

Il y a encore, dans l'écrit de Roberval, d'autres principes cartésiens ; mais il y a aussi des restes de l'ancienne philosophie : par exemple, on y rencontre les formes substantielles. Mais le lecteur jugera aisément des rapports que les règles et les définitions ici posées soutiennent avec les définitions et les règles données par Descartes et par Aristote, par Bacon et par Newton, par Pascal et par Reid. Nous nous bornons à transcrire fidèlement ce fragment philosophique, écrit vers le milieu du XVIIe siècle, dans un style sans éclat mais non sans vigueur.

LES PRINCIPES DU DEBVOIR ET DES COGNOISSANCES HUMAINES.

SUPPOSITIONS.

« Je suppose qu'il y a quelques-uns qui peuvent m'entendre, et, si je me sers de quelques mots ou façons de

---

[1] Voyez Montucla, *Hist. des Mathématiques*, t II.

parler contre leur usage ordinaire, je demande ou qu'ils les prennent dans le sens que je leur donne ou qu'ils en mettent d'autres en leur place de mesme signification. Je suppose aussy qu'ils m'accordent que nous sommes quelques fois en une telle si parfaite disposition, qu'alors quelques-unes des actions que nous croyons faire, comme parler, marcher, ouvrir les yeux, nous les faisons véritablement; et si, en ceste disposition, ouvrant les yeux, il nous paroist quelque chose, et les refermant ou destournant ailleurs elle ne nous paroist plus, ou si, estendant la main, nous croïons sentir quelque chose, et la retirant nous ne la croyons plus sentir, que ceste chose, quelle qu'elle soit, est véritablement.

PRINCIPES.

« 1. Quiconque pense estre est, et tout ce qu'on pense, il est vrai qu'on le pense.

« 2. Il y a des propositions si certaines et évidentes d'elles-mêmes à l'entendement que, pourveu qu'on y pense seulement, ou qu'on entende le langage et les termes dont quelqu'un se sert pour les exprimer, on ne peut douter de leur vérité; mais elles sont receues d'abord sans supposer aucune autre cognoissance, et sans qu'on puisse rien penser qui leur soit contraire, comme le tout est plus grand que sa moitié, si à choses esgales on adjoute choses esgales, les touts sont égaux. J'appelle ces propositions principes de cognoissances ou vérités premières, et leurs contraires, comme la moitié est esgale au tout, faussetés premières.

« 3. Il y a des propositions qui d'abord ne paroissent ny fausses ny vrayes, comme il y a quatre éléments, un triangle a ses trois angles esgaux à deux angles droits; mais, lorsqu'on fait voir qu'elles sont comprises sous des vérités premières, et tellement conjointes et annexes avec elles qu'elles ne peuvent estre vrayes les unes sans les autres, elles sont tenues pour certaines; que si on monstre qu'elles soient annexes à des faussetés premières, elles sont tenues pour fausses; que si on ne monstre aucune de ces connexités, elles demeurent ou doibvent demeurer toujours douteuses. Partant, puisqu'une proposition pourroit estre vraye sans estre connue pour vraye, ou fausse sans être connue pour fausse, il est clair qu'il y a de la différence d'estre vray ou faux et d'estre connu pour vray ou pour faux.

« 4. La connexité d'une proposition avec d'autres est monstrée en ceste sorte: quand le soleil luit, il est jour; le soleil luit, donc il est jour; ou en celle-cy: tout ce qui est animé est vivant, vous estes animé, donc vous estes vivant; ou en d'autres aussy claires, car en chascun de ces exemples la troisième proposition est tellement conjointe avec les deux premières, que l'entendement voit clairement qu'elles ne peuvent être vrayes qu'elle ne le soit aussy. J'appelle ceste façon de démonstrer la connexité d'une proposition douteuse avec des certaines preuve intelligible ou démonstration.

« 5. On ne peut pas prouver une proposition ny donner à cognoistre une chose par une autant ou plus inconnue; et il n'y a que ce qui est inconnu qui a besoin de preuve. Partant, les vérités premières ne se prouvent point.

« 6. J'appelle prouver sensiblement une chose lorsqu'on la fait tomber immédiatement sous les sens, comme, si quelqu'un doutoit qu'il fist jour estant dans un lieu obscur, la preuve sensible seroit de le mener à la veue du soleil et de la clarté du jour.

« 7. J'appelle croire une proposition la tenir pour vraye et certaine, soit qu'elle le soit ou non. J'appelle science la croyance qu'on a des vérités premières et de ce qui est prouvé par elles. Mais lorsqu'on croit une proposition qui n'est pas vérité première ny prouvée par les vérités premières, j'appelle ceste croyance opinion, soit qu'elle soit comprise sous les vérités premières ou non. J'appelle effect tout changement qui arrive en une chose ou la production d'une nouvelle chose. J'appelle cause d'un effect ce qui produit cet effect, ou ce pourquoy il est produit et sans lequel il ne se feroit pas. Cause agissante ou efficiente est ce qui produit l'effect, mais ce pourquoy il est produit est sa cause finale, comme un architecte est la cause agissante d'une maison, mais la cause finale est pour y demeurer. Il y a encore quelques autres sortes de causes. J'appelle plaisir tout sentiment agréable que nous recevons, soit en nos sens, comme celui qui procède du goust d'une douce saveur, soit en nostre esprit et imagination comme celuy que nous recevons d'estre louez, d'avoir acquis quelque perfection nouvelle : mais les sentimens désagréables qui se font en nos sens ou nostre esprit, je les appelle douleurs ou desplaisirs.

« 8. Les plaisirs et les douleurs que nous ressentons, nous les ressentons véritablement, quelles qu'en puissent estre les causes. Les choses et les actions qui nous causent du plaisir soyent appelées nos biens en tant qu'elles nous causent du plaisir, et celles qui nous causent de la douleur soyent appelées nos maux. A cause du sentiment que nous avons des plaisirs et des douleurs ou pour quelque autre cause que ce soit, nous formons des propositions que nous faisons la règle de nos actions, comme : de deux maux dont l'un ou l'autre est nécessaire, il faut éviter le plus grand, il faut préférer l'honneur à la vie. J'appelle ces propositions morales.

« 9. Il y a de ces propositions qui sont reçeues d'abord et sans qu'on en puisse douter, comme : il faut faire ce qui est le mieux. Je les appelle propositions morales premières, ou principes du debvoir.

« 10. Une action est prouvée debvoir estre faite, lorsqu'on monstre qu'elle est conforme à des véritez morales premières ou à des prouvées par elles.

« 11. Ceux qui parlent ensemble doibvent estre d'accord ou s'accorder de la signification des mots dont ils se servent, sinon s'en rapporter au plus grand nombre et plus apparent de ceux qui ont un mesme langage qu'eux.

« 12. Il faut donner mesme nom aux choses semblables en tant qu'elles sont semblables, et des divers aux diverses en tant qu'elles sont diverses, ou, si les noms sont donnez autrement, il n'en faut point confondre les significations. Proposition sensible est celle qui peut estre jugée vraye ou fausse par le moyen des sens; exemples : il est des estoiles, le sucre est doux. Proposition intelligible est celle qu'on peut juger vraye ou fausse par la seule pensée et raisonnement, sans qu'il soit besoin de se servir des sens pour en avoir la certitude, mais seulement pour en comprendre ou entendre la signification, comme : les choses esgales à une autre sont esgales entre elles, le tout est plus grand que sa partie, en un triangle le plus grand angle est soustenu du plus grand costé. Possible intelligible, c'est ce dont le contraire n'est pas une vérité première intelligible, ou compris sous des véritez premières intelligibles, comme si ces propositions : Il ne peut estre qu'un soleil, on ne peut tirer une ligne droite d'un point à un autre ; ne sont pas véritez premières intelligibles ny comprises sous elles, on dira qu'il est possible intelligiblement qu'il soit deux soleils et de tirer une ligne droite d'un point à un autre.

« 13. Tout possible intelligible ne se réduit pas en effect.

« 14. Le monde est un possible intelligible réduit en acte.

« J'appelle nature ce que le monde est comme il est, et que les choses qui le composent sont disposées comme elles sont, et agissent et reçoivent les effects les unes des autres comme elles font. »

« 15. Mesme cause naturelle ou semblable ou semblablement disposée, en un suject mesme ou semblable et semblablement disposé, produit semblable effect ; et la nature n'est point contraire à elle-mesme. »

Bacon a peint avec plus d'éclat, il n'a jamais rendu avec plus d'exactitude la constance des lois de la nature.

Newton a dit à peu près dans les mêmes termes : « Nec
« a naturæ analogia recedendum, quum ea simplex esse
« soleat et sibi semper consona. » *Regulæ philosophandi,*
« reg. 3. »

« Possible naturel, c'est ce qui est suivant les causes naturelles et ce qui arrive d'ordinaire en la nature ; comme il est possible naturellement qu'il pleuve, qu'il se fasse un tremblement de terre; et une chose sera appelée possible naturellement quand une semblable a esté faite [1].

« 16. Tout possible intelligible n'est pas possible naturel ; mais tout possible naturel est possible intelligible.

« 17. Tout possible naturel ne se réduit pas en effect.

« 18. Les effects ne sont pas premiers que leurs causes agissantes, et tout effect a une ou plusieurs causes.

« 19. Il y a une ou plusieurs causes premières de chasque effect, et il ne peut pas y avoir en mesme temps une infinité de causes d'un mesme effect qui dépendent les unes des autres. La terre se dessèche parce que l'eau s'eslève, elle s'eslève parce qu'elle devient plus légère, elle devient plus légère parce qu'elle se dilate, et elle se dilate parce qu'elle est eschauffée ; mais il ne se peut pas qu'il n'y ait une ou plusieurs premières causes de tous ces effects.

« 20. Les causes ne font leurs effects que sur ce qui est capable de les recevoir et suivant qu'il est disposé.

« 21. Les causes naturelles posées, l'effect se fait naturellement au suject disposé.

« 22. Il y a une suite de causes agissantes et d'effects de la nature, suivant laquelle les choses naturellement possibles se réduisent en effect, comme le soleil fait eslever l'eau en vapeurs, les vapeurs, condensées et épuisées, retombent en pluye, la pluye fait croistre les herbes, et il en est de mesme des causes finales naturelles ou artificielles, comme les marteaux se font pour tailler des pierres, on taille les pierres pour bastir des maisons, on bastit les maisons pour y demeurer.

[1] Il y a à la marge : « Il faut parler de l'impossible. »

« J'appelle possible selon l'ordre de la nature ce qui doit arriver suivant cette suite de causes.

« 23. Il y a différence d'estre contre la nature et contre l'ordinaire de la nature [1].

« 24. Il y a différence d'estre possible selon la nature et d'estre possible selon l'ordre de la nature et la suite des causes; comme il est possible, de la simple possibilité naturelle, qu'un dé qui tombe se tourne sur quelle que ce soit de ses faces; mais, suivant la suite des causes, il y en a une déterminée. Il est possible qu'il pleuve demain ou non, de la simple possibilité naturelle : mais, selon l'ordre de la nature, il est déterminé s'il pleuvra ou non, parce que les causes de la pluye ou du beau temps sont déjà posées. »

Le paragraphe suivant, où il est question de l'horreur du vide, prouve que cet écrit de Roberval est antérieur aux expériences de Pascal, c'est-à-dire à l'année 1647.

« 25. Il y a des causes naturelles qui s'empeschent les unes les autres ; mais les effets se font suivant la plus forte et la plus importante, comme l'eau ne monte point parce qu'elle est plus pesante que l'air ; mais, estant attirée dans une pompe, elle monte ou par la crainte du vuide ou par l'attraction, ou en général par quelque autre cause plus forte que sa pesanteur. L'air eschauffé se dilate ; mais, s'il est retenu et pressé dans quelque vaisseau, il demeure au mesme estat. »

Voici des principes dont la portée est plus grande qu'il

---

[1] Note à la marge : « Il faut définir le *contre nature* et *contre l'ordinaire de la nature* »

ne paraît d'abord, et, qui arment le philosophe contre le danger des abstractions réalisées :

« Il y a de certaines choses que j'appelle des substances, comme une pomme, un arbre, une montagne, la mer, l'eau, la terre, le ciel, une teste, un bras, une maison, un jardin.

« J'appelle qualité des substances, la couleur, la figure, la pesanteur, la beauté, la chaleur, lesquelles qualités sont dans les substances et ne peuvent subsister naturellement sans quelque substance. La blancheur est une qualité de la neige ; la chaleur est une qualité du feu ; mais la neige et le feu sont des substances. »

On reconnaît le philosophe qui n'avait pas entièrement secoué le joug du péripatétisme dans cette détermination scolastique de la matière et de la forme des substances :

« 26. Il y a quelque chose dans les substances naturelles qui est comme le fondement de leurs qualités et qui ne se perd point, quoyque les qualités se perdent et qu'une substance devienne une autre, comme la terre se convertit en bled, le bled en pain, le pain en sang, le sang en chair. Or ceste chose qui reçoit successivement les qualités du bled, du pain, du sang et de la chair sans se perdre, en sorte qu'il ne se fait de pain que suivant qu'il y a de bled, ou de sang que suivant qu'il y a de pain, je l'appelle la matière des substances.

« Ce par quoy les substances naturelles ont les qualités qu'elles ont et les conservent et sont comme elles sont plustost que d'une autre sorte, je l'appelle l'âme, la forme. La nature particulière de ces substances, comme l'âme d'un homme, c'est ce par quoy il a la grandeur, la raison, la vie et les autres qualités qu'il a. La forme de l'or, c'est ce par quoy la matière de l'or a les qualités de l'or et les conserve.

« 27. La pluspart des qualités naturelles ne sont autre chose que la disposition de la matière à faire ou recevoir de certains effets, laquelle disposition provient des formes qui diversifient la matière; et la matière ainsi disposée et revestue est appelée substance naturelle.

« 28. Il y a des qualités naturelles sensibles qui ne nous paroissent que suivant le rapport qu'elles ont à nous et à nos sens. Que si nos sens changeoient de disposition, elles nous paroistroient autrement, comme le vin semble amer en une disposition et de bonne saveur en une austre; une mesme chose, sans changer, paroist chaude à ceux qui ont froid, et froide à ceux qui ont chaud. La raison est que tout sentiment est un effect qui se fait en la chose sentie ou en celle qui sent, mais les effets ne se font que suivant le rapport et proportion des choses qui font les effets et de celles qui les reçoivent; et partant quelques qualités sensibles ne nous paroissent que suivant le rapport qu'elles ont à nous et à nos sens, et selon que nous sommes disposés.

« 29. Mesme chose ou action n'est pas mesme bien ou mal aux personnes diversement disposées, et ce qui est bien à un peut estre mal à un autre.

« 30. Le plus ou le moins d'une qualité nous fait parfois tenir des qualités pour différentes, quoique ce ne soit que la mesme; mais pour quelque considération nous nous servons de noms divers pour l'exprimer, comme la petitesse et la grandeur, la pesanteur et la légèreté, le chaud et le froid. La raison est que, comme nous participons à ces qualités, elles ne nous paroissent pas telles qu'elles sont absolument et en elles-mesmes, mais seulement par comparaison. Ainsy nous appellons sans saveur l'eau qui est moins salée que nostre langue, froide celle qui est moins chaude que nostre main, quoyque réellement l'une soit salée et l'autre chaude; de mesme l'air est dit léger au respect de l'eau, parce que l'eau tend en bas avec plus de violence et chasse l'air en haut; mais, si on mettait de l'air au-dessus d'un corps plus subtil, il descendrait.

« 34. Il faut donc donner le nom aux qualités suivant que la pluspart de nous et les mieux tempérés les sentent.

« Qualité essentielle d'une substance, c'est celle sans laquelle elle n'auroit pas le nom de substance, comme la vie est une qualité essentielle à un animal, car il ne seroit pas dit animal s'il n'avoit point de vie.

« Accident ou qualité accidentelle, c'est une qualité qui peut estre ou n'estre pas une substance, sans changer son nom de substance qu'elle a pour d'autres qualités, comme la blancheur est une qualité accidentelle à un homme, car on ne l'appelle pas homme à cause qu'il est blanc.

« Propre ou propriété est une qualité qui, ne faisant point donner le nom, se trouve en une chose particulièrement et non ès autres; comme la faculté de rire et de parler est une propriété de l'homme, parce qu'aucune autre chose ne rit et ne parle que l'homme.

« Quelque chose que ce soit n'est autre chose qu'elle mesme; mais quelquefois une mesme chose a divers noms de substance à cause de diverses qualités qui sont en elle, comme on dit d'un aigle que c'est une substance, un corps, un animal, un oyseau, un aigle.

« Les qualités font quelquefois donner un nom de substance, et quelquefois un nom adjectif, comme la vie fait donner le nom d'animal, et la beauté le nom de beau.

« 32. On ne peut pas dire une chose estre une autre chose, et ceste autre une autre à l'infiny, comme si on appelle un homme un animal, un animal un corps, un corps une substance ; enfin on viendra à un dernier nom.

« Si plusieurs choses sont semblables en une ou plusieurs qualités, et qu'elles en ayent un nom commun de substance, et différentes en d'autres, et qu'elles en ayent des noms divers, je les appelle, dans leurs noms divers, sortes ou espèces de ce qu'elles sont en leur nom commun ; car un homme et un cheval sont sortes ou espèces d'animal, une rose et un lis sont espèces de fleur.

« S'il y a des qualités qui ayent un nom commun, soit parce qu'elles tombent sous un mesme sens ou pour quelque autre cause, elles seront dites sortes ou espèces de la qualité dont elles ont le nom commun, comme la blancheur et la rougeur sont sortes de couleur, l'aigre et l'amer de saveur.

« Les choses qui n'ont rien de commun avec d'autres hors l'estre, je les appelle incommunicables.

« 33. Une qualité est naturelle à une chose lorsque, rien de dehors n'agissant sur elle, elle la conserve ou la reprend lorsque la contraire est esloignée ou ostée ; mais si, par l'esloignement de la cause, la qualité se perd, elle n'est pas naturelle.

« 34. Nos sens ne discernent pas beaucoup de petites

différences des choses entre elles, comme la vue ne peut discerner si l'aiguille d'une montre tourne ou non, si une ligne est exactement droite. »

L'auteur des *Regulæ philosophandi* n'eût désavoué, ni pour le fond ni pour la forme, les règles qui suivent :

« 35. Si, une chose estant posée, il s'ensuit un effet, et ne l'estant point l'effet ne se fait pas toute autre chose estant posée, ou qu'estant ostée l'effet cesse, et toute autre chose ostée l'effet ne cesse point, ceste chose-là est nécessaire à cet effet et en est la cause.

« Signes d'une chose sont ses causes et effects, ses qualités, ce qui la précède, suit et accompagne d'ordinaire.

« Une chose n'est pas absolument certaine et infaillible si, estant posée une possible diverse, on pouvoit avoir semblables signes et apparences de l'une que de l'autre.

« Les propositions qui asseurent une qualité sensible, comme je sens du chault, je vois une grande lumière, je vois une couleur rouge, sont certaines à ceux qui, par leurs sens bien disposés, recognoissent ces qualités; car d'autant que tous les sentiments sont des effects et que tout effect a sa cause, il faut que les qualités qui nous paroissent soient en soy et absolument telles que nous les sentons, ou du moins qu'elles soient telles à nostre esgard.

« Les propositions qui asseurent une substance sont tenues pour certaines par ceux qui, ayant les sens bien disposés et non empeschés par aucune chose externe ou interne, recognoissent immédiatement et précisément tous les signes de cette substance par toute sorte d'observations; comme la proposition : voilà du feu, est tenue pour certaine par ceux qui recognoissent immédiatement la couleur, la lumière, la chaleur et les autres signes du feu qui tous ensemble ne peuvent convenir à une autre substance.

« Lorsque, les sens estant bien disposés et non empeschés, il ne paroist aucun signe d'une substance naturelle sensible, la proposition qui nie la présence de cette substance ou de ses signes au lieu où elle debvroit paroistre, est tenue pour certaine; comme, si sur une table bien unie et polie on n'aperçoit aucune chose, la proposition qui asseure qu'il n'y a point de livre ou autre chose esgalement sensible, est tenue pour certaine; parce que les causes posées, l'effect se fait au sujet disposé. J'appelle toutes ces propositions, dont la cognoissance dépend immédiatement des sens, vérités premières sensibles, car il n'y a rien de plus certain dans les cognoissances qui dépendent des sens.

« Quoiqu'il y ait plusieurs signes d'une chose, s'il y en a un seul qui n'y puisse convenir, ou si un qui debvroit paroistre ne paroist pas, ce n'est pas ceste chose, comme encore que le salpestre ait beaucoup de signes d'estre de l'eau glacée, on jugera que ce n'en est pas, quand on le verra brûler, parce que c'est un signe qui ne peut convenir à l'eau glacée.

« Les propositions sensibles générales, comme l'eau éteint le feu, tout animal est vivant, dépendent des particulières et singulières, et ne sont cognues vrayes que par elles, et sont fausses lorsque une particulière y est contraire.

« Les propositions générales qui asseurent des effects et qualités essentielles sont aussy certaines que les particulières immédiates, comme la proposition générale : tout animal est vivant, est aussi certaine que la particulière : cest animal que je vois est vivant, car d'autant que le nom d'animal est donné à cause de la vie, en sorte que rien ne peut estre dit animal s'il n'est vivant, il faut de nécessité que tout animal soit vivant, autrement il ne seroit pas dit animal.

« Il ne faut point disputer contre ceux qui nient les vérités premières parce qu'elles ne peuvent estre prouvées, d'autant que nous n'avons pas toujours le temps, l'occasion et les moyens d'examiner et cognoistre toutes les qualités essentielles et circonstances des choses, et que semblables effects et qualités conviennent à choses diverses, comme la blancheur à la neige, au sel, au sucre, la lumière au soleil, au feu, et que nous ne sommes jamais absolument et infailliblement certains que nos sens soient bien disposés, outre que quelques causes secrettes changent quelquesfois les apparences ordinaires des choses, et qu'en dormant ou estant en quelque mauvaise disposition d'esprit il nous paroist des choses comme si nous estions esveillés et bien disposés, quoyqu'elles soient fausses, et néanmoins nous sommes seulement obligés de faire des actions et les régler par des propositions qui ne sont pas absolument certaines, comme, en voyant la seule couleur et figure d'une pomme, on ne laisse pas de la vouloir manger; en ce cas, je dis d'une proposition qu'il la faut croire et qu'elle est vraysemblable, lorsque, n'estant pas infaillible, elle a plus d'apparence et de signes que sa contraire.

« Il y a de ces propositions, dont la vérité est si souvent recognue, et dont le contraire a si peu de possibilité, qu'elles sont tenues comme certaines ; comme si, roulant ensemble 100,000 dés bien faits, on asseuroit qu'ils ne se trouveront pas tous, au premier coup, sur la face marquée de l'unité, la proposition seroit comme certaine, quoyqu'elle ne le fust pas absolument. Toutes les fois qu'il nous semble estre esveillés et bien disposés, s'il ne nous a jamais paru ny ne paroist rien au contraire, il le faut croire.

« Quand nous avons des apparences diverses et qui ne peuvent estre vrayes ensemble, il faut croire les plus fortes et les plus claires apparences et qui ont plus de conformité entre elles-mêmes et avec les précédentes tenues pour certaines.

« Lorsqu'il y a plus de signes d'une chose que d'une autre, il faut conclure pour la pluralité des signes, s'ils sont également considérables.

« Il faut croire qu'une chose arrivera plustost qu'une autre lorsqu'elle a plus de possibilités actuelles ou qu'une semblable est arrivée plus souvent, comme en roulant trois dés il faut croire et est vraysemblable qu'on fera plustost dix que quatre, parce que dix se peut faire en plus de sortes que quatre.

« Les propositions générales sensibles qui asseurent des effets et qualités non essentielles, si elles sont fondées sur une ou plusieurs vérités premières sensibles, sont certaines en mesme ou semblable suject et semblables circonstances par la proposition 15, comme, si on a observé qu'une pierre laschée en l'air tomboit, la proposition générale : toute pierre semblable laschée en l'air de mesme façon tombera, est certaine à ceux qui ont fait l'observation ; mais, lorsqu'on n'est pas asseuré si les circonstances ou les choses sont semblables, la proposition sera vraysemblable, s'il ne paroist point de changement considérable ny dans la chose ni dans les circonstances ; comme, si l'on a veu de l'eau éteindre du feu, il est vray semblable que toute eau éteindra tout feu dans la quantité suffisante, jusqu'à ce qu'il paroisse du contraire par une vérité première sensible ; mais lorsqu'il y a des expériences contraires, il faut distinguer la proposition générale, comme l'eau éteint le feu ordinaire, mais non pas le feu d'artifice ; quelque miel est poison, quelque miel est bon à manger.

« Il est vraysemblable que les causes qui auront du rapport entre elles feront des effets ou semblables ou qui auront du rapport entre eux, s'il ne paroist du contraire ; comme, si les rayons du soleil se rompent entrant dans l'eau, ceux d'une chandelle s'y rompront aussy vraysemblablement ; et s'ils se rompent entrant dans du verre, il est vraysemblable qu'ils se rompront entrant dans du cristal, ou semblablement, ou plus ou moins, si par expérience on ne voit le contraire.

« Lorsque quelque chose paroist estre la cause de quelque effect par la proposition 35, et qu'elle est recognue suffisante, il la faut tenir pour la vraye cause jusques à ce qu'on en descouvre une nouvelle à qui les conditions de cause conviennent mieux.

« Lorsqu'on ne peut dire la cause d'une chose naturelle, sinon parce qu'elle est ainsy de sa nature, elle sera tenue pour cause première naturelle jusques à ce qu'on descouvre une de qui elle dépende, comme, si on ne peut dire la cause qui fait que l'air eschauffé se dilate, on tiendra pour cause première naturelle que l'air se dilate par la chaleur. J'appelle ces propositions, qui asseurent des causes cognues et (des) effects naturels qui n'ont point de causes cognues et qui sont causes d'autres effects, principes naturels, comme : il n'est point de matière sans qualités, la veue se fait par lignes droites, l'angle de réflexion des rayons est esgal à celui de leur incidence, l'aymant attire le fer, le mouvement eschauffe. »

Ce principe : l'angle de réflexion des rayons est égal à celui de leur incidence, est un principe découvert, ou démontré ou développé par Descartes, que Roberval se garde bien de citer.

Ce qui suit prouve que, pour Roberval comme pour Pascal[1], le système de Galilée n'était pas plus démontré que celui de Ptolémée, et n'était qu'une hypothèse comme une autre.

« Système ou constitution d'une cause, c'est la façon dont on suppose qu'elle est faite, pour expliquer ces signes et apparences et en rendre raison ; comme lorsque, pour rendre raison des mouvements et apparences célestes, les uns supposent que la terre est immobile et que le soleil et les estoiles tournent à l'entour, et les autres que le soleil est immobile et les estoiles fixes aussy, et que la terre et les planètes tournent à l'entour du soleil : ce sont des systèmes différents que les uns et les autres sup-

---

[1] *Réponse au P. Noël*, OEuvres de Pascal, par Bossut, t. IV, p. 86. Voyez plus haut, p. 209.

posent pour expliquer les apparences et mouvements des corps célestes, soit que le ciel soit ainsy constitué précisément ou non.

« Un système est plus croyable qu'un autre lorsqu'on rend raison de toutes les apparences ou de plus d'apparences plus exactement, plus facilement, plus clairement et avec plus de rapport aux autres choses naturelles.

« Un système ne doibt point avoir de prescription contre un autre, et il faut toujours recevoir le plus croyable.

« J'appelle prouver par supposition de faux lorsque, pour prouver une proposition, on pose pour vraye la contraire, quoique fausse et impossible, pour monstrer qu'elle est comprise sous des faussetés premières, et, partant, que la proposition à prouver est fausse.

« J'appelle prouver par supposition d'expérience lorsque, ne pouvant faire cognoistre immédiatement les vérités premières sensibles qui servent à prouver la question, on les suppose en monstrant les façons et les moyens de les cognoistre; comme si, pour prouver que les couleurs ne sont pas en elles-mêmes telles qu'elles paroissent, on prenoit pour principe sensible que le jaune paroist vert à une lumière bleue, et, ne le pouvant prouver réellement, on enseignoit qu'il faut allumer du souffre ou de l'eau-de-vie en un lieu obscur, et opposer à cette lumière du jaune.

« Lorsque plusieurs personnes, sans avoir communiqué ensemble d'une chose, l'asseurent séparément, de mesme façon et avec les mesmes circonstances notables sans se contredire, il faut croire à peu près cette proposition comme si elle estoit vérité première sensible ; car, comme il y a une infinité de pensées esgallement possibles, il est très-difficile, et comme impossible, que deux hommes ayent la mesme pensée en toutes ses circonstances notables, s'ils n'ont eu un mesme object, quoy qu'il ne soit pas absolument impossible.

« Lorsqu'un seul asseure quelque chose avec plusieurs notables circonstances sans se contredire, et que ses paroles ont bien de la suite et de la conformité entre elles et avec les vérités cognues, si on ne cognoist aucune cause pour laquelle il doibt dire ceste chose si elle n'estoit et s'il ne la croyoit, la proposition sera vraysemblable. ».

CORRESPONDANCE

DE

MALEBRANCHE ET DE MAIRAN.

Depuis que les lettres du P. André nous ont appris d'une manière certaine [1] que Malebranche avait été en correspondance avec plus de cinq cent cinquante personnes, dont la plupart sont expressément désignées, il vient d'être découvert un fragment de cette vaste correspondance, dont l'existence n'avait pas même été soupçonnée : à savoir, quatre lettres de Mairan, de l'Académie des sciences, à Malebranche, avec les réponses de celui-ci.

Cette correspondance a dû se trouver dans les papiers de Mairan, car les lettres seules de Malebranche sont les originaux envoyés et reçus; celles de Mairan sont ses brouillons, ses minutes, avec des ratures et des corrections nombreuses. Il ne peut pas y avoir le moindre doute sur la parfaite authenticité de ces pièces, où l'écriture de

---

[1] Voyez p. XLV de l'Introduction aux *OEuvres philosophiques du Père André.*

Malebranche et celle de Mairan ne peuvent être méconnues.

Acquises récemment à la vente de la bibliothèque de feu M. Millon, professeur de philosophie ancienne à la faculté des lettres de Paris, elles viennent d'être publiées [1], avec un écrit également inédit, mais beaucoup moins important, de Malebranche. Cet écrit est intitulé : *Méditations métaphysiques, où l'on tâche de commencer par les premiers principes des sciences et de ne rien admettre qui ne soit évident et démontré.* Il forme un cahier qui paraît bien de la main de Malebranche. D'ailleurs, le fonds des idées est celui de la *Recherche de la vérité*, des *Méditations chrétiennes* et des *Entretiens métaphysiques.* Le style seul du grand écrivain n'y est pas; nul développement, nul détail; c'est une première ébauche assez médiocre.

Ce cahier est daté du 24 janvier 1689, et commence ainsi : « Je me trouve à présent dans un âge où il me semble que je n'en dois pas attendre un plus avancé pour m'appliquer sérieusement à la recherche de la vérité dans les sciences qui conviennent à l'état où j'ai sujet de croire que Dieu m'a appelé. Je vais donc commencer par les premières et les plus simples de nos connoissances et je tâcherai d'avancer ensuite par ordre. » Cette date de 1689 supposerait que ce premier cahier a été écrit près de quinze ans après la *Recherche de la vérité*, dont le premier volume est de 1674, bien après les *Conversations*

---

[1] Chez Delloye, sous ce titre : *Méditations métaphysiques, et Correspondance de N. Malebranche avec D. de Mairan, publiées pour la première fois.*

chrétiennes, qui sont de 1676 ou 1677, bien après les *Méditations chrétiennes* qui suivirent les *Conversations*, et même deux ans après les *Entretiens*, qui sont de 1687. Un écrit de Malebranche, daté de 1689, devrait porter l'empreinte de cet admirable talent arrivé à toute sa perfection; car il avait alors cinquante et un ans. Or ce cahier est, au contraire, assez faible, et tout y est fort au-dessous des ouvrages que nous venons de citer, et qui auraient dû le précéder. Enfin on ne conçoit pas comment, après avoir fait la *Recherche de la vérité* et ses plus grands ouvrages, les *Méditations* et les *Entretiens*, Malebranche, le 24 janvier 1689, s'avertirait lui-même qu'il est dans un âge où il n'en doit pas attendre un plus avancé pour s'appliquer sérieusement à la recherche de la vérité. Nous le répétons : cette date de 1689 est tellement embarrassante à la tête d'une ébauche de la *Recherche de la vérité*, des *Méditations* ou des *Entretiens*, que nous serions presque tentés de lire 1669, ce qui permettrait de voir ici le premier essai du plus grand disciple de Descartes. Mais nous prévenons qu'on ne peut lire 1669 que contre l'évidence matérielle, et nous attachons fort peu de prix à cette conjecture, et même à cet écrit, qui n'ajoute absolument rien à ceux de Malebranche, et ne fournit aucun fait, aucun renseignement dont puisse s'enrichir la littérature philosophique.

Cet ouvrage sans importance est suivi d'un autre qui en a moins encore et qui porte aussi le titre de *Méditations métaphysiques*. L'éditeur donne ce cahier comme *aussi incontestablement authentique que le premier*. Il n'en est rien, et nul doute n'est permis. Ces méditations sont de l'abbé de Lanion[1]; elles ont été imprimées plusieurs fois sous le pseudonyme de Guillaume Wander, d'abord à Cologne, en 1678, puis par Bayle, en 1684, dans le *Recueil de quelques pièces curieuses concernant la philosophie de M. Descartes*. Nous n'avons donc point à nous occuper de cet écrit, qui, comme on le voit, est bien loin d'être inédit et d'appartenir à Malebranche.

La pièce capitale est ici la correspondance de Malebranche et de Mairan. Mais l'éditeur, M. Feuillet de Conches, bien connu par ses riches collections d'autographes et sa curieuse érudition en toute autre matière, moins familier avec les questions subtiles et épineuses sur lesquelles roulent ces huit lettres, faute d'avoir parfaitement saisi la pensée de Mairan et de Malebranche, n'a pas toujours bien lu ce qui était sous ses yeux; car ce n'est pas seulement l'œil, c'est l'esprit aussi qui doit lire. Ayant eu l'avantage d'avoir quelques heures à notre disposition les originaux, nous avons pu en faire une copie fidèle, que nous suivrons dans cet article et sur laquelle nous relèverons d'abord quelques-unes des leçons les plus défectueuses qui déparent cette première édition, dans le pur intérêt de la vérité et dans celui d'une édition nouvelle.

P. 132, à la fin, dans le post-scriptum : « Je souhaiterais bien aussi de savoir si c'est le livre de l'action de Dieu sur la création qui vous donne le dernier. » Cette phrase n'a pas de sens; *le dernier* est une conjecture de l'éditeur : dans le texte le mot est effacé et illisible.

P. 155 : « Pour moi, je cherche en vain comment la

---

[1] Voyez plus bas la *Correspondance de Malebranche et de Leibnitz*.

représentation que contient cette idée ne seroit pas infinie, et qu'est-ce qui constitueroit son infinité sans cela ? Une idée est un être représentatif.... » Voilà le vrai texte. L'éditeur donne : « et qu'est-ce qui constitueroit son infinité ? Sans cela, une idée est un être représentatif.... »

P. 174, le texte : « Mon esprit ne sent point immédiatement son propre corps. » L'éditeur : « Mon esprit ne sent point immédiatement, à son propre. » Cela nous est inintelligible.

P. 164, dans un passage où il s'agit de la substance et des modes, le texte dit : « Une étendue qui ne diffère de celle de la pomme et que je ne distingue d'avec elle que modalement. » L'éditeur : « moralement. »

P. 166, le vrai texte : « Votre étendue intelligible n'est qu'une idée en Dieu, idée sans idéat. » Idéat, de *ideatum* de Spinoza, c'est-à-dire objet réel de l'idée. L'éditeur : « idée sans idéal. »

Il y a bien des fautes de ce genre; mais ce qu'il y a de plus grave, c'est l'omission des notes marginales de Mairan et de plusieurs paragraphes qu'il importe de rétablir.

Sans nous arrêter plus longtemps à ces détails, passons à la correspondance elle-même, qui est du plus grand intérêt pour l'histoire de la philosophie.

Grandjean de Fouchy nous apprend que Mairan, né à Béziers, en 1678, et élevé à Toulouse, avait connu Malebranche pendant le séjour de quatre années qu'il avait fait à Paris dans sa première jeunesse, en 1698, tout occupé de physique et de mathématiques. A ce qu'il paraît par la première lettre de notre correspondance, Malebranche, qui était un excellent géomètre, membre de l'Académie des sciences et grand partisan du calcul différentiel, ainsi que son ami le marquis de L'hôpital, avait pris la peine d'expliquer à Mairan la nouvelle analyse. Puis, en 1702, le jeune mathématicien était retourné dans son pays, où il continua de s'appliquer à ses études favorites, et où il écrivit ses dissertations *sur les variations du baromètre, sur la glace et sur les phosphores*, qui remportèrent les prix à l'Académie de Bordeaux, et qui, imprimées en 1715, lui ouvrirent, en 1718, les portes de l'Académie des sciences. En 1713 et 1714 il est à Béziers, assez mal dans ses affaires, et commensal de l'évêque de cette ville [1] : c'est de là qu'il écrit à Malebranche.

Il lui écrit pour le consulter sur le système de Spinoza.

Mairan, comme tous les esprits distingués de son temps, avait étudié la philosophie dans Descartes, et sans aucun danger pour la foi qu'il devait à son éducation religieuse. Sa philosophie et sa religion vivaient donc paisiblement ensemble, quand il tomba par hasard, sur les ouvrages de Spinoza, et particulièrement sur l'Éthique. Nous qui connaissons aujourd'hui le lien qui rattache Spinoza à Descartes [2], nous ne sommes pas surpris de l'effet que cette lecture produisit sur l'esprit du jeune cartésien. Mairan fut très-frappé de la netteté, de la précision, de toute la manière de Spinoza, et il est puissamment attiré vers un système si bien lié dans toutes ses parties, et qui

---

[1] *Mémoires de l'Académie des sciences*, éloge historique de Mairan, année 1771, p. 90.

[2] Voyez plus bas l'article intitulé : *Rapports du Cartésianisme et du Spinozisme*.

se recommande à lui par l'appareil des formes géométriques. Cependant les tristes conséquences du nouveau système l'effraient : il éprouve un grand trouble intérieur, et il s'adresse à Malebranche pour le faire cesser. Il lui demande de lui indiquer, soit dans les principes, soit dans les déductions de Spinoza, le vice de raisonnement, le paralogisme auquel doit tenir tout le reste. Dans un système aussi bien lié, qui consiste en un certain nombre de définitions, puis de propositions déduites de ces définitions par voie de démonstration, l'erreur doit être facile à saisir.

Malebranche était alors très-vieux, car ces lettres sont de 1713 et 1714 ; et Malebranche, né en 1638, est mort en 1715, un an après la fin de cette correspondance. Mairan est jeune encore ; il est plein de respect pour l'illustre oratorien, mais encore plus pour la vérité, et il montre à la fois une politesse accomplie et une fermeté vraiment philosophique.

Voici la première lettre de Mairan, qui nous fait connaître l'état de son esprit à cette époque :

« *Au R. P. Malebranche.* — Ce 17 septembre 1713.

« Mon révérend père,

« Ce jeune homme qui faisoit ses exercices dans l'Académie de Longpray, et que M. Romainval, votre parent, menoit quelquefois chez vous, à qui vous aviez la bonté d'expliquer le livre de M. de Lhôpital [1], et de

---

[1] *Analyse des infiniment petits.* La bibliothèque du Roi, fonds de l'Oratoire, n° 217, possède un exemplaire de cet écrit enrichi de notes manuscrites de Malebranche. Voyez *Fragments philosophiques*, 3ᵉ édition, t. II, p. 173.

donner plusieurs autres instructions de mathématiques et de physique, est celui-là même aujourd'hui qui a l'honneur de vous adresser cette lettre. Des matières plus importantes et qui vous tiennent certainement plus au cœur vont en faire le sujet, et c'est sur ce pied-là qu'il se flatte que vous voudrez bien encore lui accorder vos leçons. Voici, mon révérend père, de quoi il s'agit.

« Ayant passé, il y a un ou deux ans, des mathématiques et de la physique à l'étude de la religion, vos ouvrages, Descartes, Pascal et Labadie furent mes principaux conducteurs, et achevèrent bientôt de me persuader ce qu'une bonne éducation et la lecture de l'Écriture sainte m'avoient fait aimer. J'ai joui de cette douce persuasion, sans qu'elle ait été troublée ni par les arguments des incrédules ni par le ris moqueur des gens du monde, jusqu'à ce que les œuvres de S.[1], et surtout son *Éthique* ou sa philosophie me tombèrent entre les mains. Le caractère de cet auteur, si différent de tout ce que j'avois vu jusqu'alors, la forme abstraite, concise et géométrique de son ouvrage, la rigidité de ses raisonnements, me parurent dignes d'attention. Je le lus donc attentivement, et il me frappa. Je l'ai relu depuis, je l'ai médité dans la solitude et dans ce que vous appelez le silence des passions ; mais plus je le lis, plus je le trouve solide et plein de bon sens. En un mot, je ne sais par où rompre la chaîne de ses démonstrations. Cependant le trouble que produit en moi ce bouleversement de mes premières et de mes plus chères idées m'a fait résoudre quelquefois à l'abandonner. J'ai voulu l'oublier ; mais, quand on est vivement touché

[1] *Sic.*

du désir de connoître la vérité, peut-on oublier ce qui a paru évident? D'un côté, je ne puis envisager sans compassion pour l'humanité et sans tristesse les conséquences qui suivent de ses principes; de l'autre, je ne puis résister à ses démonstrations. C'est, mon révérend père, pour sortir d'un état si fâcheux que j'ai l'honneur de vous écrire. Développez-moi, de grâce, les paralogismes de cet auteur, ou, ce qui suffit, marquez-moi le premier pas qui l'a conduit au précipice, s'il est vrai, comme je veux le croire, qu'il y soit tombé, et marquez-le-moi, je vous prie, succinctement et à la manière des géomètres. C'est la méthode qu'il a adoptée et la moins propre à couvrir l'erreur. Attaquons-le dans son fort et avec ses propres armes. J'ai vu les prétendues réfutations qu'on en a données; elles ne font que blanchir contre lui. On ne l'entend point, et il est clair qu'on ne s'est pas donné la peine de l'entendre, ou qu'on ne l'a pu, faute d'y avoir apporté assez de précision, d'équité et de sang-froid. On y confond, pour l'ordinaire, les abstraits, qui n'existent que dans notre esprit, avec les êtres actuels qui en renferment l'idée, et l'on y substitue sans cesse les intérêts particuliers de l'homme ou ses désirs aux lois générales et immuables de la nature. C'est, mon révérend père, ce que je n'ai point à craindre avec vous; je connois trop la grandeur de votre génie et la justesse de votre esprit. J'espère aussi que vous ne m'exposerez point au préjugé qui pourroit naître de votre silence ou d'une réponse vague. J'attends tout de vos bontés pour moi et de votre zèle pour la cause de la vérité; ma reconnoissance sera proportionnée au bienfait.

« Il seroit inutile d'ajouter que cette lettre et celles qui pourroient la suivre ne seront lues que de vous, et que vous en effacerez la signature et mon adresse après en avoir pris la note [1]. A l'égard de celles dont vous voudrez bien m'honorer, j'exécuterai ponctuellement les ordres que vous me donnerez à ce sujet.

« Je suis avec la plus parfaite vénération,

« Mon révérend père, etc. »

A cette lettre Malebranche répond, le 29 septembre, qu'il a lu autrefois, et pas même en totalité, le livre de Spinoza; que son erreur fondamentale (et par là il entend le dogme de l'unité de la substance) tient à une définition vicieuse de Dieu, mais surtout à l'ignorance où était Spinoza de la vraie théorie des idées. Nous ne connaissons les objets que par leurs idées, mais nous ne devons pas confondre les objets et les idées, et attribuer aux uns ce qui n'appartient qu'aux autres. L'idée du monde peut être nécessaire, éternelle, infinie, sans que le monde le soit. Nous n'apercevons vraiment le monde que dans son idée, et là nous avons raison de trouver le monde éternel; mais le monde en lui-même ne l'est pas du tout, et c'est cette confusion du monde et de son idée, du monde réel et du monde intelligible, de l'idée de l'étendue et de l'étendue créée, qui a égaré Spinoza. D'ailleurs il renvoie Mairan à l'Entretien entre un philosophe chrétien et un Chinois, qui traite de la nature et de l'existence de Dieu.

---

[1] Il faut se souvenir de la situation de Mairan auprès de l'évêque de Béziers.

« Monsieur,

« Je suis maintenant à la campagne, et je n'ay point le livre dont vous me parlez. J'en ai lu autrefois une partie, mais j'en fus bientost dégoûté, non-seulement par les conséquences, qui font horreur, mais encore par le faux des prétendues démonstrations de l'auteur. Il donne, par exemple, une définition de Dieu qu'on lui pourroit passer en la prenant dans un sens, mais il la prend dans un autre dont il conclut son erreur fondamentale, ou plutost dans un sens qui renferme cette erreur; de sorte qu'il suppose ce qu'il doit prouver. Prenez la peine, Monsieur, de relire les définitions, etc., qu'il cite dans ses démonstrations, et vous découvrirez, si je ne me trompe, l'équivoque qui fait qu'il ne prouve pas. Pour moi, bien loin de trouver, en lisant son livre, la clarté que demande toute démonstration, je le trouve fort obscur et plein d'équivoques.

« La principale cause des erreurs de cet auteur vient, ce me semble, de ce qu'il prend les idées des créatures pour les créatures mêmes, les idées des corps pour les corps, et qu'il suppose qu'on les voit en eux-mêmes : erreur grossière, comme vous savez. Car, étant convaincu intérieurement que l'idée de l'étendue est éternelle, nécessaire, infinie, et supposant d'ailleurs la création impossible, il prend pour le monde ou l'étendue créée le monde intelligible qui est l'objet immédiat de l'esprit. Ainsi il confond Dieu ou la souveraine Raison, qui renferme les idées qui éclairent nos esprits, avec l'ouvrage que les idées représentent. Je ne puis pas icy m'expliquer plus au long; car il n'est pas possible, sans perdre beaucoup de temps, et je n'en ai guères et la main me tremble, de philosopher par lettres, surtout lorsque les matières sont abstraites : en présence même, on en dispute souvent assez longtemps sans s'entendre. Quoique je n'aye point écrit *ex professo* contre l'auteur, vous pourriez peut-être trouver quelque éclaircissement sur vos difficultez dans un Entretien entre un philosophe chrétien et un Chinois, que je fis il y a deux ou trois ans [1], qui est de la nature et de l'existence de Dieu. Mais, Monsieur, à l'égard de l'auteur, il suffit de reconnoître qu'il suit de son principe une infinité de contradictions et de sentiments impies, pour se défier de ses prétendues démonstrations, quand même elles nous paroîtroient convaincantes. Il se peut faire qu'on l'ait mal réfuté, mais il ne s'ensuit pas de là qu'il ait raison. Je n'ai point lu les réfutations qu'on a faites de ses erreurs, car je n'en ai pas besoin; ainsi je ne peux pas juger. J'ai fait ce que vous m'ordonnez à la fin de votre lettre, et je suis avec respect,

« Monsieur,

« Votre très-humble et très-obéissant serviteur,

« MALEBRANCHE,

« P. D. L. O. (Père de l'Oratoire.)

« Ce 29 septembre. »

Languedoc.

A Monsieur

Monsieur DE MAIRAN,

A Béziers.

[1] En 1708.

Cette réponse ne satisfait pas Mairan. Il défend la définition de Dieu d'après Spinoza, et il s'étonne d'autant plus que Malebranche n'admette pas cette définition qu'elle est, dit-il, conforme à la démonstration que Descartes et Malebranche lui-même ont donnée de l'existence de Dieu, à savoir que l'existence nécessaire de Dieu est renfermée dans son idée.

Quant à la distinction des idées et de leurs objets, Mairan soutient qu'en général Spinoza ne l'a point ignorée, qu'il est plutôt un partisan de la théorie des idées; qu'il admet aussi que tout ce que nous voyons, nous le voyons en Dieu, et que cela même est nécessaire, selon Spinosa, puisque Dieu renferme, en tant que pensant, toutes les idées ou toutes les modifications de la pensée, comme, en tant qu'étendu, il renferme toutes celles de l'étendue. D'ailleurs Mairan confesse ne pas parfaitement comprendre ce que Malebranche veut dire par l'étendue intelligible. Ou cette étendue est en Dieu et constitue son essence comme attribut, ou elle n'est pas en Dieu. Si elle est en Dieu, donc tout l'univers et tous les corps ne sont que des modifications de l'un des attributs divins, ou ne sont que Dieu modifié de telle et telle manière en tant qu'étendu, ce qui est la pure doctrine de Spinoza. Ou, si l'étendue n'appartient pas à Dieu, il y a donc quelque chose qui existe nécessairement, qui est infini, éternel et qui n'est pas Dieu et ne constitue pas son essence. »

« *Au R. P. Malebranche.* — Le 19 novembre 1713.

« Mon révérend père, j'ai reçu votre lettre du 29 septembre. Je suis infiniment sensible à l'honneur et à la grâce que vous m'avez faite. J'en connois tout le prix, et je tâcherai de m'en rendre digne par mes soins, par ma docilité et par ma reconnoissance. Quoique vous n'ayez pu répondre positivement à ce que je demandois et m'indiquer le paralogisme, parce que vous n'aviez pas, à la campagne, l'auteur dont il s'agit, vous ne laissez pas de faire sur son système des observations très-importantes. Je dois vous dire cependant, avec la même sincérité que je vous ai exposé mes doutes, qu'après avoir fait l'application de vos remarques sur cet auteur, je n'ai point trouvé qu'elles fussent capables d'en détruire les démonstrations. Je sais qu'il est difficile de philosopher par lettres, et je comprends, mon révérend père, qu'il y a de l'indiscrétion de ma part à vous y engager; mais j'espère que vos lumières pourront suppléer à cet inconvénient, et que votre zèle pour la religion vous le fera supporter. Si mes affaires me permettoient d'aller à Paris, je ferois volontiers ce voyage pour avoir l'honneur de conférer avec vous; mais il m'est à présent tout à fait impossible. Souffrez donc, je vous prie, que je continue de m'adresser à vous par lettres; et, lorsque vous serez à Paris, ne me refusez point de m'indiquer le paralogisme que je désire avec tant d'ardeur de découvrir. Cela peut, ce me semble, aisément entrer dans une lettre, et j'ose vous dire que la chose n'est pas indigne de votre attention. J'ai déjà écrit, pour avoir votre Entretien entre un philosophe chrétien et un Chinois. En attendant, voici les remarques que je fais sur les observations générales que vous m'avez envoyées.

« 1° Vous me marquez, mon révérend père, que vous avez « *lu autrefois une partie du livre de cet auteur, mais*

« que vous en fûtes bientôt dégoûté, non-seulement par les
« conséquences, qui font horreur, mais encore par le faux
« de ses prétendues démonstrations. » Vous ajoutez ensuite,
à la fin de votre lettre, « qu'il suffit de reconnoître qu'il suit
« de ses principes une infinité de contradictions et de sen-
« timents impies pour se défier de ses prétendues démon-
« strations, quand elles nous paroîtroient convaincantes. »

« Je goûte extrêmement cette réflexion, et j'ai toujours été disposé à me défier des démonstrations de cet auteur, et à les examiner avec toute la sévérité et la rigueur possibles, non-seulement à cause des conséquences dont vous parlez, mais aussi à cause des contradictions que je crus comme vous y voir, à la première lecture que j'en fis. J'en aurois sans doute été dégoûté de même, et je n'y aurois peut-être plus pensé de ma vie, si des circonstances qu'il seroit inutile de vous dire ne m'avoient engagé à travailler à le réfuter. Mais les réflexions que je fus obligé de faire alors m'ayant fait trouver que ce que j'avois pris d'abord pour des contradictions ne l'étoient qu'en apparence, et qu'au contraire rien n'étoit plus solide ni mieux lié que ses principes, je n'ai pas cru que l'horreur qui me restoit pour certaines conséquences dût absolument me les faire rejeter : car il me semble que l'horreur et tous les autres mouvements de cette nature ne partent que d'un préjugé bon ou mauvais, et ne renferment que des notions bien confuses, qui ne sauroient entrer en parallèle avec l'évidence d'une démonstration. Quelquefois ils garantissent les hommes de l'erreur, quelquefois aussi, et peut-être plus souvent, ils les y entraînent ou les y maintiennent : ainsi je ne pense pas qu'un philosophe doive beaucoup y avoir égard dans la recherche de la vérité, à moins que la certitude des opinions qui les font naître ne précède. Il me semble, mon révérend père, qu'on peut appliquer à ces agitations de l'âme ce que vous dites, dans un de vos éclaircissements, « *du penchant extrême* « *que nous avons à croire qu'il y a des corps qui nous en-* « *vironnent. Ce penchant*, dites-vous, *tout naturel qu'il est* « *ne nous force point* (à croire.) *par évidence; il nous y* « *incline seulement par impression. Or nous ne devons* « *suivre, dans nos jugements libres, que la lumière et* « *l'évidence, et, si nous nous laissons conduire à l'im-* « *pression sensible, nous nous trompons presque tou-* « *jours.* » (*Recherche de la Vérité*, t. III, éclaircissement 6, p. 63.) Il m'a donc paru que c'étoit faire assez pour ces mouvements ou pour ma tranquillité, que d'apporter à l'examen de l'auteur toute la bonne foi, toute l'attention et toute la sévérité dont je suis capable, et surtout de consulter sur ce sujet les personnes du monde que je crois les plus éclairées.

« 2° Vous citez, mon révérend père, pour exemple du *faux de ses prétendues démonstrations*, la définition qu'il donne de Dieu, « *qu'on lui pourroit passer en la prenant* « *dans un sens, mais il la prend*, dites-vous, *dans un* « *autre, dont il conclut son erreur fondamentale, ou plutôt* « *dans un sens qui renferme cette erreur, de sorte qu'il* « *suppose ce qu'il doit prouver.* » Là-dessus vous me marquez *de relire les définitions*, etc., qu'il cite dans ses démonstrations pour découvrir *l'équivoque qui fait qu'il ne prouve pas.*

« Mais, mon révérend père, après avoir suivi votre conseil, j'ai trouvé, comme auparavant, que rien n'est plus juste que l'application que cet auteur fait de ses définitions et de ses axiomes. La définition de Dieu, dont vous parlez, n'est citée qu'à la onzième proposition, où il s'agit de prouver que Dieu existe. Il le démontre de trois manières, et entre autres de la manière qu'a fait Descartes, et comme vous faites dans la *Recherche de la Vérité* (liv. IV, ch. XI), savoir de ce que l'existence nécessaire est renfermée dans la définition, ou dans l'idée de Dieu; et s'il y eut jamais définition qui eut cette qualité, c'est assurément la sienne. Or il suffit, ce me semble, pour la validité de la démonstration, que la définition puisse recevoir un sens dont tout le monde convienne, c'est-à-dire qu'elle réveille, non l'idée particulière du Dieu de la religion, mais en général l'idée de l'être sans restriction, de l'être par soi que tout le monde appelle Dieu. Si l'auteur concluoit de là seulement son dogme fondamental, j'avoue qu'il tomberoit dans une pétition de principe tout à fait ridicule ; mais je prens garde que la onzième proposition est précédée par d'autres propositions qui la déterminent absolument en faveur de ce dogme fondamental. Ces propositions, qui sont de la dernière importance, par exemple, qu'il ne sauroit y avoir deux substances de même nature, que toute substance est nécessaire, infinie, indivisible, et que chaque attribut de la substance doit être conçu par soi, que, plus une chose a de réalité ou d'être, plus on peut affirmer d'attributs de cette chose, et semblables ; ces propositions, dis-je, ne dépendent en aucune manière de la définition de Dieu, et ainsi elles peuvent servir à en fixer le sens, sans qu'on s'éloigne de l'exactitude géométrique. Les propositions 12, 13, 14 et 15, qui suivent, font encore le même effet; car ce ne sont que des extensions de la onzième, des récapitulations de tout ce qui précède, sans parler des scholies et des corollaires qui ne laissent plus la moindre obscurité, ni la moindre équivoque dans cette matière. J'avoue qu'on n'aperçoit pas cette liaison de principes d'une première vue, qu'en général le système de l'auteur est difficile à entendre quand on n'est pas fait à sa méthode, que sa méthode est sévère et abstraite, qu'elle demande une grande attention et beaucoup d'habitude à la justesse[1]; mais qu'importe, pourvu qu'on puisse enfin parvenir à l'entendre? Le sujet en vaut la peine. Les mêmes difficultés, quoiqu'en un genre différent, se trouvoient dans la nouvelle géométrie de l'infini et dans le système du calcul différentiel. Le fameux livre de M. de Lhôpital, qui en contient les principes et l'analyse, ne fut d'abord entendu en France que d'un très-petit nombre de géomètres. Plusieurs écrivirent contre, ou négligèrent de l'approfondir, sur les prétendues absurdités qu'il leur sembla renfermer, et vous savez, mon révérend père, qu'il n'y a pas longtemps qu'un des membres de l'Académie des sciences, quoique grand géomètre et grand calculateur[2], ne pouvoit encore se résoudre à y souscrire, et qu'il n'y souscrira peut-être jamais. Cependant les difficultés s'évanouissent et le système demeure victorieux. Je ne croirois pas impossible que la même chose n'arrive à celui de notre

---

[1] *Sic.*
[2] Probablement Rolle. Voyez Montucla, *Histoire des mathématiques*, t. III, p. 113.

auteur, jusqu'à ce qu'on m'en ait montré bien précisément le paralogisme. Mais je me trompe, la géométrie nous laisse dans toute notre froideur, et il s'agit ici d'une matière qui intéresse tout l'homme, et qui ne pourra jamais laisser que difficilement à l'esprit et à un très-petit nombre d'esprits la liberté et la tranquillité nécessaires pour juger.

« 3° Vous remarquez, mon révérend père, « *que la « principale cause des erreurs de cet auteur vient de ce « qu'il prend les idées des créatures pour les créatures « mêmes; erreur grossière : car l'étendue est éternelle, « nécessaire, infinie; et, supposant d'ailleurs la création « impossible, il prend pour le monde ou l'étendue créée le « monde intelligible, qui est l'objet immédiat de l'esprit, « et qu'ainsi il confond Dieu ou la souveraine Raison, « qui renferme les idées qui éclairent nos esprits, avec « l'ouvrage que les idées représentent.* »

« Il ne s'agit que de me faire voir en quels endroits l'auteur est tombé dans ces manquements : pour moi, je n'ai rien aperçu de pareil ; au contraire, je ne vois aucun système duquel suive plus immédiatement la distinction des idées d'avec leur objet, et duquel on puisse mieux conclure cette vérité que vous avez mise dans un si beau jour, que tout ce que nous voyons nous le voyons en Dieu. Car, selon lui, Dieu renferme, en tant que pensant, toutes les idées et toutes les modifications de la pensée, comme, en tant qu'étendu, il renferme toutes celles de l'étendue. Pour ce qui regarde la création, que vous dites qu'il suppose impossible, si vous entendez par là l'action par laquelle de nouvelles substances sont produites; il n'y a qu'à ouvrir son livre pour voir qu'il ne s'est pas contenté d'une simple supposition, et qu'il en démontre l'impossibilité avec la dernière évidence.

« Mais qu'il me soit permis, mon révérend père, de vous faire ici un aveu sincère, et, si je l'ose dire, une entière confession de mes pensées : je ne trouve point dans vos ouvrages de définition ni d'explication qui me donne une idée juste de ce qu'il faut entendre par votre *étendue créée* ou *matérielle*, et par celle que vous appelez intelligible. Je ne vois pas aussi si l'étendue intelligible est la même que l'étendue subsistante dont les corps sont les modifications, ou si elle ne l'est pas. Il semble quelquefois que, par cette dernière, vous entendez l'étendue créée, que vous expliquez par les noms de matière, d'extension locale, etc., et que, par la première, vous entendez tantôt ce qu'il faudroit entendre par la seconde dans la signification la plus naturelle, et tantôt le concept général d'étendue, qui est l'*archétype* de toutes les idées des corps créés, ou enfin quelque autre chose que je ne sais si c'est substance ou attribut, ou mode, qui n'est pas l'immensité divine, mais qui pourtant est en Dieu. (1er Entret. métaph., n. 5 et 20; Entretien 2, n. 1; Entretien 8, n. 4 et 8. — Méditation 9, n. 9 et 10, etc.)

« Dans tous ces endroits, ce que vous appelez *étendue créée* ou matérielle, dont vous parlez comme d'une substance, n'est véritablement que les simples modes ou affections de la substance étendue. Et c'est en ce sens que l'étendue créée est à la vraie étendue, à l'étendue proprement dite, en tant que substance ou attribut, comme le temps est à l'éternité, et comme les idées sont à la pensée : comparaison répétée une infinité de fois dans l'auteur, et par laquelle il ne prétend dire autre chose que ce vous avez dit, que *l'étendue créée est à l'immensité divine ce que le temps est à l'éternité*, et que *tous les corps sont étendus dans l'immensité de Dieu comme tous les temps se succèdent dans l'éternité*.

« Je ne crois pas, mon révérend père, que vous ne conveniez que tous les corps, la matière et tout l'univers, en tant qu'on l'imagine ou qu'on croit l'apercevoir par les sens, en un mot, en tant que les corps sont tels et tels corps, ils ne soient des modes et des affections de l'étendue, et non des substances. Car il n'y a rien en eux de permanent que l'étendue, sans laquelle ils ne peuvent être conçus; et c'est à eux seulement qu'appartient, en tant que modes, l'extension locale qui ne peut jamais appartenir à l'étendue non modifiée. Mais, cela posé, il suit que ce que vous qualifiez d'étendue créée n'est proprement que la modification de l'étendue, et que ce que vous appelez *étendue intelligible*, de la manière que vous l'expliquez le plus souvent, se confond absolument avec l'étendue substance ou attribut dont tous les corps, la matière et tout l'univers ne sont que les modifications. Il est du moins certain qu'on trouve dans celle-ci tout ce que vous attribuez à l'autre; et il ne faut, pour s'en apercevoir, que rentrer un peu en soi-même, faire taire son imagination, et considérer cette étendue indépendamment de tout mode ou affection. Car alors elle est, en tant que substance ou attribut de substance, l'objet de l'*entendement pur*, et elle ne peut être aperçue que par lui; et si l'on fait attention à ce que renferme l'idée qui nous la représente, on y retrouvera, comme l'auteur l'a démontré, l'existence objective, l'infinité, l'indivisibilité, etc. : c'est-à-dire que cette étendue, en tant que substance ou attribut de substance, ne peut être conçue qu'existante, infinie, indivisible, etc. Donc, selon le grand axiome de la métaphysique, que *l'on peut assurer d'une chose ce que l'on conçoit clairement être renfermé dans l'idée qui la représente* (*Recherche de la Vérité*), je puis affirmer que l'étendue substance ou attribut, dont tous les corps de l'univers ne sont que des modes, existe nécessairement en elle-même, hors de l'esprit et indépendamment de notre perception, qu'elle est infinie, indivisible, etc. D'ailleurs, mon révérend père, je trouve dans votre 2e Entret. métaph., n. 12, qu'Ariste ayant demandé : *Quoi ! l'idée de l'étendue à laquelle je pense n'est pas différente de celle de cette étendue que je vois, que je presse du pied et qui résiste ?* Théodore reprend : *Non, Ariste, il n'y a point de deux sortes d'étendue, ni de deux sortes d'idées qui les représentent ; et si cette étendue à laquelle vous pensez vous touchoit ou modifioit votre âme par quelque sentiment, d'intelligible qu'elle est elle vous paroîtroit sensible ; elle vous paroîtroit dure, colorée et peut-être douloureuse :* où il est clair que votre étendue intelligible n'est autre chose que l'étendue substance, dont l'étendue créée ou matérielle, c'est-à-dire les corps, la couleur, la dureté, etc., en tant qu'elles affectent nos sens et notre imagination, ne sont que les simples modes.

« Il est vrai que, dès qu'on a réduit l'étendue *créée ou matérielle* et *l'étendue intelligible* à ces notions claires et exactes de substance et de mode, d'étendue sans restriction et d'affection de l'étendue, on en voit naître plusieurs conséquences embarrassantes pour le système théologique. Car cette étendue, ou elle est en Dieu et constitue son essence comme attribut, ou elle n'est pas en Dieu. Si elle est en Dieu, donc tout l'univers et tous les corps ne sont que des modifications de l'un des attributs divins, ou ne sont que Dieu modifié de telle ou telle manière, en tant qu'étendu ; ce qui est la pure doctrine de l'auteur. Si l'étendu n'appartient pas à Dieu, donc il y a quelque chose qui n'est pas Dieu et qui ne constitue pas son essence, qui existe nécessairement, qui est infini, éternel, indivisible, etc.

« Ainsi il semble, permettez-moi de le dire, que la distinction d'*étendue créée* et d'*étendue intelligible* n'ait été imaginée que pour couvrir ces difficultés, et pour expliquer, à la faveur des équivoques qu'elle renferme, des choses tout à fait inexplicables par le système ordinaire ; tandis que les simples termes d'étendue et de modifications de l'étendue, tels que les emploie notre auteur, ne présentent à l'esprit que des idées claires et distinctes.

« Je me flatte, mon révérend père, que vous me pardonnerez la franchise ou plutôt la témérité avec laquelle j'ose vous parler. Ce que j'en fais n'est que pour vous convaincre que, dans la situation d'esprit où je suis, il n'est rien qui puisse m'être plus utile ni qui soit plus expéditif que de m'indiquer positivement le paralogisme de l'auteur, qui sera sans doute la source de toutes les erreurs que vous lui attribuez. Je crois qu'il faudra tôt ou tard en venir là ; car il raisonne de manière qu'il semble qu'on ne doive plus songer à ébranler son dogme fondamental avant que d'avoir renversé les propositions sur lesquelles il l'appuie, et où même, indépendamment de ce dogme, il fait déjà bien du chemin. Vous me dépeignez ce livre, dans votre lettre, comme un livre méprisable, irrégulier, *obscur, plein d'équivoques*, qui n'a pu mériter que vous achevassiez de le lire. J'avoue que j'en avois une autre idée, et il semble même que vous le caractérisez tout autrement dans vos ouvrages.... *Plus on raisonne juste*, dites-vous en parlant de cet auteur, même Médit. xi, *plus on s'égare lorsqu'on suit un faux principe. Un homme qui raisonne mal peut se redresser et reprendre par hasard et par préjugé les routes communes ; mais un homme exact et téméraire suit constamment l'erreur,* etc. Vous convenez donc qu'il est exact ; et, en effet, il seroit difficile de trouver autre part une exactitude et une justesse plus sévères. Quant à la témérité, c'est ce qui est en question.

« Quoi qu'il en soit, mon révérend père, j'ose attendre que de retour à Paris, vous ne dédaignerez pas de donner quelque heure de votre loisir à marquer la première démarche qui a conduit cet auteur dans le précipice, et que vous voudrez bien me faire l'honneur de m'écrire positivement et non d'une manière vague où elle est et en quoi elle consiste. Ce que vous ferez en ma faveur, je le ferai peut-être quelque jour pour d'autres personnes qui se trouveront dans un semblable cas. Ainsi vous travaillerez par là directement et indirectement pour la gloire de Dieu et pour le salut de votre prochain ; en quoi je suis bien persuadé que vous ne vous écarterez pas de votre occupation ordinaire. Je suis avec un profond respect, etc.

« Remise à la poste le 9 novembre 1713.

« Signé D. de M. »

A cette lettre sérieuse et embarrassante, Malebranche s'excuse de répondre en fort peu de mots, sur l'obligation où il est de défendre son ouvrage sur la grâce, qui était alors attaqué. Il reproduit sa distinction des idées, qui sont éternelles, immuables et nécessaires, d'avec leurs objets, qui peuvent avoir des caractères tout différents, et il signale encore la confusion de ces deux choses comme la principale source des erreurs de Spinoza. Il n'est pas vrai qu'il n'y ait qu'une seule substance, mais seulement une seule raison souveraine qui renferme les idées de tous les êtres possibles.

« Monsieur,

« J'ai reçu, il y a environ un mois, la seconde lettre que vous m'avez fait l'honneur de m'écrire. Je relus d'abord quelques passages de l'auteur pour vous faire promptement réponse. Mais, ayant oublié votre adresse et cherché inutilement le papier où elle étoit marquée, je quittai tout. Depuis ce temps-là, j'ai été et suis encore incommodé d'un rhume fort fâcheux et d'une difficulté de respirer, et, qui pis est, on croit que je suis obligé de répondre à un livre qui attaque mes sentiments sur la grâce et qui fait beaucoup de bruit [1]. Tout cela est cause que je ne puis répondre qu'en peu de mots à votre lettre, ni examiner en détail les prétendues démonstrations de l'auteur. J'ai eu l'honneur de vous écrire, Monsieur, que la principale cause de ses erreurs étoit qu'il confondoit les idées, qui sont éternelles, immuables, nécessaires, avec les objets dont elles sont les archétypes, et puisque vous

---

[1] *Prémotion physique, ou de l'action de Dieu sur les créatures*, par Boursier, 2 vol. in-4°, Paris, 1713 ; 2ᵉ édition, 1715.

avez le petit Entretien d'un philosophe chinois, etc., j'espère qu'il vous éclaircira ma raison.

« Selon la 3ᵉ définition de l'auteur, commune aux philosophes, ce qu'on peut concevoir seul est une substance, et une modification est ce qu'on ne peut concevoir sans la substance dont elle est la modification. Or, je puis concevoir, imaginer, sentir seul un pied cube d'étendue, sans penser à autre chose. Donc cette étendue est la substance, et la figure cubique en est la modification. Le pied cube est bien une partie d'une plus grande étendue, mais il n'en est pas la modification. Il en est de même des nombres et nombrans et nombrés; 2 n'est pas une modification de 4, mais la moitié; ni deux pistoles la modification de quatre pistoles, selon la 3ᵉ définition; car je puis penser à deux sans penser à quatre : cela est évident.

« L'auteur ne prouve donc point qu'il n'y a qu'une substance; il prouve seulement qu'il n'y a qu'une souveraine Raison qui renferme les idées de tous les êtres possibles; et il ne prouve nullement que cette Raison qui l'éclaire soit l'univers, et que le ciel, la terre, les hommes et lui-même soient des modifications de cette Raison. Et s'il peut nier qu'il y ait des corps créés ou des substances étendues qui répondent à l'idée qu'il en a, certainement il ne peut nier qu'il existe et qu'il n'y ait d'autres hommes. En un mot, il ne prouve nullement qu'il n'y a qu'une substance, mais seulement qu'il n'y a qu'un Dieu ou qu'une souveraine Raison, qui renferme toutes les idées qui agissent immédiatement sur l'esprit de l'homme. Il faudroit, Monsieur, être en présence, pour pouvoir s'accorder sur des questions abstraites et se mettre promptement l'un et l'autre au fait; et quelquefois même, quoiqu'en présence, cela est assez difficile. Ainsi je vous prie de recevoir mes excuses de ce que je vous fais une si courte réponse. Ayant autant d'esprit que je le reconnois dans votre lettre, vous n'avez besoin de personne pour découvrir le faux des raisonnements de l'auteur. Je suis, Monsieur, avec bien du respect,

« Votre très-humble et très-obéissant serviteur.

« MALEBRANCHE,
« Père de l'Oratoire.

« A Paris ce 5 décembre. »

Pénétré des maximes de la méthode cartésienne, Mairan déclare qu'il est décidé à ne se rendre qu'à l'évidence, et il ne la voit pas dans les lettres de Malebranche. Il ne la voit pas non plus dans la réfutation que le P. Lamy a donnée de Spinoza; il réfute cette réfutation. L'Entretien du philosophe chrétien avec le philosophe chinois ne le satisfait pas davantage. Il remarque que tout ce que Malebranche y dit de l'être pur peut facilement s'accorder avec le système de Spinoza. Il termine par un examen sérieux de la théorie de l'étendue réelle et de l'étendue intelligible, et il s'efforce de prouver que l'étendue intelligible de Malebranche n'est que l'étendue en elle-même, ou la substance dont l'étendue créée n'est que la modification; de sorte que le système de Malebranche revient à celui de Spinoza.

« *Au R. P. Malebranche.* — Ce 6 may 1714.

« Mon révérend père, dans la dernière lettre que vous me fîtes l'honneur de m'écrire, il y a cinq à six mois, vous me marquiez votre indisposition et les occupations qui vous étoient survenues au sujet du nouveau livre qui attaque votre système sur la grâce. Vous me faisiez aussi entendre l'extrême difficulté qu'il y a de se mettre au fait, même en présence, sur des matières semblables à celles dont il s'agissait dans nos lettres. Ainsi il semble que c'est une indiscrétion de ma part d'oser encore vous en écrire. Mais outre l'impatience que j'ai d'apprendre l'état de votre santé, à laquelle je m'intéresse infiniment, et le temps que j'ai laissé écouler depuis votre lettre, je me flatte que vous ne désapprouverez pas le parti que je prends de vous parler pour une dernière fois de l'auteur en question, et qu'un génie supérieur comme vous sera au-dessus de cette petite irrégularité. Si je pouvais me donner pour quelque autre la confiance que j'ai pour vous, mon révérend père, peut-être que, malgré mon penchant, je m'adresserois à lui pour ne pas abuser de votre bonté. Mais vous savez, et vous n'êtes pas à vous en plaindre, combien peu de gens pensent juste sur les matières abstraites, et combien, s'il m'est permis de le dire, la pure raison est une contrée inconnue, inculte et déserte. Ne soyez pas surpris que je m'obstine à vouloir y lier quelque commerce avec l'homme du monde qui la connoît le mieux et qui y a le plus de crédit; j'en userai avec discrétion.

« Il seroit absolument inutile, mon révérend père, d'insister davantage à l'avenir sur notre auteur, sur ses erreurs et ses contradictions, à moins que vous ne me marquiez précisément, et à la manière des géomètres, l'endroit de son premier paralogisme, et en quoi il consiste. Il me semble que je suis fondé à le demander. C'est la voie la plus courte, la plus facile, la plus conforme au bon sens et la moins captieuse. Tout système réduit à la forme géométrique en est d'autant plus solidement établi, s'il est véritable; au contraire, il est d'autant plus aisé à renverser, s'il n'est appuyé que sur de fausses suppositions. Ce qui auroit fait sa force fait alors sa foiblesse, et c'est une espèce d'édifice qui croule dès qu'on ébranle une seule des pierres de son fondement. Où est donc la difficulté de combattre notre auteur avec les armes qu'il nous fournit lui-même? Il ne faudroit pour cela qu'un quart d'heure de lecture. Car dès la cinquième, la sixième et la huitième de ses propositions, il établit des principes qui sont incompatibles avec la doctrine reçue. Quel charme, quel enchantement a-t-il répandu sur ces propositions et sur une demi-douzaine de définitions et autant d'axiomes, qu'on ne puisse dire: voilà son premier faux pas, voilà le paralogisme, il consiste en tel abus, en telle équivoque? Je vous avoue, mon révérend père, que je ne puis comprendre comment, depuis le temps que vous faites servir avec tant de force et de justesse les connoissances métaphysiques aux vérités de la religion, vous avez pu ou ne compter pour rien l'auteur dont il s'agit, ou, le comptant pour quelque chose, ce qu'il mérite bien assurément, ne pas le réfuter de la seule manière qui pouvoit désabuser les gens qui croient l'entendre. Car enfin les objections vagues, les inductions, ne détruisent pas, parmi les géomètres, un système régulier et géométrique. Si je n'étois autant en garde que je le suis contre les préjugés, j'aurois quelquefois de la peine à me défendre de celui que vos ouvrages et vos lettres font naître tour à tour dans mon esprit. D'un côté, je ne puis voir tant de pénétration et de lumières, tant de justesse d'esprit et tant de droiture de cœur, et n'être point tenté de croire, sans autre examen, que ce que vous condamnez comme faux ne sauroit éviter de l'être ; de l'autre, je ne saurois songer aux instances que je vous fais inutilement, depuis près d'une année, de me montrer en rigueur géométrique le paralogisme d'un système que l'intérêt public et particulier vous engagent de détruire, sans être un peu porté à croire qu'il faut qu'il soit invincible de front, puisque vous ne jugez à propos de le combattre qu'indirectement. Mais aucun de ces motifs ne me déterminera jamais à le rejeter ou à l'admettre. L'un et l'autre seroit également opposé à vos sages maximes. Je suis résolu de les suivre et de ne me rendre qu'à l'évidence toute pure. Pour cela j'ai tâché d'appliquer à la méthode de l'auteur ce que vous ne m'avez dit dans vos lettres que d'une manière générale ; j'ai rassemblé toutes les observations et tous les secours que je pouvois tirer de vos ouvrages et surtout de l'Entretien du philosophe chrétien avec le philosophe chinois, que vous m'aviez indiqué. Mais quelque attention que j'y aye apportée, je n'ai pas trouvé que vos objections fussent capables de renverser les démonstrations de l'auteur. Souffrez, s'il vous plaît, mon révérend père, que je vous en dise les raisons et que je tâche de justifier ma résistance.

« Vous me marquez, dans votre dernière lettre, ce que vous m'aviez fait l'honneur de m'écrire dans la précédente, que *la principale cause des erreurs de l'auteur étoit qu'il confondoit les idées qui sont éternelles, immuables, nécessaires, avec les objets dont elles sont les archétypes.* Mais j'avais répondu à cela en vous demandant la grâce de me montrer en quel endroit et comment il étoit tombé dans cette faute.

« Vous ajoutez une ou deux objections contre son unité de substance, qui semblent tomber sur la onzième ou la quatorzième proposition, mais dont la solution et le dénoûment ne dépendent en effet que de la cinquième ou plutôt de la quatrième. Votre objection est prise du pied cube d'étendue, qui est bien une partie d'une plus grande étendue, mais qui n'en est pas la modification, de même que, dans les nombres, 2 est bien la moitié de 4, mais non pas sa modification; deux pistoles, par exemple, sont la moitié de quatre pistoles et non leur modification. Parce qu'on peut, dites-vous, penser au pied cubique d'étendue sans penser à autre chose, à deux pistoles sans penser à quatre pistoles, vous concluez que ce sont tout autant de substances, et partant, etc. Il faut donc tâcher d'éclaircir cette quatrième proposition, d'où il me semble que dépend la solution de la difficulté.

« L'auteur y prouve d'une manière concise et métaphysique que deux ou plusieurs choses distinctes ne sauroient être distinguées entre elles que par la diversité de leurs attributs ou par celle de leurs modifications; et il se fondoit sur ce que tout ce qui est est en soi ou en un autre, substance ou mode [1]. Là-dessus on objecte qu'*il confond la diversité avec la distinction*, que des substances de même attribut ou de même essence peuvent être distinctes sans être diverses, et cela par leur propre être, par leur nombre et en ce que l'être de l'une n'est pas l'être de l'autre; et on demande *si Dieu ne pourroit pas produire deux perles si semblables que non-seulement les*

---

[1] L'édition : « est en soi ou en une autre substance ou mode. »

hommes ne pourroient découvrir nulle différence, mais même qu'il n'y en aura aucune ni dans leur essence ni dans leurs accidents. C'est ainsi que le P. Lamy[1] attaque cette proposition dans sa réfutation prétendue géométrique du système dont il s'agit, et c'est aussi la manière dont elle est combattue par la plupart des gens qui ne sont ni assez métaphysiciens, ni assez en garde contre les illusions de l'imagination. Il me seroit très-inutile de coucher ici par écrit tout ce qu'il faudroit leur répondre pour les mettre au fait, et il me suffira avec vous, mon révérend père, d'énoncer les principes sur lesquels je crois que la proposition et la démonstration de l'auteur sont appuyées.

« 1° Quand on parle de distinction en métaphysique, cela se doit presque toujours entendre de celle qu'on appelle réelle, c'est-à-dire de celle qui consiste dans ce que l'esprit aperçoit en deux ou plusieurs choses, qui fait que l'une peut être et exister indépendamment de l'autre. Ainsi un auteur tel que le nôtre, qui écrit d'une manière courte et savante, n'est pas obligé d'avertir ses lecteurs, dans des propositions semblables à celle dont il s'agit, qu'il ne parle pas de la diversité, mais seulement de la distinction proprement dite.

« 2° L'être ou l'existence des substances n'est distingué de leur essence que par abstraction, dans l'esprit seulement ; et il n'y a nulle distinction réelle, hors de l'entendement, entre le propre être d'une substance et son essence, car elle n'existe que par cela même qui constitue son être.

« 3° Le nombre n'est pas un signe de distinction, car

[1] *Le nouvel Athéisme renversé*, ou réfutation du système de Spinoza, in-12, 1696.

l'esprit ne peut nombrer qu'après avoir distingué, ni affirmer, de deux ou plusieurs choses, qu'elles sont deux ou plusieurs, qu'après avoir aperçu qu'elles sont distinctes.

« 4° Deux affections d'une même essence, par exemple, deux perles telles qu'on les suppose, quand elles ne seront plus distinguées par elles-mêmes ou par leur diversité, le seront toujours par les modifications et les accidents qui les environnent ou qui les séparent. Que si vous anéantissez toutes ces modifications, et par conséquent tous leurs rapports de distance et de position, il est évident qu'elles seront absolument identifiées, ou plutôt que la supposition de deux perles et en général de deux affections distinctes, sans qu'aucune modification ni accident intérieur ou extérieur les distingue, renferme l'absurde et l'impossible ; et c'est donner à la puissance de Dieu un objet chimérique et contradictoire que de la faire intervenir pour en établir la possibilité.

« Mais, dira-t-on, pourquoi deux affections et deux substances ne sauroient-elles être distinctes ou exister en elles-mêmes indépendamment l'une de l'autre sans que l'esprit humain n'y puisse apercevoir aucun signe de distinction? Cet esprit est borné, et par conséquent il peut y avoir une infinité de choses qui existent qu'il ne conçoit pas. Voici la réponse.

« L'esprit est borné, il est vrai, et partant il ne suit pas de ce qu'il ne conçoit pas une chose qu'elle n'existe point; mais quand il aperçoit de l'absurdité dans cette existence, en sorte que l'idée de la chose supposée existante renferme contradiction, on peut et l'on doit assurer, à moins qu'on ne veuille renoncer à toute raison et tomber dans le pyrrhonisme le plus extravagant, on peut, dis-je, assurer qu'elle n'existe point. Or c'est ce que je pense avoir suffisamment éclairci à l'égard de la supposition de deux affections distinctes sans qu'aucune modification les distingue. Pour les substances, outre qu'il seroit assez dangereux d'introduire dans la métaphysique une distinction qui ne sauroit être aperçue par l'esprit, il n'y a qu'à considérer qu'elles ne pourroient être distinguées, terminées et séparées entre elles que par d'autres substances de même nature qu'elles ou de différente nature. Ce ne peut être par les premières. Quel genre d'être seroit-ce que cette séparation entre deux substances semblables par une substance semblable? Je ne saurois jamais voir là que la même substance. Ce ne peut être aussi par les secondes, car des substances de différents attributs ne sauroient se séparer, se terminer, ni en aucune manière agir les unes sur les autres. Donc, n'y ayant dans la nature que des substances et des modifications de substances, il est vrai de dire que deux ou plusieurs choses ne sauroient être distinguées, ni entre elles ni par l'esprit, que par la diversité de leurs attributs ou par celle de leurs affections.

« Cela posé, mon révérend père, il suit nécessairement qu'il est impossible qu'il y ait dans la nature deux substances de même essence ou de même attribut, et que toute substance est infinie, comme l'auteur le démontre dans les propositions 5 et 8; et par là toutes les objections que vous tirez du pied cube d'étendue que vous dites qu'on peut concevoir seul comme substance, des nombres nombrants et nombrés, des deux pistoles qui ne sont point la modification de quatre pistoles mais la moitié, toutes ces objections, dis-je, tombent, ce me semble, d'elles-mêmes.

« Qu'il me soit, je vous prie, encore permis de vous représenter que le pied cube dont vous parlez, sans autre modification de l'étendue que la figure cubique, est une pure abstraction et un être mathématique qui n'a jamais existé hors de l'esprit. Car, comme il n'y a point de rondeur sans corps rond qui soit ou pierre ou bois, ni enfin, comme vous dites dans vos ouvrages, aucunes formes ni qualités abstraites, il n'y a point non plus de pied cube d'étendue toute pure actuellement et hors de l'entendement. L'esprit voit toutes les figures possibles dans l'étendue, comme il voit toutes les idées possibles dans la pensée. Il voit ces substances ou ces attributs de substances comme infinis et indivisibles, tant qu'il les considère indépendamment de tout mode; mais il les voit finis et divisibles, ou capables de multitude, dès qu'il termine l'idée qu'il en a par quelqu'une des modifications dont leur existence renferme la possibilité.

« Ces modifications sont elles-mêmes le sujet de ce qu'on appelle division, durée, mesure, figure, nombre, quantité; mais si vous séparez toutes ces choses de leur sujet, ce ne sont plus que de pures abstractions et des manières de penser qui ne renferment aucune réalité objective. Vous voyez aussi par là, mon révérend père, que, selon ses principes, l'auteur ne doit pas nier qu'il n'existe et qu'il n'y ait d'autres hommes avec lui, comme vous l'inférez dans vos objections. Il soutient seulement que l'homme, en tant que tel, n'est qu'une modification de substance, et non une substance; ce qui suit nécessairement de la précédente.

« Je vais maintenant vous rendre compte de ce que j'ai trouvé dans l'Entretien du philosophe chrétien avec le philosophe chinois. Pour le faire plus brièvement, je ne m'arrêterai point aux beautés que j'y ai remarquées, ni à tout ce que vous dites d'abord de l'être par soi, qui peut parfaitement s'accorder avec le système de l'auteur. Je ne crois pas même que je doive entrer dans la discussion de tous les endroits où vous établissez des sentiments différents des siens, tels que sont ceux où vous traitez de l'intelligence, de la sagesse, et des actions de l'être par rapport à certaines fins que vous lui attribuez. Car il me semble que ce n'est que par des inductions, ou par des raisons *a posteriori*, que vous prouvez que ce sont des perfections, que l'idée du premier être renferme. Or, l'auteur ayant démontré le contraire *a priori*, et ses démonstrations demeurant dans tout leur entier, il seroit inutile d'insister davantage là-dessus.

« Mais je ne saurois passer sous silence l'article qui regarde l'étendue et l'idée de l'étendue : c'est un point décisif entre vous et l'auteur en question, et vous êtes le seul, que je sache, mon révérend père, qui en ait jamais bien senti l'importance, parmi tous ceux qui ont traité les matières de théologie et de métaphysique. D'un côté, vous avez été convaincu que l'idée de l'étendue renfermoit l'existence nécessaire et l'infinité objective, et par conséquent qu'il falloit regarder cette étendue comme une des perfections et des réalités qui constituent l'essence divine ou de l'être infini et nécessaire. De l'autre, vous avez vu qu'on ne pouvoit faire Dieu étendu de l'étendue des corps, sans ruiner toutes les notions que la religion d'aujourd'hui nous en donne. Il a donc fallu chercher une théorie qui peut conserver à l'étendue ses propriétés, et satisfaire à tous les inconvénients qui peuvent s'en ensuivre. Pour le faire, vous avez admis en Dieu une étendue infinie et nécessaire, archétype de tous les corps, et vous l'avez appelée intelligible, parce qu'il n'y a que l'esprit proprement dit qui puisse l'apercevoir. Mais l'étendue des corps, vous la nommez créée, locale et sensible, parce qu'elle est finie, qu'elle frappe les sens et l'imagination, et qu'elle doit être par là hors de l'essence divine. Vous avez manié et tourné cette idée dans vos ouvrages de cent façons différentes : celle qui se trouve ici dans l'Entretien des deux philosophes n'est pas une des moins ingénieuses. Mais j'ose vous dire, mon révérend père, que, si vous voulez bien faire attention aux raisons que j'ai et que j'eus l'honneur de vous envoyer dans ma dernière lettre pour ne pas la recevoir, vous trouverez peut-être que je n'ai pas tout à fait tort. J'ajouterai encore ici une réflexion qui me paraît prouver manifestement que cette distinction d'étendue intelligible et d'étendue créée ne sert qu'à confondre les véritables idées des choses, et que ce que vous appelez étendue intelligible n'est, à la rigueur, et selon toutes les propriétés que vous lui [1] attribuez, que l'étendue proprement dite, ou la substance dont votre étendue créée n'est autre chose que la modification.

« Il ne faut point se laisser éblouir par le mot d'intelligible : toutes les essences des choses, les substances en tant que substances, considérées en elles-mêmes et indé-

[1] Édition : *leur*.

pendamment de leurs modes, ne sauroient jamais être aperçues ni par les sens, ni par l'imagination, mais par l'esprit seul, et ainsi elles sont purement intelligibles. Car l'étendue et la pensée, prises indépendamment de leurs manières d'être actuelles, ne sont que des abstraits [1], et ce que l'esprit aperçoit de commun à tous les êtres modaux de chacun de ces attributs de la substance. La pensée n'existe point sans telle ou telle idée, sans telle ou telle volition, quoique ni telle idée ni telle volition ne constituent point la pensée, mais qu'au contraire ce soit la pensée qui constitue l'être des volitions en général ; et ainsi de l'étendue, etc. Il en est comme du mouvement, qui n'est qu'un abstrait et qui n'existe point hors de l'esprit, sans telle ou telle direction et sans telle ou telle vitesse. Car que seroit-ce qu'un mouvement sans direction et sans vitesse ou sans quantité ? Cependant ce n'est pas plus la direction vers l'orient que celle vers l'occident qui constitue le mouvement, etc. Ainsi, encore un coup, les essences des choses sont purement intelligibles, et en ce sens il n'y a pas davantage une étendue intelligible, qui n'est pas le corps, mais qui est commune à tous les corps, qu'il y a une pensée intelligible qui n'est pas l'idée ou la volition, mais qui est commune à toutes les idées et à toutes les volitions. Voyons donc comment on pourra se dispenser d'avouer que les corps soient les affections et les modifications de l'étendue intelligible.

« Il n'y a dans la nature que des substances et des modifications de substances. Tout ce à quoi on peut penser

---

[1] Édition : *qu'abstraites.*

seul et indépendamment de toute autre chose est substance ; tout ce à quoi on ne sauroit penser seul, et sans renfermer dans l'idée qu'on en a quelque autre chose sans laquelle il ne peut exister ni être conçu, est nécessairement modification, et modification de cette chose que renferme son concept. Or l'idée de tout corps renferme celle de l'étendue intelligible, comme constituant son essence, ou sans laquelle il ne peut ni exister ni être conçu. Donc tout corps est la modification de l'étendue intelligible, ou l'étendue intelligible est le sujet, l'essence ou la substance de tout corps. Donc, si l'étendue intelligible est en Dieu, tout corps est la modification de l'essence divine, ou l'essence divine est la substance de tous les corps. Donc les noms d'*essence représentative*, de *participable par les créatures* et d'*archétype des corps*, etc., que vous lui donnez, et qui semblent sauver ou adoucir la conséquence, étant bien entendus, se réduisent à ceux de substance ou d'essence des corps : à moins que vous ne fassiez voir que l'étendue qui est renfermée dans le concept des corps, sans laquelle ils ne peuvent ni exister ni être conçus, et de laquelle il est évident que les sens ni l'imagination ne sauroient être touchés, mais l'esprit seul, est une autre étendue que celle que vous appelez intelligible.

« Excusez, je vous supplie, mon révérend père, et la longueur de cette lettre, et le malheur que j'ai de n'avoir pu encore m'accorder avec vous sur cette matière. J'aurois bien voulu éviter de vous faire un détail des difficultés qui m'en empêchent, mais il m'a semblé [1] qu'en ne me

---

[1] L'édition ne donne point : *mais il m'a semblé*, ce qui rend la phrase inintelligible.

rendant pas à des sentiments si respectables, une certaine brièveté ne me convenoit point, et que je ne pouvois moins faire que de vous exposer sans réserve toutes mes raisons.

« Cela n'empêchera pas que je ne conserve toujours une très-vive reconnoissance de l'honneur que vous m'avez fait, et que je ne travaille encore en mon particulier à découvrir le paralogisme tant désiré. Je me flatte aussi que vous ne me refuserez point la permission de vous consulter quelquefois sur d'autres sujets qui ne pourront pas vous distraire considérablement de vos occupations, ni vous engager à écrire de longues lettres. Les moindres de vos paroles seront toujours pour moi d'un prix inestimable. Je suis avec un profond respect, etc.

« *Apostille.* Si vos occupations, mon révérend père, vous permettoient d'écrire quelques lignes, vous m'obligeriez sensiblement de m'apprendre, avec l'état de votre santé, celui de la défense de votre système de la grâce. Je dois en envoyer chercher quelques exemplaires, dès qu'elle sera imprimée. Je souhaiterois bien aussi de savoir si c'est le livre de l'*Action de Dieu sur la Créature* qui vous donne (*un mot illisible*[1]), et ce que vous pensez de cet ouvrage qui fait tant de bruit dans le monde. »

Remise à la poste le 6 mai 1714. — 4 feuillets 1/2; 10 pages avec l'apostille.

En recevant cette lettre, développée et pressante, Malebranche sent enfin le besoin de répondre sérieusement, et cette fois sa lettre a presque l'étendue de celle de Mairan. Mais quel en est le fondement? Toujours la théorie des

---

[1] Édition : *le dernier.*

idées et la distinction de l'étendue réelle et de l'étendue intelligible. Spinoza a raison de n'admettre qu'une seule substance, avec toutes les conséquences de cette doctrine, si l'étendue est en effet nécessaire, éternelle, infinie, etc. ; car cette étendue infinie ne peut être autre que Dieu lui-même, l'être infini, éternel et nécessaire, en tant qu'étendu. Mais il n'est pas vrai que l'étendue soit nécessaire, éternelle, infinie : ces caractères n'appartiennent qu'à l'idée de l'étendue, idée qui seule est l'objet de notre esprit et celui de l'entendement divin. La condition de la perception pour l'esprit est la même que celle de l'impulsion pour les corps; le contact; et, le corps ne pouvant toucher l'esprit, il s'ensuit que l'esprit ne peut apercevoir le corps qu'au moyen de quelque autre chose qui le touche et le modifie directement : cet objet intermédiaire est l'idée. L'étendue réelle, le monde, ne peut être l'objet immédiat de l'esprit, parce qu'il ne peut affecter l'esprit, agir en lui, dit Malebranche. L'étendue intelligible est le seul objet de l'esprit, parce qu'elle seule l'affecte. Or, le monde intelligible n'a pas été créé ; c'est d'après lui que Dieu a créé le monde réel. L'idée a les caractères de l'être même dont elle participe; elle est nécessaire, éternelle, infinie ; elle est l'essence de Dieu, « non selon son être absolu, mais en tant que renfermant, entre toutes ses réalités et perfections infinies, celle de l'étendue ; car Dieu est partout........ Le monde intelligible est en Dieu, est Dieu même ; car ce qui est en Dieu est substantiellement tout Dieu. Il n'en est point une modalité, parce qu'il n'y a point de modalité dans l'infini, de néant dans l'être, ou qui termine l'être infini. Dieu est tout ce qu'il est, partout où il est, dans tout ce qu'il est...... La matière par elle-même n'a point d'efficace; elle ne peut donc agir sur l'esprit : mais l'étendue intelligible, l'idée, a son efficace; car tout ce qui est en Dieu est efficace. L'idée agit sur l'esprit; puis, quand les yeux sont ouverts et que les impressions sensibles ont lieu, l'idée, d'intelligible qu'elle étoit, devient sensible, c'est-à-dire, elle affecte l'âme de perceptions sensibles, etc..... Les idées seules sont efficaces, parce que ce sont l'essence du Tout-Puissant...... Les idées ne sont pas différentes substances, car elles sont en Dieu, et tout ce qui est en Dieu est Dieu tout entier. Il est un et tout. »

Ne croirait-on pas entendre Spinoza s'expliquer lui-même sur les rapports de Dieu et du monde? Ce sont presque les mêmes termes. Mais Spinoza parle du monde réel, et Malebranche du monde intelligible.

Malebranche engage Mairan à se défier un peu de ses habitudes géométriques et de la méthode de démonstration; car la démonstration ne s'applique qu'à des idées parfaitement claires, tandis que ce qui est de Dieu ne l'est pas; et il termine par un apologue entre un philosophe, un géomètre et un goutteux, les deux premiers prouvant au troisième qu'il n'a pas et qu'il ne peut pas avoir la goutte, et le défiant aussi, comme faisait Mairan, de montrer précisément le défaut de la démonstration.

« Trois personnes se trouvent ensemble, un philosophe, un géomètre, un goutteux. Le géomètre dit au goutteux : vous croyez que vous avez la goutte, mais il n'en est rien, je vous le démontre. La douleur ne peut être causée que par votre corps, ou par votre âme, ou de Dieu seul. 1° Elle ne peut être causée par le corps, car votre corps ne peut agir sur votre âme, demandez-le à monsieur le philosophe ; 2° ce n'est pas votre âme qui se tourmente elle-même ; car, si la douleur dépendoit de vous, vous n'en souffririez jamais ; 3° enfin ce ne peut être Dieu, car Dieu ne la connoît pas la douleur ; certainement Dieu ne tire ses connoissances que de lui-même ; or il n'y a point en lui de douleur, il seroit malheureux, il ne peut pas donc en vouloir produire en vous puisqu'il ne sait ce que c'est. Cela est démontré, demandez-le au philosophe, ou montrez-nous précisément le défaut de la démonstration. Je sais qu'elle est fausse, répond le goutteux, et que vous vous moquez de moi. — Adieu. Le vrai fidèle fait comme le goutteux, il n'écoute pas seulement ceux qui attaquent la foi de peur d'être embarrassé par des objections qu'il ne pourroit pas résoudre, car perdre la foi c'est tout perdre. »

On ne trouverait pas, dans tous les écrits de Malebranche, un autre passage où fut mieux marqué le caractère particulier du Platon français, la grâce unie à l'élévation. Toute cette lettre est certainement un abrégé précieux de la doctrine de l'auteur de la *Recherche de la vérité* et des *Entretiens métaphysiques*.

Mais cette grâce et cette élévation ne touchent pas notre géomètre. Comme il le dit lui-même, on n'est plus maître de ne raisonner plus, quand on a une fois raisonné jusqu'à un certain point ; et, malgré les plaisanteries de son illustre maître, l'écolier respectueux, mais loyal et ferme, se plaint toujours que Malebranche attaque Spinoza par des voies obliques et non pas directement, et qu'on ne lui montre pas le paralogisme duquel tout doit dépendre. Il ne se gêne guère pour donner à Malebranche une sorte de modèle de la polémique à instituer contre Spinoza, en attaquant directement l'étendue intelligible, en la réduisant à la substance étendue, et en démontrant, avec tout l'appareil des formes géométriques, que cette substance étendue a le caractère d'infinité que Malebranche n'accorde qu'à l'étendue intelligible, et que la conséquence rigoureuse de cette doctrine est celle de l'unité de substance. Mais lui-même semble s'apercevoir de l'inutilité de ses efforts pour amener Malebranche à une discussion réglée. On sent croître de lettre en lettre sa confiance dans le système de Spinoza, et on peut déjà pressentir que le disciple de Malebranche finira par être le successeur de Fontenelle et l'ami de Voltaire.

Malebranche, un peu surpris de la résistance et même de l'attaque de son correspondant, ne voit guère plus qu'une chose à lui répondre : c'est qu'il n'entend pas la lettre de Mairan, et que Mairan ne semble pas avoir entendu celle à laquelle il répond. Il développe de nouveau sa théorie des idées : « L'idée de l'étendue est infinie, mais son idéatum [expression de Spinoza] ne l'est peut-être pas; peut-être n'y a-t-il réellement aucun idéatum. Je ne vois actuellement que l'idée, et non l'idéatum, et je suis persuadé que l'idée a été une éternité sans idéatum. L'idée est éternelle, infinie, nécessaire et efficace même; car il n'y a que l'idée qui agisse sur les esprits : mais je ne vois point immédiatement l'idéatum; je ne sais que par une espèce de révélation qu'il y en a; en un mot, je puis concevoir qu'il n'y en a point..... L'expérience apprend qu'un manchot sent une main qui lui fait mal, et il n'a plus la sienne. C'est donc l'idée de sa main qui l'afflige, et non l'idéatum. » Quant au principe cartésien : Il faut affirmer d'une chose ce que l'on conçoit être renfermé dans son idée, ce principe n'est incontestable que par rapport aux idées qu'on voit immédiatement et directement, et non par rapport aux choses qu'on ne voit point en elles-mêmes. Il est bon surtout dans les mathématiques pures, qui ne considèrent que les idées. La démonstration ne peut avoir lieu que dans certaines limites, et non au delà. Malebranche finit par prier Mairan de s'adresser à l'auteur de toute vérité et de laisser là une correspondance qui ne les conduit à rien, s'excusant toujours sur l'impossibilité de philosopher par lettres, comme il l'avait dit en commençant, et comme nous l'avons vu dans sa lettre à M. de Torsac sur l'immortalité de l'âme [1].

Voici, dans leur ordre, les trois lettres que nous venons d'analyser :

LETTRE DE MALEBRANCHE.

Ce 12 juin 1714.

« Monsieur,

« Je voulois attendre que j'eusse assez de loisir pour réfuter au long l'auteur en question, et satisfaire vos désirs autant que je le pourrois ; mais, prévoyant que ce loisir ne me sera jamais donné, que la main me tremble si fort, en été surtout, que je ne peux écrire une ligne lisible dans le temps que j'aurois écrit autrefois une page, de peur de vous faire attendre trop longtemps pour trop peu de chose, je réponds ici à votre lettre datée du 6 mai. Ma réponse obtiendra de vous et que vous rabattrez beaucoup de l'estime que vous avez de moi, et qu'en cela vous me rendrez

---

[1] *Fragments philosophiques*, 3ᵉ édition, t. II, p. 167.

justice, et elle ne vous donnera point aussi sujet de penser que je suis peu sensible à ce qui vous regarde.

« J'ai relu, Monsieur, vos lettres précédentes, et lu et relu votre dernière, et il me paroît que non-seulement je vous ai marqué, dans celle que j'ai eu l'honneur de vous écrire, en quoi consistoit le paralogisme de l'auteur, et la cause même de son erreur, qui est (qu'il[1]) confond le monde, l'étendue créée, qui ne peut être l'objet immédiat de l'esprit, parce qu'il ne peut affecter l'esprit, agir en lui, avec l'idée de cette étendue que j'appelle étendue intelligible, parce que c'est elle seule qui affecte l'esprit. Or cette étendue intelligible n'est point faite; elle est éternelle, nécessaire, infinie : c'est, selon que je crois l'avoir prouvé, l'essence de Dieu, non selon son être absolu, mais en tant que renfermant, entre toutes ses réalités ou perfections infinies, celle de l'étendue; car Dieu est partout. Mais l'étendue locale dont le monde est composé, Paris, Rome, mon propre corps, étendue qui n'est point l'objet immédiat de mon esprit, n'existe point nécessairement; car je conçois que, quand Dieu auroit anéanti le monde créé, si Dieu m'affectoit comme il m'affecte, je verrois comme je vois, et je croirois que ce monde existe encore, parce que ce monde n'est point ce qui agit dans mon esprit. L'âme est une substance qui aperçoit; mais elle n'aperçoit que ce qui la touche et la modifie, ce que le corps ne peut faire.

« Je dis donc encore que l'auteur se trompe, parce qu'il prend l'idée du monde, le monde intelligible ou l'étendue intelligible, pour le monde, les idées pour les

[1] Manque dans l'original.

choses mêmes, et qu'il croit que l'étendue du monde est éternelle, nécessaire, etc., parce que telle est l'étendue intelligible, fondé sur ce principe que vous rapportez, mal entendu par l'auteur, que l'on peut assurer d'une chose ce que l'on conçoit être renfermé dans son idée. Ce principe est vrai, parce que Dieu ne peut avoir créé les êtres que sur les idées qu'il en a, et que les idées que Dieu a sont les mêmes que les nôtres, quand elles sont nécessaires; car il n'y auroit rien de certain si les idées que nous avons étoient différentes de celles de Dieu. Ce principe est vrai par rapport aux propriétés des êtres; mais il n'est pas vrai par rapport à leur existence. Je peux conclure que la matière est divisible, parce que l'idée que j'en ai me la représente telle; mais je ne puis pas assurer qu'elle existe, quoique je ne puisse pas douter de l'existence de son idée. Car son idée est actuellement l'objet immédiat de mon esprit, et non la matière même, et je ne puis savoir qu'elle existe que par révélation, ou naturelle ou surnaturelle, ainsi que je l'ai expliqué dans les *Entretiens métaphysiques*. Le monde intelligible est en Dieu et Dieu même; car ce qui est en Dieu est substantiellement tout Dieu. Il n'en est point une modalité, parce qu'il n'y a point de modalité dans l'infini, de néant dans l'être, ou qui termine l'être infini. Dieu est tout ce qu'il est, partout où il est, dans tout ce qu'il est, ce que l'esprit fini ne peut comprendre. Mais nous ne voyons pas l'essence de Dieu selon ce qu'elle est en elle-même absolument, quand nous pensons à l'étendue, au monde intelligible : nous ne voyons que ce que Dieu voyoit en lui-même quand il a voulu créer le monde.

« Je ne comprends pas, Monsieur, comment vous trouvez de la difficulté à concevoir (lettre précédente) la différence qu'il y a entre l'idée d'une chose et la chose même, entre l'étendue créée, que j'appelle matérielle, celle dont le monde est composé, et qui, sans le mouvement, qui est la cause de leurs différentes figures, ne seroit qu'une masse informe, et l'idée que Dieu en a et dont il affecte mon esprit, idée que j'appelle intelligible, parce que la matière ou l'étendue créée n'a point d'efficace propre et ne peut agir sur mon esprit. Je suis surpris comment, de la réponse de Théodore (Ent. métaph, n° 12), vous concluez que par l'étendue intelligible *il est clair que je n'entends autre chose que l'étendue substance, dont l'étendue créée ou matérielle, c'est-à-dire les corps, la couleur, la dureté, etc., qui affectent nos sens et notre imagination, ne sont que de simples modes.* J'entends, Monsieur, tout autre chose que ce que vous pensez. Cela est évident par ce qui précède. Mais je m'explique.

« Quand je pense à l'étendue les yeux fermés, alors l'idée de l'étendue me la représente immense et partout la même parce qu'elle affecte mon esprit partout d'une pure perception, et si légère qu'il me semble qu'elle n'est rien et ne représente rien de réel. J'appelle cette étendue intelligible, parce que cette idée ne m'affecte point par mes sens. Mais, dès que j'ouvre les yeux, je dis que c'est cette même idée, et non quelque autre, qui m'affecte des perceptions sensibles qu'on appelle couleurs rouge, vert, bleu : alors cette même idée devient sensible, d'intelligible qu'elle étoit, c'est-à-dire qu'elle m'affecte de perceptions sensibles. Car la même idée peut, par son efficace, car tout ce qui est en Dieu est efficace, peut, dis-je, affecter l'âme de différentes perceptions, et cela même par chaque partie idéale. Je dis idéale, car l'étendue intelligible n'est point localement étendue et n'a point de parties étendues. Par exemple, l'idée de main, qui seule est l'objet immédiat de mon esprit, peut, dans le même temps, m'affecter de différentes perceptions, savoir, couleur, chaleur, douleur, et, si Dieu le vouloit, peut-être de cent mille autres. Car il est certain que les perceptions sensibles ne sont que des modifications de l'âme, différentes de l'idée ou de l'objet immédiat aperçu. Si donc je regarde ma main, j'en aurai la perception couleur; si je la regarde dans l'eau, j'en aurai la perception froideur; et si, en même temps que je la regarde dans l'eau froide, j'ai la goutte, j'en aurai la modification ou perception douleur. Ainsi la même idée de ma main peut m'affecter en même temps de différentes perceptions; et à plus forte [raison] c'est la même idée qui peut affecter Ariste, selon la réponse que lui fait Théodore, lorsqu'il en a de légères et indifférentes perceptions, ou qu'il en a de vives et intéressantes.

« Il me paraît toujours que la cause des erreurs de l'auteur est qu'il confond les idées des choses avec les choses mêmes, les idées qui seules peuvent affecter les intelligences, avec les êtres qui ne peuvent agir sur l'esprit. Cependant ce n'est pas notre propre corps même qui agit sur notre âme, mais l'idée de notre corps. Car la main qui fait mal à un manchot, lorsque l'origine des nerfs [1], qui répondoient à sa main avant qu'on la lui eût coupée,

---

[1] *Sic.* Lisez: lorsque *les* nerfs.

sont rudement ébranlés, n'est que la main idéale; car sa main, qu'il croit être celle qui lui donne la perception douleur, n'est plus. Avant même qu'elle fût coupée, ce n'étoit point elle qu'il voyoit et qu'il sentoit immédiatement, car il n'y a que les idées qui affectent les esprits; idées efficaces, parce que ce sont l'essence du Tout-Puissant, en tant qu'elle renferme éminemment les perfections qu'il a créées, qui touche l'esprit [1]. L'étendue intelligible n'est point, sans doute, l'étendue que vous appelez *étendue substance*, mais l'idée de l'étendue substance dont le monde est composé; c'est l'idée de l'étendue substance dont Paris, Rome, etc., sont des parties et non des modes simples. Les modifications de l'étendue ne sont que les figures qui les terminent, et l'on n'a jamais pris les parties d'un tout pour les modifications du tout, une demi-sphère, soit intelligible, soit matérielle, pour des modifications de la sphère, un pied cube d'étendue pour une modification d'une étendue infinie; car une étendue infinie n'auroit point de modification, point de terme en quoi consiste la modification.

« Je ne comprends rien, Monsieur, dans ce que vous répondez à ce que j'ai dit, qu'un pied cube est une substance, ou plutôt une infinité de substances, ou $12 \times 12 \times 12$ pouces de substance; car je puis apercevoir un pouce cube sans apercevoir le pied cube : mais je ne puis apercevoir la figure qui le termine sans l'étendue qu'il renferme, parce que la figure n'en est que la forme. La figure est donc le mode, et l'étendue la substance, et l'idée de la figure l'idée du mode; et l'idée de l'étendue l'idée de la substance étendue. Il est évident que si un pied n'est pas substance, mais

[1] *Sic.* Phrase évidemment incorrecte.

modification, une infinité de cubes ne seront point une substance infinie, mais un assemblage infini de modifications.

« Je sais bien qu'un pied cube est de même nature que toute autre étendue, mais ce qui fait qu'un pied cube est distingué de tout autre, c'est son existence. Qu'il y ait des êtres de même ou de différente nature si cela se peut, ou qu'il n'y ait rien qui l'environne, il sera toujours ce qu'il est. Je sais aussi que l'idée de l'étendue est infinie, que l'esprit ne peut l'épuiser : mais l'idée de l'étendue n'est pas le monde, c'est l'idée de la substance étendue, substance dont le souverain Ouvrier après l'avoir créée, a composé l'univers avec un art infini ; car il lui falloit une substance divisible à l'infini pour perpétuer la génération des animaux et des plantes, sans arrêter le cours uniforme et majestueux de sa Providence. J'ai traité cette matière dans une optique [que] j'ai donnée dans la dernière édition de la *Recherche de la vérité*.

« Je trouve, Monsieur, que l'auteur est plein d'équivoques et qu'il ne prouve que cette vérité, que l'idée d'une étendue infinie est présente à l'esprit, en sorte que l'esprit ne peut l'épuiser, et cette vérité encore qu'il n'y a point deux sortes d'idées d'étendues ; mais il confond l'idée de l'étendue avec le monde. Il faut bien que l'ouvrage soit conforme à l'idée de l'ouvrier, *idea suo ideato*, comme il parle, mais il n'est pas possible qu'il soit l'ouvrier même.

« Pour moi, Monsieur, je conçois clairement dans l'étendue intelligible infinie, une infinité de parties intelligibles, et que, si l'étendue créée n'étoit qu'une masse informe sans mouvement, il y auroit une infinité de parties différentes dont on pourroit former Paris, Rome, des cubes, des sphères, qui seroient toutes des substances particulières de cette substance infinie, et toutes de même attribut, c'est-à-dire toutes étendues et de même nature, toutes des substances mais plus ou moins grandes. Je conçois même, à l'égard des nombres, que les unités dont ils sont composés sont infinies et distinguées, j'entends intelligiblement, car je parle des nombres nombrants. Ce ne sont pas différentes substances, car ils sont en Dieu, et tout ce qui est en Dieu est Dieu tout entier, si l'on peut parler ainsi. Il est un et tout. Tel est nécessairement l'être infini, et ce que l'esprit fini ne doit pas espérer de comprendre, jusqu'à ce qu'on le voie tel qu'il est, car nous ne pouvons savoir que les choses dont il nous a donné des idées claires, et nous ne concevons clairement que l'étendue et les nombres et quelques principes généraux. Je dis donc qu'il y a une infinité d'unités intelligibles, car s'il n'y en avoit que dix, on ne pourroit penser à cent, parce que dix n'est pas cent et qu'il contient dix fois moins d'unités que cent. Ainsi l'esprit ne peut voir cent dans dix, car il y en auroit quatre-vingt-dix qu'il verroit et qui ne seroient point. Mais voir rien et ne point voir c'est la même chose. On peut conclure de là qu'il n'y a que l'être infini qui peut seul éclairer l'esprit. Mais c'est une vérité qu'on peut démontrer en cent manières. Je la prouve dans le traité d'optique d'une manière dont je crois que vous serez content, d'autant plus que l'optique est une matière où on démontre mathématiquement les vérités. L'optique fait voir la différence extrême qui est entre les idées et les objets qu'elles représentent, et qu'il n'y a qu'une intelligence infinie qui puisse en un clin d'œil faire une infinité de raisonnements instantanés, tous réglés par la géométrie et les lois de l'union de l'âme et du corps. Je crois aussi, avant ce traité, dans le quatrième volume, avoir démontré la cause physique de tous les effets naturels, que je prouve par l'explication du feu, de la dureté, fluidité, lumière, couleur, la réfraction, réflexion, pesanteur ; le tout fondé sur ce principe que les corps ne sont mus que lorsqu'ils sont poussés, et sur quelques expériences dont tout le monde convient et que chacun peut faire. Croiriez-vous, Monsieur, que la cause de la pesanteur est la même que la réfraction des verres ? Je dis cela pour donner la curiosité d'en voir la preuve et de vous détourner de l'auteur en question.

« Vous voulez bien, Monsieur, que je vous dise que l'évidence ne se trouve que lorsqu'on ne raisonne que sur des idées claires, et que Jésus-Christ étant venu pour nous instruire par les apôtres des vérités où nous ne pouvons atteindre, on peut bâtir sur les dogmes de la foi et tâcher d'en avoir l'intelligence ; mais les révoquer en doute ou ne les vouloir croire que lorsqu'on en voit clairement la vérité, c'est une disposition mortelle. Vous citez la *Recherche de la vérité ;* lisez-en, Monsieur, le troisième chapitre, article deux.

« Faute d'avoir une idée claire de l'âme, nous n'en connaissons rien : car le sentiment intérieur n'est pas proprement une connoissance. ous connoissons clairement un cercle, un cube, un nombre, etc., il est vrai, mais c'est que ce sont des idées claires. Mais nous ne connoissons pas les perceptions ou les modifications dont ces idées affectent notre esprit, parce que nous n'avons pas l'idée ou l'archétype de l'esprit. Nous voulons, nous formons des actes sans savoir ce que c'est qu'un acte, en un mot, nous ne connoissons rien de ce que nous sentons en nous. Cependant l'âme est finie, de plus elle se sent, elle n'est point distinguée d'elle-même. Nous ne devons donc pas révoquer en doute des vérités bien prouvées d'ailleurs, à cause des prétendues démonstrations d'un auteur, qui ne savoit peut-être pas qu'on ne peut rien démontrer qu'en développant des idées claires, et qui certainement ne voyoit pas l'essence divine infinie en elle-même.

« Trois personnes se trouvent ensemble, un philosophe, un géomètre, un goutteux. Le géomètre dit au goutteux : Vous croyez que vous avez la goutte, mais il n'en est rien, je vous le démontre. La douleur ne peut être causée que par votre corps, ou par votre âme, ou de Dieu seul. 1° Elle ne peut être causée par le corps, car votre corps ne peut agir sur votre âme; demandez-le à monsieur le philosophe; 2° ce n'est pas votre âme qui se tourmente elle-même, car si la douleur dépendoit de vous, vous n'en souffririez jamais. Enfin ce ne peut être Dieu, car Dieu ne la connoît pas la douleur; certainement Dieu ne tire ses connoissances que de lui-même; or il n'y a point en lui de douleur, il seroit malheureux, il ne peut donc pas en vouloir produire en vous puisqu'il ne sait ce que c'est. Cela est démontré, demandez-le au philosophe, ou montrez-nous précisément le défaut de la démonstration. Je sais qu'elle est fausse, répond le goutteux, et que vous vous moquez de moi. — Adieu. Le vrai fidèle fait comme le goutteux, il n'écoute pas seulement ceux qui attaquent la foi, de peur d'être embarrassé par des objections qu'il ne pourroit pas résoudre; car perdre la foi c'est tout perdre, et la foi ne vient que par la révélation et non de la spéculation des idées claires des mathématiques et des nombres. Je suis, Monsieur, avec bien du respect,

« Votre très-humble et très-obéissant serviteur,

« MALEBRANCHE,

P. D. L. O.

« Ma santé, Monsieur, a peine à se rétablir; je viens encore de me faire saigner. J'ai soixante-seize ans, je ne sais [si] je répondrai à l'*Action de Dieu sur les créatures*, quoique il y a déjà du temps que j'y fais mes observations. L'auteur parle bien et raisonne, à mon sens, fort mal; il me paroît qu'il renverse toutes les idées qu'on avoit de Dieu, sagesse, justice, bonté, etc., et je crois que ce livre tombera quand la prévention sera passée. Les objections qu'il me fait sont celles de M. Arnaud, auxquelles j'ai répondu autant que je l'ai cru nécessaire. »

LETTRE DE MAIRAN.

Le 26 août 1714.

« Mon révérend père, je ne saurois vous exprimer le plaisir que j'ai ressenti à la dernière lettre que vous m'avez fait l'honneur de m'écrire; je craignois de n'en plus recevoir de votre part, du moins je n'osois me flatter d'en recevoir de si détaillées : le dérangement de votre santé, la peine que vous avez à écrire, en été surtout, et les occupations qui vous surviennent continuellement ne me permettoient pas de l'espérer. Jugez de l'extrême reconnoissance dont je dois être pénétré, lorsque je vois que vous passez par-dessus tous ces obstacles en ma faveur. Ce n'est pas en me montrant tant de bonté avec tant de lumières que vous me ferez rabattre de la haute estime que j'ai pour vous; je ne saurois satisfaire là-dessus votre modestie, ni la flatter sans blesser ma sincérité.

« Il y a tant à penser, mon révérend père, sur tout ce que vous me dites dans votre lettre, que je n'y aurois pas encore répondu de quelque temps, si l'impatience que j'ai de vous témoigner combien je vous suis redevable, et d'apprendre des nouvelles de l'état de votre santé, ne m'y avoit engagé. Vous me parlez de bien des choses sur lesquelles je dois m'instruire plus à fond, et méditer plus particulièrement que je n'ai fait jusqu'ici : ce n'est pas pour moi un petit projet. Dans les embarras et les distractions où je suis obligé de vivre, il ne m'est pas permis de penser toutes les fois que j'en aurois envie.

« Vous m'auriez épargné, mon révérend père, bien des discussions où il me faudra entrer, si, comme je vous en avois prié, vous aviez voulu m'indiquer précisément, et à la manière des géomètres, le paralogisme du traité *de Deo;* en sorte qu'après avoir su la proposition où vous le placez, j'en eusse pu examiner en détail la démonstration et ses dépendances sans me distraire ailleurs. Mais vous ne l'avez pas jugé à propos; vous vous en tenez aux objections vagues et générales. Je ne tâcherai pas moins de profiter de la faveur que vous me faites en suivant le chemin qu'il vous plaira de me tracer.

« Il me paroîtroit cependant d'autant plus nécessaire de citer l'endroit du paralogisme, que je n'en suis pas plus éclairci, quand vous persistez à me dire qu'il consiste en ce que l'auteur confond les idées des choses avec les choses mêmes; car quelque recherche que j'en aie faite, je ne saurois trouver aucun endroit dans son livre où il soit tombé dans cette erreur; au contraire, j'en citerois cent où la distinction des idées des choses avec les choses mêmes n'est pas moins marquée que celle de la pensée avec l'étendue. Il est vrai qu'il semble par la suite des endroits de vos lettres où vous l'en accusez, que vous ne le faites qu'à cause qu'il croit la substance étendue dont les corps sont les modifications, infinie et éternelle : mais, outre que ce seroit donner pour preuve ce qui est en question, et que c'est là plutôt une suite de son système qu'un moyen dont il se soit servi pour le démontrer, si l'on prouve par des principes communs à tous les philosophes, et indépendamment de la substance étendue, qui n'est qu'un cas particulier de la démonstration générale, que toute substance est unique en son genre, nécessaire et infinie, que deviendra le paralogisme de l'auteur et cette confusion qu'on lui impute? Or c'est là ce qu'il a prétendu faire, et ce qu'il me semble qu'il a fait.

« Votre objection, mon révérend père, est encore fondée sur plusieurs propositions dont vous vous servez conformément à votre système, qui sont ou contraires au sien, ou entendues et expliquées d'une manière différente dans le sien, comme, que l'âme de l'homme est une substance, que les idées sont quelque chose de distinct d'elle-même et de ses perceptions, que l'étendue ne sauroit agir sur elle, etc. Mais il me semble que, selon les lois exactes du raisonnement, on ne peut s'en servir contre lui qu'en les prenant au même sens que lui, ou qu'après les avoir démontrées autrement par des principes communs aux deux systèmes.

« Vous concluez, sur le même fondement, qu'il a mal entendu ce principe que j'avois rapporté, *qu'on peut assurer d'une chose ce que l'on conçoit être renfermé dans son idée ; car*, dites-vous, *ce principe est vrai par rapport aux propriétés des êtres, mais il n'est pas vrai par rapport à leur existence. Je puis conclure que la matière est divisible, parce que l'idée que j'en ai me la représente telle ; mais je ne puis pas assurer qu'elle existe* (je m'attendois que ce seroit parce que l'idée que vous en avez ne vous la représente pas existante, mais vous continuez) *quoique je ne puisse pas douter de l'existence de son idée ; car son idée est éternellement l'objet immédiat de mon esprit, et non la matière même, et je ne puis savoir qu'elle existe que par révélation naturelle ou surnaturelle.*

« Mais souffrez, s'il vous plaît, mon révérend père, que je vous réponde que si par matière nous entendons les corps, ou les diverses modifications de l'étendue, nous devons dire que la matière est divisible, qu'elle n'est pas infinie, et que son existence nous est inconnue, parce qu'en effet son idée renferme la divisibilité et ne renferme pas l'infinité, ni l'existence nécessaire. L'auteur n'a jamais dit que le principe fût vrai par rapport à l'existence des êtres particuliers, et il a dit très-clairement et très-positivement le contraire. Mais si par matière nous entendons la substance étendue proprement dite, qui n'est ni tel ni tel corps, qu'on conçoit également dans tous les corps, ou qui leur est commune à tous, nous pouvons assurer qu'elle est infinie, qu'elle existe nécessairement et qu'elle est indivisible, parce que son idée, dégagée de toute imagination, la représente telle à l'entendement. Je n'assure point d'un triangle qu'il existe, je dis que ses trois angles sont égaux à deux droits, parce que cette propriété est clairement contenue dans l'idée qui me le représente, et que l'existence ne l'est pas. Mais quand l'existence et l'infinité sont des propriétés renfermées objectivement dans l'idée d'une chose, j'assure de cette chose qu'elle existe et qu'elle est infinie, comme j'en assure les autres propriétés contenues dans son idée ; ainsi j'assure que Dieu est infini et qu'il existe, parce que l'idée qui me le représente renferme l'infinité et l'existence, comme des propriétés essentielles à cet être (V. *Rem. div.* p. 597).

« Toute la question se réduit donc, ce me semble, à savoir si l'étendue proprement dite, l'étendue commune à tous les corps, sans laquelle ils ne peuvent ni exister ni être conçus, nous est représentée par son idée comme infinie et comme existante.

« Je vous avoue, mon révérend père, qu'après être rentré en moi-même, et avoir médité plusieurs fois très-sérieusement sur ce sujet, je n'ai pu encore m'empêcher de voir dans cette idée l'infinité et l'existence objective, et partant, selon le principe, je n'ai pu me dispenser d'en conclure l'infinité et l'existence formelle de son objet. Je crois que tous les hommes l'y voient comme moi, et que ce n'est que faute de s'entendre qu'ils n'en conviennent point. Il n'y a pas jusqu'aux plus grossiers et aux moins capables de réflexion qui ne reconnoissent implicitement, dans le temps même peut-être qu'ils seroient prêts à la nier, une étendue réellement infinie, ou sous le concept chimérique du vide ou sous l'idée vague des espaces imaginaires.

« Comme la preuve de l'infinité de l'étendue par son idée me paroît décisive sur cette matière, je vais tâcher de la mettre dans un plus grand jour et à couvert des objections qu'on peut prendre de votre système. Selon votre doctrine, mon révérend père, il y a trois choses à remarquer lorsque nous avons une idée :

« La modification de l'âme que vous appelez perception ;

« L'objet immédiat de l'esprit ou de la perception, qui est ce que vous appelez idée ;

« Et la chose représentée par l'idée, qui est, ce me semble, ce que tout le monde appelle objet ou idéat.

« L'idée ou l'idéat sont deux choses très-distinctes : l'idée d'un quadrilatère, par exemple, n'a ni quatre côtés ni quatre angles, comme son idéat, et tout le rapport qu'elle a avec lui, c'est qu'elle représente à l'esprit quatre côtés et quatre angles.

« De même l'idée de l'étendue est très-différente de l'étendue qui est son idéat ; elle n'a rien d'étendu comme lui, mais elle représente quelque chose d'étendu. Quand j'ai idée de l'étendue, ou que mon esprit se tourne vers cette idée, la modification que mon âme reçoit, la perception est finie ; mais l'idée, l'objet immédiat de cette perception est, comme on en convient, infinie. La question est de savoir si l'idéat peut être infini, ou, ce qui revient au même à cause du principe, si cette idée me représente son idéat, la substance étendue, comme infinie. Mais l'idée infinie d'une substance pourroit-elle ne pas représenter quelque chose d'infini ? Pour moi je cherche en vain comment la représentation que contient cette idée ne seroit pas infinie, et qu'est-ce qui constitueroit son infinité sans cela? Une idée est un être représentatif, et il est contradictoire, ce me semble, qu'une idée infinie n'offre pas à l'esprit une représentation infinie, autrement je pourrois nier que Dieu soit infini, par ce mauvais subterfuge qu'à la vérité l'idée de Dieu est infinie, mais qu'elle n'offre pas à mon esprit une représentation infinie. Je suis donc contraint d'admettre une représentation infinie dans l'idée d'étendue, ou, pour parler un langage plus clair, de dire que l'idée de l'étendue me représente l'étendue, son idéat, comme infini. Rappelons maintenant le principe, *on peut affirmer d'une chose ce que l'on conçoit clairement être renfermé dans l'idée qui la représente*, et supposons un moment l'existence actuelle de la substance étendue, idéat de cette idée qui la représente infinie, sera-ce mal raisonner, mal appliquer et mal entendre le principe d'assurer de cette substance qu'elle est infinie? N'est-ce pas une des *propriétés* contenues dans sa représentation? Et, si je prends garde qu'une substance, qu'on conçoit pouvoir exister un moment infinie, ne peut qu'exister nécessairement, parce qu'il seroit impossible de concevoir qu'elle commençât jamais d'exister par elle-même, n'existant point, ni par une cause étrangère, devant exister infinie, et réciproquement qu'une substance qui existe nécessairement ne peut qu'être infinie, parce que, si elle ne l'étoit pas, on pourroit la concevoir comme non existante au delà des bornes qui la terminent; si, dis-je, faisant attention à tout ce que l'idée de l'étendue me représente de l'étendue, je puis aussi peu la concevoir non existante que non infinie, et que j'assure d'elle l'infinité et l'existence nécessaire, sera-ce encore mal user du principe? L'application n'en est-elle pas aussi juste que celle par laquelle j'assure d'une figure que son idée me représente avec quatre côtés, qu'elle a aussi quatre angles?

« Il n'est rien dont on ait des idées plus distinctes que la pensée et l'étendue, car on peut toujours penser à l'une sans penser à l'autre. Donc l'idée de l'étendue me doit représenter quelque chose qui est distinct d'elle-même, puisque toute idée appartient à la pensée, et ne sauroit exister ni être conçue sans elle; et si ce que me représente l'idée de l'étendue n'étoit point quelque chose distinct des idées, je ne pourrois concevoir jamais que la pensée et ses modifications. Mais il est de fait que je conçois quelque chose qui n'est point pensée. Or cette chose, ou elle existe, ou elle n'existe pas ; si elle existe, elle existe telle qu'elle m'est représentée, c'est-à-dire infinie : si elle n'existe pas, c'est donc le néant qui est représenté par l'idée de l'étendue.

«Vous dites, mon révérend père, que *l'auteur est plein d'équivoques, et qu'il ne prouve que cette vérité, que l'idée d'une étendue infinie est présente à l'esprit, en sorte que l'esprit ne peut l'épuiser, et cette vérité encore qu'il n'y a pas deux sortes d'idées d'étendue, mais il confond l'idée de l'étendue avec le monde,* etc. Il ne faut qu'ouvrir son livre pour voir que l'étendue qu'il appelle substance est cette même étendue infinie dont l'idée est présente à l'esprit. Ce n'est pas, comme il semble que vous voulez toujours le supposer, le monde, si par ce mot vous entendez le ciel, la terre et les corps qu'ils contiennent, ou qui les composent, Rome, le soleil, etc. ; car ces choses ne sont, en tant que telles, que de pures modifications variables à l'infini ; mais c'est, comme il en avertit en cent endroits, la substance dont toutes ces choses sont des modifications, qui leur est commune à toutes et sans laquelle elles ne peuvent ni exister, ni être conçues, quelque changement qui leur arrive. Je ne vois point là d'équivoque ni de confusion.

« Mais permettez-moi de vous demander, mon révérend père, quelle est, selon vous, cette étendue infinie dont vous dites que l'idée est présente à l'esprit ? Ce n'est pas la substance du monde, puisque vous la croyez finie ; ce n'est pas aussi l'étendue intelligible, car, selon que vous la définissez en plusieurs endroits de votre lettre, *l'étendue intelligible n'est que l'idée de l'étendue*. Ainsi, si on confondoit l'étendue intelligible avec l'étendue infinie dont vous dites que l'idée est présente à l'esprit, ce seroit véritablement confondre une idée avec la chose représentée par cette idée. Quoi que ce puisse être cependant que cette étendue infinie dont l'idée est présente à l'esprit, il faut bien assurer d'elle, conformément au principe, qu'elle est infinie, c'est-à-dire qu'elle ne peut être formellement dans la nature que telle qu'elle est objectivement dans l'idée. Mais, *s'il n'y pas deux sortes d'idées d'étendue,* ou deux sortes d'étendues qui soient les idéats de cette même idée, je ne vois point en quoi cette étendue infinie de laquelle vous avouez que l'idée est présente à l'esprit, différera de la substance dont j'ai conclu qu'elle étoit infinie, parce que son idée me la représentoit infinie. Je ne dois pas examiner ici d'où me vient cette idée de l'étendue infinie ; chaque système l'explique à sa manière ; mais quelle qu'en soit la cause, ma conclusion est certaine, ou le principe est faux et défectueux.

« Il est vrai qu'il y a cette différence entre les systèmes des autres philosophes et celui de l'auteur, que dans les premiers il est impossible de concevoir que l'esprit ait idée de quelque chose qui n'est point pensée, au lieu que dans celui de l'auteur, où la pensée et l'étendue ne sont que des attributs d'une même substance qui se pénètrent, rien n'est plus analogue. Sur quoi je remarque encore la nécessité qu'il y auroit de saper les fondements du système avant que de l'attaquer par de semblables difficultés.

« Voici, mon révérend père, une preuve d'une autre espèce, par laquelle je prétends faire voir que l'étendue ne sauroit exister actuellement finie, c'est-à-dire, ou qu'elle n'existe point, ou qu'elle existe infinie.

« Être infini en son genre, n'avoir point de bornes ou de limites, n'être point terminé en son genre, c'est une seule et même chose.

« Être fini en son genre, borné, terminé, ce sont encore tous termes synonymes.

« *Lemme*. Pour être fini en son genre, il faut être terminé par quelque chose de même genre ou de même nature.

« Soit A un corps fini : il est évident qu'il est borné et terminé par tous les corps ambiants, B, C, D, etc., qui sont étendus comme lui, ou qui ont l'étendue commune avec lui, et au delà desquels il ne s'étend pas. Et, s'il n'y avoit autour d'A aucun corps, ni rien d'étendu, je ne pourrois éviter d'affirmer du corps A qu'il est infini en son genre ; car être terminé par rien, n'être point terminé, c'est être infini ; et, en ce cas, A épuiseroit l'être en son genre, ou seroit infiniment étendu. Si l'on vouloit supposer que le corps A fût terminé par des êtres de différente nature, c'est-à-dire non étendus, par exemple, par des pensées, ce seroit encore n'être point terminé en son genre, ou être terminé par rien, en tant qu'étendu ; car n'y ayant nulle étendue dans la pensée, et le néant ne pouvant agir sur l'être, elle ne sauroit donner des bornes et des limites au corps A, qu'en tant que pensant, et partant elle le laisseroit infini en tant qu'étendu. J'ai dit, s'il n'y avoit autour d'A rien d'étendu, parce que je sais que l'imagination ne manque pas, au défaut des corps, de se le représenter au milieu de l'espace ou dans le vide ; mais l'espace et le vide n'étant que des êtres de raison, ou des manières de concevoir l'étendue, ou enfin de l'étendue quelconque, le corps A seroit toujours borné et terminé, dans ce cas, par l'étendue qui lui est commune, où il nage et dans laquelle je le concevrois inscript : il seroit distingué, borné et terminé par une étendue, ou non modifiée ou autrement modifiée que lui, telle qu'il plaira à l'imagination de se la peindre, car c'est son ouvrage. Cela posé, je dis que la substance étendue dont les corps sont les modes, sans laquelle ils ne peuvent ni exister ni être conçus, ne sauroit être actuellement finie, mais seulement infinie.

« *Démonstration*. Car ou la substance étendue est terminée, ou elle ne l'est pas. Si elle n'est pas terminée, elle est infinie. Si elle est terminée, ou elle l'est par des substances de même nature qu'elle, ou par des substances de différente nature. Mais elle ne sauroit être terminée par des substances de même nature, par des êtres étendus, en tant que substance et indépendamment de tout mode ; car je n'entends par l'étendue que le genre d'être qui est commun à tous les corps, à toutes les modifications qui ne peuvent ni exister ni être conçues sans lui ; ainsi ce genre d'être, l'être étendu, ne peut être fini et terminé, en tant que tel, par une autre étendue ; car ce seroit toujours de l'étendue sans fin et sans bornes, et, par conséquent, ce genre d'être, l'étendue ne seroit point terminée, seroit sans limites et infinie. Elle ne sauroit non plus être terminée par des substances de différente nature ; car, comme je l'ai montré dans le *lemme*, ce seroit être terminé par le rien, ou plutôt ce seroit n'être point terminé. Donc ou il n'y a point d'étendue dans la nature, ou elle est infinie. C. Q. F. D.

« *Corollaire*. L'étendue est une substance simple et unique.

« Cela est évident de là qu'elle est infinie ; car ou les parties qui la composeroient seroient infinies comme elle, ou elles seroient finies ; si elles étoient infinies, il y pourroit donc avoir un infini métaphysique double, triple, etc., d'un autre infini de même genre, ce qui est absurde. Si elles étoient finies, l'infini seroit composé de parties finies, ce qui est encore absurde. Donc, etc.

« L'imagination se révolte contre cette simplicité, et par le secours des lignes, des plans mathématiques, des figures et de toutes sortes d'universaux et d'abstraits, nous représente l'étendue comme un composé de plusieurs êtres de même genre. Mais faisons taire l'imagination et voyons, par l'entendement seul, qu'est-ce qui pourroit distinguer entre elles ces étendues proprement dites, comme autant de substances et non comme modes de l'étendue. Rien assurément, du moins je ne le vois pas; dira-t-on que chacune d'elles *est distinguée* et terminée *par son être propre, par son existence et qu'elle sera toujours ce qu'elle est, qu'il y ait des êtres de même nature ou de différente nature, si cela se peut, ou qu'il n'y ait rien qui l'environne*, comme vous le dites d'un cube d'étendue? Mais je vous avoue, mon révérend père, que je ne saurois comprendre comment plusieurs substances pourroient être distinguées par leur être propre ou par leur existence indépendamment de leurs essences. L'existence sans l'essence n'est pas, ce me semble, un signe de distinction réelle, parce que entre elles je ne vois qu'une précision et une distinction de raison qui n'a aucune réalité hors de l'entendement. Car les substances n'existent qu'en cela même qui constitue leur être ou leur existence ; cet être, cette existence et l'essence qui la constitue *sunt in re ipsa unum et idem*, et quoique, en supposant que les substances proprement dites n'existent pas nécessairement, on puisse distinguer leur essence idéale et en puissance d'avec leur existence actuelle, du moins sera-t-il toujours vrai de dire que l'existence actuelle d'une substance n'est pas distincte réellement de son essence actuelle. C'est pourquoi, si plusieurs substances existent actuellement ou sont distinctes entre elles, cette distinction ne peut consister que dans la différence de leurs essences actuelles. Or l'essence est partout ici la même ; il n'y a donc nulle distinction.

« Il ne me paroît pas moins impossible qu'une substance

soit terminée et finie par son propre être, par son existence, et, si c'est un corps, *sans qu'il y ait rien qui l'environne;* car, comme je viens de le dire, l'être ou l'existence des substances n'est que leur essence. Mais être terminé et fini c'est avoir en partie une négation d'être ou un non-être. Ce non-être ne peut venir à la substance de son essence, car son essence pose l'être et ne le nie pas; il faut donc qu'il lui vienne de quelque chose d'extérieur et non de son être propre. D'ailleurs une chose n'est vue finie que parce qu'on voit au delà dans le même genre d'être. Or comme il faudroit que ce fût de quelque substance de même nature, que cette seconde ne pourroit encore être terminée elle-même que par une semblable et ainsi de suite à l'infini, cette nature, ce genre d'être ne pourra exister qu'infini; et parce que des substances de même nature ne sauroient être distinctes entre elles, il sera impossible qu'il y en ait plusieurs, partant ce genre d'être constituera une substance infinie, simple et unique.

« Tout ceci pouvoit être aisément déduit de trois ou quatre principes que j'avois posés dans ma lettre précédente. Ainsi je ne crus pas qu'il fût nécessaire d'entrer dans un plus grand détail sur l'objection du pied cube d'étendue, il me sembloit qu'il suffisoit d'indiquer en général de quoi la résoudre; mais, puisque vous trouvez, mon révérend père, que je ne me suis pas assez expliqué là-dessus, et que vous croyez toujours que cet exemple prouve que l'étendue est composée, en tant que substance, de parties réellement distinctes, j'ajouterai encore ici quelques remarques, après lesquelles j'espère qu'il ne restera plus aucun sujet de doute sur cette matière.

« 1° L'auteur ayant démontré en général de toute substance qu'elle est nécessaire, infinie et indivisible, un cas particulier tel que celui-ci ne peut être proposé pour renverser le système, il doit, au contraire, être expliqué par les principes généraux et entrer dans leur analogie.

« 2° Je viens de démontrer de la substance étendue en particulier qu'elle est infinie, simple et unique, et que les parties qu'on y conçoit ne sauroient être distinctes entre elles que modalement et non en qualité de substances, qu'elles ne sauroient être finies ni distinctes par leur être propre, par leur existence, etc. Donc le pied cube dont il s'agit et les pouces cubiques d'étendue qui le composent ne sont point de véritables substances réellement distinctes.

« 3° Il faut bien qu'on puisse concevoir dans l'étendue des cubes, des sphères et toute sorte de figures, car cela suit nécessairement de son idée; mais ces cubes, ces sphères, etc., ne sont point des êtres réels dans l'étendue, tels qu'ils sont dans l'esprit. Ce ne sont que de pures abstractions mathématiques qui n'ont jamais existé et qui n'existeront jamais en l'étendue dans la précision sous laquelle on les conçoit. Et, pour que leur être tel soit quelque chose dans la nature, il faut que l'essence qui leur est commune soit affectée de quelque modification qui les distingue et qui constitue cet être tel. Car il n'y a ni rondeur ni cubéité dans la nature, mais tel corps, bois, pierre, etc., rond ou cubique.

« 4° Mais[1], si par impossible on supposoit qu'il existât

---

[1] Dans les papiers de Mairan, ce paragraphe, sur une feuille rapportée, est accompagné de la note suivante :

une étendue finie, un pied cubique, par exemple, conçu indépendamment de toute autre modification, je ne vois pas encore comment est-ce qu'en tant que fini et divisible, il pourroit être une véritable substance. Car premièrement est-ce une seule substance, en sont-ce plusieurs? puisqu'il est divisible et divisible à l'infini, ce sont une infinité de substances, c'est du moins une substance composée d'une infinité d'autres, qui ont chacune en particulier leur existence propre et distincte, de même que le pied cubique, sous le concept duquel on exprime leur assemblage, est distinct de tous les autres pieds cubiques qui sont contenus dans l'étendue de l'univers. Or, s'il y a là plusieurs substances, il y en a une; car ce nombre ou cette infinité de substances n'existe que parce que chacune existe en soi distinctement : le nombre ou l'infinité ne sont ici que des dénominations extérieures ; et ce qu'il y peut avoir de réel, c'est l'existence particulière de chacun des êtres nombrés ; c'est l'existence particulière de chaque unité qui fait l'existence du nombre et de cette sorte d'infinité. Or je demande encore, chacune de ces substances est-elle une ou plusieurs, est-elle divisible, ne l'est-elle pas? Si elle est une et indivisible, voilà l'étendue substance, selon vous divisible à l'infini, composée de substances indivisibles, ce qui est absurde. Si chacune de ces substances n'est pas une, qu'elle puisse être divisée en deux, trois, quatre, ou

« Ceci doit être digéré et médité, et mis en suite du n° 3.
« V. rem. div., p. 595, paroles de Bayle.
« V. ma dernière remarque là-dessus (sur l'indivisibilité, etc.), Cod. met., p. 979.
« Revu, 1730.
« Il n'y a rien à en tirer que ce qui suit. » Cette note manque dans l'édition.

une infinité d'autres, je refais le raisonnement que j'ai fait sur tout le pied cubique : il ne peut y en avoir plusieurs ou une infinité, s'il n'y en a une ; et, si je n'arrive jamais à une, je ne pourrai jamais concevoir le pied cubique, ni comme une substance, ni comme un assemblage de véritables substances ; ce nombre et cette infinité de substances s'évanouissent en tant que telles dès que je ne saurois en concevoir une seule distinctement. Ce sont sans doute de semblables difficultés qui ont conduit les Gassendi, les Bernier, les Cordemoi et plusieurs autres savants hommes à admettre enfin des parties intégrantes de la matière, uniques et indivisibles, ne pouvant concevoir de véritables substances sans cette unité. Mais, en voulant éviter une absurdité, ils sont tombés dans une autre qui n'est pas moindre, faute d'avoir une idée claire et métaphysique de la substance et de ne l'apercevoir qu'en tant que substance et indépendamment de ces modifications. Il n'est pas moins impossible de la concevoir finie que divisible à l'infini. Il n'y a, ce me semble, que le système de l'auteur qui évite ces deux inconvénients, et qui puisse, étant bien conçu, satisfaire parfaitement à toutes les objections qu'on pouvoit faire là-dessus de part et d'autre. Il me paroît donc évident que ce pied cubique d'étendue proprement dite, divisible à l'infini, substance qui en contient une infinité d'autres, n'est qu'une pure manière de penser qui n'a nulle réalité hors de l'entendement, non plus que l'unité, le nombre, les fractions et l'infinité sous lesquelles on les conçoit.

« 5° Je demeure d'accord que, *si un pied cube n'est pas substance, mais modification, une infinité de cubes ne fe-*

ront point une *substance infinie, mais un assemblage infini de modifications ;* et c'est de là que j'ai conclu de la substance étendue, après avoir démontré son infinité, qu'elle ne pouvoit être composée de parties intégrantes. Une infinité de cubes, tels même que vous les supposez, ne seroient pas plus capables de former une substance infinie, qu'une infinité de points mathématiques une ligne, une infinité de plans un solide, ou une infinité d'années une éternité. Je conçois cependant très-distinctement des points dans la ligne, des plans dans le solide, des solides dans l'étendue, et des années dans l'éternité. Je conçois dans l'éternité avant la création du monde, des siècles aussi réels que les cubes que je conçois dans l'espace au delà du monde supposé fini. Cependant l'éternité n'est pas plus composée de siècles que l'étendue de cubes. Je m'arrête sur un point fixe de cette étendue, je regarde à ma droite et je vois une étendue infinie; je regarde à ma gauche, je vois de même une étendue infinie : j'existe en ce moment, je pense au passé et j'aperçois une durée infinie; je pense à l'avenir; j'aperçois de même une durée infinie. Dirois-je que l'étendue et l'éternité peuvent être partagées en deux parties, finies chacune par un bout et infinies par l'autre? L'imagination me les représente telles, elle me fait apercevoir l'éternité comme une simple durée sans commencement et sans fin, et l'étendue comme un corps infini; mais l'entendement rectifie l'erreur de l'imagination : elle ne peut jamais être affectée de l'infini; on ne peut me le représenter que comme un composé indéfini d'êtres finis; mais l'esprit me représente l'infini tel qu'il est, d'une nature absolument répugnante à toute composition. Il ne me représente dans l'étendue en tant que substance ni droite ni gauche, de même qu'il ne me découvre dans l'éternité ni passé ni futur, *nec prius neque posterius*. De là il est évident que les places particulières que deux durées différentes occupent dans l'éternité, par exemple, les durées des règnes de Salomon et d'Henri IV, ne peuvent être aperçues ni distinguées que par les durées qui les séparent, qui les précèdent ou qui les suivent, et non en tant que parties intégrantes de l'éternité. De même les étendues abstraites particulières de deux affections, par exemple, les étendues des planètes de Jupiter et de Vénus ne peuvent être aperçues ni distinguées que par les affections ou modifications qui les séparent ou qui les environnent, et non en tant que parties de l'étendue substance infinie. C'est la même chose de vos cubes d'étendue, composants ou composés.

« 6° Comme l'éternité n'est divisible que sous le concept de la durée, la substance étendue ne l'est de même que sous l'idée des corps ou de ses modes, et je ne saurois jamais la concevoir ni divisible ni actuellement divisée que de cette manière. Quand je partage une pomme, par exemple, ce n'est pas l'étendue proprement dite que je partage, mais la pomme seulement ; le couteau, l'air ou telle autre chose que je mets entre ses parties, n'est qu'une étendue, qui ne diffère de celle de la pomme, et que je ne distingue d'avec elle que modalement.

« Je ne dis pas, mon révérend père, comme il semble que vous me l'attribuez, que la moitié de la pomme soit une modification de toute la pomme ; mais je dis qu'elle est la moitié de cette modification particulière de l'étendue appelée pomme, et que, sans cette modification, ou quelque autre vraie ou imaginaire, je ne saurois jamais apercevoir dans l'étendue ni moitié ni quart, ni la concevoir, en aucune manière, comme un entier composé de parties.

« 7° Les divisions infinies possibles ou actuelles des corps qui comprennent le monde ne procèdent que du mouvement : car, selon le système de l'auteur, le mouvement ne doit être autre chose que l'action de l'être par soi en tant qu'étendue, et par là il peut être regardé comme la cause prochaine de toutes les modifications de l'étendue, ou de toutes les variétés de la nature corporelle.

« 8° Enfin le monde, l'univers, dans le système de l'auteur, peut être regardé, en un sens, comme éternel et infini, et, en un autre, il peut n'être pas regardé comme tel. C'est que le monde n'est pas éternel et infini par sa nature, mais seulement en vertu de sa substance, en vertu de l'étendue sans laquelle il ne peut ni exister ni être conçu, *non vi suæ essentiæ, sed tantum vi causæ cui inhæret*. On peut, si l'on veut, dire que le monde est sans commencement et sans bornes.

« Voilà, mon révérend père, des éclaircissements qui peuvent, ce me semble, justifier l'auteur des fautes que vous lui attribuez, ou excuser du moins ma résistance sur tout ce que vous m'avez fait l'honneur de m'alléguer jusqu'ici contre son système. Je ne vous dirai rien, pour le présent, des questions qui regardent les opérations de l'âme, la manière dont nous voyons, selon lui, les corps et toutes choses en Dieu, la certitude que nous avons de leur existence, et semblables, qui appartiennent à son traité *de Mente humana*, et qui supposent des principes ou une application de principes dont il n'a point encore été parlé dans nos lettres. J'ai touché, si je ne me trompe, ce que vous m'avez marqué de plus essentiel en réfutation de son traité *de Deo*. Il me reste cependant un mot à dire sur votre étendue intelligible, que vous m'accusez d'avoir mal entendue dans le passage que j'ai rapporté d'un de vos *Entretiens métaphysiques* (Entr. 2, n° 22), où Théodore répond à une question que lui avoit faite Ariste[1] sur ce sujet. C'est dans ma deuxième lettre, en date du 9 novembre 1713. Vous m'avez écrit depuis, en réponse à cette lettre, le 5 décembre de la même année, sans m'en parler ; et ce n'est que dans votre troisième, du 12 juin 1714, que vous relevez ma faute, car je consens à qualifier ainsi l'interprétation que j'ai donnée à vos paroles, puisque vous m'en donnez une vous-même très-différente. J'ose dire cependant que je ne m'étois point éloigné du seul sens recevable que puisse fournir votre étendue intelligible, en plusieurs autres endroits de vos ouvrages, et que si nous nous tenons à celui-ci, elle va fourmiller de difficultés dans l'application que nous en ferons à l'univers et à nos idées les plus intimes ; en un mot, qu'elle est dès lors inintelligible. Vous avez sans doute ma lettre, mais vous pourriez bien n'avoir pas retenu une copie de la vôtre. C'est pourquoi je vais vous remettre votre réponse sous les yeux et en transcrire ici les paroles : *Je ne comprends pas, Monsieur, comment vous trouvez de la difficulté à concevoir (lettre précédente) entre l'idée d'une chose et la*

---

[1] L'édit. : Aristide.

chose même, etc. [Suivez jusqu'à l'alinéa *Il me paroit toujours*, etc.].

« Il s'ensuit donc, mon révérend père, que votre étendue intelligible n'est qu'une idée en Dieu, idée sans idéat, ou qui n'a nul objet ni en Dieu, ni en moi, hors de ma pensée, et, par conséquent, il ne faut plus dire, comme vous avez fait ailleurs, que nous n'avons point de démonstration de l'existence des corps, et qu'il nous seroit impossible de nous assurer s'ils existent, sans la révélation qui nous l'apprend ; il faut trancher le mot, et dire qu'il est démontré qu'il n'y a point de corps et que la révélation nous trompe à cet égard. Car que sont les corps si ce n'est des modifications de l'étendue que notre esprit aperçoit en eux ? Leur essence, ce qui est également commun à tous, c'est-à-dire ce sans quoi ils ne sauroient exister, n'est-ce pas l'étendue ? Or, si cette étendue n'existe ni en Dieu, ni hors de Dieu, donc les corps n'existent pas. Elle n'existe point en Dieu, selon vous, et elle ne peut exister hors de lui, si son idée est sans idéat et n'a nulle réalité objective. Et, à notre égard, si l'idée qui nous représente l'étendue comme existante, éternelle et infinie, soit que nous la voyions en Dieu ou hors de Dieu, n'a nulle réalité objective, que devient le grand principe, sans lequel il ne faut plus raisonner, que nous devons assurer d'une chose ce qui est clairement renfermé dans l'idée qui nous la représente ?

« Vous voyez par là, mon révérend père, que je conçois très-bien *la différence qu'il y a entre l'idée d'une chose et la chose même*. Mon idée du triangle n'a ni trois côtés ni trois angles, mais j'avoue que je ne conçois pas la différence qu'il y a entre dire que l'étendue commune à tous les corps existe, qu'elle est infinie et éternelle, et dire que l'esprit l'aperçoit nécessairement comme existante, infinie et éternelle. Être en même temps étendu et pensant, c'est certainement plus être que de n'être que l'un des deux. Or, je ne sais pas encore comment refuser à l'être par soi, d'où dérivent tous les êtres, à l'être infiniment infini, celle de toutes les réalités que l'esprit aperçoit le plus clairement et le plus invinciblement, qui est l'étendue. Qu'est-ce que *l'immensité divine*, si ce n'est pas un attribut distinct de la pensée, et par conséquent de votre étendue intelligible, dès que celle-ci n'est que pensée et n'a nulle réalité objective hors de là, quoiqu'elle y soit clairement aperçue ? C'est un beau mot vide de sens, et qui ne réveille aucune idée. Il me semble donc, mon révérend père, qu'en faisant de l'étendue intelligible un objet distinct de l'idée qui est en Dieu et qui me la représente, je marquois non-seulement la différence qu'il y a entre l'idée d'une chose et la chose même, mais que je sauvois encore bien des difficultés qu'on peut vous faire. Je ne pousserai pas plus loin ces réflexions, je ne m'aperçois que trop et à regret qu'il seroit difficile, comme vous le pensez, que nous convinssions par lettres sur des matières si abstraites. Je me contenterai à l'avenir de méditer encore plus sérieusement vos ouvrages et les lettres dont vous avez bien voulu m'honorer. Mais quel qu'en soit le succès, ma reconnaissance pour vos bontés sera éternelle, et je demeurerai toujours, avec la plus profonde vénération,

« Mon révérend père,

« . . . . »

Cette fin de la lettre depuis *Vous voyez par là, mon révérend père*, etc., est indiquée dans une note de la main de Mairan, comme devant être substituée au morceau suivant qu'il avait d'abord composé, et que nous croyons devoir sauver de l'oubli, parce qu'il contient une réponse assez piquante à la parabole du Goutteux.

« Voilà [1], mon révérend père, les éclaircissements qui pourront, ce me semble, justifier l'auteur des fautes que vous lui attribuez, ou m'excuser auprès de vous de ce que je n'ai pu encore me rendre sur son compte. Je ne vous dirai rien, pour le présent, des questions qui regardent les opérations de l'âme, la manière dont nous voyons, selon lui, les corps et toutes choses en Dieu, la certitude que nous avons de leur existence, et semblables, qui appartiennent à son traité *de Mente*, et qui supposent des principes que nous n'avons pas encore touchés. J'ai touché, si je ne me trompe, ce qu'il y a de plus essentiel dans vos objections sur le traité dont il s'agit. Je les ai lues, relues et méditées, et je les méditerai encore. C'est le moins que je puisse faire pour reconnoître l'extrême bonté que vous avez eue de lire toutes mes lettres. Au reste, je conviens que je me suis trompé dans celle où je conclus du discours de Théodore tiré de vos Entretiens, que ce qu'il appelle étendue intelligible est l'étendue substance dont les corps sont les modes. Vous m'avez très-clairement fait voir [2] le contraire, et convaincu que votre étendue intelligible n'est que l'idée de l'étendue. J'étois

---

[1] L'édit. omet ce morceau qui se trouve dans les papiers de Mairan.
[2] « Ceci (relatif à ma lettre 2, p. 10, et à la 3ᵉ du P. M., p. 2) est accordé trop légèrement et mérite un éclaircissement. » (Note de Mairan.)

apparemment tombé dans cette erreur, parce que j'attribue formellement à cette substance les mêmes propriétés que vous reconnoissez dans son idée, et que je ne croyois pas qu'on pût admettre d'idée infinie d'une substance finie [1]. Mais je n'en ai pas moins tort, je devois vous expliquer selon vos principes, et non selon ce que j'avois dans l'esprit. Je vous prie, mon révérend père, de me pardonner cette faute, et je vous demande la même indulgence pour celles qui ne me sont pas connues.

« Le sophisme du géomètre dans la parabole du Goutteux, que je trouve à la fin de votre lettre, me paroît fort difficile à résoudre par le système ordinaire. Mais le foible en saute aux yeux dans le système de l'auteur : cependant, en qualité de fidèle, je voudrois bien pouvoir faire comme ce goutteux, ou comme un bon mahométan, qui ne songe à défendre sa religion que le sabre à la main, sans autre discussion. Cela m'épargneroit bien de la peine ; mais on n'est pas toujours maître de ne raisonner plus, quand on a raisonné jusqu'à un certain point.

« Si [2], pendant les chaleurs, il vous est incommode d'écrire, je me trouverai très-heureux d'apprendre des nouvelles de l'état de votre santé par un mot d'une main étrangère ; car rien au monde ne me tient plus au cœur que ce qui regarde votre personne, pour laquelle on ne peut avoir plus de vénération et d'attachement que j'en ai. Sa conservation, et me rendre digne de toutes les bontés

---

[1] « A ajouter ici un article de la lecture de la 36e lettre de Descartes touchant l'expression de Bayle. Rem. div. (mes Rem.), p. 597, et Cod. met., p. 979. » (Note de Mairan.)

[2] Paragraphe biffé dans le manuscrit.

que vous avez pour moi, sont l'objet de mes plus ardents désirs. Je suis, avec un très-profond respect,

« Mon révérend père,

« Votre, etc.

« P. S. [1] Je me félicite d'avoir pensé comme vous, mon révérend père, en lisant le livre *De l'action de Dieu sur les créatures*. Je souhaiterois bien de savoir ce que vous pensez du principe que toutes les nouvelles modalités et toutes les nouvelles connoissances de l'âme sont autant de nouveaux degrés d'être qui lui sont ajoutés.

« Vous me donnez une extrême curiosité de voir le traité d'optique et toutes les additions de votre nouvelle édition de la *Recherche de la vérité*. Je n'en avois pas encore ouï parler, comme aussi je n'avois jamais soupçonné que la cause de la pesanteur fût la même que celle de la réfraction. J'expliquois celle-ci d'une manière analogue à la réflexion. Mon édition de la *Recherche de la vérité* est en 3 vol. de 1700. Je ne sais si la nouvelle consiste dans la seule addition du quatrième. Quoi qu'il en soit, je n'attends que la commodité de la faire venir de Paris. L'auteur a-t-il pu voir cet excellent livre? Fut-il imprimé bien longtemps avant sa mort, arrivée en 1677 [2]? »

LETTRE DE MALEBRANCHE.

« Monsieur,

« Je viens de recevoir votre lettre datée du 26 d'aoust. Vous m'y faites des remerciements que la réponse que j'ai

---

[1] Paragraphe biffé dans le manuscrit.
[2] Depuis *Je ne sais si...* biffé dans le manuscrit. L'*auteur* est évidemment Spinoza, mort en 1677. Le premier volume de la *Recherche de la vérité* est de 1674.

eu l'honneur de vous faire ne devoit pas me faire espérer, et celle-ci encore moins; car je juge, comme j'ai fait dès le commencement, que c'est peine perdue que de philosopher par lettres sur des matières abstraites. J'ai lu, Monsieur, avec attention votre dernière, et permettez-moi de vous dire que je ne l'entends pas, et qu'il me semble que vous n'avez pas entendu celle à laquelle vous répondez. C'est apparemment ma faute, ou plutôt ce n'est ni ma faute ni la vôtre. C'est qu'il n'est pas possible de se faire entendre clairement, quand on ne convient pas exactement de la définition des termes dont on se sert, et qu'on ne peut définir que par d'autres qui seront aussi équivoques que les premiers, tant que les esprits qui ont des sentiments différents ne peuvent se faire actuellement plusieurs interrogations et en recevoir aussitôt réponse Par exemple, de sept axiomes de l'auteur, il n'y a que le troisième qui me paroisse sans équivoque.

« Je crois, Monsieur, vous avoir écrit que sa cinquième démonstration étoit fausse, mais vous voulez que je vous marque précisément l'endroit. C'est à la troisième ligne : *Conceditur ergo*, etc. Je ne l'accorde pas, car Paris n'est pas Rome, la boule A n'est pas la boule B, ce sont deux boules et, par conséquent, deux substances. — Non, diroit l'auteur; ce sont deux boules, mais c'est la même substance, car l'une et l'autre sont étendues. — J'en conviens; l'idée de l'une convient à l'idée de l'autre; mais elle peut être sans l'autre, elle peut être conçue sans l'autre. — Oui, diroit-il, mais elle ne peut être conçue sans étendue. — Il est vrai, mais c'est qu'une substance ne peut être conçue sans ce qui la constitue substance. Elle est *partie* de l'étendue ou de la substance qui compose l'univers, mais elle n'est pas la modification de l'étendue ; ou par le mot de modification, ou de manière d'être, ou d'affection, terme que je n'entends pas, vous n'entendez pas ce que tout le monde entend. Si nous n'attachons pas les mêmes idées aux mêmes termes, nous parlons inutilement. La rondeur est, selon tout le monde, la modification de la substance, ou de l'étendue de la boule, parce qu'on ne peut concevoir de rondeur sans étendue. Je peux concevoir la boule A, et elle peut exister toute seule. — Non, diroit-il, cette boule seroit infinie. Car qui est-ce qui la termineroit ? — Rien, lui dirois-je. Car pour la terminer il ne faut rien ; il suffit qu'elle soit telle qu'elle est. La rondeur de la boule n'appartient qu'à la boule et ne dépend nullement de ce qui l'environne, que ce soit de l'air ou rien, c'est la même chose. — Mais ne concevez-vous pas que l'étendue est infinie ? — Oui, l'idée de l'étendue est infinie, mais cela n'empêche pas que la boule ne soit une substance, une partie de la substance, fût-elle infinie, dont le monde est composé. L'idée de l'étendue est infinie, mais son *ideatum* ne l'est peut-être pas. Peut-être n'y a-t-il actuellement aucun *ideatum*. Je ne voi immédiatement que l'idée et non l'*ideatum* : et je suis persuadé que l'idée a été une éternité sans *ideatum*. L'idée est éternelle, infinie, nécessaire et efficace même, car il n'y a que l'idée qui agisse sur les esprits, qui les éclaire et qui puisse les rendre heureux ou malheureux. Mais je ne voi point immédiatement l'*ideatum*. Je ne sais que par une espèce de révélation s'il y en a. En un mot je ne puis concevoir qu'il n'y en a point. Car, prenez-y garde, mon esprit ne sent point immédiatement son propre [corps] : il ne lui est point immédiatement uni, mais à l'idée de son corps. Car l'expérience apprend qu'un manchot sent une main qui lui fait mal, et il n'a plus la sienne. C'est donc l'idée de sa main qui l'afflige et non l'*ideatum*. Quand je n'aurois point de corps, et qu'il n'y auroit rien de créé que mon âme, Dieu, par ses idées efficaces, pourroit donc me faire voir et sentir comme je vois et je sens. Il faut prouver et démontrer le contraire.

« Si l'auteur étoit présent, il me diroit apparemment : *Il faut affirmer d'une chose ce que l'on conçoit être renfermé dans son idée. Or l'idée de l'étendue est infinie ; donc aussi l'ideatum.* Je lui répondrois : le principe est vrai ; mais c'est supposé que l'*ideatum* existe, et il n'en prouve point l'existence. Si l'on voyoit les objets en eux-mêmes, on ne pourroit les voir s'ils n'étoient pas : mais de ce qu'on voit les idées des choses, il ne s'ensuit pas que les choses soient. C'est l'idée de la main qui modifie de douleur l'âme du manchot. L'*ideatum*, c'est-à-dire sa main n'est plus, elle a été mangée des vers. C'est l'idée d'un spectre qui effraye un fou, son *ideatum* n'est point. Le principe est vrai, mais c'est parce que celui qui a créé les êtres sur ses propres idées nous éclaire par ces mêmes idées ; et il n'est principe que dans cette supposition, car Dieu n'a pas créé les êtres sur nos idées mais sur les siennes. Le premier et incontestable principe est celui-ci : *Tout ce que l'esprit aperçoit immédiatement est nécessairement,* car, s'il n'étoit pas, s'il étoit rien, l'esprit en l'apercevant n'apercevroit pas, ce qui se contredit ; mais le principe cartésien n'est incontestable que par rapport aux idées qu'on voit immédiatement et directement, et non par rapport aux choses qu'on ne voit point en elles-mêmes. Il est bon dans les mathématiques pures, qui ne considèrent que les idées, mais il n'est pas le premier principe dans la physique. Il n'est vrai qu'en supposant que Dieu nous éclaire par les mêmes idées sur lesquelles il a formé son ouvrage.

« Je ne suis pas, Monsieur, votre lettre; cela iroit trop loin. Comme je pars demain pour la campagne, je n'en ai pas le loisir. Ainsi je crois que vous ne trouverez pas mauvais que je finisse, et que je vous prie même que nous cessions de travailler inutilement. Je ne crois pas pouvoir vous dissuader de vos sentiments par de si courtes réponses à vos lettres, qui, quoique longues et bien écrites, ne réveillent pas toujours dans mon esprit des idées claires. Ce que l'auteur ose appeler démonstration n'en a, selon ma pensée, que la forme extérieure et l'arrangement des propositions. Démontrer proprement c'est développer une idée claire et en déduire avec évidence ce que cette idée renferme nécessairement : et nous n'avons, ce me semble, d'idées assez claires pour faire des démonstrations que celle de l'étendue et des nombres. L'âme même ne se connoît nullement; elle n'a que le sentiment intérieur d'elle-même et de ses modifications. Étant finie elle peut encore moins connoître les attributs de l'infini. Comment donc faire sur cela des démonstrations? Pour moi je ne bâtis que sur les dogmes de la foi dans les choses qui la regardent, parce que je suis certain par mille raisons qu'ils sont solidement posés : et si j'ai découvert quelques vérités théologiques, je le dois principalement à ces dogmes sans lesquels je me serois égaré comme plusieurs autres qui ne se sont assez défiez d'eux-mêmes. Je prie Jésus-Christ, qui est notre sagesse et notre lumière, et sans lequel nous ne pouvons rien, qu'il vous découvre les vérités qui vous sont nécessaires pour vous conduire dans la voie qui conduit à la possession des vrais biens.

« Je suis, Monsieur, avec bien du respect, votre très-humble et très-obéissant serviteur.

« MALEBRANCHE.

P. D. L. O.

« Je n'entends point, Monsieur, l'auteur de la *Prémotion physique* sur ses degrés d'être ajoutés à l'âme, et je suis persuadé qu'il ne s'entend pas lui-même. Il parle mieux qu'il ne pense, ou il a d'autres idées que le commun des hommes. J'ai fait diverses additions dans la dernière édition de la *Recherche de la vérité*, mais les principales sont dans le quatrième volume, vers la fin.

« A Paris ce 6 septembre. »

Un an après cette lettre, Malebranche n'était plus. On peut donc la considérer comme l'expression du dernier état de son âme et de sa foi. Les notes marginales que Mairan a déposées sur ses minutes, et que l'éditeur n'a pas publiées, nous apprennent qu'en 1730 il avait revu ces papiers, et il ne paraît pas qu'il ait alors rejeté les opinions ici exprimées. D'ailleurs on n'en retrouve aucune trace dans ses ouvrages. Partout il traite Malebranche, comme il le fait dans ces lettres, avec un respect profondément senti, mais qui n'ôte rien à l'indépendance de son esprit. Par exemple, dans l'éloge historique de M. l'abbé de Molière [1], voici comment le secrétaire de l'Académie des sciences s'explique sur l'auteur déjà un peu oublié de la *Recherche de la vérité :* « Ce philosophe, dit-il, jouissoit alors de la réputation la plus brillante. Disciple zélé de Descartes, commentateur original, chef de secte lui-même par les idées neuves et sublimes qu'il prêtoit à la philosophie cartésienne, il pouvoit être mal entendu, critiqué, contredit ; mais on ne pouvoit s'empêcher d'admirer l'étendue et la beauté de son génie dans l'enchaînement des dogmes mêmes auxquels on refusoit de souscrire. » Ainsi, dans la maturité de son esprit et de sa réputation, Mairan ne faisait que répéter sur Malebranche le jugement qui perce déjà dans cette correspondance, et la postérité a ratifié ce jugement.

Mais, à côté de l'intérêt historique et littéraire qui s'attache naturellement à ces lettres de deux hommes célèbres, est un intérêt tout autrement élevé, celui de la leçon philosophique que ces lettres contiennent. On peut s'y donner le spectacle d'un principe luttant en vain contre ses conséquences. Malebranche se sépare d'autant plus volontiers de Spinoza, qu'on pouvait plus justement l'accuser, qu'on l'avait même accusé de spinozisme [2]. Il en parle très-dédaigneusement ; il l'a lu autrefois, pas même en totalité ; il s'en souvient à peine ; il n'a pas lu les réfutations qu'on en a faites. Il n'a pas l'air de se douter qu'il parle d'un des plus grands esprits de son siècle, et d'un

---

[1] *Mémoires de l'Académie des sciences,* année 1742, p. 196.
[2] Il en fut accusé par le P. de Tournemine (préface du *Traité de l'existence de Dieu,* de Fénelon), et indirectement par Arnauld et par Fénelon lui-même dans sa *Réfutation du système de Malebranche sur la Nature et la Grâce.*

esprit sorti, comme lui, du cartésianisme. Ailleurs même, dans les *Méditations*[1], il le traite plus mal encore: *le misérable Spinosa*. Et pourtant ce misérable n'est pas moins qu'un frère de Malebranche dans la famille cartésienne. Quand, par le système des causes occasionnelles, on a ôté à la volonté toute efficace, et par là détruit la racine de la personnalité humaine ; quand on a fait du monde extérieur quelque chose qui n'existe peut-être pas, qui certainement n'agit pas sur nous, et qui ne peut être compris que dans l'idée que nous en avons, idée qui repose en Dieu ; quand on a ainsi comme absorbé en Dieu et l'âme et le monde, on est assez mal reçu à combattre le système de l'unité de la substance. Pour bien juger ce système, il faut avoir discerné dans Descartes même, avant Malebranche et avant Spinoza, l'erreur qui a pu les égarer tous les deux, par la fausse direction qu'elle a imprimée à toutes leurs idées, à savoir, la confusion du désir et de la volonté, et l'ignorance du caractère propre de la volonté ; il faut avoir retrouvé dans la volonté, dans la force libre qui la constitue, le titre même de la personnalité humaine, et la part de causalité et de substantialité qui lui appartient. Là seulement est le principe d'une réfutation solide de Spinoza : mais pour parvenir à ce principe, il faut, dans le développement du cartésianisme, être arrivé au delà de Malebranche et jusqu'à Leibnitz [2].

[1] 9e Méditation, § 13.
[2] Ce jugement a besoin des explications et des tempéraments qui se trouvent dans le mémoire sur les *Rapports et les différences du cartésianisme et du spinozisme*.

CORRESPONDANCE INÉDITE

DE

MALEBRANCHE ET DE LEIBNITZ.

Le caractère marqué de notre temps est un retour complaisant vers les choses du passé. De toutes parts on exhume des bibliothèques et des archives publiques ou particulières des documents qui jusqu'ici avaient échappé à l'histoire, contredisent ou confirment les opinions reçues, et agrandissent la connaissance des choses et des hommes qui ne sont plus. Les correspondances inédites sont l'objet d'un intérêt tout particulier, et bien justement, selon nous, car il n'y a pas de monuments historiques plus certains et où les hommes se peignent à leur insu avec plus de vérité. L'histoire de la philosophie s'est récemment enrichie de découvertes inattendues. Quel trésor de précieux renseignements de tout genre, quelle vive source de lumières nouvelles, que les lettres de Huyghens et de Leibnitz, tirées en 1833 de la bibliothèque de Leyde[1] :

---

[1] Deux volumes in-4º, avec des planches et un fac-simile de l'écriture de Huyghens : *Christiani Hugenii aliorumque seculi XVII virorum celebrium exercitationes mathematicæ et philosophicæ*, ex manuscriptis in bibliotheca Academiæ Lugduno-Batavæ servatis ; edidit P. J. Uylenbroeck, Hagæ Comitum, 1833. Voyez le savant article de M. Biot. *Journal des Savants*. mai 1834. et les *Fragments philosophiques*. 3ᵉ édit., t. II, p. 142.

celles de Malebranche et de Mairan, que nous venons de reproduire ; celles enfin que nous avons retrouvées et publiées du P. André avec Malebranche et avec d'autres personnages de l'Oratoire et de la compagnie de Jésus[1]. Aujourd'hui nous nous proposons de faire connaître une autre correspondance qui se lie étroitement aux précédentes, à savoir la correspondance de Malebranche et de Leibnitz.

Il est maintenant bien établi que l'auteur de la *Recherche de la Vérité*, malgré son goût pour la retraite et sa répugnance pour les conversations et pour les commerces épistolaires, avait entretenu du fond de sa cellule une vaste correspondance avec les plus grands personnages de son temps, et de France et d'Europe. Nous avons tiré des papiers du P. André une note précieuse, contenant la liste des lettres manuscrites de Malebranche et de ses correspondants, que le P. Lelong avait remise à l'ingénieux jésuite, pour lui servir dans la composition de la vie de l'illustre oratorien[2]. Cette note fait mention de lettres de Leibnitz. D'ailleurs, Feder, dans ses *Lettres choisies de Leibnitz, publiées pour la première fois*[3], nous apprend, p. 133, que la bibliothèque de Hanovre conserve en manuscrit toute une correspondance de

---

[1] *Journal des Savants*, 1841, janvier, février, et 1843, mars, avril, mai, juin. Voyez aussi Œuvres *philosophiques du P. André, de la compagnie de Jésus, avec une Introduction sur sa vie et ses ouvrages, tirée de sa correspondance inédite*, dans la Bibliothèque philosophique publiée par le libraire Charpentier.

[2] *Ibid.*, introduction, 1re partie, p. XXXII et XLII.

[3] Cet ouvrage de Feder a un second titre latin : *Commercii epistolici Leibnitiani nondum vulgati selecta specimina*, edidit notulisque passim illustravit J. G. H. Feder, Hannoveræ, 1805.

Leibnitz et de Malebranche, et il en donne un échantillon[1], bien fait pour exciter notre curiosité. Pour la satisfaire, nous nous sommes adressés, il y a quelques années, à M. Pertz, si connu par sa savante collection des *Monumenta Germaniæ historica,* et qui était alors à la tête de la bibliothèque de Hanovre. Grâce à son obligeante intervention, nous possédons une copie authentique[2] de cette précieuse correspondance.

Elle se compose de dix lettres de Leibnitz et de six de Malebranche. Elle remonte jusqu'au temps du séjour de Leibnitz à Paris, et se prolonge jusqu'à la mort de Malebranche. Plusieurs de ces lettres sont étendues, d'autres sont assez courtes. Toute sorte de sujets y sont traités ou passés en revue, et on y trouve perpétuellement citées les noms de beaucoup d'hommes célèbres de cette grande époque.

Leibnitz vint à Paris dans l'année 1672, et, à l'exception d'une course assez peu longue qu'il fit en Angleterre, il y demeura jusqu'à la fin de l'année 1675. Il y était arrivé avec des notions générales sur toutes choses, une curiosité immense et une passion de la gloire servie par le plus admirable génie, dont le trait distinctif était une promptitude et une pénétration infinies. Nous avons le droit de dire que c'est à Paris qu'il se forma. Il n'y fut d'abord qu'un jeune homme d'une grande espérance : il en sortit presque achevé. Il avait été envoyé avec une mission diplo-

---

[1] Une lettre de Leibnitz à Malebranche, et la réponse de celui-ci.
[2] Nous la devons à la main exacte de M. Sextro, employé à la bibliothèque de Hanovre.

matique secrète pour un dessein de la plus haute portée [1], sur lequel il conféra avec M. de Pompone. Il eut la bonne fortune de rencontrer à Paris Huyghens, qui le tourna du côté des mathématiques [2]. Avec Arnauld, il s'enfonça dans le plus épais des questions théologiques qui occupaient alors tous les grands esprits [3]. Son érudition et sa critique philologique furent si fort goûtées de Huet, que celui-ci le chargea de l'édition de Martian-Capella, pour la collection de classiques latins *ad usum Delphini* [4]. Il n'était pas possible que, dans la patrie de Descartes, Leibnitz ne s'occupât pas sérieusement de philosophie. Or, à cette époque, le philosophe qui était en scène était le père Malebranche. La *Recherche de la Vérité* parut en 1674, c'est-à-dire pendant le séjour même de Leibnitz à Paris. Malebranche était, de plus, un habile géomètre; il était de l'Académie des sciences, auprès de laquelle Leibnitz passait sa vie [5]. Ils se connurent donc nécessaire-

---

[1] Voyez l'excellent Mémoire de M. Guhrauer, *sur le projet d'expédition en Égypte, par Leibnitz*, dans les Mémoires de l'Académie des sciences morales et politiques. *Savants étrangers*, t. I, p. 679.

[2] Ludovici. *Historia der Leibnitzischen philosophie*, p. 66, et *Act. erudit*. jun. 1691 : « Eram ego hospes plane in interiore geometria, quum « Lutetiæ Parisiorum, anno 1672, Christiani Hugenii notitiam nactus sum, « cui viro, post Galilæum et Cartesium, et has litteras publice et me in ipsis « privatim plurimum debere agnosco. Hujus quum legerem librum de ho- « rologio oscillatorio, adjungeremque Dettunvillæi (id est, Pascalii) epistolas, « et Gregorii a S. Vincentio opus, subito lucem hausi, etc. »

[3] Ludovici ne parle point des relations de Leibnitz avec Arnauld. M. Guhrauer, dans sa Biographie de Leibnitz en allemand. 2 vol. in-12, Breslau. en dit quelques mots, t. I, p. 117 et 118, et surtout dans les notes. Notre correspondance nous fournira, à cet égard, des renseignements certains, que nous devrons à Leibnitz lui-même.

[4] Ludovici, p. 67 ; M. Guhrauer, p. 155 et suiv. Leibnitz adressa à Huet, à Saint-Germain, une partie de ce travail ; mais la chose n'alla pas plus loin.

Ludovici dit que Leibnitz fut nommé, en 1673, premier associé étranger de l'Académie des sciences. C'est une erreur. Fontenelle, qui était à même

ment, et pourtant aucun des historiens de Leibnitz, ni Ludovici, ni le mieux informé, M. Guhrauer, ne disent un seul mot des relations des deux philosophes. Elles paraissent aujourd'hui dans la correspondance qui est le sujet de cet article, et c'est là le premier renseignement que nous lui devons. Ils se visitaient et conféraient ensemble sur les matières de leurs communes études. Nous possédons ici trois lettres qui nous mettent dans le secret de leurs doctes entretiens.

Ils avaient eu une conversation assez vive sur un point délicat, et qui touchait à la racine même de leurs systèmes. Leibnitz avait fait des objections que Malebranche n'avait pu résoudre. De retour chez lui, à l'hôtel de Saint-Quentin [1], comme nous l'apprenons par le billet de Malebranche, Leibnitz prend la plume, et, dans une lettre très-polie, mais très-solide, il essaie d'amener son antagoniste à une discussion réglée; il le presse, il le serre dans des raisonnements syllogistiques présentés avec l'appareil de la géométrie. Malebranche, à la fois obstiné et timide comme les solitaires, et toujours évasif, répond à Leibnitz qu'il y a encore plus de difficulté à s'entendre par écrit qu'en conversation, précisément comme trente ans plus tard il se conduisit à l'égard de Mairan. Ajoutons que ce même Malebranche, en 1679, dans la célèbre conférence tenue entre Arnauld et lui chez le marquis de

---

de bien savoir la chose, affirme, dans son *Éloge de Leibnitz*, qu'en 1699 il fut mis à la tête des associés étrangers. Enfin, j'ai publié la lettre de remerciment de Leibnitz à l'Académie pour sa nomination. Or cette lettre est datée de Hanovre, 8 février 1700. *Fragments philosophiques*. 3e édit, t. II. p. 337.

[1] L'hôtel de Saint-Quentin était rue Garancière, près le Luxembourg.

Roucy [1], sur la question de la grâce, en appela à une polémique écrite, et qu'il se refusa constamment à toute discussion de vive voix avec Bossuet [2]. Ici, avec Leibnitz, il se tire d'affaire au meilleur marché possible. Leibnitz, comme Mairan, témoigne à son illustre adversaire la plus profonde déférence, mais il insiste et reproduit ses objections avec force. Malebranche ne répondit pas, et la dispute en resta là.

La question agitée était la nature même de la matière. Pour Descartes, l'étendue est l'attribut fondamental de la matière. Leibnitz rejette cette théorie; et il combat ces deux propositions que Malebranche avait avancées dans la conversation, à savoir que deux choses distinctes sont séparables, et que deux choses étendues séparables sont mobiles. C'est le sujet d'une première lettre qui n'est pas datée, non plus que les deux suivantes : car nos deux philosophes, demeurant dans la même ville et se voyant très-fréquemment, ne prennent pas la peine de dater leurs billets. Il faut aussi remarquer que nous n'avons ici que les minutes de Leibnitz, les lettres mêmes que reçut Malebranche étant restées entre ses mains, ainsi que l'atteste la note du P. André. Il y a, dans cette lettre et dans la suivante, quelques mots qui sentent un peu leur étranger, par exemple l'*élongabilité*, pour puissance de s'éloigner, les *réquisits*, pour les *requisita*, comme on dit *postulats* pour *postulata*. Malebranche, par une politesse aimable, répète ce terme de *réquisits*.

[1] *OEuvres philosophiques d'André*, introduction, p. XXIV et XXX, et l'article *Malebranche* par le P. Tabaraud, dans la *Biographie universelle*.
[2] Voyez ce même article du P. Tabaraud.

« Mon révérend père,

« En retournant chez moi, j'ai médité sur ce que nous avions dit de part et d'autre. Il est très-vrai, comme vous l'avez bien reconnu, qu'on ne sauroit assez faire de réflexion sur toutes choses pendant la chaleur de la conversation, à moins que de s'assujettir à des lois rigoureuses, ce qui seroit trop ennuyeux. Mais il est bien plus commode d'observer ces lois sur le papier. Je l'ai voulu essayer.

« Nous étions sur cette question si agitée, savoir si l'espace est réellement distinct de la matière, s'il y peut avoir un vuide, ou si plutôt tout ce qui est étendu est matière. Vous souteniez le dernier, savoir que l'essence de la matière consiste dans l'étendue seulement. Et, pour prouver que ce vuide prétendu ne seroit qu'une portion de la matière, vous me fîtes remarquer que ce vuide a des parties réellement distinctes; par exemple un vase tout vuide, séparé en deux par un corps qui le coupe. Or, tout ce qui est réellement distinct d'un autre en est séparable, à ce que vous disiez. Donc les parties de ce vuide sont séparables; donc elles sont mobiles; donc ce vuide prétendu est une portion de la matière. Ou, pour parler un peu plus formellement, et par proposition :

« 1. Le vuide (celui du vase susdit, par exemple) a des parties réellement distinctes ;
« 2. Deux choses réellement distinctes sont séparables ;
« 3. Deux choses étendues séparables sont mobiles ;
« 4. Tout ce qui a des parties mobiles est matière ;
« 5. Donc le vuide prétendu proposé est matière.

« Dans ce raisonnement je suis obligé de demander la preuve de deux propositions, savoir de la seconde et de la troisième. Je vous avois déjà contesté la seconde, mais à présent je vois que la troisième n'est pas sans difficulté, et je commencerai par elle.

« Je demande donc qu'on prouve que deux choses étendues séparables sont mobiles, ou peuvent changer de distance. Je n'aurois pas besoin de donner la raison qui me fait douter, car en matière de démonstration on a toujours raison de douter d'une proposition qui n'est pas prouvée. Je le fais pourtant pour vous mieux faire entendre ma pensée.

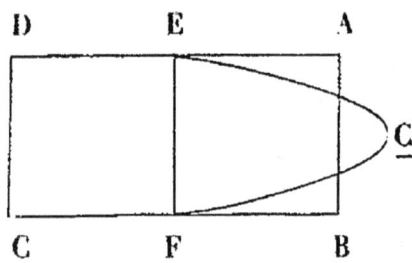

« Soit l'espace vuide ABCD séparé en deux parties par le corps EF, je dis que l'espace ABFE est inséparable de l'espace EFCD, sans mouvement, ou sans s'éloigner de lui, savoir par la destruction de l'un sans la destruction de l'autre. Car, supposant que le vase du côté droit soit courbé, ou que le parallélogramme ABFE soit changé en figure courbe EGFE, je dis qu'une partie de l'espace entier ABCD, savoir DEFC reste, et que l'autre, savoir ABFC, est détruite, et changée en EGFC. Et il ne faut pas dire que le premier espace ABFE reste encore, quoiqu'il ne soit plus désigné par aucun corps; parce que je crois devoir soutenir que les parties dans le continu n'existent qu'autant qu'elles sont déterminées par la matière ou par le mouvement. Donc je conclus que les parties de l'espace peuvent être séparées quoique sans éloignement, puisque l'un de ces deux lieux vuides rectilignes a fait place à un lieu vuide rectiligne. Mais je ne prétends pas vous préjuger par là, en cas que vous puissiez prouver par une raison à part que l'élongabilité ou mobilité d'une étendue est une suite de la séparabilité, quoique l'éloignement, comme je viens de prouver, ne soit pas une suite de la séparation.

« Voilà pourquoi je demande la preuve de la *troisième proposition*. Je viens maintenant à la *seconde*, savoir que deux choses réellement distinctes sont séparables. Votre preuve, ce me semble, se réduisoit à ceci :

« 1. Deux choses réellement distinctes peuvent être entendues *parfaitement* l'une sans l'autre ; j'ajoute ce mot *parfaitement*, parce que je le crois conforme à votre sentiment.

« 2. Deux choses intelligibles parfaitement l'une sans l'autre, peuvent être l'une sans l'autre, ou sont séparables.

« 3. Donc deux choses réellement distinctes sont séparables.

« J'ai bien médité là-dessus, et voici de quelle manière je demeure d'accord de la seconde proposition du prosyllogisme. Si *entendre parfaitement* une chose est entendre tous les réquisits suffisants à la constituer, alors j'avoue cette proposition, savoir : quand tous les réquisits suffisants à constituer une chose peuvent être entendus sans qu'on entende tous les réquisitifs suffisants à constituer l'autre, l'une peut être sans l'autre. Mais ainsi je n'accorde pas la première proposition de ce prosyllogisme, savoir, que, deux choses étant réellement distinctes, tous les réquisitifs de l'une peuvent être toujours entendus sans entendre tous les réquisits de l'autre.

« Néanmoins, si vous pouvez prouver vos propositions universellement, sans avoir égard à ma distinction, à la bonne heure.

« J'espère que vous jugerez, par ce que je viens de dire, que j'ai tâché de débarrasser la chose, que j'ai écrit ceci pour l'amour de la vérité, et que je ne suis peut-être pas tout à fait indigne d'instruction. Et je vous assure que vous ne me sauriez convaincre sans tirer de moi un aveu sincère de votre avantage.

« Après cela, peut-être que vous me connaîtrez[1] pour philosophe, c'est-à-dire amateur de la vérité, avec autant de passion que je suis,

« Mon révérend père,

« Votre, etc.
« LEIBNITZ. »

Quelque opinion que l'on adopte sur les questions ici agitées, il était aisé de faire à Leibnitz des réponses solides et lumineuses ; et si Arnauld, ou même Régis ou Rohault eussent été à la place de Malebranche, ils n'eussent pas été fort embarrassés. Lui semble tout déconcerté; il répond à peine, et le plus brièvement que la politesse le lui permet. Dans sa correspondance avec Mairan, on pouvait imputer la faiblesse de ses réponses à celle de l'âge; mais ici on est obligé de l'attribuer à la nature même de son esprit. Il faut en convenir : Malebranche n'excelle pas dans la dialectique ; il est surtout admirable dans l'analyse,

[1] La copie de M. Sextro porte : *reconnoissiez*.

j'entends dans l'analyse de ses propres pensées, dans la méditation à la fois subtile et profonde. Il médite, il prie, ou il écrit pour le public. Hors de là, il se délassait par des jeux d'enfant et des conversations agréables[1]. La polémique par correspondance lui semblait une dépense inutile de forces; et, après avoir rempli le plus tôt et le plus brièvement possible le devoir d'une stricte politesse, il se hâtait de revenir à ses chères et solitaires méditations. Il y a d'ailleurs dans la lettre que nous allons donner une phrase qui ne semble pas complète, et la négligence s'y fait partout sentir.

A Monsieur Monsieur de Leibnitz, a l'hôtel de Saint-Quentin.

« Monsieur,

« Je crois qu'il y a encore bien plus de temps à perdre et de difficultés à vaincre dans les disputes par écrit que dans celles qui se terminent dans la conversation. Vous en voyez bien les raisons. Cependant, puisque vous m'avez fait l'honneur de m'écrire, vous souffrirez bien que je vous réponde.

« Vous niez deux propositions, dont voici la première : deux choses réellement distinctes sont séparables; et vous dites, sur la preuve de cette proposition, que, quoique deux choses soient réellement distinctes, tous les *requisits* de l'une ne peuvent pas toujours être entendus sans les *requisits* de l'autre. A quoi je vous réponds que cela n'est point vrai dans les êtres absolus, mais seulement dans les

---

[1] Voyez l'Éloge de Malebranche par Fontenelle.

manières des êtres et dans toutes les choses qui consistent dans des rapports; car les êtres absolus n'ont point de *requisits*, leur idée est simple. Vous pouvez penser à une partie d'étendue sans penser à une autre; mais si deux parties d'étendue se joignent et que vous les vouliez séparer, alors il faut penser à une autre étendue qui les sépare. Ce *requisit* est conçu nécessairement; mais on voit clairement qu'il est aussi possible que les autres parties d'étendue qu'on conçoit jointes soient séparées[1]. On n'y conçoit point de contradiction, si ce n'est que l'on suppose ce qui est en question, que l'étendue est immobile.

« La seconde proposition que vous niez est celle-ci : deux choses étendues séparables sont mobiles. Cela me paroît évident. Car, si l'on conçoit que l'étendue qui sépare deux parties d'étendue croisse ou augmente incessamment, les deux parties d'étendue s'éloigneront sans cesse, et par conséquent elles seront en mouvement. Et je ne vois pas que, si l'on peut mettre l'étendue d'un pouce entre deux parties d'étendue, on ne puisse mettre un pied, une toise, etc. Au reste, je tombe d'accord que les parties de l'étendue sont séparables, en ce que l'une peut être détruite sans l'autre, mais cela n'empêche pas que l'une ne puisse s'éloigner de l'autre; si ce n'est que l'on veuille toujours se représenter l'étendue comme immobile, c'est-à-dire supposer ce qui est en question.

« Voilà, Monsieur, ce qu'il est nécessaire que je réponde

---

[1] Nous avons ajouté ces deux mots : *soient séparées*, qui manquent dans la copie, et sans lesquels la phrase est incomplète et n'a pas de sens.

pour satisfaire à votre lettre. Je ne vous en dis pas davantage, parce que j'espère, en vous rendant les civilités que je vous dois depuis si longtemps, vous répondre plus clairement et plus agréablement sur les difficultés que vous me ferez l'honneur de me proposer.

« Je suis,

« Monsieur,

« Votre très-humble et très-obéissant serviteur,

« MALEBRANCHE. »

Leibnitz est peu satisfait de cette courte lettre; et, comme je l'ai déjà dit, il renouvelle sa polémique avec une politesse extrême, mais avec une force toujours croissante, sans pourtant qu'il arrive lui-même à aucune démonstration certaine. Il est curieux de l'entendre, pour justifier sa nouvelle lettre et ses nouvelles objections, s'excuser sur la pesanteur de son esprit qui ne lui permettrait pas de suivre Malebranche dans la rapidité de la conversation, en appeler à son indulgence et presque à sa charité.

« Mon révérend père,

« Je conçois fort bien que ceux qui ont la facilité de comprendre et de s'énoncer trouvent plus de plaisir dans les conversations que dans les disputes par écrit; mais ceux qui sont aussi pesants que moi ne peuvent pas les suivre, car ils se trouvent arrêtés partout, au lieu que les écrits leur laissent le loisir de méditer. Cela étant, il est conforme à l'équité, et même à la charité, que ceux qui sont plus parfaits aient quelque condescendance pour les faibles. Je vois que vous en avez assez pour moi, et que c'est peut-être la seule raison qui vous peut avoir engagé à me répondre ; je vous en suis obligé, et vous supplie seulement de ne pas regretter quelques heures que vous pourrez encore employer à achever de m'instruire de la manière que vous avez commencé.

« Il y a deux questions, l'une, si la *séparabilité* est une suite de la distinction réelle ; l'autre, si la *mobilité* est une suite de la *séparabilité*. Vous affirmez l'un et l'autre, et vous entreprenez de le prouver. J'avois trouvé que votre preuve suppose que deux choses réellement distinctes peuvent toujours être parfaitement entendues l'une sans l'autre ; je vous avois prié dans ma lettre de le prouver de la manière que je le niois, savoir que tous les réquisits de l'une peuvent toujours être entendus sans qu'on entende tous les réquisits de l'autre. Vous distinguez dans votre réponse entre les êtres absolus et respectifs ; vous dites que les êtres absolus n'ont point de réquisits : or les choses dont il s'agit, savoir deux parties de l'espace, sont des êtres absolus ; donc, puisqu'ils n'ont point de réquisits, il sera vrai que l'une pourra être parfaitement entendue sans qu'on entende parfaitement l'autre ; ou que tous les réquisits que l'une peut avoir, puisqu'elle n'en a point, seront entendus sans qu'on entende tous les réquisits de l'autre, puisque l'autre n'en a point non plus. C'est très-bien distingué. Mais il vous reste à prouver que deux êtres, tels que sont les parties de l'espace, n'ont point de réquisits. Chez moi, tout ce qui peut être produit a des réquisits hors de lui, savoir ceux qui ont concouru à sa production. Or les parties de l'espace sont produites par le mouvement du corps qui coupe, donc elles ont des réquisits. Vous entreprenez pourtant de prouver le contraire, et cela ainsi :

« Les parties de l'étendue ne sont pas des manières d'être, ou êtres respectifs, mais des êtres absolus;

« Les êtres absolus ont une idée simple;

« Les choses dont l'idée est simple n'ont point de réquisits ;

« Donc les parties de l'espace n'ont point de réquisits.

« De la manière que vous expliquez par ce raisonnement même ce que vous appelez *êtres absolus*, je suis obligé de ne pas accorder que les parties susdites sont des êtres absolus ; il n'y aura même que Dieu et ses perfections ou attributs qui seront absolus en ce sens-là.

« Vous insérez quelques raisonnements à part ; vous dites qu'on peut penser à une partie d'une étendue sans penser à toutes les autres. Je réponds qu'autre chose est y penser, et autre chose est l'entendre parfaitement, ou entendre tous les réquisits, quand il y en a.

« Au reste, je suis toujours en droit de supposer qu'il n'est pas nécessaire que toute étendue soit mobile, jusqu'à ce qu'on le prouve : et celui qui répond à une preuve peut toujours supposer ce qui est en question, tandis qu'on ne prouve point l'impossibilité de sa supposition.

« Cela me doit servir aussi pour répondre à ce que vous dites au second article, savoir : *que la mobilité est une suite de la séparabilité*. Votre preuve est :

« Ce qui sépare deux choses étendues est entre deux ;

« Ce qui est entre deux choses peut être conçu augmenter de grandeur ;

« Ce qui est entre deux choses, augmentant de grandeur, augmente leur distance;

« Ce qui augmente la distance de deux choses les met en mouvement;

« Donc, ce qui sépare deux choses étendues les met en mouvement.

« Je réponds en niant la première proposition de ce raisonnement, savoir : que ce qui sépare deux choses étendues se met toujours entre elles, puisque j'ai déjà déclaré, dans la première lettre, que j'appelle *séparation* non-seulement l'éloignement, mais encore la destruction d'une chose sans l'autre : et j'ai fait voir par un exemple comment il y a une séparation sans éloignement.

« Vous avez prévu que je ferois cette réponse; et vous dites incontinent après : « Je tombe d'accord que les parties « de l'étendue sont séparables, en ce que l'une peut être « détruite sans l'autre; mais *cela n'empêche pas* que l'une « ne puisse s'éloigner de l'autre; si ce n'est qu'on veuille « toujours se représenter l'étendue comme immobile, « c'est-à-dire supposer ce qui est en question. »

« Mais vous vous pouvez souvenir que j'ai dit en termes exprès, dans ma première lettre, que ce que je disois *n'empêche pas* ce que vous dites, pourvu que vous le prouviez; et j'ai protesté, qu'en faisant voir qu'il y a une séparation sans éloignement, je ne veux pas vous préjuger, en cas que vous puissiez prouver qu'il n'y a point de séparabilité sans élongabilité. Mais je m'attendois à cette preuve, et je croyois pouvoir cependant supposer ce qui est en question.

« Je suis assuré que vous jugerez vous-même qu'il faut

encore quelque chose pour faire concevoir clairement la nécessité de la mobilité de tout ce qui est étendu : et je souhaite que vous m'en fassiez part, si vous avez en main quelque chose qui puisse satisfaire. Je reconnois qu'il est souvent difficile d'énoncer nos pensées, et de faire sentir aux autres ce qui nous paroît convaincant : mais je tiens aussi que c'est alors que nous avons une démonstration achevée, quand nous sommes en état de l'énoncer d'une manière incontestable à l'égard de tout homme qui voudra prendre le soin de l'examiner de point en point.

« Enfin, pour vous rendre justice, vous pourriez avoir raison de désirer qu'un adversaire vous prouvât lui-même qu'il y a quelque étendue immobile, si vous aviez affaire à un adversaire : mais vous n'en trouverez point en moi, qui suis en humeur d'apprendre et non pas en état d'enseigner. Vous pouvez ajouter qu'au moins la présomption est que tout ce qui est étendu est mobile, jusqu'à ce qu'on prouve qu'il y a quelque étendue immobile. Je réponds que je trouve en moi cette réponse contrebalancée par un certain penchant que tous les hommes ont de concevoir un espace distinct de la matière.

« Je suis,
   « Mon révérend père,
      « Votre très-humble et très-obéissant serviteur,
                « LEIBNITZ. »

Ainsi, de son propre aveu, la conclusion de Leibnitz n'est pas très-arrêtée, et toute cette polémique n'aboutit point. Les arguments se croisent, sans que la pensée de l'un et de l'autre adversaire en soit éclairée et fortifiée. Leibnitz ne fait pas même connaître la théorie de laquelle il part et à laquelle il tend. Il n'en est pas ainsi de la dernière polémique qu'il soutint, vers la fin de sa vie, sur le même sujet, contre Newton et Clarke. Là il s'explique clairement. Pour lui l'espace n'est qu'une relation et le corps un assemblage de forces. Ce système, vrai ou faux, ainsi que le système contraire, à savoir que l'étendue ou la divisibilité est l'attribut essentiel de la matière et que l'espace est réellement distinct de la matière, exposés et défendus avec netteté et fermeté, soutiennent et élèvent la discussion et donnent constamment un objet grand et déterminé à la dialectique et à l'érudition des deux célèbres adversaires. Les trois lettres que nous venons de publier, et qui ont été écrites de 1672 à 1675, sont comme le prélude et en quelque sorte la première escarmouche du sérieux combat qui eut lieu en 1715 et 1716 [1].

Leibnitz quitta Paris à la fin de l'année 1675 et passa au service de l'électeur de Hanovre en qualité de conseiller et de bibliothécaire. Quelques années après, dans les premiers jours de l'année 1679, il saisit une occasion de reprendre avec Malebranche une correspondance qui, sans être jamais très-fréquente, n'a plus été interrompue jusqu'à la mort de ce dernier. Elle diffère beaucoup de la première. Nous avons vu Leibnitz, moins sûr de ses forces ou de sa renommée, prendre et garder envers Malebranche

---

[1] Clarke a recueilli lui-même toutes les pièces de cette polémique sous le titre suivant : *A collection of papers which passed between the late learned Mr Leibnitz and Dr Clarke in the years 1715 and 1716, relating to the principles of natural philosophy and religion, with an appendix*, London, 1717, 1 vol. in-8°. Des Maizeaux en a donné la traduction dans le : Recueil de diverses pièces sur la philosophie, la religion naturelle, l'histoire, les mathématiques, etc., par MM. Leibnitz, Clarke, Newton et autres auteurs célèbres. 2e edit. Amsterdam. 1740, 2 vol. in-12.

le ton d'un admirateur et presque d'un écolier respectueux. Maintenant, en possession d'une situation meilleure et d'une réputation toujours croissante, sans jamais manquer aux égards qu'il doit à un homme tel que l'auteur de la *Recherche de la Vérité*, il traite avec lui d'égal à égal, et même peu à peu il laisse paraître son incontestable supériorité.

Leibnitz est à la fois un disciple et un adversaire de Descartes. Sans Descartes, Leibnitz n'eût jamais été. Sans l'application de l'algèbre à la géométrie, il n'y aurait jamais eu de calcul de l'infini, et la *Théodicée* n'est que le couronnement des *Méditations*. Entre les deux écoles philosophiques qui se partagent le XVIIe siècle, d'un côté l'école de Gassendi et de Locke, de l'autre celle de Descartes, c'est à cette dernière que Leibnitz appartient. Mais il y occupe une place à part, et sans contredit la plus éminente. Il possédait une originalité naturelle qu'il se complaisait un peu trop à mettre en lumière. Il aimait passionnément la gloire; et puis il voulait être bien avec les puissances, et toutes celles du jour, religieuses et politiques, étaient déclarées contre Descartes. Sans se mettre ouvertement dans le parti anticartésien, il n'était pas fâché de ses succès; il lui fournissait des armes [1], et, au lieu de défendre contre d'obscurs détracteurs cet illustre libérateur de la raison humaine, il avait la faiblesse de se joindre

---

[1] Voyez *Fragments philosophiques*, 3e édit., t. II, *Correspondance de Leibnitz et de l'abbé Nicaise*, p. 213, 220, 229, 267 : « Si M. d'Avranches fait réimprimer un jour sa Censure de la philosophie cartésienne, je pourrois lui communiquer quelques choses curieuses pour l'augmenter..... » Voyez la réponse de Huet, p. 278 et 284. Leibnitz avait répliqué à la réponse de Régis à la *Censura philosophiæ Cartesianæ* de Huet. Il envoya cet écrit à Huet, qui naturellement en fut très-content. *Ibid.*, p. 319.

à eux pour relever les erreurs qui lui étaient échappées et les imperfections qui restaient dans sa doctrine. Il consentit à faire cause commune avec un sceptique tel que Huet, contre une philosophie à laquelle il devait les trois quarts de la sienne. Moins généreux que Bossuet[1], quand l'orage éclata sur le cartésianisme, il le seconda presque, ou, du moins, il ne s'y opposa point, et assista de sang-froid à la persécution publique d'hommes respectables et éclairés qui valaient mille fois mieux que leurs adversaires. Ainsi, en 1679, tranquille et heureux à Hanovre, lorsque l'Oratoire était près de succomber sous les attaques violentes des Jésuites et sous la double accusation de cartésianisme et de jansénisme, Leibnitz a le courage d'adresser à Malebranche, oratorien, janséniste et cartésien bien connu, des objections générales contre Descartes. Il n'épargne ni sa mécanique, ni sa physique, ni sa géométrie, et encore moins sa métaphysique. C'était assurément bien mal prendre son temps, d'autant plus que quelques-unes de ces objections n'ont aucun fondement. Par exemple, Leibnitz reproche ici, comme en beaucoup d'autres endroits, à Descartes, d'avoir rejeté l'usage des causes finales. Mais, nous en demandons pardon à Leibnitz, il a mal compris Descartes. Celui-ci ne veut pas, et il a raison

---

[1] On sait que Bossuet accueillit assez mal l'ouvrage de Huet, au témoignage de Huet lui-même, dans ses mémoires, *Comment. de rebus ad eum pertinentibus*, p. 388 : « Jamdiu vero erat quum se Cartesianis partibus addixerat Benignus Bossuetus.... studium certe ille suum palam dissimulabat satis caute ; at privatim aliquando super nonnullis dogmatis hujus capitibus amicæ quidem, acres tamen habitæ fuerant inter nos concertationes. » Au plus fort de la persécution, il n'a jamais echappé un seul mot à Bossuet contre les principes mêmes de Descartes. Il s'est borné à repousser les conséquences que des disciples imprudents en avaient tirées. Voyez notre ouvrage des *Pensées de Pascal*, avant-propos, p. XXXIX.

de ne pas vouloir, qu'on embrouille la physique au moyen des causes finales; mais, s'il les rejette en physique, c'est provisoirement, en quelque sorte, et en attendant la métaphysique [1]. La méthode de Descartes a commencé la vraie philosophie naturelle, précisément parce qu'elle renvoie la recherche des causes finales à la métaphysique; de sorte que l'accusation de Leibnitz tombe précisément

[1] Pascal a fait à Descartes un reproche du même genre, et tout aussi peu fondé. « Je ne puis pardonner à Descartes. Il voudroit bien, dans toute sa philosophie, se passer de Dieu.... » Voyez notre réponse, *Des Pensées de Pascal*, p. 39. Les passages suivants démontrent que Descartes n'a réellement banni la recherche des causes finales qu'en physique. 4ᵉ *Méditation*. t. Iᵉʳ, p. 297 de notre édition. « Sachant que ma nature est extrêmement foible et limitée, et que celle de Dieu, au contraire, est immense, incompréhensible et infinie, je n'ai plus de peine à reconnoitre qu'il y a une infinité de choses en sa puissance desquelles les causes surpassent la portée de mon esprit; et cette seule raison est suffisante pour me persuader que tout ce genre de causes, qu'on a continué de tirer de la fin, n'est d'aucun usage *dans les choses physiques ou naturelles;* car il ne me semble pas que je puisse sans témérité rechercher et entreprendre de découvrir les fins impénétrables de Dieu. » *Réponses aux cinquièmes objections*, t. II, p. 280 : « Quoiqu'en matière de morale.... ce soit quelquefois une chose pieuse de considérer quelle fin nous pouvons conjecturer que Dieu s'est proposée au gouvernement de l'univers, certainement *en physique*, où toutes choses doivent être appuyées de solides raisons, cela seroit inepte..... Il n'y a pas une cause qui ne soit beaucoup plus aisée à connoitre que celle de la fin que Dieu s'est proposée. » Sur ce dernier point, voyez la Correspondance de Descartes, *Lettre* en réponse à l'*Hyperaspistes*, ou *Dernières objections aux Méditations ou aux Réponses* (nᵒ 10ᵉ). *Principes de philosophie*, 3ᵉ partie, 52 : « Nous ne devons pas trop présumer de nos forces, comme il semble que nous ferions, si nous nous persuadions que c'est pour notre usage que Dieu a créé toutes choses, ou bien seulement si nous prétendions de pouvoir connoitre par la force de notre esprit quelles sont les fins pour lesquelles il les a créées. » D'ailleurs il ne faut pas croire qu'en rejetant les hypothèses sur les fins générales de la création, Descartes ait prétendu exclure toute étude des fins directes et particulières des phénomènes, quand la connoissance de ceux-ci dépend de la connoissance de celles-là. Dans son *Traité sur l'homme*, il recherche constamment l'usage des diverses parties du corps humain, et c'est sous ce même titre qu'il range la plupart de ses observations. Ainsi il traite de *l'usage du pouls et de la respiration, de l'usage des artères, de l'usage des valvules, en quoi la structure de l'œil sert à la vision*, etc.

sur un des titres de gloire du philosophe français. Ce n'est pas en invoquant à tout propos les causes finales que la physique moderne a fait tant de progrès, que Descartes a découvert les deux lois de la réfraction de la lumière, et que son véritable rival dans la philosophie naturelle, Newton, a tiré de la mécanique cartésienne le système du monde[1]. Mais Leibnitz n'était nullement un physicien. Il loue beaucoup Malebranche de se séparer de Descartes en rejetant l'action réciproque de l'âme et du corps, tandis que cette action réciproque est un fait d'expérience incontestable et qui n'existe pas moins pour être de l'explication la plus difficile. Malebranche, selon sa coutume, n'entre point dans une polémique réglée ; mais il repousse avec force les attaques injustes adressées au cartésianisme, et il déclare sans hésiter à Leibnitz que, selon lui, Descartes a raison sur plusieurs choses où Leibnitz le reprend : *Il voit cela clairement*, dit-il, *ou il est le plus stupide des hommes.* Nous donnons ici en entier ces deux lettres, si précieuses pour l'histoire littéraire et philosophique du XVIIe siècle.

« Hanovre, 13 janvier 1679.

« Monsieur,

« Celle-ci est à deux fins, savoir, pour me conserver l'avantage de votre connoissance, et pour vous adresser ce gentilhomme allemand qui a beaucoup d'esprit, de jugement et de curiosité, comme vous reconnoîtrez aisément.

---

[1] C'est Descartes qui, le premier, a énoncé le problème du système du monde, et c'est Newton qui l'a résolu. « Descartes essaya le premier de ramener la cause du mouvement céleste à la mécanique. » Laplace, *Système du monde*, liv. V, ch. V.

« J'ai eu vos *Conversations chrétiennes* par la faveur de Mᵐᵉ la princesse Élisabeth [1], aussi illustre par son savoir que par sa naissance ; elle en juge très-avantageusement, comme en effet il y a bien des choses très-ingénieuses et fort solides. J'y ai mieux compris votre sentiment que je n'avois fait du temps passé en lisant la *Recherche de la Vérité,* parce que je n'avois pas eu alors assez de loisir. Je voudrois que vous n'eussiez pas écrit pour les cartésiens seulement, comme vous avouez vous-même. Car il me semble que tout nom de secte doit être odieux à un amateur de la vérité. Descartes a dit de belles choses ; c'étoit un esprit pénétrant et judicieux au possible. Mais, comme il n'est pas possible de tout faire à la fois, il n'a fait que donner de belles ouvertures, sans être arrivé au fond des choses ; et il me semble qu'il est encore bien éloigné de la véritable analyse et de l'art d'inventer en général. Car je suis persuadé que sa mécanique est pleine d'erreurs, que sa physique va trop vite, que sa géométrie est trop bornée, et enfin que sa métaphysique est tout cela ensemble.

« Pour ce qui est de sa métaphysique, vous avez fait voir vous-même son imperfection ; et je suis tout à fait dans votre sentiment touchant l'impossibilité qu'il y a de concevoir qu'une substance, qui n'a rien que l'étendue sans pensée, puisse agir sur une substance qui n'a rien

---

[1] La célèbre princesse palatine, disciple et amie de Descartes. Elle était sœur de Sophie, électrice de Hanovre, ainsi que de Louise, abbesse de Maubuisson. Elle mourut abbesse d'Herford, en 1680, à l'âge de soixante et un ans. André nous apprend (*OEuvres*, etc., introd., p. XXXIII), qu'il avait eu entre les mains deux lettres de Malebranche à la princesse Élisabeth, et quelques-unes de cette princesse et de sa sœur, l'abbesse de Maubuisson.

que la pensée sans étendue. Mais je crois que vous n'avez fait que la moitié du chemin, et qu'on en peut tirer d'autres conséquences que celles que vous faites. A mon avis, il s'ensuit que la matière est quelque autre chose que l'étendue toute seule : dont je crois d'ailleurs qu'il y a démonstration.

« Je suis tout à fait de votre sentiment, lorsque vous dites que Dieu agit de la plus parfaite manière qui soit possible. Et quand vous dites, dans un certain endroit, *qu'il y a* PEUT-ÊTRE *contradiction que l'homme soit plus parfait qu'il n'est par rapport aux corps qui l'environnent,* vous n'aviez qu'à effacer ce *peut-être.* Je trouve aussi que vous faites un très-bel usage des causes finales, et j'ai eu mauvaise opinion de M. Descartes qui les rejette, aussi bien que de quelques autres de ses endroits[1] où le fond de son âme paroît entr'ouvert.

« Je vous supplie de me recommander à M. Arnaud, quand vous en trouverez l'occasion, et de lui témoigner que j'honorerai toute ma vie sa vertu et son savoir, qui sont également incomparables.

« Je voudrois savoir si votre M. Prestet[2] continue à travailler dans l'analyse. Je le souhaite parce qu'il y paroît propre. Je reconnois de plus en plus l'imperfection de celle que nous avons. Par exemple, elle ne donne pas un moyen sûr pour résoudre les problèmes de l'arithmétique

---

[1] *Sic.*
[2] Jean Prestet, d'abord simple domestique de Malebranche, qui cultiva ses heureuses dispositions pour les mathématiques, et le fit entrer dans l'Oratoire en 1675. Ses Éléments de mathématiques, qui sont un développement de la *Géométrie de Descartes,* ont eu plusieurs éditions : la plus complète est de 1689, 2 vol. in-4°. Il fut régent de mathématiques à Nantes et à Angers. Mort en 1690.

de Diophante ; elle ne peut pas donner *methodum tangentium inversam*, c'est-à-dire trouver la ligne courbe *ex data tangentium ejus proprietate* ; elle ne donne point de voie pour tirer les racines irrationnelles des équations des plus hauts degrés ; elle est bien éloignée des problèmes des quadratures. Enfin, je pourrois faire un livre des recherches où elle n'arrive point, et où quelque cartésien que ce soit ne sauroit arriver sans inventer quelque méthode au delà de la méthode de Descartes.

« Si j'ai le loisir, j'espère de faire un jour en sorte qu'on reconnoisse, par quelque chose d'effectif, combien il s'en faut que M. Descartes nous ait donné le fond de la vraie méthode ; et, sans parler d'autres choses, on verra alors qu'il y a déjà moyen d'aller au delà de sa géométrie bien plus que la sienne passe celle des anciens.

« Quoique je ne sois pas dans tous vos sentiments, je trouve néanmoins tant de belles pensées dans vos écrits, que je souhaite que vous continuiez de nous en donner. Je suis avec estime et passion,

« Monsieur,

« Votre très-humble et très-obéissant serviteur,

« LEIBNITZ.

« *P. S.* Je souhaite d'apprendre des nouvelles de messieurs des Billettes[1] et Galinée[2], et je vous supplie de charger l'un d'eux de me recommander à M. le duc de

---

[1] Gilles Filleau des Billettes, né à Poitiers, en 1634, frère de Filleau de Saint-Martin, traducteur de *Don Quichotte*, attaché à madame de Longueville, à M. le duc de Roannez et à leurs amis. Habile généalogiste, et très-versé dans le détail des arts et métiers. Nommé membre ordinaire de l'Académie des sciences en 1699. Voyez son Éloge dans Fontenelle.

[2] Nous n'avons pu trouver nulle part de renseignements sur cet ami de Malebranche.

Roannez[1], si vous ne le voyez pas vous-même ; car, en ce cas, je vous supplie de lui témoigner que je n'ai pas oublié de méditer quelquefois sur quelques-unes des belles pensées que je lui dois[2]. »

« Monsieur,

« Je suis très-obligé de l'honneur de votre souvenir et de la connoissance du gentilhomme allemand que vous m'avez adressé. Il a bien du mérite et je voudrois bien qu'il sût que je l'honore extrêmement. On donne ici à M. l'abbé Catelan[3] le livre des *Conversations chrétiennes*, que vous m'attribuez. Quoique je l'aie lu plus d'une fois, je n'y ai point remarqué qu'il avouât qu'il ne fût fait que pour les cartésiens, comme vous le dites. Du reste, Monsieur, je ne crois pas bien des choses que vous dites de M. Descartes. Quoique je puisse démontrer qu'il s'est trompé en plusieurs endroits, je vois clairement, ou je suis le plus stupide des hommes, qu'il a eu raison dans

---

[1] L'ami de Pascal et le frère de la duchesse de Roannez. Voyez notre ouvrage des *Pensées de Pascal*, passim.

[2] Évidemment les *Pensées de Pascal*, dont le duc de Roannez aura fait présent à Leibnitz. Il est d'autant plus naturel que celui-ci charge Malebranche de ses compliments pour le duc de Roannez à l'occasion des *Pensées de Pascal*, que Malebranche est un de ceux qui avaient donné leur avis sur l'édition des *Pensées* préparée par le duc de Roannez et le jeune Périer. *Ibid.*

[3] Il paraît que Malebranche ne reconnut pas d'abord les *Conversations chrétiennes*, et les laissa attribuer à son ami l'abbé de Catelan. Cet abbé fut l'un des quatre géomètres qui déclarèrent, contre Régis, dans le *Journal des Savants*, que les motifs de l'opinion de Malebranche sur la grandeur apparente des objets étaient démonstratifs et conformes aux principes de l'optique. Montucla (t. II, p. 309) le compte parmi les cartésiens aveugles qui combattirent le calcul différentiel. Il est auteur d'une Logistique universelle, etc. Il vivait encore en 1719, puisqu'à cette époque André prie ses amis de s'adresser à l'abbé de Catelan pour en obtenir des lumières sur Malebranche. Œuvres philosophiques du P. André, *Introduction*, p. XLVI). Il aurait bien mérité un court article dans quelque dictionnaire historique.

certaines choses que vous reprenez en lui. Votre lettre me donne la liberté de parler comme je fais. Et, si je ne craignois point d'abuser de votre loisir, et que je crusse devoir m'appliquer à des choses que j'ai quittées pour m'appliquer à d'autres qui sont plus essentielles, je vous prierois de me dire les raisons que vous avez pour défendre vos sentiments.

« Le pauvre M. de Galinée est mort en Italie, il y a environ un an. Son dessein étoit de voyager quelques années dans l'Orient, mais il a fini tristement pour nous son voyage environ un mois après être sorti de Paris. Il y a six mois que M. des Billettes a la fièvre ; il en est presque revenu. M. Arnaud a aussi été malade, mais il se porte parfaitement bien. L'auteur des *Éléments* est maintenant prêtre de l'Oratoire ; il y a deux ou trois ans que je l'ai mis dans l'Oratoire, et depuis ce temps il n'a point pensé à l'algèbre. Il va néanmoins revoir son livre pour l'édition nouvelle, quand elle se fera. Le public vous seroit, Monsieur, très-obligé, si vous vouliez donner au jour la méthode que vous avez pour pousser ces sciences comme vous me le faites espérer. On imprime ou l'on a même achevé d'imprimer les *Lieux géométriques* et la *Construction des équations* de M. de la Hire [1]. Je vous prie, Monsieur, d'avoir toujours quelque amitié pour

« Votre très-humble et très-obéissant serviteur,
« MALEBRANCHE (P. DE L'O.) »

La lettre de Malebranche était pour Leibnitz une sorte d'invitation à s'expliquer avec plus de détails sur le carté-

---

[1] Voyez l'*Éloge de la Hire*. « Ces deux ouvrages, dit Fontenelle, étoient faits pour développer les mystères de la *Géométrie de Descartes.* »

sianisme. Leibnitz le fait dans une lettre du 22 juin de la même année, à l'occasion des *Méditations sur la métaphysique,* de l'abbé de Lannion, qui lui avaient été adressées. Il découvre toute sa pensée sur les points les plus essentiels de la métaphysique cartésienne. Il marque avec soin sa propre situation en philosophie. Il déclare qu'il a voulu rester indépendant et prendre une route nouvelle, même au risque de s'égarer, afin de découvrir de nouveaux pays. Il dit qu'ayant *commencé à méditer avant d'être imbu des opinions cartésiennes, cela l'a fait entrer dans l'intérieur des choses par une autre porte.* Et, assurément, nous ne voulons pas contester ce qu'il y a de vrai dans cette prétention, et l'évidente originalité de l'esprit de Leibnitz ; mais nous croyons qu'il en fait les honneurs avec un peu d'ingratitude envers le chef et le premier auteur de toute la philosophie du XVII⁰ siècle. Comment Leibnitz a-t-il pu sérieusement *méditer,* comme il le dit, avant de bien connaître la philosophie de Descartes et ses mathématiques et sa physique et sa métaphysique ? S'il veut parler de ses études de collége, à la bonne heure ; mais hors de là et même là il a partout rencontré Descartes. Le *Discours de la Méthode, avec la Dioptrique, les Météores et la Géométrie, qui sont des essais de cette Méthode,* est de 1637 ; les *Méditations* sont de 1641, les *Principes de philosophie* de 1644, les *Passions* de 1650 ; et l'on sait quel bruit firent tous ces ouvrages dès leur première apparition : ceux d'entre eux qui étaient écrits en français furent traduits en latin et répandus d'abord d'un bout de l'Europe à l'autre. Or Leibnitz, né en 1646, étudiait encore à Leipzig sous Thomasius, en 1660, et il soutint thèse sous sa présidence en 1663¹. Lui-même, dans un âge avancé, et parvenu au faîte de la gloire, aime à raconter qu'à l'âge de quinze ans il passait des journées entières dans un bois près de Leipzig, appelé le *Rosenthal*, incertain entre Aristote et Démocrite, et délibérant s'il garderait les formes substantielles². Il est impossible que le bruit des attaques des cartésiens contre la doctrine d'Aristote, et particulièrement contre les formes substantielles, ne fût pas parvenu jusqu'au curieux et intelligent écolier. Enfin, en 1670, dans la lettre à Thomasius, en tête de l'édition de Nizolius³, il s'exprime durement sur Descartes et ses disciples. Il les avait donc étudiés, pour s'arroger le droit d'en parler de cette sorte. Ainsi il connaissait déjà la philosophie cartésienne avant d'arriver à Paris, et il l'y trouva occupant tous les esprits, odieuse à un parti puissant, chère à un autre parti presque aussi considérable, partageant le siècle, l'Église, les universités et jusqu'aux cercles à la mode. Leibnitz ne pouvait pas n'y pas donner la plus sérieuse attention. D'ailleurs, sa doctrine propre n'était rien moins qu'arrêtée à cette époque, et même elle ne le fut qu'assez tard⁴. Il dut donc

---

¹ M. Guhrauer a retrouvé cette thèse, et l'a publiée : *Leibnitz's dissertatio* DE PRINCIPIO INDIVIDUI... . Berlin, 1837. Elle a été reproduite en 1840, avec quelques variantes, dans les *Opera philosophica Leibnitii* de M. Erdmann. Cette thèse avait été très-probablement inspirée à Leibnitz, selon la coutume allemande de ce temps, par son professeur Thomasius, dont elle reproduit en général les opinions

² *Lettre à Thomas Burnet,* du 18 mai 1698, Dutens, t. VI, p. 253 ; et *Lettre à Raymond de Montmor,* du 10 janvier 1714, Dutens, t. V, p. 8.

³ Dutens, t. IV, p. 7. Leibnitz y tranche en jeune homme de toutes choses et sur tout personnage. Il a contre le cartésianisme les préjugés de son maître Thomasius. Beaucoup d'esprit, de sagacité et de force ; rien de mûr et d'arrêté.

⁴ Dans la *Lettre à Montmor,* déjà citée, du 10 janvier 1714, Leibnitz nous

étudier de nouveau, avec son ardeur ordinaire, la philosophie cartésienne ; et la preuve en est que cette lettre même à Malebranche, où il attaque le cartésianisme, en est toute pénétrée. Il admet presque toutes les opinions essentielles de l'école qu'il attaque, et sa vraie originalité est surtout dans les nouvelles explications qu'il en apporte. Par exemple, il *approuve merveilleusement* ces deux propositions, que nous voyons toutes choses en Dieu, et que les corps n'agissent pas proprement sur nous ; il dit même qu'il en a toujours été persuadé. Il est vrai qu'il ajoute que sa persuasion repose sur *des raisons qui dépendent d'axiomes qu'il ne voit encore employés nulle part*. Plus tard, en effet, il écrira à M. de Montmor : « Je ne trouve pas que les sentiments du révérend P. Malebranche soient trop éloignés des miens : le passage des causes occasionnelles à l'harmonie préétablie ne paroît pas très-difficile[1] ; » et Leibnitz a bien raison. Comment donc le philosophe qui a écrit ces lignes, qui, même après avoir ramené la notion de substance et d'être réel à celle de force, n'a jamais admis l'action réciproque des substances, c'est-à-dire des forces, les unes sur les autres, et qui a transformé la chimère des causes occasionnelles dans celle de l'harmonie préétablie, comment un tel philosophe a-t-il pu jamais nier qu'en bien et en mal il ne dût infiniment à l'école de Descartes ?

---

rappelle lui-même les vicissitudes de ses opinions philosophiques ; et, dans la lettre également citée à Thomas Burnet, il dit, en 1697 : « La plupart de mes sentiments ont été enfin arrêtés, après une délibération de vingt ans..... J'ai changé et rechangé sur des nouvelles lumières, et ce n'est que depuis environ douze ans que je me trouve satisfait. »

[1] Lettre du 26 août 1714. Dutens, t. V, p. 13.

Leibnitz admet encore le principe de la plus grande *simplicité des décrets de Dieu*. Il rejette, il est vrai, l'opinion de Descartes sur l'âme des bêtes. Les preuves cartésiennes de l'existence de Dieu lui semblent imparfaites dans la forme, et il croit que l'enthymème cartésien doit être développé en un syllogisme dont Descartes n'a pas donné la vraie majeure. Loin de là; nous croyons avoir prouvé ailleurs que le syllogisme de Leibnitz, précisément à cause de sa célèbre majeure, renferme un cercle vicieux, tandis que l'enthymème cartésien est l'argument naturel, excellent et suffisant [1]. Mais en tout cas, ce n'est encore ici qu'une question de forme; le fond et l'invention première appartiennent à Descartes. Leibnitz pense aussi que la distinction de l'âme et du corps n'est pas encore prouvée entièrement. Mais sur ce point, comme sur tous les précédents, ses objections ne tombent que sur la forme des preuves, et toute sa prétention est de donner des démonstrations plus rigoureuses, en suivant davantage la méthode des géomètres. Il resterait à savoir si cet emploi plus rigoureux de la méthode des géomètres est un progrès ou un abus, si la méthode psychologique n'est pas ici la vraie, si ce n'est pas en la suivant que Descartes a trouvé ses principes les plus certains, je pense, donc je suis; ma pensée est simple et inétendue, donc je suis un esprit; j'ai, tout fini que je sois, l'idée irréfragable d'un être infini, donc cet être infini existe; tandis qu'en abandonnant cette méthode, ou plutôt ce procédé de la raison naturelle, et en y substituant le raisonnement appuyé sur des prin-

---

[1] *Leçons sur la philosophie de Kant*, 6ᵉ leçon, p. 238 et suiv.

cipes abstraits, c'est-à-dire la méthode géométrique, Descartes lui-même et surtout ses successeurs, Malebranche, Spinoza et Leibnitz, se sont tant de fois égarés [1].

Pour prouver que Descartes est loin d'avoir épuisé les mathématiques, ce que personne ne prétendait, et qu'on peut trouver encore des calculs nouveaux, Leibnitz propose à Malebranche un problème que les moyens ordinaires résolvent imparfaitement; et, à cette occasion, il accuse Descartes d'avoir ignoré les lignes que lui Leibnitz a appelées transcendantes.

C'est enfin dans cette lettre et dans une de celles qui suivront que Leibnitz nous apprend qu'il avait composé, étant à Paris, un dialogue latin pour accorder la grâce et la liberté, dialogue qu'il soumit à Arnauld, et que celui-ci ne désapprouva point.

21 juin 1679.

« Mon révérend Père,

« J'ai reçu votre lettre pour laquelle je vous ai de l'obligation; un peu après j'ai aussi reçu les *Méditations sur la Métaphysique* [2], que je ne puis aussi attribuer qu'à vous, ou au moins à ce M. l'abbé Catelan, à qui vous donnez les *Conversations chrétiennes*, qui doit être habile homme, et qui est tout à fait entré dans vos sentimens. J'ai lu ces *Méditations*, non pas comme on lit un livre or-

---

[1] *Leçons sur la philosophie de Kant*, 6ᵉ leçon, p. 238 et suiv.
[2] *Les Méditations sur la Métaphysique* sont de l'abbé de Lannion; elles ont été imprimées plusieurs fois sous le pseudonyme de Guillaume Wander, d'abord à Cologne en 1678, puis par Bayle en 1684, dans le Recueil de quelques pièces curieuses concernant la philosophie de M. Descartes. Il faut bien les distinguer des *Méditations métaphysiques* attribuées à René Fédé, et qui sont de l'année 1683. L'abbé de Lannion était un ami et un disciple de Malebranche.

dinaire, mais avec soin; et si vous agréez mon ingénuité, je vous dirai ce que j'ai pensé là-dessus. J'approuve merveilleusement ces deux propositions que vous avancez, savoir : que nous voyons toutes choses en Dieu, et que les corps n'agissent pas proprement sur nous. J'en ai toujours été persuadé par des grandes raisons qui me paroissent incontestables, et qui dépendent de quelques axiomes que je ne vois encore employés nulle part, quoiqu'on en puisse faire grand usage encore pour prouver quelques autres thèses qui ne cèdent guère à celles dont j'ai fait mention.

« Pour ce qui est de l'existence et de la nature de ce que nous appelons corps, nous nous trompons encore plus que vous ne dites, et je vous accorde qu'il vous seroit mal aisé de prouver qu'il y a de l'étendue hors de nous de la manière qu'on l'entend. Mais, pour ce qui est des esprits autres que nous, il y a démonstration de leur existence, et il y en doit avoir plus qu'on ne pense. Il n'y a guère de difficulté touchant la perpétuité de tous les esprits, quand ils existent une fois; mais il y en a beaucoup touchant leur commencement, tel qu'on se le figure.

« Je trouve aussi fort véritable ce que vous dites de la simplicité des décrets de Dieu, qui est cause de ce qu'il y a quelques maux particuliers : autrement Dieu seroit obligé de changer les lois de la nature à tout moment. Il faut pourtant dire là-dessus quelque chose de plus; et je me souviens d'avoir montré un jour un petit dialogue [1] à M. Arnaud et à M. des Billettes, qui alloit fort avant, et qui, à mon avis, ne laissoit plus de doute sur la liberté, si

[1] Il est encore question, dans notre correspondance, de ce dialogue latin de Leibnitz, p. 409.

ce n'est qu'on en veuille établir une notion absurde et contradictoire. *Quidquid agit, quatenus agit, liberum est.* Il faut dire aussi que Dieu fait le plus de choses qu'il peut; et ce qui l'oblige à chercher des lois simples, c'est afin de trouver place pour tout autant de choses qu'il est possible de placer ensemble; et, s'il se servoit d'autres lois, ce seroit comme si on vouloit employer des pierres rondes dans un bâtiment, qui nous ôtent plus d'espace qu'elles n'occupent.

« Pour ce qui est de l'âme des bêtes, je crois que vous en jugeriez bien autrement que Descartes, si vous regardiez vos propositions du même côté que moi, qui en suis persuadé, mais par des raisons différentes des vôtres, car celles que vous donnez dans vos *Méditations* ne me paroissent pas assez convaincantes et ne mènent pas où elles doivent. Je ne dis cela ni par vanité ni par un esprit de contradiction, et je tiens cette remarque nécessaire; car j'ai reconnu par une longue expérience que nos pensées sont confuses, tandis que nous n'en avons pas des démonstrations rigoureuses. C'est pourquoi je crois qu'on pourroit raisonner un peu plus familièrement en mathématiques, où les choses se règlent d'elles-mêmes, mais qu'on doit raisonner avec plus de rigueur en métaphysique, parce que nous y manquons du secours de l'imagination et des expériences, et que le moindre faux pas y fait des méchans effets dont il est difficile de s'apercevoir.

« Je crois que ce que vous approuvez en M. Descartes, et que je ne saurois goûter, vient de ce que nous ne nous entendons pas bien. Je tiens pour assuré que les preuves qu'il apporte de l'existence de Dieu sont imparfaites, tandis qu'il ne prouve pas que nous avons une idée de Dieu ou du plus grand de tous les êtres. Vous me direz qu'autrement on n'en pourroit pas raisonner. Mais on peut raisonner aussi du plus grand de tous les nombres, qui ne laisse pas d'impliquer contradiction aussi bien que la plus grande de toutes les vélocités ; c'est pourquoi il faut encore beaucoup de méditations profondes pour achever cette démonstration. Mais quelqu'un me dira : Je conçois le plus parfait de tous les êtres, parce que je conçois mon imperfection et celle des autres êtres imparfaits, quoique plus parfaits peut-être que moi ; ce que je ne saurois sans savoir ce que c'est que l'être absolument parfait. Mais cela n'est pas encore assez convaincant, car je puis juger que le binaire n'est pas un nombre infiniment parfait, parce que j'ai ou je puis apercevoir dans mon esprit l'idée d'un autre nombre plus parfait que lui et encore d'un autre plus parfait que celui-ci. Mais, après tout, je n'ai pas pour cela aucune idée du nombre infini [1], quoique je voie bien que je puis toujours trouver un nombre plus grand qu'un nombre donné, quel qu'il puisse être.

« La distinction de l'âme et du corps n'est pas encore prouvée entièrement. Car, puisque vous avouez que nous ne concevons pas distinctement ce que c'est que la pensée, il ne suffit pas que nous pouvons douter de l'existence de l'étendue (c'est-à-dire de celle que nous concevons distinctement) sans pouvoir douter de la pensée ; cela, dis-je, ne suffit pas pour conclure jusqu'où va la distinction de ce

---

[1] Ici Leibnitz a ajouté en marge, avec raison : « Perfectionem summam « tamen absolute concipio ; alioqui non possem applicare ad numerum, ubi « frustra applicatur. »

qui est étendu et de ce qui pense, parce qu'on peut dire que c'est peut-être notre ignorance qui les distingue, et que la pensée renferme l'étendue d'une manière qui nous est inconnue.

« Cependant je suis persuadé de toutes les vérités susdites, nonobstant l'imperfection des preuves ordinaires, à la place desquelles je crois de pouvoir donner des démonstrations rigoureuses. Comme j'ai commencé à méditer lorsque je n'étois pas encore imbu des opinions cartésiennes, cela m'a fait entrer dans l'intérieur des choses par une autre porte et découvrir des nouveaux pays ; comme les . . . .[1], qui font le tour de France suivant la trace de ceux qui les ont précédés, n'apprennent presque rien d'extraordinaire, à moins qu'ils soient fort exacts ou fort heureux ; mais celui qui prend un chemin de traverse, même au hasard de s'égarer, pourra plus aisément rencontrer des choses inconnues aux autres voyageurs.

« Vous m'avez réjoui en m'apprenant le parfait rétablissement de la santé de M. Arnaud. Dieu veuille qu'il en jouisse encore longtemps ! car où trouverions-nous une personne qui lui ressemble ? Je vous supplie de l'assurer de mes respects. Si M. des Billettes est à Paris, et si vous le voyez, Monsieur, ayez la bonté, je vous en prie, de lui témoigner que sa maladie m'a affligé ; j'espère qu'elle sera passée, et je souhaite qu'elle ne revienne pas ; car le public doit s'intéresser dans la conservation des personnes qui lui peuvent être aussi utiles que lui. Pour ce qui est de la mort du pauvre M. Galinée, j'avoue que cette

---

[1] Mot effacé. Probablement *voyageurs*.

perte m'a touché : il savoit tant de belles choses ! et il auroit bien fait de se décharger sur un imprimeur avant que d'aller en Orient.

« Je voudrois que votre auteur des *Éléments* qui est dans l'Oratoire, n'abandonnât pas tout à fait l'algèbre, pour laquelle il a un talent particulier. Mais je crois que ce qui fait qu'il ne s'applique plus, est qu'il s'imagine que tout ce qu'il y a de beau est déjà fait ; et que le reste ne seroit qu'un travail ; mais je ne suis pas de ce sentiment, et j'ai trop d'expérience de ce qu'on y peut encore faire d'important et de beau. Car j'ai souvent cherché des problèmes, qui m'ont mené à des calculs tout autres que les ordinaires. Mais, direz-vous, comment est-il possible de trouver des calculs d'une autre espèce ? Je ne puis répondre à cette question que par un exemple : soit une équation : $a^z - b^y$ égal à c, et une autre équation $d^z + e^z$ égal à f. Je suppose que a, b, c, d, e, f, sont grandeurs connues ou données ; il s'agit de trouver les deux inconnues z et y ; et il peut (se faire) qu'un tel problème puisse être quelquefois résolu en nombres (irrationnels) par la règle et le compas, et même par les coniques ou lignes plus composées, quelquefois aussi par les lignes que j'appelle transcendantes, et qui sont inconnues à M. Descartes [1]. Mais il est bien difficile de manier ces

---

[1] Il est certain que, parmi les lignes qu'on appelle aujourd'hui transcendantes, figurent la *spirale*, la *quadratrice*, la *cycloïde*, et autres courbes que Descartes a citées et qu'il nommait *lignes méchaniques*. (Voyez *Géométrie*, liv. II, t. V, p. 335 de notre édition ; et *Correspondance*, t. VII, p. 134, 140, etc.) Il ne semble donc pas exact de dire que les lignes transcendantes étaient inconnues à Descartes ; mais il est vrai qu'il ne vouloit point les recevoir en géométrie (*Geom., ibid*), et qu'il ignorait certains calculs auxquels depuis on a soumis les courbes transcendantes. Au reste,

sortes de calculs. Cependant, l'algèbre est imparfaite, si elle n'en est pas la maîtresse. Je vous supplie, Monsieur, d'y penser et d'y faire penser l'auteur des *Éléments*. Je finis en vous disant que je suis avec zèle, Monsieur, etc. »

Selon sa coutume, Malebranche répond très-brièvement à Leibnitz, et se borne à lui donner les renseignements que celui-ci lui a demandés sur diverses personnes. Il lui parle du passage de Tschirnhaus à Paris, et d'une méthode qu'il aurait découverte pour résoudre toute sorte d'équations. Leibnitz s'aperçoit bien que Malebranche évite toute discussion métaphysique. « Vous passez finement, lui dit-il, tout ce que j'avois mis en avant pour

---

le passage suivant d'une lettre de Leibnitz à Arnauld (lettre du 14 juillet 1686, *OEuvres d'Arnauld*, t. IV, p. 194 et 195) expliquera complètement sa pensée sur ce sujet : « L'autre défaut de la méthode des tangentes est qu'elle ne va pas aux lignes que M. Descartes appelle *méchaniques*, et que j'aime mieux d'appeler *transcendantes*, au lieu que ma méthode y procède tout de même, et je puis donner par le calcul la tangente de la cycloïde ou telle autre ligne. Je prétends aussi généralement de donner le moyen de réduire ces lignes au calcul, et je tiens qu'il faut les recevoir dans la géométrie, quoi qu'en dise M. Descartes. Ma raison est qu'il y a des questions analytiques qui ne sont d'aucun degré, et dont le degré même est demandé, par exemple : de couper l'angle en raison incommensurable de droite à droite. Ce problème n'est ni plan, ni solide, ni sursolide. C'est pourtant un problème, et je l'appelle transcendant pour cela. Tel est aussi ce problème, pour résoudre une telle équation : $X^x + X = 30$, où l'inconnue même X entre dans l'exposant, et le degré même de l'équation est demandé. Il est aisé de trouver ici que cet X peut signifier 3, car $3^3 + 3$, ou $27 + 3$, fait 30. Mais il n'est pas toujours si aisé de le résoudre, surtout quand l'exposant n'est pas un nombre rationnel ; et il faut recourir à des lieux ou lignes propres à cela, qu'il faut par conséquent recevoir nécessairement dans la géométrie. Or je fais voir que les lignes que Descartes veut exclure de la géométrie dépendent de telles équations, qui passent en effet tous les degrés algébriques, mais non pas l'analyse ni la géométrie. J'appelle donc les lignes reçues par M. Descartes, *algebraicas*, parce qu'elles sont d'un certain degré d'équation algébrique ; et les autres, *transcendantes*, que je réduis au calcul, et dont je fais voir aussi la construction, soit par point ou par le mouvement ; et, si j'ose le dire, je prétends avancer par là l'analyse *ultra Herculis columnas*. »

entrer en cette matière. » Mais, puisqu'on lui laisse les mathématiques, il s'y engage et s'explique tout à son aise sur la découverte attribuée à Tschirnhaus. Il déclare impossible de résoudre géométriquement toute espèce d'équations; mais il croit possible de trouver une méthode générale pour résoudre algébriquement les équations de tous les degrés, en suivant les traces de Cardan. Il donne un exemple pour démontrer que les racines des équations du troisième degré peuvent être exprimées d'une manière générale par les formules de Cardan. Il prétend même avoir trouvé une méthode générale pour les degrés supérieurs, jusqu'à l'infini. « J'ai reconnu, dit-il, une voie infaillible pour arriver aux racines générales de quelque degré que ce soit. » Il ne lui manque qu'une seule chose pour faire ce calcul aisément, des tables d'algèbre qu'il n'a pas encore eu le loisir de dresser. Il va jusqu'à affirmer qu'il était déjà en possession de cette méthode générale lorsqu'il était à Paris, et qu'alors il la communiqua à Tschirnhaus. C'est aux mathématiciens à voir si la prétention de Leibnitz est fondée, et si la méthode générale qu'il assure avoir découverte avant 1676 est réellement possible [1]. En tout cas, cette partie de notre correspondance est du plus grand intérêt pour l'histoire de l'analyse.

« A Paris, ce dernier juillet 1679.

« Monsieur,

« L'auteur des *Méditations métaphysiques* est M. l'abbé

[1] Voyez, dans le *Journal de mathématiques pures et appliquées* de M. Crelle, 1826 (t. Ier. p. 65), un Mémoire intitulé: *Beweis der Unmöglich-*

de Lanion. Quoiqu'il n'ait point mis son nom, il ne s'en cache point. Je le sais, parce qu'il me l'a dit et à plusieurs autres personnes que je connois. Ainsi, Monsieur, ne m'attribuez point, s'il vous plaît, cet ouvrage.

« Un gentilhomme allemand [1] est passé ici, et qui, je crois, doit vous aller voir, lequel, à ce que l'on dit, et que je ne crois pas possible, a trouvé le moyen de faire évanouir tous les termes d'une équation, hormis le premier et le dernier. Quoique je ne m'applique nullement, depuis bien du temps, à ces sortes d'études, je serois pourtant bien aise de savoir si cela est possible; et je ne doute pas que vous ne vous donniez la peine de l'examiner, lorsque ce gentilhomme vous le communiquera.

« L'auteur des *Éléments* est persuadé qu'il y a bien des découvertes à faire sur l'analyse, mais il a peine à s'appliquer à ces sortes d'études; je l'ai pourtant porté à revoir son ouvrage pour le faire plus exact. Il y a longtemps, Monsieur, que vous nous faites espérer quelque chose sur cette matière, et sans doute vous pouvez [2]....

« M. des Billettes a toujours la fièvre quarte; il pensa mourir il y a environ deux mois. Je pense que vous savez que MM. Arnaud et Nicole ne paroissent plus; ils se sont cachés : je n'en sais pas les raisons particulières. Il y a des gens qui disent qu'ils sont allés à Rome, mais je ne crois pas que cela soit vrai.

« Je ne sais point d'ouvrage ni de nouvelle décou-

keil algebraische Gleichungen von höheren Graden als dem vierten, aufzulösen, von Herrn Abel.

[1] Évidemment Tschirnhaus. Voyez la réponse de Leibnitz.
[2] Quelques mots emportés avec le cachet.

verte dont je puisse allonger ma lettre. Ainsi permettez-moi de me dire,

« Monsieur,

« Votre très-humble et très-obéissant serviteur,

« MALEBRANCHE, P. de l'O. »

« 4 août 1679.

« Mon révérend père,

« Je ne savois rien de la retraite des messieurs Arnauld et Nicole ; je vous supplie de m'en faire savoir les particularités quand vous les saurez.

« Les *Conversations chrétiennes* de M. l'abbé Catelan et les *Méditations métaphysiques* de M. l'abbé de Lanion ont tant de rapport à vos pensées de la *Recherche de la Vérité*, que je ne crois pas m'être fort trompé en vous joignant. Je vous supplie de me faire savoir un peu plus de particularités de ces messieurs et de leurs semblables, car je prends grand plaisir à connoître des personnes de cette force. Je suis bien aise que des gens d'esprit et de mérite s'appliquent à la métaphysique, car il y a encore des choses importantes à découvrir. Vous passez finement tout ce que j'avois mis en avant pour entrer en cette matière.

« A l'égard des racines des équations, voici mon opinion : Je tiens pour impossible de résoudre toutes les équations géométriquement, par la seule invention des moyennes proportionnelles; mais je ne tiens pas pour impossible d'exprimer la valeur de l'inconnue de l'équation générale de chaque degré par une formule irrationnelle, à l'exemple des racines de Cardan; car je crois que les racines de

Cardan sont générales pour l'équation cubique, nonobstant l'imaginaire qui entre quelquefois dans l'expression ; et je crois de vous en avoir dit quelque chose de vive voix [1]. Je distingue l'analyse, c'est-à-dire l'expression des valeurs, de la géométrie, c'est-à-dire des moyens de construire. Je tiens la valeur de l'inconnue trouvée analytiquement, lorsque je la puis exprimer absolument et purement par une formule véritable ; car, quoique cette formule ne soit pas toujours propre à la construction, elle ne laisse pas d'être toujours le but de l'algèbre, qui cherche les valeurs pures, et on n'est jamais arrivé à la connoissance parfaite de l'inconnue qu'on cherche (faisant abstraction des lignes et nombres) que lorsqu'on a eu cette valeur, par exemple : $x^3 + px$ aeq. q équation générale, dont la racine est x aequ $+\sqrt[3]{\frac{1}{2}q + \sqrt{\frac{1}{4}q^2 + \frac{1}{27}p^3}} + \sqrt[3]{\frac{1}{2}q - \sqrt{\frac{1}{4}q^2 + \frac{1}{27}p^3}}$, qui est la véritable valeur de l'inconnue en tous les cas, nonobstant la variation des signes. Et il faut bien qu'elle soit la racine, puisqu'elle satisfait toujours à l'équation.

« Mais, pour vous le prouver *a priori*, n'est-il pas vrai que $2 + \sqrt{-1} + 2 - \sqrt{-1}$ est une grandeur véritable ? Oui, sans doute, car elle vaut autant que 4. Or, le cube de $2 + \sqrt{-1}$ est $+2 + 11\sqrt{-1}$; donc $\sqrt[3]{+2+11\sqrt{-1}}$ est autant que $2 + \sqrt{-1}$. Tout de même $\sqrt[3]{+2 - 11\sqrt{-1}}$ est autant que $2 - \sqrt{-1}$; donc $\sqrt[3]{+2 + 11\sqrt{-1}} + \sqrt[3]{+2 - 11\sqrt{-1}}$ est autant

---

[1] Nouvelle trace des relations de Malebranche et de Leibnitz à Paris, de 1672 à 1675.

que 4. Ainsi, si la racine de Cardan vous avoit donné cette formule X aequ. $\sqrt[3]{+2+11\sqrt{-1}} + \sqrt[3]{+2-11\sqrt{-1}}$, vous tireriez la racine cubique de $+2+11\sqrt{-1}$, et vous auriez $+2+\sqrt{-1}$, et de même de $+2-11\sqrt{-1}$, vous auriez $+2-\sqrt{-1}$, et, joignant ensemble ces deux racines, vous auriez X égal à $\sqrt[3]{+2+11+\sqrt{-1}} + \sqrt[3]{+2-11\sqrt{-1}}$, c'est-à-d. à $+2+\sqrt{-1} + 2-\sqrt{-1}$. c'est-à-d. à 4.

« [*N. B.* Il faut prendre garde que le quarré de $\sqrt{-1}$ est -1, et le cube en est $-1\sqrt{-1}$.]

« Mais, pour tirer la racine cubique ou autre d'un tel binome, comme $2+11\sqrt{-1}$, la règle de Schoten, qui est à la fin de son commentaire, ne suffit pas, et il faut une autre que j'ai trouvée, et qui est sans comparaison plus générale et plus belle. Mais, lorsque la racine ne se peut tirer d'un tel binome imaginaire, la somme composée des racines des deux binomes imaginaires $\sqrt[3]{+a+\sqrt{-b}} + \sqrt[3]{+a-\sqrt{-b}}$ ne laisse pas d'être toujours une grandeur véritable, et la destruction de l'imaginaire se fait, en effet, virtuellement, quoiqu'on ne le puisse faire voir en nombres; mais ma règle d'extraction le fait voir au moins par une appropinquation aussi exacte que l'on veut.

« Cela étant bien entendu, vous ne trouverez plus étrange si je vous dis qu'on pourra trouver des racines générales pour les degrés supérieurs, comme par exemple pour le cinquième. En effet, j'ai trouvé des essais en certains cas, et je puis donner les racines irrationnelles de quelques équations indéprimables[1] du cinquième, septième, neuvième degré, etc., à l'infini. Par là, j'ai reconnu une voie infaillible pour arriver aux racines générales de quelque degré que ce soit. Mais, pour en rendre le calcul aisé, il faudroit premièrement se faire certaines tables, que je n'ai pas encore eu le loisir de dresser.

« J'avois toutes ces choses étant encore à Paris, où étoit aussi alors ce gentilhomme allemand, dont vous avez entendu parler et dont je fais grand cas. Il est allé depuis en Italie, et revenu à Paris ; je les lui ai communiquées, et je l'ai encouragé à les pousser. Il avoit espéré auparavant de trouver des racines particulières pour toutes sortes d'équations d'un même degré, trompé par nos auteurs, qui assuroient que les racines de Cardan n'étoient que particulières dans le troisième ; mais je lui fis voir qu'elles sont véritablement générales, et qu'il est impossible d'en trouver d'autres pour les autres cas. Depuis ce temps-là, il y a fort travaillé, et il m'en a fait rapport de temps en temps. Mais, jusqu'ici, il n'est pas encore venu à bout du cinquième, comme j'ai jugé par la lettre très-ample qu'il m'a écrite il y a quelque temps[2], à laquelle j'ai répondu en lui marquant ce qui empêcheroit encore l'exécution de

---

[1] *Sic.* Équations dont le degré ne peut être abaissé.

[2] On ne trouve ni dans Kortholt ni dans Dutens cette lettre de Tschirnhaus, ni la réponse de Leibnitz. Dans plusieurs passages, Leibnitz assure qu'il a communiqué plusieurs de ses découvertes, soit philosophiques, soit mathematiques, à Tschirnhaus. Voyez Dutens, t. VI, p. 44 et 48, lettre de Leibnitz à Placcius. Voyez surtout la correspondance d'Huygens et de Leibnitz, publiée par M. Uylenbroeck, lettre de Leibnitz, d'octobre 1690 : « Il m'est arrivé plus d'une fois qu'il a oublié d'avoir vu auprès de moi des échantillons des choses qu'il a données par après .... »

son projet. La chose est plus difficile qu'on ne pense ; cependant j'ai démonstration du succès. Mais il sera nécessaire de faire certaines tables d'algèbre, autrement il faudroit trop de calcul. Les tables que j'ai projetées seroient d'un secours merveilleux pour toute algèbre. Mais en voilà assez. Je voudrois bien savoir si à présent M. le duc de Roannez est à Paris ; *item* si M. des Billettes se porte mieux, ce que je souhaite fort. »

Après ces deux lettres, la correspondance de nos deux philosophes est interrompue pendant une douzaine d'années. Elle se renoue vers 1693, à l'occasion d'un problème de mécanique, qui tient une grande place dans la vie scientifique de Malebranche et de Leibnitz. Descartes avait prétendu que le repos implique quelque force, et que la même quantité de mouvement est toujours conservée dans l'univers. Les cartésiens soutenaient avec opiniâtreté ces deux principes. Malebranche, dans le VI⁰ livre de la *Recherche de la Vérité*[1], avait ouvertement abandonné le premier et maintenu le second. De là une assez longue controverse, où Leibnitz joua le premier rôle. Il fit imprimer, dans les *Acta eruditorum* de l'année 1686, un écrit intitulé : *Brevis demonstratio erroris memorabilis Cartesii et aliorum, circa legem naturalem secundum quam volunt a Deo eamdem semper quantitatem motus conservari*, etc.[2]. L'abbé de Conti, cartésien zélé, répondit à Leibnitz, dans les *Nouvelles de la République des lettres*, du mois de septembre 1686[3]. Leibnitz répliqua dans le

---

[1] *Recherche de la Vérité*, liv. VI : *De la méthode*, 2⁰ partie, chap. IX, vers la fin.
[2] Dutens, t. III, p. 180.
[3] Idem, *ibid.*, p. 182.

même journal de février 1687[1] ; et, dans cette réplique, au lieu de s'en tenir à l'abbé de Conti, il enveloppa dans la querelle l'auteur de la *Recherche de la Vérité,* et combattit une des conséquences que Malebranche avait tirées du principe en question. En même temps il prenait grand soin de le séparer du reste des cartésiens, et il s'adressait avec confiance à sa bonne foi ainsi qu'à sa pénétration. « Comme c'est l'auteur de la *Recherche de la Vérité,* dit-il, à qui nous sommes redevables de la correction de quelques préjugés cartésiens assez considérables, tant ailleurs que sur cette matière, il m'a paru à propos de faire connoître ici ce qui restoit encore à dire. Et m'assurant qu'il n'a pas moins d'honnêteté que de pénétration, bien loin de craindre qu'il le puisse trouver mauvais, je m'attends à son approbation. » Malebranche répondit dignement à l'attente de Leibnitz. Dans son *Traité des Lois de la communication des mouvements,* publié en 1692, il satisfit aux objections du philosophe allemand, toutefois sans abandonner le principe, que la même quantité de mouvement se conserve toujours dans l'univers. Il paraît qu'il avait adressé ce traité à Leibnitz, et que celui-ci lui avait envoyé de nouvelles remarques ; car, le 8 décembre, probablement de 1693, Malebranche, sortant du long silence qu'il avait gardé depuis 1679, écrivit à Leibnitz une lettre où, parmi divers renseignements qu'il lui donne sur des personnes de leur commune connaissance, il répond avec assez d'étendue aux remarques de Leibnitz, en lui rappelant bien que tout ce qu'il a dit des premières lois du mouvement

---

[1] Dutens. t. III, p. 194.

n'est fait que pour ceux « qui reçoivent ce principe, que la même quantité de mouvement se conserve toujours dans l'univers. » Cette hypothèse lui paraît plus conforme à la raison que toute autre ; il déclare que tout ce qui a été écrit contre ne l'a point convaincu, et ni l'estime ni l'amitié ne lui peuvent tenir lieu de raisons évidentes. D'ailleurs, il répète le refrain accoutumé de toutes ses lettres, *qu'il faudroit être tête à tête pour s'entretenir utilement et agréablement sur ces matières* et qu'il n'y a rien de plus ennuyeux que *de philosopher par lettres*, surtout quand on a des affaires plus pressées.

« Le 8 décembre.

« Monsieur, un honnête homme me fit hier l'honneur de me venir voir, et me donna, de votre part, quelques remarques que vous avez eu la bonté de faire sur les premières lois du mouvement du petit traité que j'ai fait imprimer [1]. Il me promit, dans quinze jours, de revenir prendre la réponse que j'y ferois, sans vouloir, par honnêteté, me dire le lieu de sa demeure. J'ai donc cru, Monsieur, vous devoir remercier de l'honneur de votre souvenir, et, par mes très-humbles respects que je vous rends présentement, renouveler l'amitié que vous avez eue autrefois pour votre très-humble serviteur. Quoique, depuis quinze ou vingt ans que vous étiez à Paris, je ne l'aie point entretenue par les devoirs ordinaires, je puis cependant vous assurer que j'ai toujours appris de vos nouvelles avec plaisir, que j'ai souvent prié M. Foucher [2] et M. Thé-

---

[1] *Lois de la communication des mouvements*, par l'auteur de la *Recherche de la Vérité*, 1692, in-12.
[2] On voit par là que Malebranche ne s'était pas brouillé avec Foucher.

venot, que nous avons perdu depuis peu [1], de vous présenter mes respects lorsque j'ai su qu'ils vous écrivoient, et que j'avois beaucoup de joie lorsqu'ils me faisoient espérer que vous passeriez à Paris. En effet, outre le plaisir de voir présent et d'embrasser un ancien ami, je m'attendois encore à apprendre de vous mille belles choses, et surtout les adresses particulières dont il faut se servir dans le calcul intégral et différentiel, et les manières de l'appliquer aux questions de physique ; car dans l'intégral principalement il y a pour moi bien des difficultés. Ne pourriez-vous point, Monsieur, donner au public, plus en détail que vous n'avez fait, les règles de ce calcul et les usages qu'on en peut tirer? Il me semble que cela vous regarde plus que personne, non-seulement à cause que l'on vous en croit l'inventeur, et que personne, que je

---

malgré les critiques assez vives que celui-ci avait faites de la *Recherche*. Simon Foucher, chanoine de Dijon, né en cette ville en 1644, mort en 1696. Il est l'auteur anonyme de la : « *Critique de la Recherche de la Vérité*, où l'on examine en même temps une partie des principes de M. Descartes, lettre par un académicien. » Paris, 1675, in-12. Dom Desgabets y répondit par la *Critique de la Critique*, etc. Paris, même année. Malebranche se défendit aussi dans la préface du second volume de la *Recherche*. Foucher répliqua par la *Réponse à la Critique*, etc. Paris, 1676. Il publia plus tard, à Paris, en 1693, sans nom d'auteur, un petit volume intitulé : *Dissertation sur la Recherche de la Vérité*, contenant l'histoire et les principes des *Académiciens*. Cet écrit lui fit donner le surnom de *restaurateur de la philosophie académicienne*. On cite encore de lui quelques autres petits écrits du même genre, par exemple, un *Dialogue entre Empiriastre et Philalète*, sans lieu ni date, et que nous n'avons jamais vu. Leibnitz était en correspondance avec Foucher. (Dutens, t. II, p. 104 et suiv., p. 238.) Voyez aussi, sur Foucher, les détails que nous en avons recueillis dans la *Correspondance de Leibnitz avec Nicaise*, et de celui-ci avec Huet, *Fragments philosophiques*, 3ᵉ édit., t. II, p. 280, 286, 288-290.

[1] Melchisedech Thévenot, voyageur et savant distingué, garde de la Bibliothèque du Roi, et chez qui se continuèrent les assemblées qui avaient eu lieu d'abord chez M. de Montmor. Auteur d'une foule d'ouvrages. Mort en 1692.

sache, ne vous conteste cette qualité[1], que parce que vous possédez parfaitement les mathématiques.

« A l'égard, Monsieur, des remarques que vous avez faites sur les premières lois du mouvement, permettez-moi de vous dire qu'il me semble que vous n'avez pas fait attention à ce que je dis d'abord, que ces règles ne sont que pour ceux qui reçoivent ce principe, que la même quantité de mouvement se conserve toujours dans l'univers. Car, cela supposé, je crois qu'elles sont suffisamment démontrées dans le petit traité, quoique en quelques endroits j'aie peut-être été trop court. Il me semble que, ce principe posé, toutes autres lois qu'on veuille établir, on tombe nécessairement dans quelque contradiction, comme le calcul vous le montrera bientôt, si vous l'éprouvez. Mais, pour ne pas laisser vos remarques sans quelque réponse, je m'arrêterai à celles sur lesquelles il me semble que vous appuyez le plus.

« Vous ne trouvez pas juste, Monsieur, que la grandeur de la masse ne règle pas en partie la grandeur du choc. *On n'oseroit presque dire qu'une telle détermination du choc,* dites-vous, *où la grandeur de l'un des corps donnés n'entre point du tout dans la valeur du résultat, est impossible.* Sur quoi, Monsieur, je vous prie de considérer que les corps ne se poussent dans le choc que parce qu'ils sont impénétrables, et qu'ainsi, quoiqu'une masse grosse comme la terre, heurtant contre un grain de sable, agisse contre ce grain selon toute sa force, s'il est arrêté sur un corps inébranlable, néanmoins cette grosse masse

---

[1] Telle était donc l'opinion des savants en France, en 1693.

ne le pousseroit qu'à raison de sa vitesse, si ce grain cédoit sans résistance. Car il est évident qu'elle ne le pousseroit que parce qu'il est impénétrable et qu'elle le toucheroit ; or elle ne le toucheroit plus, dès qu'elle l'auroit poussé selon sa vitesse.

« A l'égard de la difficulté que vous tirez de ce qu'une différence infiniment petite dans le donné change tout à fait le résultat, à cause que je dis que si $m\,4$, par exemple, choque $4\,m$, chacun doit rejaillir comme il est venu, mais que, si $m\,4$ prévaut d'une quantité de force infiniment petite, il doit demeurer en repos, et donner à $4\,m$ tout son mouvement, ce qui est contraire à votre méthode : il est clair néanmoins que cela doit être ainsi, en supposant que le mouvement ne se perde point, et que les corps soient infiniment durs. Car, cela supposé, un corps ne peut recevoir en même temps deux mouvements contraires dans ses parties, ce qui arrive aux corps durs à ressort, dont la partie choquée recule dans le même temps que celle qui lui est opposée avance, ainsi que je l'ai expliqué dans les secondes lois, qui sont, à cause de ce fait, bien différentes des premières. Or, si un corps ne peut en même temps recevoir deux mouvements contraires, il est clair que le plus faible ne peut rien donner de son mouvement au plus fort, et que son action retombe toute sur lui. Je dis *toute,* car le mouvement est supposé ne se perdre point, et la réaction est toujours égale à l'action ; l'expérience même l'apprend. De plus, $m\,4$ pousse $4\,m$ dans un instant qui est celui du choc, donc il le pousse selon sa vitesse, donc de toute sa force. Donc, quoique la quantité différentielle soit infiniment petite, le résultat est fort différent. Ayez la bonté, Monsieur, par votre attention et votre pénétration, de suppléer à la brièveté et à l'obscurité du petit traité, et je pense que vous demeurerez d'accord que les premières lois sont suffisamment démontrées, et qu'on ne peut même en donner d'autres sans tomber dans la contradiction, supposant, comme je fais, que le mouvement ne se perde point. Au reste, Monsieur, si j'ai supposé ce principe, c'est qu'il me paroît plus conforme à la raison que tout autre, et que tout ce que j'ai vu qu'on a écrit au contraire ne m'a pas paru convaincant. C'est peut-être ma faute. Mais, quoi qu'il en soit, quelque estime que j'aie pour mes amis, je ne me rends à leurs sentiments que lorsque j'en suis convaincu par l'évidence de leurs raisons, dont je ne sens pas toujours toute la force, et je crois que cette disposition d'esprit me rend moins indigne de l'honneur de leur bienveillance. Il faudroit être tête à tête pour s'entretenir utilement et agréablement sur ces matières; car il n'y a rien de plus ennuyeux et de plus désagréable que de philosopher par lettres, quand on a principalement d'autres affaires plus pressées. Je sais par expérience que pour l'ordinaire on y perd bien du temps, et vous n'en avez point du tout à perdre, vous, Monsieur, qui l'employez si utilement pour le public. Je suis, avec bien du respect, Monsieur, votre très-humble et très-obéissant serviteur,

« MALEBRANCHE, prêtre de l'Oratoire.

« M. Toisnard[1], que je sais, Monsieur, être de vos

---

[1] Nicolas Toisnard, antiquaire orléanais, mort à Paris, le 5 janvier 1706. Il avait été indiqué par l'antiquaire Morel à Leibnitz, comme lui pouvant servir de correspondant à Paris. M. Brunet, le savant auteur du *Manuel du libraire*, possède toute la correspondance manuscrite de Toisnard.

amis, m'étant venu voir, comme je lui disois que j'avois une lettre à vous faire tenir, et que je lui demandois qui pouvoit être l'honnête homme qui m'avoit apporté la vôtre, afin de lui épargner la peine de venir quérir ma réponse, M. le marquis de l'Hôpital, qui étoit présent, me dit qu'il seroit bien aise de vous écrire, et il m'a envoyé aujourd'hui l'incluse. C'est une personne d'un mérite singulier, qui vous honore extrêmement, et qui est de mes anciens amis. Je suis persuadé, Monsieur, que vous recevrez avec plaisir cette marque de son estime et du profit qu'il a fait dans vos écrits[1]. Et pour moi, j'ai bien de la joie qu'il soit à votre égard dans les sentiments où je suis depuis longtemps. C'est que je voudrois que tout le monde, et surtout mes amis, vous honorassent autant que vous le méritez. »

La réponse de Leibnitz n'est pas datée, mais elle doit être de la fin de 1693, ou du commencement de 1694, puisque, tout à l'heure, nous en trouverons une autre de lui qui suppose celle-là, et qui est datée du mois de décembre 1694. On y reconnaît le progrès qu'avait fait Leibnitz vers le système auquel il s'est définitivement arrêté, et qui porte son nom dans l'histoire. Sur le point en question, il substitue au principe cartésien de la conservation d'une même quantité de mouvement dans l'univers, un autre principe emprunté à sa théorie dynamique. Suivant lui, ce n'est pas le mouvement, mais la force, qui

---

[1] Cela prouve que l'Hôpital n'entra en relation avec Leibnitz qu'en 1693, par l'intermédiaire de Malebranche, et qu'il ne le connut point pendant son séjour à Paris. Depuis, comme on le verra par une des lettres suivantes, il s'établit entre eux une correspondance, dont malheureusement il ne nous a été possible de trouver nulle part aucune trace.

se conserve, et la force ne doit pas être estimée et mesurée par la quantité du mouvement. Il fait une histoire curieuse du changement qui s'est opéré dans ses idées sur la notion de la matière. Il crut d'abord avec Descartes qu'il n'y avait rien dans les corps que l'étendue et l'impénétrabilité, et de là il avait tiré un système de mécanique qu'il croyait véritable ; aveu important qui prouve que Leibnitz aussi avait traversé le cartésianisme, et qui dément la prétention par lui exprimée dans une lettre antérieure, d'avoir *médité avant d'être imbu des opinions cartésiennes*. Il admit donc le principe cartésien que l'étendue est l'attribut fondamental de la matière ; mais peu à peu il en vint à rejeter ce principe, ce qui changea toute sa mécanique. C'est au plus fort de cette disposition d'esprit que nous le trouvons en 1693 ou 1694. Il est encore plus qu'auparavant déclaré contre le cartésianisme. Il prétend que Prestet a été arrêté dans ses progrès mathématiques par son attachement exclusif à l'analyse de Descartes. Il est à remarquer qu'il ne parle plus ici d'une méthode générale pour résoudre les équations de tous les degrés. Il a même l'air de revenir un peu sur son ancienne prétention. Mais il soutient toujours que les formules de Cardan peuvent servir à résoudre toutes les équations du troisième degré, malgré l'impossibilité apparente de cette résolution en un certain cas, celui qu'aujourd'hui on appelle le cas irréductible ; et il répète qu'il avait dit tout cela autrefois à Malebranche et à Prestet, pendant son séjour à Paris. Il termine en exhortant Malebranche à donner à ses pensées une forme rigoureuse et démonstrative, « sauf, lui dit-il, à prendre l'essor dans des scholies, où il pourroit encore dire mille belles choses. » Il est difficile de dire à quelqu'un plus poliment qu'il écrit à merveille, mais qu'il raisonne avec peu de solidité.

« C'est trop de bonté à la fois, mon révérend père, que celle que vous avez eue de m'écrire, et de me faire avoir en même temps une lettre de M. le marquis de l'Hospital, qui est sans doute un des plus profonds en géométrie et en analyse que je connoisse, et dont j'espère des lumières, bien loin d'espérer de lui en pouvoir donner, surtout dans la distraction où je me trouve maintenant. Je suis trop heureux, si ce que j'ai donné autrefois, touchant une nouvelle façon de calculer, lui a pu servir. Si j'ai un jour quelque loisir, je proposerai, un peu plus clairement que je n'ai fait dans les Actes de Leipzig, les règles et l'usage de ce calcul, outre qu'il y a plusieurs *errata* capables d'obscurcir la chose; et c'est pour cela que je crois que plusieurs n'y ont rien compris.

« Quant aux règles du mouvement, nous convenons que la force ne se perd point, mais il s'agit de savoir si cette force, qui se conserve, doit être estimée par la quantité du mouvement, comme on le croit vulgairement. M. l'abbé Catelan n'avoit point compris mon sentiment, et, s'il a été mon interprète auprès de vous, comme il me sembloit, il ne vous en aura point donné une bonne idée. Supposons que plusieurs corps communiquent seuls ensemble durant quelque temps; mon opinion est qu'ils gardent toujours la même force en somme, nonobstant leur communication; c'est-à-dire, selon moi, que, si leur force étoit employée (jusqu'à sa consommation) à élever quelque corps pesant, soit qu'on la voulût employer avant ou après la communication, l'effet seroit toujours équivalent, et se réduiroit toujours à élever une même pesanteur à une même hauteur, ou à produire quelque autre effet déterminé ; mais je choisis la pesanteur comme la plus commode. Cela étant accordé, je démontre que la même quantité de mouvement ne se conserve point. Je démontre aussi que, si deux cas, qui selon la notion vulgaire de la force sont équivalents, se succédoient, il y auroit le mouvement perpétuel mécanique. Par exemple : s'il arrivoit que toute la force d'un corps A, de quatre livres de poids et d'un degré de vitesse, étoit transférée sur le corps B, d'une livre de poids, et que le corps B devroit alors recevoir[1] quatre degrés de vitesse, selon l'opinion vulgaire, je démontre qu'on auroit indubitablement le mouvement perpétuel. Et, par conséquent, A et B ne sont point égaux en force, et généralement je dis que de deux hypothèses L et M, celle d'M a plus de force, si, supposant M produite par L, on pourroit venir au mouvement perpétuel ; et, pour éviter cette absurdité, c'est dans ce sens que la force qui se conserve doit être entendue.

« Je veux considérer plus attentivement les raisons de vos règles. Il eût été à souhaiter, mon révérend père, que vous eussiez eu le loisir de les proposer aussi distinctement qu'il faut pour leur donner la forme d'une démonstration, car je me trouvois souvent arrêté en les lisant. Cependant il semble que la nature de la continuité porte nécessairement avec elle que le cas de l'inégalité continuellement diminué se doit perdre dans le cas de l'égalité ; et on le pour-

---

[1] *Devrait recevoir*, germanisme, pour *reçût*.

roit rendre palpable par une délinéation, comme j'ai fait dans certaines remarques sur une partie des principes de M. Descartes[1]. Ainsi je tiens qu'il y a un défaut caché dans les fondements des règles qui n'observent point cette *loi de continuité*, comme j'ai coutume de l'appeler.

« Au commencement de mes études mathématiques, je me fis une théorie du mouvement absolu, où, supposant qu'il n'y avoit rien dans le corps que l'étendue et l'impénétrabilité, je fis des règles du mouvement absolu que je croyois véritables, et j'espérois de les pouvoir concilier avec les phénomènes par le moyen du système des choses[2]. Mais j'ai reconnu, depuis, que cela ne se peut, et j'ai employé cela même dans le *Journal des Savants*, 18 juin 1691[3], pour prouver que la notion de l'étendue ne suffit pas pour expliquer tout ce qui se passe dans les corps. Suivant cette théorie, il se feroit seulement une composition de l'effort, *conatus*, que le corps a déjà, avec celui qu'un autre tâche de lui imprimer de plus; en sorte que chaque effort se conserve, mais deux efforts égaux contraires dans un même sujet dégénèrent en repos. Les choses devroient aller ainsi, si les corps n'étoient que ce qu'on s'en imagine.

« J'ai répondu amplement à M. le marquis de l'Hospital. Je n'ai pas vu la seconde édition de l'ouvrage de feu

---

[1] Nouvelle allusion à l'ouvrage qu'il cite souvent : *Animadversiones ad Cartesii principia*. Voyez particulièrement *Fragments philosophiques*, 3ᵉ édit., t. II, p. 245.

[2] *Sic*. Peut-être *atomes*.

[3] Voyez Dutens, t. III, p. 253 : *De legibus naturæ et vera æstimatione rerum motricium contra Cartesianos*. C'est une réponse à un article de Papin, du mois de janvier de la même année. Il y fait mention des critiques de détail qu'il avait autrefois adressées à Malebranche.

M. Prestet. Comme il s'appliquoit principalement à l'analyse, il auroit pu avancer considérablement cette science s'il n'avoit été trop attaché aux idées seules de l'analyse de M. Descartes, ce qui avoit borné ses vues.

« Je crois d'avoir dit à vous et à lui, à Paris, que je tiens les racines de Cardan pour générales à l'égard de l'équation cubique, nonobstant l'impossibilité apparente dans le cas de trois racines réelles; car les impossibles se détruisent virtuellement. $1 + \sqrt{-1} + 1 - \sqrt{-1}$ est une grandeur réelle égale à 2; et $\sqrt[3]{1 + \sqrt{-1}} + \sqrt[3]{1 - \sqrt{-1}}$ vaut autant que $\sqrt{2 + 2\sqrt{2}}$, ce que M. Hugens trouva admirable quand je le lui donnai autrefois à considérer. Ainsi on peut juger que $\sqrt[3]{1 + \sqrt{-1}} + \sqrt[3]{1 - \sqrt{-1}}$ est aussi une grandeur réelle, quoiqu'il n'y ait pas toujours moyen de délivrer [1] la valeur des quantités imaginaires *intervenientes* dans son expression. Il est vrai que cette expression de la valeur ne sert point à la construction; mais, comme on a d'ailleurs assez de constructions, il suffit qu'elle satisfait à l'analyse et au calcul, et j'en souhaiterois autant pour les degrés supérieurs [2]. Je serois bien aise de savoir si M. Prestet y avoit fait quelques progrès. Ce qu'il trouvoit à redire au projet de M. Tschirnhaus touchant les racines des équations ne m'arrête point, mais seulement que les choses ne vont pas dans les degrés supérieurs, comme M. Tschirnhaus le paroît concevoir, et

---

[1] *Dégager*.
[2] Il ne possédait donc pas alors les mêmes moyens de résolution pour les degrés supérieurs, quoi qu'il en ait dit précédemment.

il n'est pas aisé de venir à la destruction de leurs termes par des équations inférieures [1]. Je crois que l'objection de M. Prestet, insérée dans le *Journal des Savants*, où il reprend M. Tschirnhaus d'avoir pris pour arbitre une quantité qui est la somme des deux racines, n'est pas fondée : ce n'est pas par là que l'invention de M. Tschirnhaus est imparfaite. Outre ce que je viens de dire, elle engage à des calculs immenses, et apparemment ces empêchements ne lui ont point permis de l'exécuter au cinquième degré, qui est le plus simple de ceux qui nous manquent.

« Au reste, mon révérend père, j'ai toujours estimé et admiré ce que vous nous avez donné en métaphysique, même dans les endroits avec lesquels je ne suis pas encore d'accord entièrement. Vous avez trouvé le secret de rendre les choses les plus abstraites non-seulement sensibles, mais agréables et touchantes, et d'en montrer l'influence dans la morale, laquelle est fondée effectivement sur la véritable métaphysique. Vous avez bien remarqué que nous n'avons point une idée parfaitement distincte de l'âme; et peut-être aurez-vous reconnu depuis que celle que nous avons du corps ne l'est pas non plus. La marque d'une connoissance imparfaite chez moi est quand le sujet a des propriétés dont on ne peut encore donner la démonstration. Ainsi les géomètres, qui n'ont encore pu démontrer les propriétés de la ligne droite, qu'ils ont prises pour accordées, n'en ont pas encore eu une idée assez distincte. Le corps renferme non-seulement la notion de l'étendue, c'est-à-dire

---

[1] Et pourtant il avait paru approuver la prétendue découverte de Tschirnhaus, en en réclamant la première idée.

de la pluralité, continuité et coexistence des parties, mais encore celle du sujet qui est répété ou répandu, dont la notion est antérieure à celle de sa répétition, c'est-à-dire à l'étendue. Cependant le bâtiment de M. Descartes est fondé sur la prétendue connoissance claire et distincte de l'âme et du corps. Il alloit trop vite, et sa qualité de chef de secte le rendoit décisif. Sa hardiesse est utile et donne des lueurs de vérité, mais il n'est pas sûr de le suivre. Il seroit temps qu'on donnât congé aux nom de secte, et qu'on s'attachât aux démonstrations à la façon des géomètres, où l'on ne trouve point de distinction entre les Archimédistes et Euclidistes. Je souhaiterois que vous voulussiez un jour prendre la peine de nous proposer vos belles et importantes pensées en forme de démonstrations, sauf à prendre l'essor dans les scholies, où vous pourriez encore dire mille belles choses que vous avez dans l'esprit. Je vous souhaite assez de vie et de santé pour nous donner encore bien des lumières. »

Après cette lettre vient un billet d'un caractère différent et qui montre Leibnitz sous un autre jour. L'Hôpital avait composé un livre sur le calcul différentiel; mais, ayant su de Malebranche que Leibnitz se proposait de reprendre et de publier de nouveau tout ce qu'il avait disséminé dans les journaux sur cette matière, par respect pour l'auteur du nouveau calcul, il lui avait demandé s'il trouvait bon que son ouvrage fût imprimé. Cet ouvrage était déposé entre les mains de Malebranche, en attendant la réponse de Leibnitz. Celui-ci s'empresse de mander à Malebranche qu'il désire vivement la publication de l'ouvrage de l'Hôpital, où, dit-il, il ne peut manquer « d'apprendre bien des belles choses lui-même. » Il s'agit vraisemblablement ici de l'Analyse des infiniment petits, qui parut en 1696. Leibnitz dit aussi quelques mots de la mort toute récente d'Arnauld. Il déplore la querelle qui s'était renouvelée entre Arnauld et Malebranche, et dont il traite le sujet avec un peu de dédain. Il prétend assez plaisamment que les jésuites perdent plus qu'ils ne gagnent à la mort de leur illustre adversaire, et qu'un tel surveillant leur était utile.

« Hanovre, 27 décembre 1694.

« Mon révérend père,

« Je ne vous importunerois pas sans un sujet que M. le marquis de l'Hospital m'a fourni. Il me mande de vous avoir laissé un écrit que vous aviez tiré de lui pour le faire publier, mais qu'ayant appris que j'avois dessein d'écrire sur les mêmes matières en partie, il me prioit de lui faire savoir au plus tôt si je suis content que son écrit paroisse. J'ai répondu comme il faut à cette honnêteté, et je lui ai dit que, s'il ne vous avoit pas encore accordé cette permission, je me joindrois à vous, mon révérend père, pour l'obtenir, faisant état d'y apprendre bien des belles choses moi-même. Mais, comme monsieur le marquis est loin de Paris, et que ma lettre ne lui sera rendue qu'un peu tard, je vous ai voulu écrire en même temps afin de vous faire connoître au plus tôt que l'égard qu'on peut avoir pour moi ne doit nullement empêcher ni différer votre dessein. Je vous adresse en même temps la lettre pour monsieur le marquis, dans la croyance que ce sera le moyen de la faire rendre plus promptement et plus sûrement.

« M. Arnaud étant mort enfin[1], on peut dire avec raison ce qu'un de mes amis m'écrivoit agréablement, que les RR. PP. jésuites y ont plus perdu qu'ils ne croient peut-être avoir gagné : un tel surveillant étoit utile, ἀγαθὴ δ'ἔρις ἥδε βροτοῖς. Je crois que le père général[2], ayant les sentiments qu'on connoît, n'étoit pas fâché des soins que M. Arnauld prenoit pour le soulager. Pour vous, mon R. P., je crois que vous n'y avez ni gagné ni perdu. J'avoue que j'étois fâché de voir la querelle renouvelée dernièrement sur un sujet de peu d'importance, puisqu'il ne s'agissoit que du sentiment de saint Augustin sur une matière de philosophie. Je ne sais si la *Bibliothèque de la grâce*[3] paroîtra encore, nonobstant la mort de ce grand homme, et nonobstant la bulle et le bref du pape qui ont défendu depuis peu de renouveler les contestations sur les cinq propositions. Pour moi, je ne serois point fâché de voir quantité de petits livres faits par d'habiles gens sur des matières considérables, ramassés ensemble : car j'ai fort médité sur cette même matière de la liberté depuis bien des années, jusqu'à avoir composé là-dessus un dialogue latin, à Paris, que je fis voir à M. Arnauld, qui ne le méprisa point[4], et depuis j'ai plus approfondi les choses.

« Mais je ne sais à quoi je songe d'enfiler des discours dans une lettre qui ne devoit être que pour le sujet que j'ai marqué au commencement. Finissant l'année, je prie

---

[1] Le 7 août 1694.
[2] Ce père général doit être le P. Gonzalez, Espagnol, né en 1622, élu général en 1687, mort en 1705.
[3] Voyez *Fragments philosophiques*, t. II, p. 253. *Correspondance de Leibnitz et de Nicaise.*
[4] Voyez la lettre, p. 381.

Dieu de vous en donner encore beaucoup d'heureuses, et je suis avec zèle,

« De votre Révérence,

« Le très-humble et très-obéissant serviteur,

« LEIBNITZ. »

Les objections de Leibnitz contre la théorie cartésienne, qu'une même quantité de mouvement se conserve toujours dans l'univers, sans persuader d'abord Malebranche, avaient fait impression sur son esprit. Déjà, en 1692, le *Traité des Lois de la communication du mouvement* contenait quelques modifications à plusieurs propositions du sixième livre de la *Recherche de la Vérité*. Mais ce n'était pas seulement quelques conséquences du principe, c'était le principe lui-même que Leibnitz combattait, et peu à peu il ébranla la conviction du sincère et loyal oratorien. Celui-ci, retiré à la campagne, comme il nous l'apprend lui-même, examina de nouveau ses lois du mouvement, et il en vint à reconnaître que les faits ne s'accordaient point avec sa théorie. Il eut donc la bonne foi et le courage de l'abandonner entièrement et de remanier tout son traité. C'est au milieu de ce travail qu'il reçut, en octobre 1698, une lettre que lui adressait Leibnitz par les mains de l'abbé Torelli, le célèbre mathématicien. Leibnitz se montre satisfait de ce qu'il a déjà gagné sur le cartésianisme de Malebranche; mais, tout en avouant qu'il y aurait mauvaise grâce à insister, il exprime le regret de n'avoir pas obtenu davantage. Dans sa réponse du mois de décembre de la même année, Malebranche, sans être arrêté par aucun sentiment d'amour-propre, avoue le changement radical qui s'est opéré dans ses idées. « Je suis maintenant convaincu, dit-il, que le mouvement absolu se perd et s'augmente sans cesse. » Et il ajoute : « Je vous dis ceci, afin que vous continuïez d'être persuadé que je cherche sincèrement la vérité. » Il n'hésite point à proclamer lui-même la supériorité de son illustre ami dans les sciences. « S'il est des gens qui soient indifférens à votre mérite, ou qui le paroissent, ils ne font tort qu'à eux-mêmes, du moins dans l'esprit des habiles gens. » Cette lettre est remplie des plus nobles sentiments, et Feder l'a fort bien choisie, ainsi que celle de Leibnitz, pour faire sentir l'intérêt de toute la correspondance. Il les a publiées l'une et l'autre dans ses *Specimina*[1].

---

[1] *Commercii epistolici Leibnitiani typis nondum vulgati selecta specimina*, etc., p. 136 et 140. Comme l'ouvrage de Feder est assez rare, nous pensons faire plaisir à nos lecteurs en transcrivant ici ces deux lettres, qui complètent la correspondance de nos deux philosophes.

Hanovre, 2/12 octobre 1698.

« Comme M. l'abbé Torelli m'a témoigné avoir l'honneur de vous connoître, je n'ai pas voulu qu'il partit d'ici sans vous porter des marques qui vous puissent faire connoître combien je continue de vous honorer. J'en ai souvent donné d'autres, lors même que j'ai avoué que nous n'étions pas en tout d'un même sentiment. Nous nous faisons tous deux un si grand intérêt à avancer la connoissance de la vérité, que nous nous saurons toujours bon gré des éclaircissements que l'un peut fournir à l'autre ou au public. Je vous ai eu de l'obligation de ce que vous avez bien voulu m'en avoir, lorsque vous avez retouché à vos lois du mouvement, et, quoiqu'à mon avis la loi de la continuité, que j'avois mise autrefois en avant dans le journal de Hollande, et qui vous avoit plu jusqu'à donner occasion à votre changement, s'y trouve encore un peu intéressée, quoique d'une manière moins perceptible qu'au commencement, néanmoins, j'ai cru que je n'aurois pas bonne grâce d'y insister à votre égard, pouvant m'expliquer sans cela. Car je crois en effet que les lois de la nature ne sont pas si arbitraires qu'on pourroit bien s'imaginer. Tout est déterminé dans les choses, ou par des raisons comme géométriques de la nécessité, ou par des raisons comme morales de la plus grande perfection. Vos beaux écrits, mon révérend père, ont rendu les hommes beaucoup plus capables qu'ils n'étoient auparavant d'entrer dans les vérités profondes ; si je prétends d'en profiter, je ne manquerai pas aussi de le

Leibnitz ne pouvait manquer d'être sensible à un pareil procédé. Il laisse paraître à la fois et son contentement et son admiration dans une lettre qu'il a écrite à Bayle quel-

reconnoître. M. Bayle a fait des objections contre mon système dans son beau dictionnaire à l'article de *Rorarius*. M. de Beauval publiera mes solutions dans l'*Histoire des ouvrages des savants*, après les avoir communiquées à M. Bayle, qui m'a écrit là-dessus une lettre très-obligeante, où il reconnoît la force de ma réponse. Je ne laisserai pas de le prier de me marquer s'il y a encore quelque chose qui l'arrête. Et rien ne m'est plus agréable que de pouvoir être instruit par des personnes aussi profondes et aussi éclairées que vous et lui. Je suis avec zèle, etc. »

« A Paris, le 13 décembre 1698.

« J'ai reçu avec bien de la joie la lettre que M. l'abbé Torelli m'a rendue de votre part, et je vous suis extrêmement obligé de l'honneur de votre souvenir. Je suis bien persuadé, Monsieur, que l'amitié dont vous m'honorez n'est pas inconstante comme celles qui ne sont fondées que sur des passions volages. Il n'y a que l'amour de la vérité qui lie étroitement les cœurs. Et comme vous me rendez cette justice de croire que j'ai quelque amour pour elle, je suis persuadé que celui que vous lui portez se répandra toujours jusques à votre très-humble serviteur. Les obligations particulières que vous ont tous les disciples (*sic*), à cause des nouvelles vues que vous leur avez données pour avancer dans les sciences, ne leur permettent pas d'être indifférens à votre mérite : et, s'il y en a qui le soient ou qui le paroissent, ils ne font tort qu'à eux-mêmes, du moins dans l'esprit des habiles gens. La seule méthode des infiniment petits, dont vous êtes l'inventeur, est une si belle et si féconde découverte, qu'elle vous rendra immortel dans l'esprit des savans. Mais que ne feroit le calcul intégral, si vous vouliez bien communiquer aux géomètres une partie de ce que vous savez sur cela! Souvenez-vous, Monsieur, que vous êtes comme engagé, et que l'on attend avec impatience l'ouvrage *De scientia infiniti*, que vous nous avez promis. L'ingratitude des ignorans ou des esprits jaloux ne doit pas frustrer vos admirateurs du bien que vous pouvez leur faire, sans en devenir moins riche ; et la vérité, que vous aimez, ne souffre pas qu'on la traite comme les avares leurs richesses. Vous savez, Monsieur, mieux que moi ce que j'ai l'honneur de vous dire, et je suis persuadé que vous aimerez en moi cette ardeur qui me fait vous presser et vous importuner de me délivrer de mon ignorance.

« En relisant à la campagne, où j'avois quelque loisir, le méchant petit *Traité de la communication des mouvemens*, et voulant me satisfaire sur les troisièmes lois, j'ai reconnu qu'il n'étoit pas possible d'accorder l'expérience avec ce principe de Descartes, que le mouvement absolu demeure toujours le même. J'ai donc tout changé ce traité; car je suis maintenant convaincu que le mouvement absolu se perd et s'augmente sans cesse, et qu'il n'y a que le mouvement de même part qui se conserve toujours le ques jours après. « J'ai reçu une lettre d'un auteur célèbre et qui passe avec raison pour un des premiers philosophes de ce temps, où il me donne avis, avec cette louable sincérité qu'il a toujours fait paroître, d'avoir quitté enfin l'opinion, reçue chez les cartésiens et employée souvent par lui-même, qu'il se conserve toujours la même quantité de mouvement absolu.... Je lui répondrai, etc.[1] » Leibnitz répondit, en effet, à Malebranche au mois de mars 1699. Il avait à le féliciter de sa nomination récente à l'Académie des sciences. Mais il relève particulièrement la preuve nouvelle que Malebranche vient de donner au public de sa sincérité et de sa pénétration, et il rend un juste hommage à la beauté et à l'élévation de son caractère, dans la lettre que nous mettons sous les yeux de nos lecteurs.

« Hanovre, 13-23 mars 1699.

« Mon révérend père,

« J'ai un double sujet de vous écrire : c'est pour vous même dans le choc. J'ai donc tout corrigé ce traité, mais je ne sais pas encore quand on le réimprimera*. Je vous dis ceci, Monsieur, afin que vous continuiez d'être persuadé que je cherche sincèrement la vérité, et que je mérite en partie, par cette disposition de mon esprit, que vous continuiez de m'aimer autant que je vous honore. Il n'y a rien, ce me semble, sur les mathématiques et la physique, à l'exception de l'*Histoire de l'Académie des sciences*, que M. du Hamel nous a donnée en latin. Les esprits sont occupés à réfuter le quiétisme et le prétendu pur amour ; j'ai été même engagé malgré moi à écrire sur cette matière. Je fis, il y a un an, un petit *Traité de l'amour de Dieu*, auquel j'ai ajouté trois lettres au P. Lami, bénédictin, qu'on m'a dit être imprimé sans privilège ; je ne sais s'il en viendra librement à Paris. Je ne vous dis rien du marquis de l'Hospital, parce qu'il m'a dit qu'il vous écriroit, et peut-être que je mettrai cette lettre dans la sienne. Je suis, Monsieur, avec bien du respect et tous les sentiments que je dois à votre mérite, etc. »

[1] Feder, *Commercii epistolici Leibnitiani*, etc., p. 133.

* Ce traité a été réimprimé depuis, avec un avertissement où Malebranche rend compte de ses divers changements.

remercier de l'honneur de votre souvenir, et pour vous féliciter, ou nous plutôt, de ce que l'Académie royale des sciences profitera désormais de vos lumières, et que vous aurez ainsi plus d'occasion de contribuer au bien public. Les mathématiciens ont autant besoin d'être philosophes que les philosophes d'être mathématiciens; et vous, mon révérend père, qui êtes l'un et l'autre, et qui passez avec raison pour un des premiers philosophes du temps, êtes le plus propre du monde à faire cette alliance.

« Je voudrois avoir porté la science de l'infini où je la souhaite, et où je crois qu'elle peut aller, pour satisfaire à ce que vous demandez. Mais il y a des choses qui ont besoin de calcul, et il n'y a personne dans ce pays-ci qui s'en mêle, cela me rebute. Ces sortes d'études, sèches d'elles-mêmes, deviennent plus agréables quand on les peut partager avec quelqu'un, et je ne suis pas en état de travailler longtemps aux calculs sans être aidé.

« Pour ce qui est de votre *Traité de la communication des mouvements*, que vous me mandez, mon révérend père, de vouloir réformer, je reconnois en même temps en cela votre pénétration et votre sincérité. Il faut être bien plus pénétrant pour voir ce qu'il y a à changer dans le sien, que pour le découvrir chez les autres : mais il faut être fort sincère pour l'avouer, comme vous fîtes déjà à l'égard des lois du mouvement, mises dans la *Recherche de la Vérité*, lorsque vous me fîtes l'honneur de dire dans votre petit traité, en 1692, que mes réflexions avoient donné occasion à vos nouvelles considérations. Je trouvai pourtant encore quelque chose dans ce dernier traité qui me parut sujet à des difficultés insurmontables, ce qui me fit faire des remarques là-dessus ; mais je n'en voulus rien dire, de peur de passer pour un homme qui affectoit de vous contredire. Maintenant que vous y voulez repasser, je vous envoie ces remarques, pour y faire la réflexion que vous jugerez à propos. Vous convenez maintenant avec moi qu'il ne se conserve pas la même quantité de mouvement absolu, mais du même côté, ou, comme je l'appelle, la même quantité de direction. Mais il faut pourtant que je vous dise que je crois qu'il se conserve encore la même quantité, non-seulement de la force absolue, mais encore de l'action motrice absolue, que j'ai trouvée entièrement différente de ce qu'on appelle la quantité de mouvement, en me servant d'un raisonnement qui m'a d'autant plus surpris qu'il est aisé et clair, et tiré des plus simples notions, sans supposer ni poids ni ressort. Et j'ai tant de voies qui mènent toutes à un même but, que M. Bernouilli de Groningue, après y être entré, n'a pu résister à la force de la vérité.

« Je serai encore ravi de voir un jour votre Traité sur le pur amour. Vous dites toujours quelque chose de profond, et j'ai examiné autrefois cette matière, en considérant les principes du droit. Ayant même les définitions que voici dans ma préface du Code diplomatique du droit des gens [1], j'y dis qu'*être juste* est être charitable d'une manière conforme à la sagesse ; que la *sagesse* est la science de la félicité ; que la *charité* est une bienveillance uni-

---

[1] *Codex juris gentium diplomaticus*, in-fol. Hannoveræ, 1693 ; réimprimé, Guelferbyti, 1747. Voyez, sur ce point, les fragments de Leibnitz, jusqu'alors inédits, que nous avons publiés, *Fragments philosophiques*. 3ᵉ édition, t. II, *passim*, notamment p. 304, 309, et p. 315, 317

verselle, et la *bienveillance* une habitude d'aimer ; qu'*aimer* est l'inclination qui fait trouver du plaisir dans le bien, perfection, bonheur d'autrui, ou (ce qui est la même chose) qui fait que la félicité d'autrui entre dans la nôtre. Et j'ajoute au même lieu (avant qu'on ait parlé de ces disputes) que cette définition sert à résoudre un problème difficile, savoir : comment l'amour peut être désintéressé, quoiqu'on ne fasse jamais rien que porté par son propre bien : c'est que notre bien est de l'essence de l'amour, mais non pas notre intérêt. Ce qui plaît est un bien en soi, et non pas un bien d'intérêt ; il appartient à la fin et non pas aux moyens. J'y dis même que l'*amour divin*, ou le plaisir qu'on prend à ce qui fait sentir le bonheur et la suprême perfection de Dieu, entre tellement dans notre véritable félicité, qu'il la fait tout entière. Ce qui fait aussi que tous les autres amours et tous les autres plaisirs sont soumis à l'amour de Dieu, ne pouvant donner autrement un *solide plaisir*, c'est-à-dire tel qu'il faut pour concourir à la *félicité*, qui n'est autre chose que l'état d'une joie durable. Il me sembloit alors que cela suffisoit à peu près pour résoudre la difficulté. Mais, quand des habiles gens, comme vous, envisagent les choses, ils trouvent matière à mille belles réflexions. Je souhaite que vous continuïez longtemps de faire part au public des vôtres. Et je suis véritablement, etc. »

Ainsi, grâce à notre correspondance, nous connaissons aujourd'hui tous les degrés et en quelque sorte toutes les vicissitudes, les commencements, les progrès et la fin d'une importante discussion scientifique, où, en vérité, on ne sait lequel admirer le plus des deux adversaires, ou

Leibnitz qui découvre d'abord et poursuit jusqu'au bout le vice de l'un des principes de la mécanique cartésienne, ou Malebranche qui, après avoir longtemps professé ce principe, l'abandonne peu à peu et finit par y renoncer entièrement, sacrifiant toute considération d'amour-propre à l'intérêt de la vérité. Les deux lettres qu'il nous reste à faire connaître nous ramènent à d'autres matières, et nous conduisent à la dernière époque de la vie des deux illustres correspondants.

Depuis 1699, leur commerce est de nouveau interrompu. Leibnitz le reprend en 1710, en envoyant à Malebranche les *Essais de Théodicée*, qui venaient de paraître. Les controverses du jansénisme avaient mis en quelque sorte à l'ordre du jour les plus hautes questions de la philosophie, la liberté de l'homme, la raison du bien et du mal, la nature de Dieu, le mode et la fin de la création. Voilà les querelles qui agitaient ce grand siècle et occupaient tous les esprits, les théologiens et les philosophes, les solitaires et les gens du monde, l'humble religieuse et la grande dame, depuis madame de Sévigné jusqu'à la princesse Élisabeth, l'électrice de Hanovre, la princesse de Galles et la reine de Prusse. C'est en grande partie pour cette dernière, pour assurer sa foi contre les séductions du scepticisme de Bayle[1], que la Théodicée avait été composée. Comme elle était destinée à répondre aux attaques du sceptique et du dialecticien le plus habile du XVIIe siècle, Leibnitz, quoi qu'on en ait dit[2], y avait mis tout le sérieux

---

[1] Voyez la lettre de Leibnitz à l'abbé Bignon, du 1er mars 1708, celle à Burnet de 1710, et la préface de la *Théodicée*.

[2] La prétention de Pfaff et de le Clerc, que la *Théodicée* n'est qu'un jeu d'esprit, est aujourd'hui au-dessous de l'examen.

et le profond de son esprit; et, comme aussi elle était adressée à une femme, il avait été obligé de donner à sa pensée la forme la plus claire et la plus dégagée ; il avait écarté les questions subtiles ou oiseuses et tout appareil d'érudition théologique et philosophique; de sorte qu'il en est résulté un ouvrage fort solide sans être trop scholastique, où l'esprit de système se mêle le moins possible à une science immense, où une philosophie sublime donne la main au sens commun, comme la raison à la religion, ouvrage admirable, aussi accessible que peut l'être un livre de haute métaphysique, et qu'on pourrait appeler, sur ces matières épineuses, le bréviaire des penseurs. La Théodicée devait plaire et plut singulièrement à Malebranche. Il y trouvait plusieurs idées semblables aux siennes. Aussi le voyons-nous ici, négligeant les différences, s'attachant aux ressemblances, louer sans réserve le livre qui lui est adressé ; il n'hésite pas à en admettre le principe le plus considérable, celui du meilleur des mondes possibles. Malebranche, en effet, a dit plusieurs fois, dans les *Entretiens* et dans les *Méditations*, que Dieu, ne pouvant agir que conformément à sa nature, c'est-à-dire à ses perfections, les a dû transporter dans la création et produire l'ouvrage le plus parfait qui pût être, non pas en lui-même, car tout ce qui est créé est nécessairement imparfait, mais par la perfection de la fin que Dieu s'est proposée et des moyens qu'il a employés. Or la perfection de ces moyens est pour Malebranche dans leur plus grande simplicité. Jusque-là les deux philosophes sont d'accord. Mais Malebranche introduit bientôt une idée qui lui est propre, et qui n'a qu'un faux air de ressemblance avec les principes de la Théodicée. Dieu, selon Malebranche, étant sa propre fin à lui-même, ne peut se complaire qu'en soi et demeure immobile (c'est le mot de notre lettre) à la chute de l'homme, c'est-à-dire à la naissance du mal, comme pour témoigner que le bien lui-même, venant de l'homme et d'un être créé, n'est rien par rapport à lui. « Son immobilité porte le caractère de sa divinité et de son infinité, qu'il démentiroit s'il mettoit sa complaisance dans quelque créature, quelque excellente qu'elle soit. » Leibnitz répond à Malebranche que l'immobilité de Dieu ressemble beaucoup ici à l'indifférence, et qu'un Dieu indifférent n'est qu'un despote qui, n'aimant pas, ne peut être aimé. « Dans le fond, rien n'est indifférent à Dieu, et aucune créature ni action de la créature n'est comptée pour rien chez lui, quoiqu'elle soit comme rien en comparaison de lui. » Subjugué par l'idée de la perfection et de l'infinitude divine, Malebranche, comme tout son siècle dont le jansénisme est la représentation outrée [1], aperçoit à peine l'homme dans la création. Il n'a jamais bien vu en quoi consiste la liberté humaine. Aussi, par une conséquence nécessaire, il n'accorde absolument aucun mérite aux œuvres, et rapporte à Dieu, c'est-à-dire à la grâce, tout ce que l'homme fait de bon. Leibnitz, plus raisonnable à la fois et plus orthodoxe, fuit, ici comme ailleurs, toute extrémité systématique, et relève le mérite de la vertu comme il en reconnaît l'insuffisance « Prières, bonnes in-

---

[1] Voyez, sur ce point, la conclusion de l'écrit intitulé *Jacqueline Pascal*, et la conclusion aussi du mémoire qui suit : *Des rapports du Cartésianisme et du Spinozisme*.

tentions, bonnes actions, tout est utile et même quelquefois nécessaire, mais rien de tout cela n'est suffisant. » Malebranche, en haine de l'orgueil et de l'amour-propre humain, et pour accabler l'homme du néant de son être et de ses actes, va jusqu'à mettre en Dieu une sorte d'impassibilité, plus païenne que chrétienne, à la vue du mal. Leibnitz rejette cette impassibilité et y substitue le consentement à un mal partiel, dans l'intérêt de la perfection de l'ensemble. Quand il passe de la philosophie à la théologie, qu'en général il confond trop, le disciple de Port-Royal[1] prétend que Dieu a en vue Jésus-Christ seul et nullement l'homme, qu'ainsi la chute de celui-ci a été faite pour la seule gloire de son rédempteur, tandis que le philosophe protestant, plus catholique en cela que le prêtre de l'Oratoire, lui rappelle que le salut de l'homme est déjà compris dans le plan total. Enfin, Malebranche, qui fut prêtre avant d'être philosophe, et qui demeure toujours profondément catholique en dépit de ses systèmes, ne croit pas pouvoir donner à Leibnitz une plus grande preuve de sa sincère affection, qu'en priant Dieu de le rendre catholique. Leibnitz lui répond sur ce point avec une franchise portée jusqu'à la rudesse, et que lui-même aura condamnée : car, dans la minute autographe, on rencontre à ce passage le signe d'une suppression, sans qu'on sache si elle a été réellement pratiquée dans la lettre envoyée, que nous n'avons pas.

Leibnitz termine cette lettre, où il s'applique à tempérer les exagérations mystiques de Malebranche, en lui faisant remarquer que, dans la Théodicée, il a combattu aussi

[1] Œuvres du P. André. Introduction, p. XLIII

« certains philosophes relâchés, comme M. Locke, etc., qui ont des idées fausses et basses de l'homme, de l'âme, de l'entendement et même de la Divinité, et qui traitent de chimérique tout ce qui passe leurs notions populaires et superficielles. » Il attribue ce défaut de profondeur à l'absence de connaissances mathématiques, qui, dit-il, les a empêchés « de connoître la nature des vérités éternelles. »

« Paris, 14 décembre 1711.

« Monsieur,

« Je vous suis fort obligé de l'honneur de votre souvenir, et du présent précieux que le père Lelong [1] m'a fait de votre part. J'ai parcouru d'abord votre ouvrage [2] selon la coutume que j'ai à l'égard de ceux des auteurs que j'estime le plus, et j'en ai déjà relu une bonne partie. Vous prouvez fort bien, Monsieur, *a priori*, que de tous les plans possibles d'ouvrages que Dieu découvre dans sa sagesse, il doit choisir le meilleur, et qu'ainsi toutes les raisons apparentes de M. B.... [3], tirées des devoirs des hommes entre eux, ne sont que des comparaisons séduisantes, et qu'il est dangereux de faire, à cause que nous ne sommes que trop portés à juger de Dieu par nous-mêmes, et à juger du plan de son ouvrage, quoique nous n'en connoissions presque rien. Je suis persuadé comme vous, Monsieur, que Dieu fait à ses créatures tout le bien

---

[1] Le P. Lelong, de l'Oratoire, un des amis les plus intimes de Malebranche, et qui fournit plusieurs mémoires sur sa vie et ses écrits au P. André *OEuvres philosophiques d'André*, Introd., p. xiii et suiv. Il est auteur de plusieurs collections historiques très-estimées.

[2] Évidemment il s'agit ici des *Essais de théodicée sur la bonté de Dieu, la liberté de l'homme et l'origine du mal*. Amsterdam, 1710, 2 vol. in-12.

[3] Bayle.

qu'il peut leur faire, agissant néanmoins comme il doit agir, c'est-à-dire agissant selon sa loi, qui ne peut être que l'ordre immuable de ses divines perfections, qu'il aime invinciblement et qu'il ne peut démentir ni négliger; et qu'ainsi son ouvrage est le plus parfait qu'il puisse être, non absolument néanmoins, mais comparé aux voies qui en sont exécutrices; car Dieu ne s'honore pas seulement par l'excellence de son ouvrage, mais encore par la simplicité et la fécondité, par la sagesse des voies. De tous les composés possibles de l'excellence des ouvrages et de la sagesse des voies, celui qui porte le plus le caractère des attributs divins, c'est celui-là qu'il a choisi. Car la volonté de Dieu n'étant que l'amour invincible qu'il se porte à lui-même et à ses divines perfections, il est clair que l'ordre immuable qui est entre elles est sa loi, et qu'il y trouve tous ces motifs [1]. Ainsi il ne peut les négliger ni

---

[1] Cf. *Entretiens sur la métaphysique*, sixième entretien, § V : « La notion de l'Être nécessaire ne renferme point de rapport nécessaire à aucune créature. Dieu se suffit pleinement à lui-même. » *Ibid.*, neuvième entretien, § III : « Dieu a ses raisons, sa fin, son motif, tout cela en lui-même; car, avant ses décrets, que pouvait-il y avoir qui le déterminât à les former? Comme Dieu se suffit à lui-même, c'est avec une liberté entière qu'il s'est déterminé à créer le monde; car si Dieu avoit besoin de ses créatures, comme il s'aime invinciblement, il les produiroit nécessairement. » *Ibid.*, dixième entretien, § I : « Dieu n'a pas dû entreprendre l'ouvrage le plus parfait qui fût possible, mais seulement le plus parfait qui pût être produit par les voies les plus sages ou les plus divines… » *Ibid*, quatorzième entretien, § XII : « Il peut se faire qu'un homme ne sache point que Dieu renferme en lui-même cet ordre immuable, dont la beauté le frappe actuellement, ni que c'est la conformité qu'a son action avec cet ordre qui la rend essentiellement bonne et agréable à celui dont la loi inviolable n'est que ce même ordre. » *Méditations chrétiennes*, septième méditation, § V : « Pour juger de la beauté d'un ouvrage et par là de la sagesse de l'ouvrier, il ne faut pas seulement considérer l'ouvrage en lui-même, mais le comparer avec les voies par lesquelles on l'a formé….. Pour juger de l'ouvrier par l'ouvrage, il ne faut pas tant considérer l'ouvrage que la manière d'agir de l'ouvrier. »

les démentir. Mais quoi! dit M. B...., Dieu a prévu le péché du premier homme et toutes ses suites, il pouvoit l'empêcher, etc. Oui, mais il ne le devoit pas. Car, en demeurant immobile à la chute de l'homme, il exprime par là que le culte de la plus excellente de ses créatures n'est rien par rapport à lui; son immobilité porte le caractère de sa divinité et de son infinité, qu'il démentiroit s'il mettoit sa complaisance dans quelque créature, quelque excellente qu'elle soit. Il a en vue Jésus-Christ qui divinise le culte de ses créatures, ce culte dans lequel il pourra mettre sa complaisance sans démentir son attribut essentiel, son infinité. C'est là son vrai et premier dessein. La chute du premier homme le favorise. Il veut que Jésus-Christ ait la gloire de bâtir l'Église future, non du néant de l'être, mais du néant de la sainteté et de la justice, car la grâce n'est point donnée aux mérites, afin que les hommes, qui sont par le péché dans un état pire que le néant même, n'aient aucun sujet de se glorifier en eux-mêmes, et qu'ils doivent à Jésus-Christ, leur chef, par qui ils peuvent rendre à Dieu des honneurs divins, leur bonheur éternel, et qu'ils soient liés avec lui par une étroite reconnoissance. Je vous avoue, Monsieur, que les derniers ouvrages de M. B...., m'ont souvent irrité, et je loue votre zèle et en même temps votre modération dans la manière dont vous réfutez ses pensées dangereuses et séduisantes. Je prie Dieu qu'il vous en récompense et qu'il vous fasse la grâce d'imiter votre très-illustre prince [1].

---

[1] Le prince Ernest, landgrave de Hesse-Rhinfels, par qui Leibnitz correspondait avec plusieurs savants français, et qui avait abjuré le protestantisme.

C'est l'amitié dont vous m'honorez depuis longtemps, et que je crains de perdre, qui me presse de vous prier et de prier Dieu qu'elle dure éternellement en Jésus-Christ, en qui je suis, Monsieur, avec bien du respect,

« Votre très-humble et très-obéissant serviteur,

« MALEBRANCHE, P. de l'O. »

« Mon très-révérend père,

« Il paroît par la lettre que j'ai eu l'honneur de recevoir de votre part que le principal de mon ouvrage ne vous a point déplu. C'est de quoi je suis ravi, n'en connoissant guère de meilleur juge que vous.

« En effet, quand je considère l'ouvrage de Dieu, je considère ses voies comme une partie de l'ouvrage, et la simplicité jointe à la fécondité des voies fait une partie de l'excellence de l'ouvrage : car dans le total les moyens sont une partie de la fin. Je ne sais pas pourtant s'il faudra recourir à cet expédient que Dieu, demeurant immobile à la chute de l'homme et la permettant, marque que les plus excellentes créatures ne sont rien par rapport à lui ; car on en pourroit abuser, et inférer que le bien et le salut des créatures lui est indifférent, ce qui pourroit revenir au despotisme des supralapsaires et diminuer l'amour qu'on doit à Dieu. Dans le fond rien ne lui est indifférent, et aucune créature ni action de la créature n'est comptée pour rien chez lui, quoiqu'elles soient comme rien en comparaison de lui. Elles gardent leurs proportions entre elles encore devant lui, comme les lignes que nous concevons comme infiniment petites ont leurs rapports utiles entre elles, quoiqu'on les compte pour rien quand il s'agit de les comparer aux lignes ordinaires ; et je crois d'avoir déjà employé cette similitude. Mais il est vrai que Dieu ne devoit point déranger son ouvrage pour empêcher la chute de l'homme ; cette complaisance pour une seule espèce de créatures, quelque excellente qu'elle soit, auroit été trop grande. Je demeure aussi d'accord que la grâce n'est point donnée aux mérites, quoique tant les bonnes que les mauvaises actions entrent dans le compte, comme tout le reste, pour la formation du plan total, où le salut est compris. Prières, bonnes intentions, bonnes actions, tout est utile, et même quelquefois nécessaire, mais rien de tout cela n'est suffisant. [Au reste, l'exemple de l'illustre prince, dont vous parlez à la fin de votre lettre, n'est point imitable à ceux qui considèrent qu'il faudroit déclarer par serment qu'on croit que ce qu'on sait être des nouveautés mal fondées, sont des vérités indispensables. Le reste des nations ne doit pas avoir assez de complaisance pour se laisser mener par les Italiens qui s'en moquent; et il y a de l'apparence qu'ils se repentiront un jour d'avoir forgé leur dernier prétendu concile œcuménique, qui les rend irréconciliables.]

« J'ai tâché aussi de combattre en passant certains philosophes relâchés, comme M. Locke, M. le Clerc et leurs semblables, qui ont des idées fausses et basses de l'homme, de l'âme, de l'entendement et même de la Divinité, et qui traitent de chimérique tout ce qui passe leurs notions populaires et superficielles. Ce qui leur a fait du tort, c'est que, étant peu informés des connoissances mathématiques, ils n'ont pas assez connu la nature des vérités éternelles.

« Les mathématiques vous sont obligées d'avoir dressé

autrefois le père Prestet, dont je crois que le révérend père Reineau[1] est un disciple; mais il est allé bien plus avant que lui, et j'attends encore beaucoup de son génie et de son application. Car, bien loin que la matière soit épuisée, je trouve qu'il y a encore une infinité de choses à faire, etc. »

Telle est cette correspondance que nous avons tirée de la bibliothèque de Hanovre, où elle était ensevelie depuis un siècle. Elle est riche en documents de toute espèce; elle parcourt toute la dernière moitié de la carrière de Malebranche et de Leibnitz, de 1675 jusqu'en 1712. Les amis de la grande littérature du xviie siècle nous sauront gré de l'avoir mise au jour. Mais combien de correspondances d'un égal intérêt ne dorment-elles pas encore dans le secret des bibliothèques publiques ou privées! Qu'est devenue, par exemple, cette correspondance que Leibnitz et Arnauld entretinrent pendant huit ou neuf ans, de 1683 jusqu'en 1691, par l'entremise du prince Ernest de Hesse-Rhinfels, et qui roulait sur les plus importantes questions de science et de philosophie? L'éditeur des œuvres d'Arnauld, qui nous révèle l'existence de cette correspondance, n'avait pu retrouver les lettres d'Arnauld, mais il déclare avoir tenu entre les mains les lettres originales de Leibnitz; et il s'est borné à en extraire quelques passages relatifs à son auteur : « Nous avons retranché, dit-il[2], les discussions métaphysiques qui nous ont paru trop subtiles et trop alambiquées pour être agréables à nos lecteurs,

---

[1] Le P. Reyneau, de l'Oratoire, disciple et ami de Malebranche, associé libre de l'Académie des sciences, auteur d'ouvrages de mathématiques estimés de son temps. Voyez son Éloge par Fontenelle.

[2] T. IV, p. 185.

et peut-être un peu trop dangereuses dès là que nous ne pourrions pas y joindre les répliques de M. Arnaud. Nous n'y avons laissé que ce qui nous a paru nécessaire pour en indiquer l'objet et pour faciliter la découverte des réponses de M. Arnauld. » On voit que l'éditeur a précisément retranché ce qu'il y avait de plus important dans cette correspondance. Où sont allées les lettres originales de Leibnitz, que l'écrivain janséniste avait sous les yeux en 1776? Où les avait-il trouvées? dans un dépôt public ou dans une bibliothèque particulière? Pas un mot sur tout cela. Voilà comme on faisait alors et comme souvent encore on fait aujourd'hui des éditions. Du moins il semble impossible que les lettres originales de Leibnitz aient été détruites. Elles sont encore quelque part aujourd'hui. Comment leur possesseur ne se fait-il pas un devoir de les communiquer à ceux qui s'intéressent et se connaissent à ces sortes de matières? Il paraîtrait qu'au moins les minutes de ces lettres sont à la bibliothèque de Hanovre, car en 1809 [1], on en tira une copie sur laquelle M. l'abbé Eymery a publié cinq lettres, ou du moins cinq fragments de lettres inédites de Leibnitz à Arnauld. On devrait donc retrouver ces minutes dans la bibliothèque de Hanovre [2], et la copie parmi les papiers laissés par l'abbé Eymery à la bibliothèque de Saint-Sulpice. Et pourtant M. Erdmann n'a rien trouvé à la bibliothèque de Hanovre [3], et, quant à celle du séminaire de

---

[1] Voyez la préface de l'*Exposition de la doctrine de Leibnitz sur la religion*, suivie de *Pensées* extraites des ouvrages du même auteur. Paris, 1819. Les lettres données par l'abbé Eymery sont écrites en latin, tandis que les lettres publiées par l'éditeur d'Arnauld sont en français.

[2] Voy. *ibid.*, p. 415, la note.

[3] *Leibnitii opera philosophica*, etc. Berolini, 1840, *Præfatio*. p. XVII.

Saint-Sulpice, où sont déposés les papiers de l'abbé Eymery, tous nos efforts pour y avoir quelque accès sont restés inutiles. Il est une autre correspondance, moins philosophique, mais d'un grand intérêt encore, qui se trouve certainement tout entière à la bibliothèque de Hanovre, au témoignage de M. Pertz [1], celle de Leibnitz avec le P. Lelong, de l'Oratoire, de 1704 à 1716. Nous nous occupons en ce moment de la recueillir, et peut-être un jour la donnerons-nous au public.

[1] Lettre à nous adressée le 18 mai 1841.

DES RAPPORTS
DU
CARTÉSIANISME ET DU SPINOZISME.

Nous l'avons déjà dit[1] : le cartésianisme, avec le jansénisme, a été la grande affaire intellectuelle du XVII⁰ siècle ; il a occupé les savants et les gens du monde, l'Église, les académies et les cercles à la mode. Nous l'avons fait voir agitant un monastère de bénédictins et animant le salon d'une femme aimable, dans une petite ville de la Lorraine et au fond de la Bretagne. Le cardinal de Retz à Saint-Mihiel et madame de Sévigné aux Rochers, discutant les principes et les conséquences du cartésianisme, nous représentent à peu près ce qui se passait d'un bout de la France à l'autre. Ces deux brillants modèles ont eu bien des copies plus ou moins heureuses. En voici deux fort affaiblies, mais qui, par cela même, ont l'avantage de prouver que les spéculations cartésiennes n'étaient pas le privilége de quelques esprits d'élite, mais qu'elles attiraient presque toutes les intelligences cultivées. C'est à ce trait qu'on reconnaît si une philosophie, comme une pièce de théâtre, ou un roman, ou un ouvrage d'esprit quelconque, a réellement touché le cœur d'un siècle. Sans

---

[1] Plus haut, p. 99.

doute c'est à quelques hommes supérieurs qu'il appartient de donner le signal ; mais tant que la foule n'a pas suivi, le génie n'a point remporté son plus beau triomphe : il n'a pas élevé jusqu'à lui la médiocrité, c'est-à-dire la plus grande partie des hommes.

Ce préambule était nécessaire pour nous justifier d'avoir tiré d'obscurs manuscrits deux morceaux qui y dormaient depuis cent cinquante ou deux cents ans; et que nous produisons à la lumière, bien moins à cause de leur mérite propre, que pour servir en quelque sorte d'objets accessoires, car il en faut aussi, dans le grand et vaste tableau du cartésianisme. Il s'agit de deux fragments philosophiques, qui ont pour auteurs un homme du monde, dont le nom n'était pas venu jusqu'à nous, et un savant théologien, qui a été fort mêlé aux querelles du jansénisme.

Madame la marquise de Sablé était une de ces femmes du XVIIe siècle, grave et aimable, d'une conduite irréprochable et du plus agréable commerce, sans fortune, et pourtant, jusqu'à la fin de sa vie, entourée d'une sorte de cour, recherchée à la fois par les solitaires et les gens du monde, par les scrupuleux et les raffinés en dévotion comme par les beaux esprits à la mode, et qui dans le nombre de ses amitiés en comptait des plus illustres, madame de Sévigné et madame de Lafayette, la Rochefoucaud, Arnauld, même Pascal. Quel trésor nous serait sa correspondance entière retrouvée! On en a du moins une partie dans les papiers du docteur Vallant, son médecin et son ami. Ces papiers sont conservés à la Bibliothèque royale dans des portefeuilles bien connus de tous les amateurs du XVIIe siècle, et dont nous-même avons tiré

DU CARTÉSIANISME ET DU SPINOZISME.   431

plus d'une pièce intéressante [1]. La Bibliothèque royale possède aussi, dans une collection appelée *Résidu de Saint-Germain*, paquet 4, n° 6, un volume in-folio, qui peut être considéré comme une suite des portefeuilles du docteur. Il contient des lettres qui lui sont adressées, une petite notice de M. l'abbé d'Haly sur madame la marquise de Sablé, de petites pièces de vers et de prose qui se lisaient probablement dans le salon de cette dame, entre autres le fameux discours de Cléante sur les vrais et les faux dévots, que Molière ajouta, en 1669, pour bien expliquer sa pensée, et qui d'abord courut en manuscrit tout Paris [2]. Au milieu de cet in-folio sont quelques pages sous ce titre : *Pensées de M. de la Clausure sur les opinions de M. Descartes*, 1673. Marquons l'occasion probable et le caractère de cet écrit.

Parmi les accusations graves dont le cartésianisme était

---

[1] Voyez dans notre ouvrage intitulé : *Des Pensées de Pascal*, une lettre inédite de Pascal à madame de Sablé, p. 375 de la nouvelle édition.

[2] Cette copie manuscrite nous fournit plusieurs variantes qu'il n'est pas sans intérêt de relever.

Édit. Et comme on ne voit pas qu'où l'honneur les conduit.
Les vrais braves soient ceux qui font *beaucoup* de bruit.
Ms. Les vrais braves soient ceux qui *mènent plus* de bruit.
Édit. Les bons et vrais dévots qu'on doit suivre à la trace
Ne sont pas ceux aussi qui font *tant* de grimace.
Ms Ne sont pas ceux aussi qui font *plus* de grimace.
Édit. Dans la juste nature *on ne les voit* jamais.
Ms Dans la juste nature *ils ne restent* jamais.
Édit. A prix de faux clins d'yeux et d'*élans* affectés.
Ms A prix de faux clins d'yeux et d'*hélas* affectés.

Le manuscrit ne contient pas les quatre vers suivants :

L'apparence du mal a chez eux peu d'appui,
Et leur âme est portée à juger bien d'autrui
Point de cabale en eux ; point d'intrigues à suivre,
On les voit pour tous soins se mêler de bien vivre.

Édit. Les intérêts du ciel *plus qu'il ne seut* lui-même.
Ms. Les intérêts du ciel *au delà de* lui-même.

l'objet, il y en avait deux que ses ennemis répandaient avec soin, pour le décrier et le noircir auprès des esprits pusillanimes. Voici la première, celle qui faisait le plus de bruit.

La physique cartésienne rejetait les formes substantielles, et considérait l'étendue comme un attribut essentiel de la matière. Or, s'il n'y a pas de formes substantielles, de qualités existantes par elles-mêmes; et si, en même temps toute qualité, sans être substantielle, suppose un sujet, une substance; si par conséquent cette qualité, cette forme, cette apparence, cet accident, qu'on nomme l'étendue, suppose un sujet étendu et qui soit matériel, il s'ensuit, ce semble, que, dans l'Eucharistie, après les paroles sacramentelles, les apparences du pain et du vin ne sont ni des accidents absolus et substantiels, ni des accidents sans aucune substance, sans aucun sujet, mais des qualités sous lesquelles réside un sujet étendu et matériel, c'est-à-dire du pain réel, ce qui est opposé à la foi et renverse le mystère sur lequel repose le culte chrétien; tandis que l'ancienne physique scholastique, qui admet des accidents, des qualités, des formes substantielles, existantes par elles-mêmes et qui sont à elles-mêmes leur propre sujet, s'accommode bien mieux avec le sacré mystère. Les disciples de Descartes, entre autres Clerselier et Rohault, avaient la simplicité de se laisser engager dans un pareil débat, et d'inventer des explications physico-théologiques, qui gâtaient à la fois et la physique et la théologie, au lieu de se retrancher dans la distinction inexpugnable des vérités naturelles et des vérités surnaturelles. Descartes lui-même, dans un moment fatal, crut se tirer d'affaire à l'aide d'une hypothèse qu'il ne publia jamais, mais dont il fit confidence à un père jésuite de ses amis. La lettre au P. Mesland[1], indiscrètement répandue et perfidement interprétée, ouvrit la porte aux accusations les plus envenimées. Un jour peut-être nous essaierons d'éclaircir en détail ce point très-mal connu, et qui pourtant est un des principaux nœuds de l'histoire du cartésianisme.

Le second reproche qu'on lui adressait, pour être purement philosophique, n'était pas moins grave. Descartes avait enseigné qu'il n'y a point de vide; il avait parlé de l'étendue indéfinie du monde, qui ressemblait à l'étendue infinie; et de l'infinité du monde on tirait aisément des conséquences aussi contraires à la religion naturelle qu'à la religion révélée. En 1673, c'est-à-dire plusieurs années avant la mort de Spinoza, et avant la publication de ses œuvres posthumes[2] qui divulguèrent le plus profond et le plus pernicieux de sa doctrine, les jésuites ne pouvaient pas dire encore que le cartésianisme conduit au spinozisme, mais ils disaient la même chose en d'autres termes.

Il paraît que ces deux accusations, l'une théologique, l'autre philosophique, avaient traversé et ému le salon de Mme de Sablé, et qu'une personne de cette société avait conféré sur tout cela avec un M. de la Clausure, qui nous est entièrement inconnu, et dont, à ce qu'il semble, l'opinion était alors considérable. Ce sont les pensées de ce personnage qui sont ici consignées par extrait; le jour même de l'entretien est mentionné : c'est le 14 du mois de mars 1673. M. de la Clausure, dans ce peu de pages où encore on ne l'aperçoit qu'à travers la relation d'un

---

[1] Voyez Baillet, *Vie de Descartes*, 2ᵉ partie, chap. IX, p. 518.
[2] Elles sont de 1677.

tiers d'une orthodoxie sévère et plus ou moins intelligente, nous fait l'effet d'un esprit ferme, mais circonspect, d'un libre cartésien qui ne tremble pas devant des fantômes, qui pense avec indépendance, mais qui sait aussi s'arrêter et douter à propos. D'abord, il repousse les objections faites à la physique cartésienne au sujet de l'eucharistie, et il répond à son interlocuteur comme Clerselier et Rohault à leurs adversaires. Cet interlocuteur, soit M. l'abbé d'Haly, soit M. l'abbé Esprit, ou Vallant lui-même, intervient ici pour déclarer la réponse de M. de la Clausure anticatholique. Sur l'autre point, le plus important aujourd'hui, M. de la Clausure, après avoir distingué entre l'étendue indéfinie du monde et son étendue infinie, sans examiner quelle est celle de ces deux opinions qui appartient réellement à Descartes, lui attribue, par hypothèse, la seconde, l'infinité du monde, et la discute de sang-froid. Il pèse le pour et le contre, d'une part l'absurdité du vide et ses conséquences, de l'autre les conséquences aussi du plein absolu et de l'infinité de l'univers; et sa conclusion est qu'il se trouve *des précipices partout*. Mais, avant d'arriver à cette conclusion, M. de la Clausure tire, par le raisonnement seul et presque avec une certaine complaisance, de la prétendue opinion cartésienne de l'infinité du monde ce qui sera plus tard le spinozisme. Voilà donc les rapports des deux doctrines de Descartes et de Spinoza, qui depuis ont été si souvent exposés et même quelquefois exagérés à dessein, découverts ou du moins soupçonnés, en 1673, par un homme du monde, un habitué du salon de madame la marquise de Sablé.

« PENSÉES DE M. DE LA CLAUSURE SUR LES OPINIONS DE
« M. DESCARTES. 1673.

« Monsieur de la Clausure. Du 14ᵉ de mars 1673.

« Il dit que l'on fait des objections peu considérables sur l'escrit que M. de Clerselier luy a envoyé sur le traité de l'eucaristie.

« L'objection est que, dans l'opinion de M. de Clerselier, ou de M. Rohaut, il n'y a point de véritable transubstantiation; que, suivant ses principes, il y auroit toujours du pain après la consécration, à cause que le pain, selon eux, n'est qu'une chose estendue dont les petites parties sont figurées, mues et arrangées d'une certaine manière, et que rien de tout cela ne change après les paroles sacramentales. Il répond que c'est du pain, à la vérité; mais du pain sacramental, c'est-à-dire du pain qui est véritablement le corps de Jésus-Christ, ou, ce qui est la même chose, du pain en apparence et le corps de Jésus-Christ en effet, parce que tout corps ou toute matière estendue qui est unie à l'âme de Jésus-Christ est véritablement son corps.

« Je ne crois point la réponse catholique, et partant elle doit être rejetée.

« M. de la Clausure adjoute qu'il ne luy reste plus que quelques scrupules sur l'estendue indéfinie du monde; il luy semble, comme à M. Descartes, qu'il n'est pas possible d'assigner quelques limites au monde, à cause que le néant n'estant pas concevable et estant une de nos notions communes qu'il ne peut exister nulle part, il faut nécessairement que tout soit remply ou que le monde occupe en effet tous les espaces imaginables. Si cela n'estoit point, tout le monde, qui est composé de parties qui ne sont point attachées les unes aux autres, mais qui se meuvent au contraire toutes diversement, se perdroit indubitablement dans cet abysme immense du néant ou du rien que l'on se figure au delà du monde, dont la raison est que ce rien ne pourroit pas empêcher que les parties du monde ne s'escoulassent au delà des limites qu'on leur donne, et qu'ainsi il ne se fît une dissolution entière de l'univers.

« De l'autre côté, il ne pense pas voir moins évidament (*sic*) que nul estre créé ne peut avoir une estendue infinie; ou, ce qui est la mesme chose, une perfection dans un souverain degré. L'on dira peut-estre que M. Descartes ne donne pas à son monde une estendue infinie, mais indéfinie seulement, ce qui ne signifie autre chose, sinon que la petitesse de notre esprit est telle, qu'il ne sauroit comprendre l'estendue du monde, quelque limitée qu'elle soit. Mais que veut-il donc dire quand il assure qu'il n'y peut avoir qu'un monde, à cause que celuy où nous sommes occupe desjà tous les espaces où l'on pourroit feindre que Dieu en auroit créé d'autres ou en pourroit créer de nouveaux, si cela n'est dire en substance que le monde est infini?

« Outre cela, s'il répugne maintenant qu'il y ait du vuide au dedans ou au dehors du monde, il a dû tousjours répugner qu'il y en ait eu; ainsi le monde ou le plein a dû tousjours estre et n'aura pas esté créé dans le temps comme l'on croit. Le monde sera donc estre nécessaire, et, comme il est desjà immense, il sera encore éternel; en un mot, le monde sera Dieu; car Dieu estant un estre simple et ses perfections estant indivisibles, si le monde en possède quelques-unes, il est d'une suite nécessaire qu'il les possède toutes.

« Si on dit qu'après que Dieu a eu déterminé la nature des choses d'une certaine manière, il a répugné qu'elles fussent autrement, bien qu'avant sa détermination cela ne répugnoit en aucune façon; mais rien peut-il maintenant renfermer contradiction par quelque autre raison que parce que cela répugne à la nature, et peut-on dire que cela répugne à la nature, que parce que cela choque la souveraine raison qui a tousjours esté la même de toute éternité? Car enfin ce n'est point à cause que nous ne concevons pas une chose possible qu'elle est impossible en effet, mais c'est plustôt à cause qu'elle est impossible en elle-même que nous la concevons telle; de manière que si c'est une de nos notions communes, comme la doctrine de M. Descartes semble l'insinuer, que tous les espaces imaginables devront estre remplis, nous devons croire, puisque nos notions, quand elles sont claires et distinctes, sont tousjours fondées sur des vérités éternelles, que cela est ainsi; car d'où aurions-nous pris ces lumières, si la vérité même des choses ne nous les avoit inspirées? Ce ne peut être la volonté de Dieu qui nous les auroit apprises puisqu'il ne paroist pas qu'il nous l'ait révélé nulle part, et que nous ne croyons pas ces choses comme des articles de foy, mais seulement comme des vérités naturelles qui frappent et convainquent nostre esprit.

« Ainsi, de quelque costé qu'il se tourne, il dit qu'il trouve des précipices partout.

« Toutes fois, à cause qu'en un million de rencontres nous avons esprouvé la foiblesse de nostre raison, et que d'ailleurs nous connoissons manifestement que Dieu peut faire beaucoup plus de choses que nous n'en saurions concevoir, nous avons sujet de croire que la limitation du monde est une de ces choses-là, puisque son estendue infinie ou indéfinie de M. Descartes choque, du moins par des conséquences assez claires, des vérités qui nous ont été révélées, lesquelles nous devons tenir incomparablement plus certaines que tout ce que nostre raison nous peut découvrir. »

Maintenant transportons-nous, de l'année 1673 à la fin du XVIIe siècle et au premier quart du XVIIIe, au séminaire oratorien de Saint-Magloire à Paris, ou à Montpellier dans le cabinet de M. de Colbert, le neveu du grand ministre, le célèbre évêque janséniste. Là, nous trouvons un jeune théologien, disciple ardent de la grâce invincible, et en même temps cartésien déclaré, à cause des liens intimes qui unissent Port-Royal et l'Oratoire, saint Augustin et Descartes, l'esprit du jansénisme et quelques théories cartésiennes. Le jansénisme, c'est le sentiment dominant du néant de l'homme et de la grandeur de Dieu, le sacrifice de la liberté et de la raison humaine à la toute-puissance de la grâce. Or une des plus célèbres théories du cartésianisme, est celle de la conservation du monde considérée comme une création continuée, le monde et l'homme qui en fait partie ne pouvant subsister deux instants de suite par leur propre force, si Dieu n'intervient pour les soutenir et renouveler sans cesse la première création. Une pareille doctrine, où respire un sentiment profond de l'impuissance de la créature, devait plaire à M. l'abbé Gaultier, le futur théologien appelant, un des meilleurs élèves de Saint-Magloire, depuis bibliothécaire de M. de Montpellier. Mais il y a ici un malheur, c'est que cette même doctrine, si favorable par un côté à une piété exaltée, favorise par un autre l'impiété et ne conduit pas à moins qu'au spinozisme. En effet, si Dieu pour conserver l'homme le crée continûment dans tous les instants appréciables de la durée, il crée donc, à chacun de ces instants, toutes les pensées, tous les actes, tous les mouvements qui composent la vie de l'homme. L'homme et tout ce qui est de l'homme n'est donc, à chaque moment, que le produit immédiat de l'action de Dieu : l'unité et l'identité de la personne sont alors des illusions de la conscience : l'être propre de chacun de nous s'évanouit : l'homme et la nature deviennent des ombres, et il ne reste qu'une seule cause vraiment efficace, par conséquent un seul être réel, une seule substance. Une fois là, on sait ce qui s'ensuit. Une fois la liberté et la personnalité humaine détruites, c'en est fait de toute responsabilité, de toute vie morale ici-bas; et, par un contre-coup inévitable, il n'y a plus au sommet de l'être et dans le ciel qu'un despote solitaire, qui seul veut, qui seul peut, qui seul commande et exécute, et non pas un père qui a produit, qui surveille, qui toujours aime, et remet l'homme entre les mains de sa liberté, au sein d'un ordre d'ailleurs immuable, pour l'honorer et l'éprouver, et pour lui rendre compréhensibles les attributs les plus augustes du Dieu qui l'a fait. Car, comme il n'y a qu'une créature intelligente qui puisse comprendre l'intelligence divine, de même il n'y a qu'une créature libre et capable d'aimer qui puisse comprendre et sentir la liberté dans la sagesse infinie et l'amour dans la suprême puissance. Ainsi la théorie cartésienne de la création continuée se lie à la fois au jansénisme et au spinozisme. Voilà pourquoi elle fut accueillie par les uns avec enthousiasme comme le fruit du plus pur christianisme, et repoussée par les autres comme une des sources de la philosophie la plus antichrétienne qui fut jamais.

Un docteur d'Oxford, dont le nom n'est pas venu jusqu'à nous, avait adressé à un de ses amis de France un écrit pour prouver que le principe de la création continuée conduit nécessairement à la doctrine de Spinoza. Cet ami communiqua l'écrit du docteur anglais à l'abbé Gaultier, cartésien zélé, et en même temps une des lumières du parti janséniste. Une bibliothèque particulière, qui nous a été ouverte [1], contient avec beaucoup d'autres manuscrits jansénistes ceux de M. l'abbé Gaultier, parmi lesquels est un cahier de la même écriture que tous les autres et portant ce titre : *Sur le spinosisme*. C'est une lettre où l'on s'efforce de répondre aux arguments du docteur de l'université d'Oxford. L'auteur y montre, sinon une grande dialectique, du moins une conviction ferme et assurée. Il y a de la netteté et de la force dans le début. Le nom de Malebranche n'est pas cité une seule fois, mais on y professe la théorie des idées et celles des causes occasionnelles. Il n'est jamais question de la *prémotion physique*, et d'ailleurs le style de cette lettre n'a point, grâce à Dieu, la prolixité de celui de Boursier. La fin de la discussion est

---

[1] Voyez l'écrit intitulé : *Jacqueline Pascal*, p. 158.

tronquée et embarrassée; des digressions théologiques viennent entraver et obscurcir le raisonnement. Bien entendu nous ne donnons ici que la partie philosophique, et encore avons-nous choisi les passages qui conservent aujourd'hui un véritable intérêt par les lumières, même douteuses, qu'elles répandent sur une matière importante et difficile.

« SUR LE SPINOSISME.

« Je ne puis, Monsieur, me persuader que la création continue des substances contingentes soit une des premières sources du spinosisme. Ce sentiment a-t-il pu concourir à la naissance d'un système suivant lequel il n'y a qu'une seule et individuelle substance nécessaire dont tous les autres êtres ne sont que des modifications, d'un système dans lequel par conséquent il n'y a ni créateur ni créature? Cette réflexion, Monsieur, me paroît une barrière que le membre de l'université d'Oxford ne pourra jamais forcer; car il sera toujours constant que ceux qui enseignent que la conservation est une création continue, reconnoissent qu'outre la substance nécessaire que reconnoît Spinosa, il y a des substances contingentes que cet impie ne reconnoît pas, ce qui fait le fond de son système. En effet, cette doctrine de la conservation des substances contingentes suppose leur existence; elle suppose leur création, dont elle soutient la continuité, par conséquent un créateur et des créatures.

« Pour savoir, Monsieur, les véritables sources du spinosisme, il faut savoir le système de son auteur, et ne pas perdre de vue comme il a su mettre à profit l'ignorance où l'on est, même depuis Descartes, des vérités métaphysiques.

« 1° Dans ce système, l'être en général est ou substance ou modification. Cette division reçue unanimement par tous les philosophes, quelque différence qu'il y ait entre les termes dont ils se sont servis, n'a été combattue que par un Hollandais, nommé Lau [1]. Mais cette nouveauté extravagante, qui parut d'abord avec quelque éclat, n'étoit qu'une objection très-solide contre les nominaux et contre ceux qui ne reconnoissent point de différence positive entre substance et modification.

« 2° Il n'y a dans ce système, et il ne peut y avoir qu'une seule substance immultiplicable et individuelle, qui, par conséquent, existe nécessairement, puisqu'il n'y a point de cause qui puisse la produire.

« 3° La modification est divisée en plusieurs aspects. Les unes sont essentielles et permanentes, les autres sont contingentes et fugitives ; les unes et les autres sont divisées en plusieurs aspects.

« 4° Toutes ces modifications existent dans cette substance unique et nécessaire, ou nécessairement et avec permanence, si elles sont essentielles, ou d'une manière fugitive, si elles sont contingentes.

« De là cette substance unique et nécessaire est immense, éternelle, immuable en soi et dans les attributs éternels qui sont ses perfections, et muable dans ses modifications contingentes, et par conséquent active et passive.

---

[1] *Sic.* On ne voit pas quel philosophe ce peut être. Serait-ce Th. Lud. Law, auteur de l'ouvrage intitulé : *Meditationes de Deo, Mundo et Homine*, Francf. 1717 ? N'ayant pu me procurer cet ouvrage, je ne sais si la distinction de la substance et de la modification y est combattue.

« De là le monde entier n'est que cette substance unique et nécessaire, revêtue nécessairement de toutes ses modifications essentielles, et librement de toutes ses modifications contingentes. Les corps lumineux, les transparents et les opaques, les plantes, les brutes et les hommes, ne sont que les modifications contingentes de cette substance.

« De là nulle substance contingente, par conséquent, point de créateur, point de créature, et la création est impossible.

« Ce système exposé, il faut prouver pour le détruire :

« 1° Qu'il y a des substances différentes. Or, pour faire cette preuve, il faut, d'une part, être persuadé de ce principe, qu'on ne peut concevoir une substance qu'on ne connoisse ses modifications ; et, d'autre part, il ne suffit pas, pour établir des substances différentes, de présenter des modifications différentes, puisqu'une même substance a des modifications différentes qui lui sont même essentielles, comme le genre, la différence et les propriétés. Ce n'est pas encore assez de présenter des modifications incompatibles ; car, dès qu'elles peuvent convenir successivement à la substance, elles ne la multiplient point ; il faut présenter des modifications incompatibles, dont chacune soit reçue immédiatement dans la substance et inséparable d'icelle ; alors il faut que la substance soit multipliée en différentes espèces.

« 2° Il faut prouver qu'entre ces espèces de substances il y en a une qui existe nécessairement, immense et éternelle par sa nature, immuable en soi dans ses perfections, ce qui peut se prouver très-aisément ; et qu'il y a une autre espèce de substance qui est contingente : *hoc opus, hic labor est.*

« 3° Il faut prouver que la substance contingente en général, et par conséquent les espèces et leurs individus, ne peuvent exister que par voie de production, et que la substance nécessaire est la seule qui peut les produire. C'est en conséquence prouver un créateur, des créatures, un conservateur sage qui administre cet univers, articles fondamentaux de la religion ; c'est enfin détruire le système de Spinosa.

« Je n'entreprends point de prouver ces grandes vérités qui conduisent naturellement à démontrer la vanité et les ridicules d'autres systèmes, sous lesquels des nations très-policées, et qu'on dit savantes, ont été et sont actuellement asservies, parce que je ne veux pas prévenir le membre de l'université d'Oxford. Je dis seulement qu'on en peut faire la preuve, et qu'on peut, sans favoriser le spinosisme, soutenir que la conservation des substances contingentes est une création continue de ces substances.

« *Première objection.* Mais cette opinion, dit le docteur anglais dans votre lettre, détruit l'activité des créatures. 1° ce qu'avance ici votre Anglais en prouveroit la fausseté, et ne prouveroit pas qu'elle est une source du spinosisme, comme il l'en accuse ; 2° ce n'est, au plus, qu'une objection mal fondée, car la continuité de la création ne détruit point l'activité des créatures.

« Il y a dans le système ordinaire, vous le savez, deux espèces de substances contingentes, l'une qui est l'esprit créé, l'autre qui est la matière. Je ne connois personne qui nie que l'esprit soit actif. J'en connois beaucoup, et je pense comme eux, qui prétendent que les corps ne sont qu'une matière différemment mue et configurée, qu'ils sont seulement passifs, qu'ils sont mobiles et qu'ils ne sont point mouvants; c'est-à-dire qu'ils ne peuvent ni produire le mouvement, ni se le communiquer, ni en changer la détermination, quoiqu'ils puissent être les causes occasionnelles de cette production, de cette communication, de cette détermination et de ses changements. On veut bien cependant supposer ici pour un moment qu'ils ont cette puissance. Il est facile de prouver que la création continue ne détruit point l'activité de l'esprit créé, et ne détruiroit point non plus l'activité qu'on vient de supposer convenir aux corps.

« 1er *axiome*. Toute puissance active ou passive est essentielle à la substance dont elle est puissance.

« 2e *axiome*. Les essences sont immuables.

« 3e *axiome*. Une substance ne peut exister séparément de ses attributs essentiels.

« Donc Dieu, en créant librement la substance contingente, produit librement ses attributs essentiels ; car la nécessité de les produire, d'autant qu'elle ne peut exister sans eux, n'est qu'une conséquence de sa création que Dieu veut librement. Donc, tant qu'il continuera de créer cette substance, il continuera de produire les mêmes attributs; et, par le 1er axiome, la puissance active est un attribut essentiel à la substance contingente dont elle est la puissance. Donc la création continue ne détruit point l'activité des créatures, ce qu'il fallait démontrer.

« *Seconde objection*. Votre ami ajoute que Dieu peut donner aux créatures une puissance réelle, distincte de la sienne, aussi bien qu'une substance réelle distincte de la sienne. Je ne conseillerois point, Monsieur, d'employer un pareil moyen.

. . . .

« La négation de substance dans les choses qui sont des modifications, la négation de puissance active dans les êtres passifs, ne vient point de Dieu, mais de la nature de ces êtres. En conséquence les espèces proprement dites sont inconvertibles ; une substance ne peut devenir modification, ni une modification devenir substance. Une substance purement passive comme le corps ne peut devenir active, ni une substance active comme l'esprit ne peut devenir purement passive. Ces espèces sont les objets des idées de Dieu et de la science que les théologiens appellent science de simple intelligence, science nécessaire et immuable qui précède tous les décrets de sa volonté et toutes les opérations de sa toute-puissance ; c'est la lumière qui dirige sa sagesse dans ses décrets et dans ses opérations sur les créatures. Or, comme les idées de Dieu sont au nombre de ses perfections, et par conséquent invariables ; comme l'idée qu'il a du cercle ne peut jamais devenir l'idée du carré, ainsi les objets de ces idées ne peuvent jamais varier. Donc, Monsieur, on ne peut dire, comme le dit votre ami, que la négation que Dieu feroit aux créatures d'une puissance réelle distincte de la sienne emporte la négation d'une substance réelle distincte de la sienne, ni en conclure, comme il fait par une fausse supposition, que l'opinion de la création continue des substances contingentes, réduit tout à l'idée d'une seule et unique substance.

« *Troisième objection*. La négation de toute activité, poursuit le docteur anglais, rend leur création inutile, superflue, indigne de la sagesse divine, et réduit toute la nature à une seule sorte de substance, qui est l'être spirituel : cette idée facilite le spinosisme.

« Ici, Monsieur, le membre de l'université d'Oxford tombe dans des excès qu'on ne peut lui pardonner, et qui ne serviroient, si on s'y laissoit surprendre, qu'à faire soupçonner de spinosisme les plus savants hommes de l'Europe, ceux même qui sont de cœur et d'esprit chrétiens et catholiques.

« Remarquez qu'il ne prouve pas que les corps soient actifs par des raisons tirées de leur nature et de leurs propriétés. Son objection n'est qu'un de ces arguments qu'on nomme *ab absurdo*, dont on abuse si souvent, en imputant, sans rien expliquer, des conséquences odieuses à un sentiment qui ne plaît pas, et qui font au moins soupçonner à ceux qui n'entendent pas des matières aussi abstraites que celle dont il s'agit, que ce sentiment est impie et que les personnes qui le soutiennent sont dangereuses.

« Faut-il, Monsieur, pour rendre la création digne de la sagesse de Dieu, dire avec Épicure que les atomes ont la puissance de se mouvoir, d'augmenter leur vitesse, de l'affoiblir, de communiquer leurs mouvements, de changer leurs déterminations ? Faut-il, avec Démocrite, supposer dans les atomes certains principes de mouvements, ou associer, comme les péripatéticiens, avec la matière certaines formes substantielles, et former de leur union les corps naturels, pour y trouver le principe du mouvement qui est en eux premièrement par eux-mêmes et non par accident? Faut-il, avec Anaxagore, moins extravagant que ces philosophes, reconnoître qu'un esprit plus puissant que toutes les divinités du paganisme (a débrouillé) le chaos, le mélange ou la (masse confuse) des corps qui, sous une même apparence, avoient déjà par eux-mêmes leurs qualités d'humidité, de sécheresse, de chaleur, de froideur, de pesanteur, etc., mais qui étoient sans effet apparent, parce que les molécules de ces corps, plus petites, et plus petites à l'infini, étant engrenées les unes dans les autres, leurs forces demeuroient comme éteintes, en un mot parce qu'elles étoient dans un parfait équilibre, et que tout leur effet se terminoit à se soutenir les unes les autres? Tous les auteurs de ces sentiments, vous le savez, Monsieur, loin de rendre la création utile et digne de la sagesse de Dieu, ont préludé au spinosisme. Ils ont tous nié, avec Spinosa, la création, la conservation, et, s'ils n'ont pas réduit toute la nature à une seule sorte de substance, qui est l'être spirituel, ils l'ont réduite tout entière à une seule sorte de substance qui est l'être matériel, excepté Anaxagore, qui, sans reconnoître un créateur, a reconnu un esprit éternel qui a fabriqué le ciel et la terre, mais en se servant d'une matière également éternelle et nécessaire.

« Les principes de Spinosa, Monsieur, sont assez conformes à ceux d'Aristote. On voit dans celui-ci neuf catégories de modifications, on n'y trouve qu'une catégorie de substances, comme on n'en peut trouver qu'une dans la doctrine de Spinosa, parce que la substance selon l'un et l'autre ne reconnoît point de différentes espèces. Aussi la forme associée à la matière pour composer les corps, essentielle, suivant Aristote, parce qu'elle les différencie par soi-même, substantielle suivant le grand nombre de ses commentateurs, n'est cependant point une substance. En conséquence, elle n'est pas créée, mais tirée du sein de la matière ou par une éduction locale, et en ce cas elle préexistoit actuellement dans la matière, ou par une éduction productive, et en ce cas elle n'y préexistoit qu'en puissance. En conséquence, ces formes substantielles n'étoient que la disposition et l'énergie des corps. Les âmes mêmes des hommes n'étoient que le premier acte d'un corps organisé tout prêt de recevoir la vie raisonnable. En faisant le simple récit de ces principes et de ce galimatias qui ne se termine que par des qualités qui sont aussi occultes que la nature et l'origine de ces formes substantielles, par des appétits innés, des antipéristases, des sympathies, des antipathies, des craintes du vide, des sentiments dans les plantes, dans les métaux, dans les minéraux, par un sentiment de joie dans un caillou qui descend, de tristesse lorsqu'il est forcé d'aller en haut; oui, Monsieur, en faisant ce simple récit, je me sens comme saisi d'horreur, parce que je m'aperçois que tout cela n'a été inventé que pour nier un créateur, un fabricateur du ciel et de la terre, sa sagesse infinie et sa providence continuelle dans la conservation de son ouvrage.

« Il est vrai, Monsieur, que votre ami ne pense pas comme ces auteurs; il ne soutient les corps actifs qu'autant que Dieu leur a donné en les créant la puissance de se mouvoir, qu'il conserve, qu'il règle, qu'il modère comme il lui plaît. Mais ceux qui nient la création peuvent tirer un grand avantage de ce qu'il ajoute, savoir : que la négation de toute activité dans les corps rend leur création inutile. On a déjà remarqué que toute puissance active ou passive est un attribut essentiel à la substance dont elle est puissance, que ces attributs sont ou l'essence ou les émanations de l'essence de cette substance, qu'ils ne peuvent se donner et qu'elle ne peut les acquérir; que Dieu, en créant les substances, produit au même instant les attributs qui leur appartiennent antécédemment à ses décrets et aux opérations de sa toute-puissance. Ainsi, si la puissance de se mouvoir n'est ni l'essence ni une émanation de la nature des corps, elle ne peut jamais leur convenir, et l'exclusion de cette puissance est alors de leur nature, en conséquence elle ne peut leur être donnée. Dieu, qui peut tout, ne peut l'impossible, parce que l'impossible, qui n'est rien métaphysiquement, n'est pas compris dans tout ce qu'il peut faire. En effet, l'impossible dans les idées de Dieu ne peut devenir possible à sa volonté; ses décrets ne peuvent en ordonner la futurition, ni sa toute-puissance leur donner l'existence, d'autant que sa sagesse ne lui permet pas d'ordonner la futurition de ce qu'il ne conçoit pas possible. Ainsi sa toute-puissance fait dans le temps ce qu'il a voulu de toute éternité, mais il n'a voulu que ce qu'il concevoit possible.

« Pour traiter ce sujet sans réplique, il n'y a qu'à examiner le rapport des trois puissances de Dieu, son entendement, sa volonté, sa toute-puissance, avec la possibilité, la futurition et l'existence des êtres contingents. Leur possibilité est l'objet de son entendement, leur futurition l'effet de sa volonté, et l'existence le terme de sa toute-puissance. Comme la possibilité précède la futurition et la futurition l'existence, aussi l'action de l'entendement précède le décret de la volonté, et le décret précède la production ou l'existence; la possibilité est nécessaire, il en est ainsi des idées de Dieu : la futurition et l'existence sont contingentes, les décrets de Dieu et la production sont de même très-libres et contingents.

« J'achève la démonstration de l'erreur où est votre ami, en lui demandant si Dieu, en créant un corps, peut lui donner la faculté de sentir, de réfléchir. Qu'il réfléchisse lui-même; dès que ces facultés ne conviennent point à la nature d'une substance, il doit avouer qu'elles ne peuvent jamais lui appartenir. De pareils attributs sont incompatibles, s'ils ne sont point inséparables. Il n'y a que les attributs contingents qui soient séparables et compatibles. Ainsi il faut que votre ami opte entre ces deux partis : il faut qu'il soutienne ou que la faculté de se mouvoir est incompatible avec les corps, et en ce cas Dieu ne peut en les créant leur conférer cette faculté, ou qu'elle en est séparable, et le voilà disciple ou d'Épicure ou de Démocrite ou d'Aristote. Que ne doit-on pas craindre, pour la création, d'une pareille association pour l'arrangement et l'harmonie de l'univers?

« M. Gassendi, défenseur zélé des atomes d'Épicure, et en même temps défenseur de la création et de la conservation des substances contingentes, a réuni ces deux qualités en prétendant : 1° que Dieu, en créant les atomes, leur avoit donné non la puissance de se mouvoir, mais des mouvements actuels, aux uns pour aller plus lentement, aux autres avec plus de vitesse, à ceux-ci pour aller en bas, à ceux-là en haut, et ainsi des autres déterminations ; 2° que ces atomes, embarrassés dans leurs mouvements à la rencontre d'autres atomes égaux en force ou supérieurs, conservent toujours un effort pour rentrer dans leur premier état, et qu'ils y rentrent dès que l'embarras cesse.

« Mais que votre ami y fasse attention : les corps, dans ce sentiment, ne sont que mobiles et ils n'ont pas la puissance de se mouvoir. S'ils sont en mouvement, c'est Dieu qui les a mis en cet état, appliquant sa vertu motrice sur eux ; et, s'ils conservent le premier effort qui leur a été communiqué d'abord par l'application de cette vertu, c'est que cette application continue. Or, tant que la vertu du moteur est appliquée sur le mobile, ou le mobile est transporté d'un lieu dans un autre, si l'effort de cette vertu n'est point employé à compenser un autre effort, ou il est employé à cet usage, et alors le mobile n'est point transporté.

« C'est une objection méprisable de dire que la négation de toute activité dans les corps réduit toute la nature à l'être spirituel. Quand toute la nature active ne se trouvera que dans l'être spirituel, il n'y a aucun péril à craindre pour la religion. Au surplus, on ne connoît point sur quel fondement on peut dire que ce sentiment qui reconnoît les corps et les esprits créés comme causes occasionnelles de la production, de la communication et des déterminations des mouvements, rend la création des corps inutile et indigne de la sagesse de Dieu.

« Quoi ! un sentiment qui fait connoître évidemment que Dieu est le fabricateur du ciel et de la terre et de tout leur ornement, qui montre au doigt à tous son application continuelle à son ouvrage, une providence universelle, une sagesse infinie; un sentiment qui nous présente un être qui, sans se mouvoir, donne du mouvement à tout, qui nous rappelle tous nos devoirs en nous montrant que tout est pour la gloire de Dieu, puisque tout est de lui; un pareil sentiment rend la création des corps inutile et facilite le spinosisme? L'univers en sert-il moins à faire connoître les attributs invisibles de Dieu, sa vertu et sa divinité? En est-il moins un motif de notre reconnoissance et de nos actions de grâces? Le corps humain cesseroit-il d'être l'organe des impressions qui sont dans notre âme, des rapports et des témoignages qui suivent ces impressions et ces sentiments?

....

« *Quatrième objection*..............................

....

« *Cinquième objection.* La négation de toute activité réelle dans les créatures intelligentes rend le libre arbitre non-seulement inexplicable, mais encore impossible, ou en rendant Dieu auteur du mal ou en détruisant l'idée du péché.

« *Réponse.* 1° Pourquoi votre ami ajoute-t-il toujours au terme *activité* le mot *réelle?* Peut-il y avoir quelque activité qui ne soit pas réelle, et qui dit activité ne dit-il pas réalité? Son expression seroit plus tolérable, si, au lieu de l'adjectif, il s'étoit servi de l'adverbe, s'il avoit dit, par exemple : la négation qu'il y avoit réellement ou effectivement de l'activité dans les créatures intelligentes, rend, etc.

« 2° Il suppose qu'il est des personnes qui nient toute activité dans les créatures intelligentes; mais cette négation est-elle possible, pour la supposer? Qui dit des créatures intelligentes dit des créatures capables de réfléchir, de juger, de raisonner, d'arranger, de vouloir, etc. Il n'est pas possible de nier l'existence de ces opérations : sont-elles libres ou ne le sont-elles pas? c'est ce qui peut faire une question ; car, en effet, les unes le sont, les autres ne le sont pas. On peut même assez s'étourdir pour nier, comme les stoïciens, les manichéens, Luther et Calvin, sur différents motifs et avec plus ou moins d'étendue, la liberté de ces actions ; mais il n'est pas possible d'en nier l'existence.

« 3° On convient que le libre arbitre seroit impossible dans l'hypothèse de votre ami, que par conséquent il n'y auroit point de péché, parce que la nature intelligente ne pourroit ni mériter ni démériter. Mais ceux qui pensent que la conservation n'est qu'une création continue ne dépouillent pas les créatures intelligentes de toute activité. Ils soutiennent, au contraire, qu'elles ont des puissances pour agir, non-seulement sans contrainte, mais même sans nécessité. Je dis plus, ces personnes soutiennent que l'homme, dans l'état présent, pour mériter et démériter, fait un usage actuel de cette puissance, libre et exempte de nécessité : car il est démontré ci-dessus que cette continuité de création ne détruit point ces puissances, et qu'elle ne met aucun obstacle à l'usage qu'on en peut faire. Donc ceux qui soutiennent ce sentiment conservent la raison et la foi ; et il ne conduit point à perdre ni l'une ni l'autre, ce qui cependant y conduiroit, si l'impossibilité du libre arbitre en étoit une suite. Que votre ami cesse donc d'accuser ce sentiment de ramener au spinosisme.

« Je vous avouerai ici, Monsieur, que ce n'est pas sans

dessein que je n'ai point appuyé sur le terme *inexplicable* que votre ami emploie dans son objection. Ou l'on considère cette proposition en elle-même : l'homme est libre ; alors rien de plus évident, rien de plus lumineux, en suivant cette définition de saint Thomas : *facultas electiva mediorum servato ordine finis*, puisque cette faculté est évidemment en nous. Mais, si on compare cette proposition avec celle-ci : Dieu a tout voulu et tout connu de toute éternité, et si on (en) cherche la concorde, je ne me pique pas de l'expliquer : c'est ce que vous connoîtrez dans la suite.

« *Sixième objection.* L'idée d'une création continue étoit inconnue à toute l'antiquité sacrée.

« *Réponse.* Je sais, Monsieur, que la création continue étoit inconnue aux anciens philosophes, puisqu'ils ne connoissoient pas la création, et que, selon eux, toute substance, matière, atomes, nos âmes mêmes, étoient des substances nécessaires, éternelles, qui ne pouvoient être ni détruites ni produites. Ainsi le chrétien, dès le 1er article du symbole de sa foi, en sut plus que tous ces prétendus sages que l'antiquité profane comptoit comme des oracles. Mais je ne sais point que la continuité de la création ait été inconnue à l'antiquité sacrée, qui a sans doute reconnu la création dont votre ami voudroit combattre la continuité. Il doit y prendre garde ; ces deux objets sont bien voisins l'un de l'autre. Un être sans durée est bien difficile à concevoir ; c'est ce qu'on lui fera voir incessamment.

« *Instance.* Mais la création continue, poursuit votre ami, est un rejeton de la philosophie des Arabes et des

Orientaux, qui soutiennent, avec Spinosa, que tous les êtres sortent de Dieu par voie d'émanation, et qu'ils sont des formes substantielles de son essence.

« *Réponse*. Je veux bien croire que tel est le sentiment des Arabes et des Orientaux, d'autant plus volontiers que je sais que les anciens philosophes arabes, livrés à la métaphysique d'Aristote, ou du moins croyant la suivre, n'ont point connu la création, et encore parce que je sais que les livres de métaphysique de ce philosophe ayant été connus en France, quelques docteurs dogmatisèrent que tous les êtres sortoient de Dieu par voie d'émanation, et que Dieu n'étoit que la matière première qu'Aristote définit le premier sujet permanent et subsistant duquel se forment tous les êtres, et dans lequel, si quelqu'un de ces êtres cesse, il retourne et se trouve résolu, sans que ce sujet puisse jamais être anéanti. Mais il n'y a pas moyen que je puisse convenir que la création continue soit un rejeton de ce sentiment. Il s'en faut bien que nous puissions être d'accord, votre ami et moi. Quoi! je croirai que la création continue, qui se dit des substances produites, est un rejeton d'un sentiment qui ne reconnoît que des formes consubstantielles à l'essence de Dieu, d'un sentiment qui ne reconnoît ni créateur ni créature? Non, Monsieur, je ne le croirai jamais. J'oppose, avec tous les chrétiens, à l'émanation des Arabes, à leurs formes consubstantielles à l'essence divine, la création, et par conséquent des substances contingentes produites, qui sont sans doute bien différentes de ces formes consubstantielles. Comment se peut-il faire, Monsieur, qu'en ajoutant à la création la continuité, mon sentiment devienne un rejeton de leur opinion ? L'émanation qu'ils soutiennent est continue, et je leur oppose une création continue. Tout ce qui pourroit arriver c'est que je leur serois trop opposé. Je croirois plus volontiers que le sentiment qui attribue au corps la puissance de se mouvoir, ou plutôt qui associe avec la matière le principe du mouvement et du repos, seroit un rejeton de la philosophie des Arabes. En effet, sans ce principe, l'univers ne seroit qu'une matière mobile, divisible, figurable, sans ornement. Ainsi cet ornement qui s'y trouve ne seroit qu'une émanation continuelle, non de la vertu motrice, mais de la matière, être inconnu qu'on lui substitue ou des atomes.

. . . .

« Quand bien même votre ami trouveroit dans les livres des Péripatéticiens et dans ceux des saints Pères, que la création est un seul acte, il n'en doit pas inférer que cet acte n'est pas continu, mais seulement qu'on n'a point eu d'égard à sa continuité. Dieu a connu les possibles, et il continue de les concevoir. Il a mu la matière et il continue de la mouvoir, suivant les lois de sa sagesse, etc.

« Voici le second principe de votre ami : Dieu conserve néanmoins toutes les créatures, parce qu'elles tiennent tellement à lui par le fond de leur être, que, s'il s'en séparoit un instant, elles retomberoient dans le néant.

« Ce discours, Monsieur, détaché de ce qui le précède et qui le suit, est des plus justes, et il porte un caractère d'évidence qui devroit faire effacer ce *néanmoins* qui s'y trouve et qui le rend relatif au précédent.

« Dire que les créatures ne peuvent subsister disjointes d. leur première cause, parce qu'elles ne contiennent point une raison d'existence nécessaire, c'est nier qu'elles reçoivent une stabilité à jamais, en vertu d'une création sans continuité ; c'est dire, en d'autres termes, qu'il faut que Dieu les crée dans tous les moments qu'elles existent. En effet, tant que Dieu les crée, elles ne sont point séparées de lui : elles lui sont unies comme à leur première cause. Si, au contraire, Dieu cessoit de les créer, elles seroient disjointes : car on ne peut concevoir l'union d'un effet avec sa cause efficiente qu'autant qu'il en est produit, ou que la cause influe sur lui et lui donne l'être. Par conséquent, si cette cause cesse d'influer, l'effet cesse d'être uni avec sa cause. Donc la créature, dès que Dieu cesse de la produire, doit, de l'aveu de votre ami, retomber dans le néant.

« Si la créature existe dans l'instant A, c'est, sans doute, parce qu'elle reçoit par voie de création libre l'existence dans ce premier instant. Aura-t-elle cette existence dans le deuxième instant et dans les autres suivants, si Dieu cesse de la produire ? Il est évident qu'elle ne l'aura pas. Elle ne contient aucune raison d'existence nécessaire, ainsi elle ne peut avoir cette existence de son propre fond dans l'instant B. L'existence qu'elle a reçue dans l'instant A ne lui donne aucun droit pour exister dans l'instant B. Donc, etc.

« Je vais plus loin. La substance contingente peut être créée. Or l'acte de création ne peut être sans continuité. Un instant est une portion de durée qui peut être toujours plus petite à l'infini, comme le point est une mesure d'étendue qui peut être plus petite et plus petite à l'infini.

. . . .

« Ce qui ne dure point, ce qui n'est nulle part, disoit M. More, ce fameux adversaire du grand Descartes, n'existe point[1]..............................

« Dieu ménage infiniment mieux le libre arbitre que quelque créature que ce puisse être. Ces créatures sont hors de nous, au lieu que Dieu est une cause connaturelle, cause première, à laquelle, comme causes secondes, nous sommes essentiellement subordonnés. Ainsi, comme le remarque saint Augustin, il a plus (en) sa puissance notre volonté que nous ne l'avons nous-mêmes.

« Doit-on craindre que la toute-puissance de Dieu blesse notre liberté, puisque Dieu ne s'en sert que pour la conserver?

....

« Le docteur anglais prétend que la dépendance où les créatures sont de Dieu consiste en ce qu'elles tiennent originairement leur être de lui, qu'il les conserve par leur union avec lui, et qu'il peut les détruire à tous moments.

« On lui répond qu'il reste à prouver à ce docteur que, dans son système, Dieu conserve les créatures par leur union avec lui. Mais on a vu 1° que, dans ce système, l'acte de création tient aussi lieu d'acte de conservation, puisqu'il suffit pour produire la créature et lui donner une stabilité à jamais; 2° que les créatures ne sont plus unies à leur première cause dès qu'elle cesse d'influer sur elles; 3° Dieu ne conserve pas les créatures par leur

---

[1] Henri More (Morus), célèbre philosophe anglais, auteur de lettres à Descartes qui se trouvent dans le t. X de notre édition, p. 178-296. D'ailleurs c'est un partisan et non pas un adversaire de Descartes.

union avec lui, mais les créatures lui sont unies parce qu'il les conserve : leur conservation n'est pas l'effet de cette union, elle en est la cause.

« Ceux qui prétendent qu'un seul acte instantané de la volonté divine suffit pour donner une existence éternelle aux êtres créés, et que la continuation de cet acte n'est pas nécessaire pour la continuation de leur durée, doivent conséquemment dire qu'afin qu'ils tombassent dans le néant, il faudroit que Dieu eût une volonté positive de les anéantir, parce qu'il faut, disent-ils, autant de force pour anéantir que pour produire, pour détruire un mouvement commencé que pour commencer un mouvement arrêté. On leur répond ici qu'il faut une cause pour faire exister ce qui n'existe point, qu'il n'en faut pas pour rendre un être non existant ; si le moteur cesse d'appliquer sa vertu motrice sur le mobile, dès l'instant le mouvement commencé doit cesser ; mais, parce que cette application continue et par conséquent l'effort, il faut lui opposer un autre effort............................
.... »

Les deux pièces que nous venons de mettre au jour ont pour auteur un homme peu célèbre et un homme entièrement inconnu ; leur mérite propre n'est pas non plus fort considérable ; mais, par leur médiocrité même, elles démontrent péremptoirement que le cartésianisme avait partout pénétré, et que, dans le cercle de la pieuse marquise de Sablé ou dans la rigide université d'Oxford, avant comme après Spinoza, il avait poussé les esprits rigoureux et conséquents jusqu'à l'excès dans la route du spinozisme. Le principe que le monde est infini conduit naturellement M. de la Clausure à concevoir le monde comme éternel : cet homme sage recule devant ce précipice, mais il était venu jusqu'au bord. Le docteur de l'université d'Oxford conclut justement que, si la conservation des substances contingentes n'est qu'une création continuée, il n'y a qu'une seule vraie cause et qu'une seule vraie substance, la cause et la substance créatrice. D'une part, les deux principes de l'infinité du monde et de la création continue étant donnés, la logique justifiait les conclusions qui en étaient tirées ; de l'autre, les conclusions décriaient les principes et donnaient un assez mauvais air au cartésianisme. Reste à savoir si ces principes, si vivement attaqués et défendus, lui appartiennent réellement ? Selon nous, il est certain qu'ils se rencontrent dans les ouvrages de Descartes, mais il est certain aussi qu'ils n'y ont pas toujours le caractère et le sens qu'on leur donne, qu'ils ne sont pas essentiels au système, et que s'ils disparaissaient, le système entier subsisterait.

Il n'est question de l'étendue infinie du monde ni dans le *Discours de la méthode,* ni dans les *Méditations*, et c'est là pourtant qu'il faut chercher la métaphysique de Descartes. Il en est question seulement dans les *Principes de philosophie,* et encore dans la troisième partie, exclusivement consacrée à la physique. Là, § 1 et 2, Descartes, avant d'aborder l'étude de la nature, trace quelques règles et avertit de se défendre de toute hypothèse, par exemple, de celle qui consisterait à attribuer *a priori* au monde, œuvre de Dieu, du désordre, de l'imperfection, des limites. § 1er : « Nous devons nous remettre toujours devant les yeux que la puissance et la bonté de Dieu sont infinies, afin que cela nous fasse connoître que nous ne devons point craindre de faillir en imaginant ses ouvrages trop grands, trop beaux ou trop parfaits; mais que nous pouvons bien manquer, au contraire, si nous supposons en eux quelques bornes ou quelques limites dont nous n'ayons aucune connoissance certaine. » Le second paragraphe est presque une répétition du premier. § 2 : « La seconde (règle) est que nous nous remettions aussi toujours devant les yeux que la capacité de notre esprit est fort médiocre, et que nous ne devons pas trop présumer de nous-mêmes, comme il semble que nous le ferions si nous supposions que l'univers eût quelques limites, sans que cela nous fût assuré par révélation divine, ou du moins par des raisons naturelles fort évidentes, parce que ce seroit vouloir que notre pensée pût s'imaginer quelque chose au delà de ce à quoi la puissance de Dieu s'est étendue en créant le monde. »

Ces deux passages, dont on a tant abusé, s'éclaircissent à la lumière du passage suivant de la *Réponse aux premières objections* : « Et je mets ici de la distinction entre l'*indéfini* et l'*infini*. Il n'y a rien que je nomme proprement infini, sinon ce en quoi de toutes parts je ne rencontre point de limites, auquel sens Dieu seul est infini ; mais pour les choses où, sous quelque considération seulement, je ne vois point de fin, comme l'étendue des espaces imaginaires, la multitude des nombres, la divisibilité des parties de la quantité, et autres choses semblables, je les appelle indéfinies et non pas infinies, parce que de toutes parts elles ne sont pas sans fin et sans limites [1]. »

[1] Voyez notre édition de Descartes, t. I, p. 385 et 386.

Il est clair, d'après cela, que Descartes n'a jamais véritablement admis l'infinité du monde, mais seulement son étendue indéfinie. Il n'en est pas ainsi de la création continue; elle est bien véritablement dans Descartes, sans y avoir cependant toute la portée qui lui a été plus tard attribuée.

La théodicée cartésienne repose tout entière sur l'idée de l'être infini. Descartes tire du sentiment de notre imperfection et de nos bornes en tout genre l'idée d'un être infini, et de l'idée de cet être la certitude de son existence réelle. Cela fait, Descartes prétend également conclure de notre propre durée et de notre propre conservation, ainsi que de la durée et de la conservation du monde, la nécessité d'un Dieu qui le conserve après l'avoir fait, la conservation supposant une cause aussi bien que la première production. Or, Dieu ne peut procurer la conservation d'un être créé, qui n'existe ni ne subsiste par lui-même, que d'une seule manière, par une création renouvelée et continuée. Citons intégralement le passage suivant de la troisième *Méditation*[1] : « Tout le temps de ma vie peut être divisé en une infinité de parties, chacune desquelles ne dépend en aucune façon des autres ; et ainsi, de ce qu'un peu auparavant j'ai été, il ne s'ensuit pas que je doive maintenant être, si ce n'est qu'en ce moment quelque cause me produise et me crée pour ainsi dire de rechef, c'est-à-dire me conserve. En effet, c'est une chose bien claire et bien évidente à tous ceux qui considèrent

---

[1] Voyez notre édition de Descartes, t. I, p. 286. C'est le § 20 de la 3ᵉ Méditation, d'après les divisions et subdivisions introduites dans les *Méditations* par Fédé, en 1673, et suivies depuis par toutes les éditions.

avec attention la nature du temps, qu'une substance, pour être conservée dans tous les moments qu'elle dure, a besoin du même pouvoir et de la même action qui seroit nécessaire pour la produire et la créer tout de nouveau, si elle n'étoit point encore ; en sorte que c'est une chose que la lumière naturelle nous fait voir clairement, que la conservation et la création ne diffèrent qu'au regard de notre façon de penser et non point en effet. »

Cette théorie, qui s'ajoute à la théodicée cartésienne sans en être le fondement, a été adoptée par les esprits les plus religieux ; et, chose admirable, elle recèle une semence de spinozisme. Car, qu'on le sache ou qu'on l'ignore, tout ce qui porte atteinte à la personnalité humaine fait pour la cause de Spinoza ; tout ce qui ôte à l'âme humaine la puissance qui lui appartient, une raison capable de s'élever jusqu'à l'infini, une volonté capable de réaliser librement, du moins en une certaine mesure, l'idéal du juste et du bien, enfin cette force de charité et d'amour qui trouve son bonheur sans l'avoir cherché dans celui d'un autre être, et qui, en se répandant sur le genre humain, remonte à Dieu comme à sa source pour y puiser sans cesse une énergie nouvelle, tout ce qui dégrade ou diminue l'homme retombe en quelque sorte sur Dieu lui-même, dont les attributs les meilleurs s'effacent au profit d'un seul, l'absolue omnipotence.

Il faut mettre encore la confusion de l'entendement et de la volonté parmi les erreurs de Descartes, que Spinoza cultiva, comme le dit Leibnitz. Certes Descartes ne dit nulle part que la volonté se réduit à l'entendement ; il les distingue même nominalement, mais, préoccupé de cet attribut essentiel de l'âme, la pensée, qu'il oppose à l'étendue, attribut essentiel de la matière, il place sous cette faculté générale toutes les autres facultés, la volonté aussi bien que le jugement, aussi bien que l'imagination, aussi bien que le sentiment. *Discours de la méthode*, 4ᵉ partie [1] : « Je connus de là que j'étois une substance dont toute l'essence ou la nature n'est que de penser. » *Deuxième Méditation* [2] : « Mais, qu'est-ce donc que je suis? Une chose qui pense. Qu'est-ce qu'une chose qui pense? C'est une chose qui doute, qui entend, qui conçoit, qui affirme, qui nie, *qui veut, qui ne veut pas*, qui imagine aussi et qui sent. »

Quelquefois même Descartes confond, ou plutôt a l'air de confondre la volonté avec le désir et l'affection, ce qui fait de la volonté un phénomène passif et anéantit la liberté; or, aussitôt que la liberté ne couvre plus la personne, Spinoza a bien bon marché de celle-ci. On lit dans la *Troisième Méditation* [3] : « Entre mes pensées, quelques-unes sont comme les images des choses.....; d'autres, outre cela, ont quelques autres formes, comme *lorsque je veux*, que je crains, que j'affirme, ou que je nie....., et de ce genre de pensées, les unes sont appelées *volontés ou affections*, et les autres jugements. » *Principes de philosophie* [4] : « Toutes les façons de penser que nous remarquons en nous peuvent être rapportées à deux générales, dont l'une consiste à apercevoir par l'entendement, et l'autre à se

---

[1] Voyez notre édition de Descartes, t. I, p. 158.
[2] *Ibid.*, p. 253. Voyez aussi le début de la 3ᵉ Méditation, *ibid.*, p. 263.
[3] *Ibid.*, p. 267.
[4] *Ibid.*, t. III, p. 84.

déterminer par la volonté. Ainsi, sentir, imaginer, et même concevoir des choses purement intelligibles, ne sont que des façons différentes d'apercevoir; mais *désirer, avoir de l'aversion*, assurer, nier, douter, sont des façons différentes de vouloir. »

Ce n'est pas qu'ailleurs il n'ait très-nettement reconnu et défini la liberté. Par exemple, dans ces mêmes *Principes de philosophie*, à côté du même paragraphe où il fait du désir un mode de la volonté, il dit expressément que la perfection de l'homme est d'agir avec volonté, c'est-à-dire avec liberté, parce qu'ainsi l'homme est l'auteur propre de ses actions et capable de mériter [1]. Un peu plus loin [2], il range la certitude de la liberté parmi les certitudes naturelles attestées par le sens intime. Nous avons, dit-il, une telle conscience de la liberté, et de la liberté d'indifférence qui est en nous, que nous ne comprenons rien plus évidemment. A l'argument de la prescience et de la préordination divine, il répond qu'il serait absurde, à cause d'une chose que nous ne comprenons pas et que nous savons tous être naturellement incompréhensible, de douter d'une chose toute différente que nous comprenons intimement et dont nous avons l'expérience en nous-mêmes [3]. On pourrait citer bien d'autres passages tout aussi formels, surtout dans les lettres à la princesse Elisabeth [4]. Descartes est si favorable à la liberté comme à la raison, que les calvinistes de Hollande l'accusèrent de nier

[1] Voyez notre édition de Descartes. t. I, p. 85.
[2] *Ibid.*, § 41.
[3] t. III, p. 88.
[4] t. IX, particulièrement p. 368.

la grâce¹, et qu'Arnauld, dans un moment d'humeur, porta ce jugement qui, à ses yeux, est presque un anathème, à savoir, que Descartes est plein de pélagianisme². Mais la postérité, qui n'est pas janséniste, adresse à Descartes le reproche opposé; elle l'accuse de n'avoir pas fait une assez grande place à la volonté, de ne l'avoir pas assez dégagée et analysée, de ne l'avoir pas mise assez en relief et sur le premier plan dans la *Méthode* et *les Méditations*, aussi bien que la pensée et la raison; car la liberté, encore mieux connue, lui eût attesté plus énergiquement la personnalité humaine, et par là eût mis d'avance une barrière insurmontable au système de Spinoza³.

Enfin, pour épuiser l'énumération des causes au moins occasionnelles du spinosisme dans Descartes, n'oublions pas qu'il a chancelé sur la vraie définition de la substance, et que, plus d'une fois, il a eu l'air de ne reconnaître pour substances que celles qui sont par elles-mêmes. *Troisième Méditation*⁴ : « .... une substance, ou bien une chose qui de soi est capable d'exister...... » *Lettre* XCIX du tome I, ancienne édition⁵ : « ...... L'un des attributs de chaque substance, quelle qu'elle soit, est

---

¹ Voyez Baillet, *Vie de Descartes,* liv. VIII, ch. VIII, p. 514.
² Arnauld, OEuvres complètes, t. I, p. 670 : « Je trouve encore bien étrange que le bon religieux prenne M. Descartes pour un homme fort éclairé dans les choses de la religion, au lieu que ses lettres sont pleines de pélagianisme, et que, hors les points dont il s'etoit persuade par sa philosophie, comme est l'existence de Dieu et l'immortalité de l'âme, tout ce qu'on peut dire de lui de plus avantageux est qu'il a toujours paru être soumis à l'Eglise. »
³ On peut voir cette remarque developpée dans la 11ᵉ leçon du t. II de la seconde série de nos cours.
⁴ Voyez notre édition de Descartes, t. I, p. 279.
⁵ *Ibid.*, t. X, p. 80.

qu'elle subsiste par elle-même. » Dans ce cas, s'il n'y a de substance que celle qui existe et subsiste par soi-même, il s'ensuit qu'il n'y a qu'une seule substance, Dieu. Le spinozisme venait tout d'abord au bout de cette définition. Aussi Descartes, comme pour venger d'avance sa mémoire et absoudre sa philosophie s'explique une fois pour toutes sur ce point et déclare que si, à la rigueur, la définition de la substance ne s'applique qu'à Dieu, il n'est pas moins très-raisonnable d'appeler aussi substances des choses créées, douées de qualités ou d'attributs, et qui n'ont besoin pour subsister que du concours ordinaire de Dieu. *Principes de philosophie*, Ier partie, § 51[1] : « Lorsque nous concevons la *substance*, nous concevons seulement *une chose qui existe en telle façon qu'elle n'a besoin que de soi-même pour exister*. En quoi il peut y avoir de l'obscurité touchant l'explication de ce mot : *n'avoir besoin que de soi-même ;* car, à proprement parler, il n'y a que Dieu qui soit tel, et il n'y a aucune chose créée qui puisse exister un seul moment sans être soutenue et conservée par sa puissance. C'est pourquoi on a raison, dans l'école, de dire que le nom de substance n'est pas *univoque* au regard de Dieu et des créatures, c'est-à-dire *qu'il n'y a aucune signification de ce mot que nous concevions distinctement, laquelle convienne en même sens à lui et à elles ;* mais, parce que, entre les choses créées, quelques-unes sont de telle nature, qu'elles ne peuvent exister sans quelques autres, nous les distinguons d'avec celles qui n'ont besoin que du concours ordinaire de Dieu, en nommant celles-ci des

[1] Voyez notre édition de Descartes, t. III, p. 93.

substances, et celles-là des qualités ou des attributs de ces substances. »

Mais on peut dire aujourd'hui toute la vérité : ce n'est pas tel ou tel principe cartésien, c'est l'esprit même du XVIIe siècle, qui, après avoir produit le cartésianisme, l'entraînait à la fois vers le spinozisme et vers le mysticisme. Le XVIIe siècle est en effet comme imbu de l'idée de la toute-puissance divine et du néant des créatures ; il étouffe notre liberté sous l'action de la grâce, et finit par ne reconnaître qu'un seul acteur véritable sur la scène de ce monde, une seule cause, un seul être, Dieu[1]. Là est l'unité de la philosophie de ce siècle, comme l'unité de la philosophie du siècle suivant est dans l'affaiblissement de l'idée de Dieu, et dans un sentiment des forces de l'homme qui aboutit à une sorte d'apothéose de l'humanité. Il appartient à la philosophie de notre temps, éclairée par les abus inévitables de tout principe extrême, de modérer et de concilier ces deux grandes philosophies, de maintenir, en les tempérant l'une par l'autre, l'idée toujours présente de la grandeur de Dieu et la vive conscience de la liberté et de la personnalité humaine. C'est dans ce balancement des contraires, dans cet équilibre de la raison, qu'est la seule unité où puisse aspirer notre siècle, après les éclatants naufrages de tant de systèmes exclusifs, après tant d'admirables élans si tristement terminés. Le XVIIe et le XVIIIe siècle composent en quelque sorte l'enfance héroïque de la philosophie moderne. Elle est aujourd'hui parvenue à l'âge mûr. Le temps des courses aventureuses

---

[1] Voyez 2e série, t. II, leç. 11e et 12e, notre ouvrage *Des Pensées de Pascal*, avant-propos, p. 46, et les dernières pages de *Jacqueline Pascal*.

dans le champ illimité des hypothèses est passé. Nous n'avons plus cette heureuse ignorance de l'histoire, ni cette audace généreuse, qui expliquent et honorent les égarements de nos devanciers. Quand on n'est ni Descartes ni Malebranche, ni leurs célèbres antagonistes du dernier siècle, on n'a pas le droit de tenter l'impossible. Il faut se réduire au sens commun : c'est encore un assez bel avantage.

FIN.

TABLE DES MATIÈRES.

Avant-propos.......................... Page v
I. Vanini ou la philosophie avant Descartes....... 1
II. Procès-verbal d'une séance d'une société cartésienne qui s'était formée à Paris dans la seconde moitié du xviie siècle...................... 99
III. Le cardinal de Retz cartésien............... 114
IV. Roberval philosophe...................... 229
V. Correspondance de Malebranche et de Mairan... 262
VI. Correspondance inédite de Malebranche et de Leibnitz................................ 349
VII. Des rapports du cartésianisme et du spinozisme... 429

FIN DE LA TABLE DES MATIÈRES.

www.ingramcontent.com/pod-product-compliance
Lightning Source LLC
Chambersburg PA
CBHW050246230426

43664CB00012B/1844